U0939326

国际关系实证研究方法

Empirical Research Methods of International Relations

蒋建忠 著

上海远东出版社

图书在版编目(CIP)数据

国际关系实证研究方法 / 蒋建忠著. --上海:上海远东出版社,2020

ISBN 978-7-5476-1603-1

Ⅰ.①国… Ⅱ.①蒋… Ⅲ.①国际关系学—研究方法 Ⅳ.①D80-3

中国版本图书馆 CIP 数据核字(2020)第 090217 号

责任编辑 祁东城
封面设计 李 廉

国际关系实证研究方法

蒋建忠 著

出　版 上海遠東出版社
（200235　中国上海市钦州南路 81 号）
发　行 上海人民出版社发行中心
印　刷 上海锦佳印刷有限公司
开　本 710×1000　1/16
印　张 21.25
字　数 370,000
版　次 2020 年 10 月第 1 版
印　次 2021 年 8 月第 2 次印刷
ISBN 978-7-5476-1603-1/D·27
定　价 88.00 元

目录

第一章 国际关系研究方法的层次与类型 …… 1
第一节 国际关系研究方法的层次 …… 1
一、国际关系研究方法论 …… 2
二、国际关系研究方式 …… 3
三、国际关系研究技术和方法 …… 6
第二节 国际关系研究方法类型 …… 14
一、实证主义 …… 15
二、诠释学 …… 17
三、批判论 …… 20
第三节 国际关系研究方法发展态势 …… 22
一、在方法论层面上,追求后实证主义 …… 22
二、在研究方式层面上,融合质性分析与定量研究 …… 22
三、在具体研究模式上,凸显因果机制的挖掘方法 …… 27
小结 …… 28

第二章 国际关系实证研究的内涵与要求 …… 29
第一节 实证研究的内涵 …… 29
一、国际关系实证研究的内涵 …… 29
二、国际关系实证研究方法与自然科学方法的比较 …… 32
三、国际关系实证研究的意义 …… 36
第二节 国际关系实证研究要解决的问题 …… 38
一、描述性问题 …… 38
二、解释性问题 …… 39
三、预测性问题 …… 41
第三节 国际关系实证研究的要求 …… 42
小结 …… 43

第三章 国际关系实证研究程序 …… 44
第一节 明确研究类型 …… 44
第二节 确定研究问题 …… 47
一、研究问题的含义 …… 47
二、研究问题的类型 …… 49
三、研究问题的选择原则 …… 50
四、研究问题的来源 …… 52
第三节 文献回顾 …… 55
一、文献回顾的目的 …… 55
二、文献回顾的步骤 …… 56
三、文献回顾常见错误 …… 57
第四节 提出理论假设 …… 58
第五节 假设检验 …… 60
一、假设推演 …… 60
二、理论假设的检验 …… 63
小结 …… 67

第四章 研究假设与变量 …… 68
第一节 研究假设 …… 68
一、研究假设的含义 …… 68
二、研究假设的要求 …… 72
三、研究假设的基本类别 …… 74
四、常见假设谬误 …… 75
第二节 变量的含义与分类 …… 77
一、变量的含义 …… 77
二、变量的类别 …… 78
三、变量间关系 …… 80
第三节 理论假设的构建方法 …… 83
一、归纳法 …… 83
二、演绎法 …… 89
三、类比法 …… 94
小结 …… 97

第五章 理论假设的操作化与测量 …… 98

第一节 理论假设的概念化与操作化 …… 99

一、概念的界定 …… 99

二、概念的操作化 …… 99

第二节 测量 …… 102

一、测量的概念 …… 102

二、测量的具体方法 …… 103

第三节 信度与效度 …… 108

一、测量信度 …… 108

二、测量效度 …… 110

三、信度与效度的关系 …… 110

小结 …… 112

第六章 变量控制及假设检验 …… 113

第一节 变量控制与因果推论 …… 114

一、变量控制的内涵 …… 114

二、变量控制、反事实框架与因果推论 …… 114

三、变量控制的意义 …… 116

四、变量控制数据的来源 …… 117

第二节 比较案例分析法 …… 118

一、求同法 …… 118

二、求异法 …… 119

三、求同求异法 …… 120

四、共变法 …… 121

五、最不可能可能法 …… 123

第三节 布尔代数与质性比较分析 …… 124

一、布尔代数基本要义 …… 125

二、布尔代数与多变量分析 …… 125

三、简化数据 …… 130

第四节 模糊集质性比较分析法(fsQCA) …… 134

一、模糊集合的基本要义 …… 135

二、fsQCA 方法的构建思路 …… 136

三、fsQCA 的基本步骤 …… 137

四、实例解析 …… 143

五、fsQCA的缺陷与突破 …… 148
第五节 匹配与国际关系因果推论 …… 151
一、个案匹配与"反事实"因果推论 …… 152
二、倾向值匹配与"反事实"因果推论 …… 156
小结 …… 160

第七章 双变量相关关系衡量 …… 161
第一节 减少误差比例测量方法 …… 162
第二节 国际关系研究定类变量相关系数测量 …… 163
一、λ相关系数的测量 …… 163
二、λ_{xy}相关系数的测量 …… 167
第三节 国际关系研究定序变量与γ系数 …… 170
一、基本设想 …… 170
二、国际关系研究中两定序变量相关系数的测量 …… 173
三、非对称关系γ_{xy}系数的计算 …… 175
第四节 定距变量相关关系测量 …… 177
第五节 定类变量与定距变量间相关关系测量 …… 180
第六节 国际关系研究多变量偏相关系数的计算 …… 183
一、高维列联表(定类变量) …… 183
二、定序变量偏相关系数计算 …… 185
小结 …… 188
附录7.1 …… 189

第八章 国际关系研究中的一元回归分析 …… 191
第一节 回归分析的问题、数据与步骤 …… 191
一、回归分析常见研究问题 …… 192
二、数据的来源和类型 …… 194
三、回归分析的基本步骤 …… 196
第二节 一元线性回归 …… 199
一、一元线性回归模型的确定 …… 199
二、一元线性回归模型的参数估计 …… 202
三、一元线性回归模型的统计检验 …… 209
第三节 实例解析 …… 214
小结 …… 216

附录 8.1 …… 217
附录 8.2 …… 217

第九章 国际关系研究中的多元回归技术 …… 219
第一节 多元线性回归模型及参数估计 …… 219
一、多元线性回归模型参数估计 …… 220
二、多元线性回归模型的基本假定 …… 225
三、多元线性回归模型的统计检验 …… 226
四、实例解析 …… 230
第二节 放宽基本假定的多元线性回归模型 …… 231
一、随机误差项存在异方差性 …… 231
二、序列相关性 …… 239
三、多重共线性 …… 247
第三节 扩展的单方程回归模型 …… 250
一、虚拟变量模型 …… 251
二、二元离散选择模型 …… 255
小结 …… 262
附录 9.1 …… 263

第十章 国际关系研究中的多元统计方法 …… 264
第一节 主成分分析 …… 264
一、主成分分析的基本原理 …… 265
二、主成分分析的操作步骤 …… 269
第二节 判别分析法 …… 273
一、基本思想 …… 273
二、基本步骤 …… 276
三、实例解析 …… 279
第三节 聚类分析法 …… 282
一、样本相似度及距离的测量方法 …… 283
二、聚类分析法的基本步骤 …… 287
三、实例解析 …… 288
第四节 路径分析 …… 289
一、路径分析的基本原理——以路径图为例 …… 290
二、路径系数和残差路径系数的计算方法 …… 294

三、变量间相关关系的分解 …… 296
四、实例解析 …… 299
附录 10.1 …… 303
附录 10.2 …… 303
附录 10.3 …… 304
附录 10.4 …… 305

第十一章 因果机制与挖掘 …… 306
第一节 国际关系研究中的因果机制 …… 306
一、国际关系研究囿于因果效应的局限 …… 306
二、国际关系研究中因果机制的内涵 …… 308
三、国际关系研究探寻因果机制的作用 …… 308
第二节 挖掘因果机制的认识论争论 …… 312
第三节 因果机制挖掘的具体方法 …… 314
一、详析模式 …… 314
二、过程追踪法 …… 316
三、时序分析法 …… 318
四、典型特征法 …… 320
五、因果机制定量分析 …… 321
小结 …… 324

参考文献 …… 325

后记 …… 327

第一章 国际关系研究方法的层次与类型

英语中的 methodology（中文译为方法论）一词由 method 和 ology 构成。ology 意源于 logos，在哲学中通常有“理性的原则”“话语的睿智”“世界秩序的基石”之意。因此，方法论的含义应当是探讨研究的基本假设、逻辑、原则、程序、规则等问题，涉及按逻辑拟定的研究计划、程序对知识进行探求的理论，是指导研究的一般思想方法或哲学。方法论与我们在研究过程中经常遇到的具体研究方法存在着较大的差异。研究方法是指在研究计划、程序的指导下具体实施、操作、收集资料、调查、统计、检验等主体内容。本章主要从宏观层面阐述研究方法的层次、划分国际关系研究方法论的类型，详细探讨实证研究方法与其他研究方法（如诠释学方法）之间的差异。

第一节 国际关系研究方法的层次

提到研究方法，人们最先想到的就是统计回归、比较案例分析、个案分析等具体的研究模式。事实上，这是对方法的一种误解。国际关系研究方法与自然科学一样，根据其概括和抽象程度，大致可以分为三个层次。第一个层次是哲学方法论，指不具体涉及国际关系学科，但对其研究方法起指导作用，涉及更多的是一些方法的原则，主要包括实证主义、诠释学以及批判论三种。国际关系学界讨论较多的科学主义与人文主义之争，主要是在实证主义与诠释学之间展开，争论双方对研究对象——国际政治现象——这一本体的不同看法造成了不同的研究倾向。第二个层次是研究方式，是贯穿于国际关系研究过程的程序和操作方式，表明研究的主要手段与步骤。第三个层次是比较微观意义上的方法，或者说是具体的研究技术，也最接近于我们平常所理解的方法，如问卷调查法、内容分析法、计量分析法、案例比较法、统计分析等等。研究方法的三个层次是相互影响、相互联系的。哲学方法论决定了研究方式的选择，而研究方式往往又规定了一套与之相匹配的具体研究技术。

一、国际关系研究方法论

国际关系研究方法论主要是从哲学高度探讨研究的基本假设、逻辑、原则、规则、程序等问题。它是国际关系研究的一般思想方法和哲学指导。研究者由于对国际关系研究的假定及研究对象的看法相异，从而产生了不同的研究方法观。举例来说，为什么要进行国际关系研究？如果对这个问题的回答是为了发现国际政治的规律、利用规律、做出预测，那么该研究者基本上具有实证主义倾向。如果研究目的是为了改造这个世界，那么研究者就具有了批判论的倾向。

国际关系研究方法论的差异就体现在对这些“本体”问题的不同回答上。这些问题主要包括以下六个方面。

① 进行国际关系研究的主要目的是什么？

② 国际社会是否存在着不以人的意志为转移的客观规律？

③ 国际关系研究者能否像自然科学那样客观地认识国际政治现象、挖掘国际政治规律？

④ 有哪些因素构成了研究者对国际关系现实的解释或理论？

⑤ 应当采取何种方法来研究国际政治现象和规律？

⑥ 研究者的主观因素，如价值观、世界观、意识形态，甚至人生经历等对国际关系研究有何影响？

对上述六个问题的不同回答体现了研究方法论的差异，本质上表达了研究者对国际关系研究对象本体以及研究目的不同认识。在国际关系研究中遵循什么样的方法论，这是由实践和研究者的学术背景决定的。如果研究者从事过理工科的训练，他更多强调要以科学的方法来解释国际政治现象，那么实证方法论是最好的选择；如果研究者具有从事马克思主义哲学学习和研究的背景，批判的方法可能是首选。同时，方法论的选择还与研究的具体议题有关联。有些国际关系现象——如战争、双边贸易——适用于用统计的数量化方法进行分析；而有些国际政治议题，如国际关系规范的形成与变化，只能用历史、诠释等质性的方法加以研究。因此，在做具体研究时，研究者要根据研究课题的性质以及自身知识储备、经历、方法论方面的专业特长进行合适的选择。

二、国际关系研究方式

国际关系研究方式是指贯穿于整个研究过程的程序和操作方式，它表明研究的主要手段与步骤。研究方式主要包括研究法和研究设计两个部分。

1. 研究法

学科不同，研究法也不同。自然科学基本采用实验法进行研究，这是由自然科学的特性决定的。社会科学中有四种主要研究法：统计调查研究、实地研究、实验研究和案例研究。研究法表明研究的实施过程和操作方式的主要特征，它由一些具体方法所组成，但它不等同于研究过程中使用的具体技术和方法。

区分研究法的标准主要有三条：①资料的类型；②收集资料的途径与方法；③分析资料的手段和技术。根据上述三个标准，国际关系研究法主要分为统计调查研究和文献研究两种。二者间的关系可以表示如下。

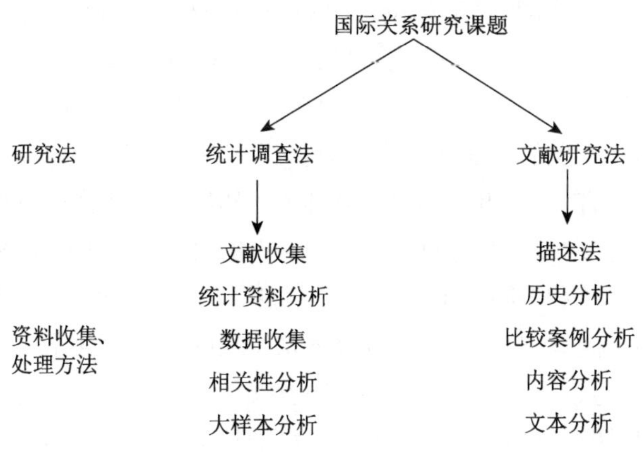

图 1.1　国际关系研究法

统计调查法的资料来源可以分为三类。①直接可获取的数据、资料。这些数据资料集中在相应的数据库中。一些高校和国际关系研究机构建立了相关领域的数据库，它们涵盖了国际冲突、国家实力、政权类型、贸易、联盟行为、国际组织等国家间交往的主要方面。一些国际组织和政府机构也定期发布统计数据。例如，“世界发展指数”可以在世界银行官方网站上获取，国家间双边贸易量定期发布在 WTO 网站上。还有一些调查数据，如民众的政治态度，主要由一些调查机构收集，可以从盖洛普民意测验等公司网站获得。[①] ②通过查阅档案、文本所能获得的文献资料、数据。这是国际关系研究者获取数据和资料最直接有效的方法。研究者在论证观点时，需要从档案、历史、文件、讲话稿、文献中搜寻相应的资料。③调查得来的文字和数据资料。这种资料通过自然状态下直接询问、观察或由被调查者填写所得来，主要是利用事先设计好的表格、问卷、提纲等进行。一般来讲，国际关系研究中此类资料用得比较少。

文献研究法是利用现存的一手或二手资料，侧重于从档案、领导人讲话、国家文件、回忆录等历史资料中发掘事实和证据。在国际关系研究中，文献研究法是不可缺少的。确立问题、建立理论假设、论证假设、提出对策等都需要查阅大量的文献资料。文献研究法具有两个特点。一是它不直接与国际关系的研究对象接触，不会造成资料"失真"。因此，它也称为间接研究或非接触性研究。二是文献研究法与具体的研究方式和技术相联系。文献的分析技术主要有四种。①内容分析。它通过将现存的文字资料转换为数据资料，然后运用统计方法来分析国际政治现象。例如，计词法是内容分析法中最简单、最常用的方法。计词法的第一步是确定与研究问题有关的关键词，即记录单位。[②] 然后统计这些关键词在各个样本(分析单位)中出现的频数和百分比，最后进行比较，得出结论。举例来说，为了调查民主和平论和贸易和平论两种观点在不同杂志的倾向情况，选择杂志中关于和平原因的全部文章作为总体样本，研究者预先确定两组词，一组全部与民主有关，一组全部与贸易有关。然后统计计算这两组词在每篇文章中出现的频数，合计总数及每个词所占的百分比。通过这种方法发现各家杂志在对待和平问题上的倾向性意见。②比较分析。它是通过比较同一问题的不同案例、历史事件或过程来发现国际政治现象的一般规律和模式。例如，通过比较分析来寻找小国发展核武器的原因。通过案例的比较可以发现，转移国内矛盾、经济利益、维护核平衡并不是小国发展核武器的原因，维护国家安全才是真正的原因。因此，比较分析是通过对资料、文献的比较从而获得国际政治的一般性规律的方法，其核心在于通过至少两个案例的比较进而发掘现象背后的原因。比较分析的基本方法是密尔提出的求同法、求异法、求同求异法和共变法，以及 1970 年亚当·普沃斯基

---

① 关于通过数据库获取资料的具体方法，可参见刘丰、陈冲：《国际关系研究的定量数据库及其应用》，《世界经济与政治》2011 年第 5 期。

② Gilbert Winham："Quantitative-Methods in Foreign Policy Analysis", *Canadian Journal of Political Science/Revue Canndienne de Science Politique*, Ⅱ no. 2 (June 1969) Printed in Canada/Imprime at Canada.

(Adam Przeworski)和亨利·图纳(Henry Teune)在求同和求异法的基础上提出的“最具相似性系统”和“最具差异性系统”的比较案例分析设计。随着国际关系研究议题的发展,比较分析与定量研究不断融合,产生了多因解释的质性比较分析以及基于模糊集合的质性比较分析法(fsQCA)。③文献诠释。主要是通过对政策、思想、战略、决策的载体——文献、文本进行阐释,解释政策的来龙去脉,挖掘战略的核心目标,寻找决策的详细过程。诠释研究是国际关系研究的经典方法,根据诠释学的发展历史,产生了两种不同的路径。一种是把文本视为某种外在于诠释者的东西,强调必须把诠释者与诠释对象分开。对文献进行诠释,就是理解并解释作者赋予文本的既定意义。[①] 在国际关系研究中,研究者需要对国际政治主体正式发布的文本,诸如宣言、声明、讲话、报告的涵义进行解读,就属于这一层面的研究。第二种认为诠释行为是主体对于“客观对象”的不断再造过程,诠释者与诠释对象有不可分割的关系。如此理解,文献就不存在着自身“本来”的含义,文本的意义是由诠释者建构出来的。④个案分析。个案研究是对客观世界某个具有典型特征的事件进行实际描述和理论分析的方法。通过对某一个案“麻雀式的解剖”,研究者了解国际政治事件发生的过程和细节,概括出这一事件的特点与特征,甚至可以依据个案构建出国际关系中层理论。

2. 研究设计

国际关系研究设计的目标是对研究程序、研究过程、具体方法加以选择并制定详细的方案。研究设计的主要内容包括以下四个方面。①研究主题的确定:是进行描述性研究还是进行因果关系和因果推论的研究?②采用何种方法进行资料数据的收集。③采用何种指标对变量进行操作化测量。④使用何种方法对理论假设进行检验论证。[②] 研究设计就像施工的计划书一样,通过研究设计就可以了解研究者在整个研究过程中使用的方法。如果说研究课题的确立,基本上就对整个研究过程提出了所要达到的目标和要求,那么研究设计的任务就是建立达到目的而必须遵循的计划,即第一步干什么,怎么干,第二步又该如何具体行动。

在有些国际关系研究中,研究设计的任务可能还包括确定抽样方案和测量方法。例如,为了了解不同类型高校学生对联合国改革的态度,需要

---

① 李少军:《国际关系研究与诠释学方法》,《世界经济与政治》2006年第10期。

② 〔美〕加里·金、罗伯特·基欧汉、悉尼·维巴著,陈硕译:《社会科学中的研究设计》,上海:格致出版社,上海人民出版社,2014年。〔澳〕戴维·德沃斯著,郝大海译:《社会研究中的研究设计》,北京:中国人民大学出版社,2008年。

从各类高校中随机抽样，了解学生的倾向。这就要依据统计学原理从研究总体中抽取出适当的样本。到底是采用完全随机抽样、分层抽样还是其他的抽样模式，这需要根据课题的实际情况及经费预算来确定。

三、国际关系研究技术和方法

研究技术和方法是指在研究过程中为了描述国际政治现象，建构、论证理论假设所采用的具体手段和工具。哲学思辨、定量研究和质性分析是国际关系研究领域中最主要的三个模式。下面通过对哲学思辨、定量研究和质性分析三种研究模式的阐述来说明国际关系研究的具体技术和方法。

1. 哲学思辨方法

哲学思辨主要通过运用直觉判断和个人洞察力来获得对世界政治现象的认识，不强调客观性和实证性，得到的结论不必建立在直接观测和经验基础之上，研究者的"素质"对结论的影响比较大。对和平、民主、道义、权力等规范性概念的研究主要使用哲学思辨方法。

2. 质性分析方法

质性分析是什么，范・迈宁（Van Maanen）的观点可能最具代表性：质性分析是一把大伞。[①] 它的范围是如此的宽泛，几乎所有的研究方法都可以放到这把大伞下面。沃尔库特（Wolcott H. F.）详细列举了质性分析包含的27种具体的研究方法。[②] 由此可见，学术界对质性分析的定义与内涵并没有取得统一的认识。

（1）翻译的迷雾

"质性分析"是舶来品，对应于英文中的 qualitative analysis。然而，对这一术语，国内存在着四种不同的译法。第一种是定性研究。早期的社会科学领域学者习惯使用这一译法，主要指代有别于定量分析的研究方法。第二种是质的研究。以陈向明为代表的教育学领域学者在早期研究时倾向于这一种译法。他选择"质的研究"这个译名，主要是考虑到与"量的研究"相对应；此外，在中文中质性研究中"性"的意思比较含糊，似乎有一种"推而广之"的意味。[③] 第三种是质性研究。应该说，这一译法更为通行。

---

① Van Maanen, *Varieties of Qualitative Research*, Beverly Hills: Sage, 1982.

② Wolcott H. F: "Posturing in Qualitative Inquiry", In M. D. LeCompte eds., *The Handbook of Qualitative Research in Education*, New York: Academic Press, 1992, p. 18.

③ 陈向明：《质的研究方法与社会科学研究》，北京：高等教育出版社，2014年，第21页。

在重庆大学出版的一套“万卷方法”丛书中，最早出版的曼·邓津主编的《定性研究手册》仍用定性研究译法，但后期出版的、涉及该译名的近10本书都使用质性研究的表述，包括陈向明主编的《质性研究：反思与评论》一书。第四种是质化研究或定质研究。这主要是在台湾、香港学者的研究论文中。例如香港大学的高敬文把qualitative analysis译为质化研究；[①]北京大学的高一虹也曾在研讨会上发表过题为《从量化到质化：方法范式的挑战》的论文。总体看，使用该术语的学者和论著比较少。

(2) 质性分析内涵既有解读及评判

社会科学界对质性分析这一术语的定义存在着分歧，不同学科对质性分析的内涵理解也不尽相同。根据麦克斯韦(Maxwell, J.)、库宾(J. Corbin)、丹曾(N. K. Denzin)、林肯(Y. S. Lincoln)、博戈丹(R. C. Bogdan)等人的观点，质性分析具有一些共性特点，主要包括：对事件意义的“解释性理解”、自然主义的探究传统、使用归纳法、重视研究关系等。[②]陈向明也在其专著中给质性分析下过定义：质性分析是以研究者本人作为研究工具，在自然情境下采用多种资料收集方法对社会现象进行整体性研究，使用归纳分析资料和形成理论，通过与研究对象互动对其行为和意义建构获得解释性理解的一种活动。[③] 从已有研究看，对质性分析的界定十分抽象与概括，国内外的许多学者试图通过分类、排除或列举的方法描述出质性分析的内涵。但是，质性研究到底是什么，研究者并没有给出清晰的图景。

约翰·格林(John Green)认为，在研究设计上质性研究必然借助于案例方法，而运用案例方法作为研究设计时，性质上总难脱离质性研究的范畴，两者不易截然区分。因此，质性研究在范畴上等同于案例研究。[④] 高奇琦也把质性分析方法隐含等同于个案研究和比较案例研究。[⑤] 事实上，这种界定方式犯了简单化的错误，忽视了大量需要研究者参与的“实践性”研究方法(如田野调查、访谈等)。

---

① 高敬文：《质化研究方法论》，台北：师大书苑有限公司，1996年。

② Boedan R. C. & Biklen S. K., *Qualitative Research for Education*. Boston: Allyn and Bacon, 1982. Denzin N. K: “The Art and Politics of Interpretation”, In N. K. Danzin & Y. S. Lincoln eds., *Handbook of Qualitative Research*, Thousand Oaks: Sage, 1994. Strauss A. & Corbin J, *Basic of Qualitative Research: Grounded Theory Procedures and Techniques*, Newbury Park: Sage, 1990. Maxwell J., *Qualitative Research Design: An Interactive Approach*, Thousand Oaks: Sage, 1996.

③ 陈向明：《质的研究方法与社会科学研究》，第12页。

④ John Gerring: “What is a Case and What Is It Good for?”, *American Political Science Review*, 98: 2, 2004, pp. 341-354.

⑤ 高奇琦：《比较政治研究中的质性方法》，《国外社会科学》2013年第4期。

拉金(Charles C. Ragin)等人通过与定量研究的对比来界定质性分析的本质内涵,将定量研究称为大量案例研究,将质性研究称为少量案例研究。[①] 因为定量研究中的变量都比较具体、操作性强,而质性分析中的变量缺乏单一、清晰的"度量标准",需要耗费大量时间进行"度量",不易进行大量案例的分析。因此,案例数量的多寡可以作为界定质性分析的标准。事实上,从形式上看,定量分析往往需要较多案例,特别是在统计回归分析中,为了满足模型估计统计检验的条件,样本最小容量要在 30 个以上。[②] 但是在具体的研究实践中,定量分析也经常处理小样本数据,特别是在非参数检验时。同样,质性分析方法也能处理大样本数据。特别是近年来在美国兴起的多值集质性比较分析(mvQCA)和模糊集质性比较分析(fsQCA)方法,所处理的样本数量能达到 30—50 个,超越了许多定量分析所处理的案例数。因此,以案例数量的多寡作为区分质性分析、定量分析的标准并不科学。

中国学者耿曙、陈玮等认为可以从变量的类型上来区分质性分析与定量研究。质性、定量研究的差别源于其所研究"概念"的不同,定量方法涉及的概念,相对简单清楚,容易精细度量。反之,质性方法所处理的概念,通常属于"多面概念"[③],各个层面的关系不易厘清,无法提出单一、清晰的"度量标准"。[④] 因此,质性方法一般处理"定类变量",而定量方法起码处理"定序变量"。概念的抽象与具体程度成了质性与定量研究的关键区别。然而,这并不符合实际。在定量方法的统计回归分析中,常常需要处理自变量为虚拟变量的模型。同时,二元 Logit 和 Probit 离散选择模型也是国际关系定量研究的有力工具。因此,处理数据层次的差异并不是质性分析与定量分析的根本区别。随着统计技术的发展,处理定类层次变量已成为国际关系定量研究的特色。

还有学者认为质性研究从形式上讲是一种运用非统计学方法的过程。在这一过程中,研究者所处理的有关政治现象数据包括词语、符号、图片或其他非数字记录。研究者运用这些数据,不单是要说明国际政治的事实

---

① Charles C. Ragin, *The Comparative Method: Moving beyond Qualitative and Quantitative Strategies*, Berkeley & LA: University of California Press, 1987.

② 李子奈、潘文卿:《计量经济学》,北京:高等教育出版社,2010 年,第 71 页。

③ 所谓"多面概念",就是变量包含的内涵比较广泛,难以用一个或少量的指标进行描述。举例来说,实力就是一个"多面概念",实力需要从经济、政治、文化、军事等多个角度进行测量。而经济实力不是"多面概念",因为它可以用国家的 GDP 直接来进行度量。

④ 耿曙、陈玮:《比较政治的案例研究:反思几项方法论上的迷思》,《社会科学》2013 年第 5 期。

"是什么",还要理解并解释其社会意义。[①] 克雷斯韦尔(John W. Creswell)还从本体论、认识论、价值论、修辞传统、方法论等五个角度剖析了质性分析与统计分析的差异。[②] 由于统计分析方法的哲学基础是实证主义,加之数学工具的引入,统计方法被国际关系学者认为是学科科学化的必然与必须。因此质性分析与统计研究的不同在很大程度上体现了传统方法与科学方法、非实证方法与实证方法的差别。[③] 事实上,许多质性分析也坚持实证主义理念,典型的代表就是比较案例分析。罗伯特·基欧汉等人在著名的 KKV 理论中也认定:质性传统及定量传统之间的差别仅仅是风格和方法论上的不同,所依赖的逻辑都是相同的。[④]

(3) 质性分析类型学概括

从上述分析可以看出,到目前为止,很难用统一的标准对质性分析内涵、范围作出精确的界定。如何清晰概述质性分析方法的内涵呢?我们可以从集合论获得启示。对集合中的元素进行界定有两种方法,一种是对集合中元素的共同特征作出归纳。另一种是当无法提取元素的特征时,可以通过一一列举的方式来说明集合。[⑤] 事实上,正如质性研究领域的两位权威人物林肯和丹曾指出,质性研究是一个跨学科、超学科,甚至是反学科的研究领域。质性分析不是来自一种哲学、一个社会理论或一类研究传统,它受到很多不同思潮、理论和方法的影响,起源于不同的学科。[⑥] 因此,通过提炼共同特征对国际关系质性分析法作出界定是困难的,那么,我们可以通过列举质性分析所包含的具体方法使研究者对质性分析有个全面的了解。

根据质性分析在国际关系研究中的发展历程,可以把质性分析分成四类。一是传统的研究方法,主要包括诠释学和个案研究。诠释的主要特点

---

① David E. McNabb, *Research Methods for Political Science*, Armonk, New York and London: M. E. Sharpe, 2004, p. 341.

② John W. Creswell, *Research Design: Qualitative and Quantitative Approaches*, Thousand Oaks, CA: Sage, 1995.

③ 李少军:《国际关系研究与诠释学方法》,《世界经济与政治》2006 年第 10 期。

④ Gary King, Robert O. Keohane and Sidney Verba, *Designing Social Inquiry: Scientific Inference in Qualitative Research*, Princeton: Princeton University Press, 1994.

⑤ 例如,1、2、3、4、5、6、7、8、9 组成了一个集合。对这个集合进行定义时,可采取两种方法,一种是 $N=\{$小于 10 的自然数$\}$;另一种表示方法就是 $N=\{1,2,3,4,5,6,7,8,9\}$。两种方法都可以使研究者了解该集合的本质内涵。参见:陈纪修、於崇华:《数学分析》,北京:高等教育出版社 2006 年版。

⑥ Lincoln Y. S. & Denzin N. K.: "The Fifth Moment", InN. K. Denzin & Y. S. Lincoln, eds., *Handbook of Qualitative Research*, Thousand Oaks: Sage, 1998. p. 576.

是对意义的“解释性理解”。通俗地讲，对同一个国际政治事件、文本，不同研究者由于意识形态、文化、知识结构等差异产生了不同的解读。个案研究是通过对某个具体案例的深入解剖，获得对事件的深刻理解，并推导出具有一般意义的结论。发表在国内外学术杂志上的绝大多数研究成果都采用了这类方法。二是比较案例分析。[①] 行为主义革命后，探究因果规律成了国际关系研究的主题。比较案例分析成了探究因果效应的有效工具，主要包括密尔法、比较案例分析与布尔代数、模糊数学结合所形成的质性比较分析。三是用于挖掘因果机制的过程追踪、时序分析、典型特征等方法。第四类是需要研究者深度参与、实践性强的访谈、实地研究、草根理论等方法。比如，艾尔·巴比(Earl Babble)习惯将质性研究与实地研究联系起来，表述为“质性的实地研究”。[②] 由于研究对象的特征，第四类质性分析法在国际关系研究中的应用比较罕见，主要运用于社会学和政治学。通过上面的分析可知，在国际关系学科中质性分析主要包括诠释学、个案分析、比较案例分析、过程追踪、时序分析、典型相关分析等方法。这些方法随着国际关系理论发展、对象变迁、需求牵引而逐步完善起来。

3. *定量研究*

定量研究已成为研究国际关系最重要的方法。斯普林兹对1975—2000年发表在《美国政治科学评论》《国际组织》《国际安全》《国际研究季刊》《冲突解决》和《世界政治》杂志上的文章进行了分析，得出的结论是定量方法占据了国际关系研究的半壁江山。他将研究方法分为历史描述研究、案例研究、定量研究、形式模型和综合方法，发现明显的变化是历史描述分析的比例显著下降，定量研究型的文章急剧上升。历史描述型文章从20世纪70年代末的大约一半下降到20世纪90年代的三分之一，运用统计分析的文章比例则从20世纪70年代晚期的26%上升到20世纪90年代末的43%。

定量研究起源于分析化学的一个分支，它通过测定物质中各成分的含

---

① 有的学者把个案研究与多个个案的比较案例分析统称为案例分析，认为个案研究的主要目的是“讲故事”，描述和阐发某一案例，而多个个案研究的目的是验证假设。参见ZeevMaoz:“Case Study Methodology in International Relations: From Storytelling to Hypothesis Testing”, in Michael Brecher and Frank P. Harvey, eds., *Millennial Reflections on International Studies*, Ann Arbor: University of Michigan Press, 2002, pp. 455-475.

② 〔美〕艾尔·巴比：《社会研究方法》，邱泽奇译，北京：华夏出版社，2009年，第11版，第292-302页。

量达到了解物质特征的目的。从孔德之后，研究者就开始把这一概念引进社会科学研究领域。20世纪六七十年代，受科学行为主义影响，国际关系研究者开始大力推崇定量研究方法。所谓定量研究，就是利用统计技术，考察事物“量”的规律性，从而把握事物性质的一种研究方法。传统国际关系研究关注性质问题，而定量研究，是在性质确定的大前提下，对国际政治现象程度的判断。其着眼点在于用数量关系揭示国际事物或国家间关系的根本特征，即通过精确测定的数据和图表反映国际关系的现状、类属和相互关系，从而使不确定的模糊的国际关系问题变得确定和明晰。从具体的研究方法和方式上看，定量研究方法有许多，比如抽样分布、统计推断、变量关系推测、回归分析、非参数检验等等。凡用定量研究手段，其工作程序都比较标准、系统且可操作。而且，定量研究中绝大部分的资料、信息都是数量化后的资料，最终结果也基本上靠统计分析的数据来表达，因而定量研究的成果往往给人一种看得见、摸得着的感觉，比较清晰、明确、概括、精确。需要注意的是，并不是对大数据进行分析就是定量研究，有两类研究并不属于定量研究。一类是仅止于数值描述或统计描述的研究。例如，对世界战争发生频率进行描述并不是真正意义上的定量研究。第二类是计算机模拟，这类研究使用计算机生成的数据进行分析，由于数据并非来自现实世界，而是计算机生成的，因此这类研究也不是实证研究，使用的统计方法不能算作定量方法。

一般而言，定量研究的主要目的是对理论假设进行检验。因此，它具有比较固定的研究步骤，具体如下。

（1）将理论假设推演成待检验的具体假设

研究中的理论假设往往包括不止一环的因果链条，定量方法需要将这一因果链条进行分解，从而逐步进行检验。

例如，考察民主化与贸易政策开放的关系，民主化导致了劳动力要素的自由流动，要素的自由流动则促进了贸易政策的开放。尽管在理论假设中只呈现两个变量之间的关系，但实际上两变量之间还存在着中间变量。最终检验的理论假设为：

民主化程度⟶劳动力要素流动频繁度⟶贸易政策开放度

（2）操作化、测量、选取样本、形成数据

一般来讲，待检验的理论是抽象的，难以直接运用数据对其进行核对。因此，需要将理论假设具体化变成可检验的假设，这一过程称之为变量的操作化。

例如,为了检验“维和行动延长了内战后的和平状态”这一理论假设,直接进行假设检验的话,显得比较困难,此时需要把理论假设具体化。和平状态可以用该地区或国家发生冲突的次数来表示。如果次数多,表示和平状态差,次数少表示和平状态好,因此,冲突发生的次数就可以代表和平状态这一抽象的概念。通过这一模式,抽象的理论假设就转换成具体假设,接着可以利用历史资料和数据进行检验。

形成可检验的理论假设之后需要收集数据。但是,由于历史资料和数据太多,不可能全部进行分析,就有必要从总的数据中选择一定量的样本。选择样本的基本标准就是样本能否反映出总体特征。其中,随机性和样本量是进行抽样的核心与关键。

(3) 理论假设的检验

获取样本数据后,可以对待证的理论假设进行检验。如何进行检验,要根据具体问题具体分析。一般而言,涉及两种具体的技术,也是定量分析中最主要的研究方法。①直接利用数据计算变量之间的相关关系。数据类型可以分为定类、定序、定比和定距数据,根据类型的差异,选择不同的计算公式进行相关系数的计算。然后根据相关系数的大小来判定变量之间的关系。②建立统计模型,利用样本数据对统计模型中的参数进行估计。在变量间确定存在相关关系后,需要更深入地了解变量之间的精确关系,即一个变量的变化会对其他变量产生何种程度的影响,这就涉及建立回归模型,并利用样本数据来估计模型中的参数。由于样本数据是从总体抽取的,还需要检验从样本数据中得到的参数是否符合总体的参数。

(4) 假设的重新检查

由于定量方法检验的假设往往是理论的简化。因此,谨慎的研究者还需要进行所谓“鲁棒性”的检查,主要包括以下三个方面。一是修正变量的测量方式。同一个变量在进行测量时,可以使用不同的标准。例如,对于国际社会稳定,可以使用国际社会发生的武装冲突次数来进行测量,也可以用国际社会发生世界大战的次数来测量。那么,哪一个测量方法更契合国际社会稳定的内涵呢?会不会由于使用不同的测量方法导致相异的结论?这些都需要进一步的检查。二是统计模型的选择。在选择模型时,研究者往往是根据既有的理论或成果进行模型构建,但在建模和统计分析中,同一问题往往有不同类型的统计模型可供选择。研究者应根据不同假定,选择不同的模型进行比较。三是检查假定的改变是否对结论有影响。理论假设都是对现实的简化,在推断理论假设之前需要对实际情况做出一些先验性的判断,这就是假定。但是,假定是否合理以及修改假定后是否对结论有重大影响，需要进行检验。

(5) 定量结果的解读

通过定量方法得出研究结论后，要结合国际关系理论对统计数据进行解读。在定量研究中往往会出现这种情况：统计模型和数据通过了各方面检验，但是得出来的结论在理论上、逻辑上、常识上都难以讲得通。因此，研究者需要对定量分析的结论作进一步解释与修正。

4. 质性分析与定量研究的关系

从上文的分析可以看出，国际关系研究的具体技术和方法包括很多种，但主要涉及质性和定量两种模式。对于定量和质性分析，国际关系研究者存在不同的意见。传统的观点认为，从本质上看质性分析与定量研究完全迥异。事实上，当前国际关系学界质性和定量取向的学者常常站在不同的阵营，对彼此的工作互不了解，对孰优孰劣争论不休。定量研究坚持方法的公开性、可重复性等，认为是比较符合科学标准的方法。质性研究则批评定量研究使用的方法越来越复杂，使得国际关系变成了少数人的游戏。定量研究批评质性分析过于倚重研究者的"素质"，受到个人因素的影响比较大。

质性分析和定量研究在认识论、本体论等方面都存在着差异。劳伦斯·纽曼(Laurence Newman)在《社会研究方法：定性和定量的取向》中从技术主导与超验、建构逻辑与定量逻辑、线性与非线性逻辑、客观性和完整性等五个方面区分了质性分析与定量研究的差异。[①] 概括起来，学术界对两种模式的区别主要体现在表 1.1 中。

表 1.1 国际关系定性和定量研究方法的区别

定量研究	定性研究
测量客观的历史与事实	建构社会现实、文化意义
焦点是变量	焦点是互动的过程、事件
信度是关键	关键在于货真价实
价值中立	价值无所不在，而且分外明显
统计分析	主题分析
研究者保持中立(当然不是完全的中立)	研究者置身其中

---

① 〔美〕劳伦斯·纽曼：《社会研究方法：定性与定量的取向》，郝大海译，北京：中国人民大学出版社，2007 年，第 182—190 页。

质性分析和定量研究两种模式的差异是显而易见的。但是也有一部分国际关系研究者认为,质性分析和定量研究之间的差异仅仅体现在研究风格和具体研究方法上。从认识论、方法论、推论逻辑等三个方面来看,这两种研究方法在本质上是一致的。正如加里·金、罗伯特·基欧汉、悉尼·维巴在著名的KKV方法中指出的,这两种研究模式的差异是显而易见的,甚至会相互冲突。但是,基于这两种方法的研究都是系统的和科学的,推论框架是相同的,都满足国际关系学科的“科学性”要求。[①]因此,定量传统和质性传统之间的差别仅仅是风格和具体方法上的不同,所依赖的逻辑是相同的,都有力地促进了国际关系研究的“科学化”。

需要注意的是,国际关系研究方法体系的三个层次及各层次的具体方法是有机联系的,它们在国际关系研究中缺一不可。作为一个有机整体,方法论处于指导层面,不同的方法论会产生不同的研究方法。如果研究者在方法论层面主张实证主义,那么在具体研究过程中,它就倾向于采用统计分析、变量控制等方法。如果主张诠释学的话,文献分析法可能运用得更多。在具体研究实践中,有些研究原则值得参考与借鉴。一是根据研究主题,准确地选择恰当的方法。国际关系研究往往是经验理论型的,研究人员更多地倾向于实证研究方法,通过建立科学假设,进而收集数据资料,最后论证假设。二是要注意方法体系的完整性。任何一项研究,不仅仅涉及方法体系的某一个层面,而且是互相关联、互相牵制的。因此,在方法的具体运用过程中,必须把方法体系的每一个层次都准确、有效地利用好。三是注重方法的开创性。需要从其他社会科学甚至自然科学中不断借鉴,这是保持国际关系研究方法青春的动力源泉。

第二节　国际关系研究方法类型

国际关系研究方法(这里主要是指“方法论”,而不是具体的研究方法),根据其对国际社会和现象认识的差异,可以分为三种:实证主义、诠释学、批判论。三种研究方法区别的主要依据在于研究者对国际政治现象认识的差异,具体来说涉及对以下四个问题的认识。①是否存在着客观的国际政治规律?②国际关系学科是否可以像自然科学那样认识国际政治

① Gary King, Robert Keohane, and Sidney Verba, *Designing Social Inquiry: Scientific Inference in Qualitative Research*, p3-7.

现象和规律？③采用何种方法来研究国际政治现象和规律？④人的主观因素，特别是价值观、意识形态对研究结果是否有影响？对上述四个问题的不同回答产生了不同的方法论。实证主义者认为国际社会存在客观规律，通过“类实验”方法可以挖掘国际政治规律、预测国际政治现象。而诠释学主张用阐释或理解等主观方法来说明具体的国际政治现象和事件，需要通过对行为者或历史事件主观意义的理解来揭示事物表象之间的内在联系。研究者的经历、世界观、意识形态对国际政治现象的认识具有重大影响。批判论主张国际关系研究的本质不仅仅在于认识国际社会，更在于改造国际社会，它是以行动为导向的方法。在下文中，通过“研究目的”“理论的内涵”“理论的判断标准”三个方面的比较，使读者认清实证主义、诠释学和批判论的异同。

一、实证主义

实证主义方法，更准确地说是实证主义理念，来源于社会学的创始人孔德(Auguste Comte)。孔德在其六卷本的《实证哲学教程》中列出了许多迄今依然被遵循和使用的实证原则和方法。法国古典社会学家杜尔克姆(Durkheim)在其代表作《社会学规则》中概要地描述了他的实证主义观。他认为：社会虽然是由个人组合而成的，但在这种结合中所产生的现象就不再与个人相同，已具有超越个人的独特异质。[①] 因此，“我们必须把社会现象看作事物，根据社会现象产生的强制作用来认识社会现象。”[②]这种强制作用可以根据提出假设——检验假设这种科学的实证模式而获得。因此，实证主义可理解为为了发现并证明一组用来预测社会现象和活动一般模式的概率性因果法则而将演绎逻辑与对个人行为所作的精确的经验观察结合起来的一个有组织的方法。[③]

20世纪60年代，随着科学行为主义学派兴起，实证主义在国际关系研究中获得了广泛的认同。科学行为主义主张：人的行为，进而是国家行为存在认知的统一性，而且这些行为存在一定的客观规律，这种客观规律能用一定的理论进行解释。[④] 实证主义反对现实主义和理想主义所推崇

---

① 〔法〕杜尔克姆：《社会学方法规则》，胡伟译，北京：华夏出版社，1988年，第36页。

② 〔法〕雷蒙·阿隆：《社会学主要思潮》，葛智强、胡秉诚、王沪宁译，北京：华夏出版社，2000年，第246页。

③ 〔美〕劳伦斯·纽曼：《社会研究方法：定性和定量的取向》(第五版)，郝大海译，北京：中国人民大学出版社，2007年，第91页。

④ Divid Easton: “Political Science in the USA — Past and Present”, in Divid Easton and Corinne Sche eds. *Divided Knowledge*, Sage Publications, 1991, p. 41.

的历史、哲理等规范分析方法，提倡实证的、实验的研究方法——整体研究（范畴分析和模式分析）和策略研究（博弈论和决策论）及计量研究（统计分析和数理分析），从而提出实证理论和行为模式，力求使国际关系研究更加“清晰化”和“科学化”。[①] 实证主义主要体现为以下四点：一是逻辑主义，认为科学理论的客观验证要遵循演绎原则；二是经验实证主义，即命题只有在可以证实或证伪的情况下才是科学；三是理论与观察分离，而且观察应当是价值中立；四是因果关系的“休谟”问题，建立因果关系就是要发现被观察事件之间不变的先后顺序。[②]

研究的目的 实证主义者把国际政治现象和规律视为客观存在的，国际社会是真真实实地存在于“那里”的，等着人们去发现。而且，他认为国际社会的运行是存在一定规律的，这种规律可以用某个理论进行解释。在实证主义者看来，知识、科学的首要准则就是它的客观性。因此，实证主义的主要目的，就是按照科学程序和操作来进行研究，了解这个世界和国际社会的运作模式，从而控制和预测事件的发生。当然，实证主义国际关系研究方法不是要发现国际社会永恒的规律，而是要探索在特定时期里制约国际社会运行的经验规则。依据这些规律，可以对国际事件或现象做出判断、预测，同时告诉决策者在国际社会领域中，可以做什么，不能做什么。

理论的内涵 实证主义的理论是以法则为根据的，它建立在一般法则的基础之上，通过发现因果关系，科学解释为什么国际社会是现在这个模式，为什么会有这样那样的现象出现，为什么在相类似的条件下，某种类型的事件会经常发生。因此，一个完整的国际关系理论应该包含以下两个方面。一是由概念或概念群、变量、规律组成的因果效应。概念是国际关系理论的基石，是各类现象的抽象元素。[③] 变量是经过严格界定后的概念，它是可以观测和度量的。变量与概念最突出的区别就在于可测量性。变量在不同的情况下有不同的状态和属性，它反映了概念的可变动性，说明了现象在规模、速度等方面的变化情况，或现象在程度差异上的变化方式。[④] 例如，国际政治结构是一个概念。对其内涵进行界定后，研究者发现国际政治结构主要包括单极、两极和多极三种形态。此时，国际政治结

---

① 倪世雄：《当代西方国际关系理论》，上海：复旦大学出版社，2003 年，第 91 页。

② Steve Smith: “Politivism and Beyond”, in Steve Smith, Ken Booth and Marysia-Iekwskieds. *Internatoinal Theory: Positivism and Beyond*, Cambridge: Cambridge University Press, 1996, pp. 11-16.

③ 〔美〕艾尔·巴比：《社会研究方法》，邱泽奇译，北京：华夏出版社，2000 年，第 70 页。

④ 袁方主编：《社会研究方法教程》，北京：北京大学出版社，1997 年，第 75 页。

构就成为了变量。国际规律是变量之间的联系。按照形成机制，规律可以分为因果性规律和关联性规律，两者总称为因果效应。规律详细地告诉我们“两个或两个以上的变量之间的关系，或告诉我们某个变量的变化可由其他变量的变化加以解释”。[①] 二是因果效应的解释，即因果机制。规律是国际关系理论的重要组成部分，但是为什么会产生这种规律？这就涉及规律的因果解释问题。因果机制是规律的产生机制，从本质上也是“规律”，只是更复杂、更多中间链条的规律群而已。[②] 符合科学哲学意义的“国际关系理论”包含了概念、变量、变量与变量之间的关系，以及说明该关系的因果机制或理由。

如何判断理论的好与坏 实证主义判断理论好坏的标准主要有两条。一是理论在逻辑上是否能自圆其说。逻辑上不存在矛盾是实证主义对理论的基本要求，也是判断理论好坏的基本标准。二是理论是否符合观察到的事实，能解释或部分解释国际社会发生的问题，并且能对国际政治现象做出某种程度的预测。需要指出的是在实证主义者看来，理论只有“好”与“坏”的差别，没有“对”与“错”之分。因为任何理论都不能解释所有的国际政治现象。同样，任何理论都能解释一定范围的国际政治现象。因此，理论只存在解释范围的大与小，解释范围越大，理论越好。

二、诠释学

与实证主义相对应的国际关系研究方法是诠释学。诠释学(hermeneutics)一词最早来源于希腊神话赫耳墨斯(Hermes)的名字。赫耳墨斯的使命是作为信使向人世间传递诸神的消息和指示。由于神与人之间使用不同语言，因此这种传达不是简单的重复，而是需要翻译，特别是需要进行解释。因此，诠释学就是诠释者对原先的文本进行理解、翻译和解释。随着方法论的发展，诠释学产生出两种不同的发展路径：一种是把

---

① Turner Jonathan H:“Defense of Positivism”, *Socialogical Theory*, 1985, p. 24.

② 对于理论的理解，我们可以从自然科学中得到启示。地球绕着太阳转、潮汐运动等等，都是自然界常见的规律，为什么会产生这种规律呢？牛顿提出了万有引力理论，认为两个有质量的物体之间存在着相互吸引的力量，并把这种力量归纳为一个公式：$G=gm_1m_2/r^2$。用这个公式就能较好地解释地球公转一周是365天等常见的规律。随着科学的发展，物理学家又开始追问为什么引力与质量之间会有这样一个关系式。爱因斯坦提出了空间弯曲的广义相对论，从而为我们解决这个问题。从这个例子可以看到，一般意义上的规律抽象程度较低，变量以及变量间的关系可以通过观察或科学仪器进行直接测量而得，但理论之间的变量及变量关系却无法测量，需要通过其他间接的方法来验证，即把理论假设化为工作假设来进行检验。因此，理论从本质上讲也是规律的一种，只是与一般意义上的规律在抽象程度上存在差异而已。

文本视为某种外在于诠释者的东西，强调必须把诠释者与诠释对象分开。按照这种理念进行诠释，是假定在文本中存在一个不以理解主体的意志为转移的“作者原意”，文本的意义就是作者的原意。对文献进行诠释，就是理解并解释作者赋予文本的既定意义。[①] 在国际关系中，研究者需要对国际互动主体正式发布的文本，诸如宣言、声明、讲话、报告等的内在涵义进行解读，就是属于这一层面的研究。它不需要研究者对文献按照自身的理解去进行解释，只需要对这些文献所蕴含的含义进行理解，最终目的是尽可能准确地复制文献发布者的意图。当前，国际关系专业杂志上发表的诸多论文都属于诠释学，主要是对文本、公告、讲话、档案等进行解读，阐述涵义。第二种认为诠释者与诠释对象有不可分割的关系，诠释行为是主体对于诠释对象不断再造的过程。如此理解，文献就不存在着自身“本来”的含义，文本的意义是由诠释者建构出来的。事实上，国际政治作为一门具有一定意识形态的学科，许多文本的解读带有强烈的“个人”或“国家意志”色彩。例如，在讨论国家利益、国际秩序、国际制度等核心概念时，研究者对其内涵具有不同的理解。甚至对国家正式发表的文本，如领导人讲话、政府声明、组织章程，也由于诠释者所处立场不同，产生了不同的解读。因此，国际关系研究中的诠释学方法主张把研究者的经验带入文本，重新建构人们所研究的国际政治“现实”，进而促进研究者对“现实”的理解。

研究目的 诠释学研究方法主张研究的目的是发展对国际政治的理解，尝试用一种将其置身于特定情境的方式来发现个案、事件或行为的意义。因此，与实证主义主张的国际社会就在“那儿”，它独立于人类意识之外的观点相反，诠释的国际政治研究主张，现实并不是等着被发现的。相反，国际社会在很大程度上是人们根据自己的知识体系、意识形态所感知到的形象。国际政治现象存在是因为人们体验到它并赋予它意义，国际政治行动和活动是具有社会性、主观性的有意义的行动。行为主体的行动是社会行动，这种行动所具有的意义并不是原本就有的，而是行动主体被纳入到国际社会的脉络中，在国际政治的群体和组织中，在共享的意义体系中才获得了它的意义。[②] 因此，行为主体的行动不是纯客观的，不同的知识背景、意识形态等对同一行为主体的活动都有不同的解读。

理论内涵 实证主义主张国际关系研究应当像自然科学那样推导演绎出理论假设以及相互关联的因果法则。诠释学的国际关系理论试图描

---

① 李少军：《国际关系研究与诠释学方法》，《世界经济与政治》2006 年第 10 期。

② 严强、魏姝：《政治学研究方法》，南京：江苏教育出版社，2007 年，第 69 页。

述并解释国家、国际政治是如何运转的，理论主要包括一些概念与有限的概括，通过这些概念的概括来向读者展示研究者对国际政治世界的理解。例如，在研究美国的军事战略时，研究者会告诉读者军事战略出台的背景、目标、主要内容、为实现战略所采取的行动、军事战略在国家总体战略中的地位、与外交战略和经济战略的关系等等。通过这种详细的描述，并概括出美国军事战略的特点，读者就可以比较完整地理解美国军事战略。因此，诠释学的理论主要是通过描述的方式全面剖析国际政治现象或事件。同时，在描述过程中利用归纳的方法，借助一些抽象的概念，概括出研究对象的规则、意义、价值，从而形成了诠释学意义上的理论。个人的价值观和偏好介入到诠释学理论中。由此可见，诠释学的理论可以是因人而异的。例如，中国在联合国投弃权票，这一事实究竟代表了什么？在实证主义者看来，这一事实是完全客观的、清晰的。但是，对于诠释研究者而言，必须依据特定情境和经验来理解其中的意义。中国投弃权票很可能是不想卷入到该事件的国际斗争中，也可能是出于特定目的，以弃权票来代替反对票。总之，根据特定环境以及研究者的知识结构体系，“中国投弃权票”这一事件可以产生不同的意义。

如何判断理论的好与坏 由于诠释学与实证主义对理论内涵的理解不同，他们对理论好坏的判断标准也不一样。实证主义判断理论好与坏的标准是理论与国际政治现实的契合程度。诠释研究者通过其他人员对诠释研究成果的理解、学习与吸收来判断理论的好与坏。诠释学的理论犹如一份二手报告，其他人员通过该“报告”越能深入准确地了解到国际政治运行，则该“理论”就是一个“好”理论。举例来说：检验一份专业外交决策诠释报告真实性的方法，就是找位专业的外交人员来进行阅读，通过他来证实该报告的精确程度。一份好报告会告诉读者足够的有关外交决策的信息，如果读者将之消化吸收的话，那么当他遇到一位专业外交人员时，他对外交术语、外交活动细节的了解，可能会促使这位专业外交人员询问该读者是否也是一位外交人员。

总之，与实证主义相比，诠释学具有如下的特征。一是从研究模式看，诠释学研究者并不认为国际政治现象和国际社会是独立于研究者而客观存在的，如果没有研究者赋予其意义，国际政治现象是无法理解的。二是从科学性看，实证主义者主张对国际政治现象和规律的理解只有一种模式是正确的。但是，诠释学主张个体间可以相同的方式理解国际政治现象，也可以不同的方式理解国际政治现象。诠释学反对以某种统一的特定方式来理解国际政治。三是从行为主体来看，实证主义主张研究者与行为主体是互相独立的,实证主义者不会带“有色”眼光去看待国际政治现象。但是,诠释学认为研究者需要通过与行为主体的互动去理解国际政治现象和规律的意义,只有在这种互动过程中才能了解国际政治的模式和法则。

三、批判论

哲学层面上还有一种研究方法:批判的国际关系方法论。它既拒绝实证主义采用的那种客观的、定量的经验研究,也拒绝诠释学采取的“唯意论”的研究取向。批判方法的主要目的是破除国际政治现象中虚假的意识,使人觉悟,激发其改变现实,使人性得到解放。①

研究目的 批判论研究的目的是改变国际社会现象。他们达到这一目的的方式就是通过揭开存在的问题,剖析其原因来赋予人们力量,从而使他们行动起来改变世界。因此,批判论研究者是行动取向的。举例来说,对于全球化存在问题的研究,实证主义者会对全球化问题的发生机制作出详尽分析。但是,批判论研究者不会只发表一些论文和报告,然后等待联合国、世界银行、世界贸易组织采取行动。研究者会把这些论文提供给媒体并且通过与草根组织来讨论研究的发现。他们会与这些组织合作,以维护正义的名义,发起政治行动。比如说建立国际社会组织,反对全球化,从而避免全球化带来的问题。因此,与实证主义和诠释学不同,批判论的研究目的不仅是揭示国际社会的运行规律,他们是现实主义和行动主义的取向,以实践来表征研究的目的。

理论内涵 一个完整的国际关系批判论科学解释不仅能描述或解释某一国际政治现象,而且能提供如何改变这一政治现象的手段与方案。例如马克思主义,它不仅分析了资本主义存在的问题、矛盾,给人类描述出社会主义与共产主义的美好图景,更重要的是它给出如何实现共产主义的方法——实践与革命。因此,在批判论看来,理论的内涵不仅仅要包含对国际政治现象的描述与解释,更重要的是要提出行动纲领,从而改变现存的国际现实。

如何判断理论的好与坏 实证主义是通过演绎、重复的观察来检验假设,而检验批判理论的做法是,正确描述深层国际政治现象所产生的条件,形成一定的知识,然后应用这种知识去改变国际社会关系。一个好的批判理论教导人们关于他们自身的经验,协助他们了解自身的历史角色,并且告诉人们如何行动或建议应采取什么行动。如果在行动中达到了优化现状的目标,

---

① W Lawrence. Newman, *Qualitative and Quantitative Approaches*, 5th Edition, Pearson Education Inc., 2003, p. 81.

则该理论就被认定是"好"的。因此，在批判论看来，评判理论好与坏的标准就是实践。例如，批判论研究者提出一个有关外贸歧视的解释。他检验这个解释的方式是：根据这个解释采取行动，试图来改变外贸歧视的现状。如果解释指出存在外贸歧视是因为发达国家税率比较低，发展中国家税率比较高，研究者就会采取行动，使外贸决策者感觉到对发达国家和发展中国家采取同样的贸易态度在政治上是有利可图的，那么这种行动应该会改变外贸交易者的行为。如果真改变了，他们认为他们的理论是十分合理的。

从上文分析可以看出，在国际关系三大研究方法中，实证主义主张研究者置身于国际现象之外，主要目的是发现规律，再利用某种机制来解释规律；诠释论主张研究者与被研究者融为一体，它与实证主义所认定的客观现实"就在那里"不一样，它主张现实不是等着被发现，而在很大程度上是人们所感知的形象，这就要求我们带着价值观参与其中；批判的方法论主张研究者不仅要参与事件中，而且要求有实际行动来改造世界。对于三种不同研究取向的方法，可以用表 1.2 作比较。

表 1.2　实证主义、诠释学和批判论的比较

方法名称 比较项目	实证主义	诠释学	批判论
研究目的	发现社会规律，并提出合理的假设解释社会规律，使人类可以利用和预测。	理解有意义的社会行为，重新建构人们所构建的文化或现实，以达成共识。	破除虚假意识，使人觉悟，激发其改变现实行为，使人性得以解放。
知识性质	合乎逻辑的解释，或多或少地了解社会规律。	解释国际社会建构的相对一致的共识，用以理解国际社会本质。	对历史和现实结构的洞察，提供给人们改变国际社会现实的工具。
知识证据	精确观察测量资料，可重复性。	潜入于流动的国际社会互动中。	由能够揭穿虚假意识的理论来判定。
何为理论	由逻辑演绎性相互关联的定义、原理和规则。	对群体意义体系如何产生和维持作描述。	揭示真实处境的批判取向，帮助人们看到现实，实现更美好的未来。
价值地位	中立，只在选题时有偏向。	价值是社会整体的一部分，有偏差和差别，但无对错。	所谓学科必须是从某种价值立场出发，有对错之分。
接受训练	定量方法和技术，也有定性。	重新社会化，以定性方法为主。	

需要说明的是，在西方尤其是美国的国际关系学界，实证主义是主流的研究方法，这主要表现在学术刊物发表的成果上。不过也应当看到，国际关系研究并不是实证主义一统天下，诠释学、批判论都是国际关系研究的重要模式。

第三节 国际关系研究方法发展态势

随着国际关系研究方向、议题、任务和范围的拓展与转向，研究方法(论)呈现出以下几个方面的发展态势。

一、在方法论层面上，追求后实证主义

实证主义、诠释学和批判论在本体论、认识论和方法论方面都存在着明显差异。除了这三种研究范式外，当前国际关系研究还新近发展出另外一种范式：后实证主义。后实证主义是实证主义的继承与发展，它主张国际政治现象和规律作为客观实体是存在的，但其真实性是不可能被穷尽的。这意味着国际政治的客观真理虽然存在，但是由于受到人类认识的局限，研究者所了解的“真实”只是国际政治现象或规律客观实体的一部分或一种表象，研究就是通过一系列细致、严谨的手段、方法和对不尽精确的表象进行“证伪”而逐步接近真实客观。[①]

后实证主义研究范式可以分为两类，一类称之为“唯物主义的后实证主义”。它认为国际现象和规律是客观存在的，但却囿于研究者的能力不可能认识其真实的面貌。国际关系研究者的工作就在于通过研究逐步逼近真实与客观。另一种是“唯心主义的后实证主义”，它认为国际现象或事件是具有意义的，这种意义客观地存在于研究对象那里，研究者通过政治文本、事件的解读可以找到客观事实。由此可见，“唯心”和“唯物”后实证主义之间的根本性区别在于两者对客观对象是什么的理解存在着差异。

二、在研究方式层面上，融合质性分析与定量研究

质性分析和定量研究曾经是泾渭分明的两种研究模式。在过去的几十年中，两种研究方法相互对峙，某些时候甚至会相互冲突。定量研究者认为，质性分析主观随意性强，缺乏科学性，得出的结论无法进行推广。正

---

① 陈向明：《质的研究方法与社会科学研究》，第 15 页。

如齐夫·毛兹(Zeev Maoz)批评到:质性分析在很多情况下成了怎么都行的随意研究的代名词,作者感到自己无须阐明如何进行研究,为何选择一个特定案例或一组案例,哪些案例数据被使用了,哪些被省略了,如何处理和分析数据,以及推论是如何从作者呈现的故事中产生的。① 同样,坚持质性分析的学者也对数理模型在国际关系研究期刊上占据主导表达了不满,斯蒂芬·沃尔特(Stephen Walt)批评越来越复杂的定量研究只是在重复一些近乎于常识的论断。② 近年来,质性分析和定量研究的"鸿沟"正在缩小,两者之间相互借鉴,呈现出高度融合的趋势,主要表现在以下三个方面。

1. 质性分析的定量化趋势

以个案研究和比较案例分析为代表的传统质性分析具有逻辑上的简洁之美,力图发现国际社会运转的客观规律,进而实现对国际政治现象的单因或决定性解释。其实,人类社会活动充满了随机性,影响国际政治现象的因素繁多,缺乏一个主导性的原因。20 世纪 70 年代,大量的文献表明社会科学的学术理论和政策实践之间存在着巨大鸿沟。③ 鸿沟产生的关键是"被缺损的变量要么导致其理论预测不准确,要么导致对其他要素的偏见推理。"④其潜含义是社会现象的发生不应是某个因素导致的,而应当是诸多因素共同作用的结果。为了实现对社会现象的多维度解释,社会科学工作者在传统质性分析的基础上引入了定量方法,极大地扩展了质性分析的应用范围。1984 年,拉金把布尔代数应用于比较案例分析,形成了质性比较分析方法,它能对现象进行多变量分析和联合分析,⑤从而迈开

① Zeev Maoz:"Case Study Methodology in International Studies: From Storytelling to Hypothesis Testing", in Frank P. Harvey and Michael Brecher, eds., *Evaluating Methodology in International Studies: Millennial Reflections on International Studies*, Ann Arbor: University of Michigan Press, 2002, pp. 164-165.

② Stephen Walt:"Rigor or Rigor Mortis? Rational Choice and Security Studies", *International Security*, Vol. 23, No. 4, 1999, pp. 5-48.

③ 主要包括如下文献。George A. L., Hall D., Simons W., *The Limits of Coercive Diplomacy*, Boston: Little, Brown, 1971; George A. L., Smoke R, *Deterrence in American Foreign Policy: Theory and Practice*, New York: Columbia University Press, 1974.

④ Nincic M., Lepgold J., *Being Useful: Policy Relevance and International Relations Theory*, Ann Arbor: University Michigan Press, 2000, p. 392.

⑤ Bollen, K., Entwisle, B., & Alderson, A.:"Macrocomparative Research Methods", *Annual Review of Sociology*, Vol. 19. Collier, D., "The Comparative Method: Two Decades of Change", In D. Rustow &. K. Erickson eds., *Comparative Political Dynamics: Global Research Perspectives*, New York: Harper Collins, 1991.

了质性分析与定量研究结合的序幕。但是质性比较分析并不是完美的，最大的局限在于条件变量和结果变量只能做出简单的“二元”划分，即变量的赋值只能为“是”或“否”。1987年，拉金引入了模糊数学，质性分析与模糊代数的结合形成了当前国际关系研究中风行的基于模糊集合的质性比较分析方法(fsQCA)。它的适用范围更广，更有利于分析国际关系中具有模糊特性变量之间的关系。这是质性分析与定量研究互相借鉴、共同发展的范例。

2. 质性分析和定量研究过程的规范统一性

方法论范式是学术界通用的连接理论与经验的基本规则和方法，其存在为形形色色的经验研究和大大小小的理论讨论提供了平台。[①] 随着国际关系研究的规范化，质性分析和定量研究都遵从一定的方法论范式，两者的研究过程越来越趋近于同一。

定量研究存在一套比较固定的程序和方法。同时，作为研究成果的体现，需要撰写报告和论文，学术论文写作也有约定俗成的标准和规范。一般来讲，利用定量研究方法进行国际关系研究时主要包含以下五个程序：一是明确研究类型，二是确立研究问题，三是进行文献回顾，四是提出理论假设，五是检验假设。彭玉生把问题设置、文献回顾、提出假设称为“前操作化阶段”，而收集数据、假设检验和结果称为“操作化阶段”。[②] 国际关系之所以称为“社会科学”，就是因为操作化和资料分析阶段有程序和步骤可循。同时，国际关系研究是“软科学”，主要是由于在概念的操作化、收集数据、测量等方面尽管具有标准的程序和方法，但在具体施行过程中个人主观性比较强，导致研究结果可能因人而异。同时，在问题设置、提出假设等“前操作化阶段”也不存在固定的程序可循，它需要一定的非理性力量，包括灵感、顿悟等。[③] 因此，他具备了艺术和工匠的特点，这是国际关系学科有别于自然科学最主要的方面。

质性分析在阐释问题过程中不可避免带有主观性，为了尽可能消除“解释者偏见”的批评，质性分析也开始遵循严格的程序规则，以使结果更加客观，结论更为可信。主要体现在以下三个方面。一是质性研究强调程序的规范和格式，一项研究往往是从问题出发，然后综述相关文献和理论，建立假设命题，再收集资料进行检验。二是借鉴定量研究的有效概念。质性与定量曾是两种“尖锐对峙”的方法。质性分析认为自成一体，可以完成

---

①② 彭玉生：《“洋八股”与社会科学规范》，《社会学研究》2010年第2期。

③ 袁方主编：《社会研究方法教程》，第4页。

从形成概念到检验假设的全部研究过程。[①] 目前来看，质性分析尝试引入定量分析中的“信度”“效度”“代表性”概念，以消除“主观选择性”误差。[②] 三是加大计算机的应用力度。当前，质性分析已从个案或少量案例的分析发展为多案例分析。当案例和变量的数量只有两三个时，原因分析可以通过传统的“头脑风暴”来进行。但是，当案例数量有十多个乃至几十个时，仅仅用大脑的简单逻辑推理很难进行原因分析，这就需要借助计算机编码和程序。在质性比较分析领域，拉金、尼尔·卡伦(Neal Caren)和阿伦·帕诺夫斯基(Aron Panofsky)、日本学者野爱郎(Airo Hino)都开发了相应的质性分析软件。[③] 事实上，质性分析过程数字化和计算机化，已是一个不可逆转的大趋势。[④]

质性分析和定量研究从资料的收集和分析，对研究过程的每个环节都强调规范性和可重复性，以便研究者对有可能的诸多因素以及研究的具体过程有明确的意识与反省。[⑤] 只是两者收集资料的类型有些差异。定量研究收集的是可以转化为数字或符号的资料，而质性研究更多的是文字信息。两种模式都试图通过规范的研究程序，实现研究者之间进行“学术对话”的目的。

3. “结构性”导向与“个体性”导向的调和

传统质性分析倾向于导出以研究个体为中心的理论，定量研究则追求对国际政治现象的结构性解释。拉金指出，在少量案例基础上进行的质性研究(简称小 N 质性研究)对人类行为体和社会进程敏感，而在大量数据基础上进行的跨界定量研究(简称大 N 定量研究)则倾向于得出结构性解释。[⑥] 这意味着质性分析主要是通过对某个社会或历史事件进行解读，从

---

① Strauss Anselm L. & Juliet M. Corbin, *Basics of Qualitative Research: Techniques and Procedures for Developing Grounded Theory*, Thousand Oaks: Sage Publications, 1998.

② Stephen L. Morgan, *Counterfactuals and Causal Inference: Methods and Principles for Social Research*, Cambridge: Cambridge University Press, 2007.

③ Neal Caren and Aaron Panofsky: "TQCA: A Technique for Adding Temporality to Qualitative Comparative Analysis," *Sociological Methods & Research*, Vol. 34, No. 2, 2005, pp. 147-172. Airo Hino: "Time-Series QCA: Studying Temporal Change Through Boolean Analysis", *Sociological Theory and Methods*, Vol. 24, No. 2, 2009.

④ Dohan, Daniel & Martin Sanchez-Jankowski: "Using Computers to Analyze Ethnographic Field Data: Theoretical and Practical Considerations", *Annual Review of Sociology*, 24.

⑤ 徐世勇:《社会科学的三种研究范式及其对我国管理研究的启示》,《中州学刊》2005 年第 5 期。

⑥ Charles Ragin, *The Comparative Method: Moving beyond Qualitative and Quantitative Strategies*, Berkeley, University of California Press, 1987, p. 70.

中推导出包含“研究案例”个性特征的结论。例如，美国学者格雷厄姆·艾利森(Graham A. Allison)在《决策的本质：古巴导弹危机》一文中深入考察了美国总统、职能机构以及有关政治组织和团体在危机决策过程中的作用与影响，总结出美国在面临危机时的三种决策模式，即理性行为体决策模式、组织程序决策模式和官僚政治决策模式。① 尽管艾利森得出了危机决策模式，但这些模式只能应用于美国这一个体，是否能推广至其他国家应当小心翼翼。显而易见，由质性研究方法得出的规律带有很强的“案例个体性”特征。在定量研究中，研究者从相关“总体”中抽取大量样本，将每个案例视为“同质单元”，案例被分解为变量、分布和关联性，研究的焦点在于对尽可能多的观察单元进行分析。② 这些做法旨在得出超越案例特征的普遍性结论，找出各案例中所共有的不变的结构特征，从而得出抽象且具有普遍性的规律。因此，定量研究的结果往往凸显结构性特征，而忽略了具体个案的特征与作用。③

近些年来，质性分析力图在结构性和具有个性特征的解释(理论)之间作出调和。以加里·金为代表的社会科学方法研究者试图运用定量方法的原则改良传统的质性研究方式，致力于将质性研究科学化，力图追求理论解释的个性特征与普遍性之间的平衡。④ 拉金提出的质性比较分析法(QCA)运用布尔代数的逻辑推演技巧对各种因果条件作适当的组合，旨在保持理论普遍性的同时兼顾个案中复杂的因果关系。2007 年，拉金融合模糊集理论和 QCA，进一步解决因果解释多样性的问题。这种努力还包括托马斯·乔纳斯基(Thomas Janoski)在比较研究中的“内部与外部分析”法⑤、三角网格法等等。例如，罗伯特·帕特南(Robert Putnam)在《让民主运转起来》中试图解答三个问题，即制度如何塑造政治、公民参与如何影响制度绩效、现代意大利的政治制度绩效如何受到历史传统的影响。对于前两个问题，帕特南利用统计方法获得了抽象变量之间的因果关系。对第三个问题，通过对意大利文艺复兴时期城邦共和国历史的解读，探究和

---

① Graham A. Allison："Conceptual Models and the Cuban Missile Crisis", *American Political Science Review*, Vol. 63, 1969.

② 吉宓：《政治学研究中理论与方法的相互界定》，《国际政治研究》2007 年第 1 期。

③ Charles Ragin, *The Comparative Method: Moving beyond Qualitative and Quantitative Strategies*, Berkeley: University of California Press, 1987, p. 70.

④ Gary King, Robert Keohane and Sidney Verba, *Designing Social Inquiry: Scientific Inference in Qualitative Research*, Princeton: Princeton University Press, 1994.

⑤ Thomas Janoski and Alexander Hicks, *The Political Economy of the Welfare State*, Cambridge: Cambridge University Press, 1994.

展示了公民社会传统与政府绩效之间的因果路径。这一研究得出的结论不仅具有普遍性,也带有个案特征的色彩。① 这种通过多重研究方法(涉及统计、半形式理论、历史解读)的交错应用,被莱廷(Divid Laitin)称为"三角网格法"。② 由此可见,在同一项研究中,质性分析采用多种方法,对事实进行评估,力图从不同角度得出具体的和结构性的理论假设,并相互借鉴和补充。③

同样,定量研究也正在放弃构建宏大、抽象理论的努力,倾向于寻找带有个体特性的"中层理论"。定量研究的核心是利用统计数据获得概念(或变量)之间的关系。根据波普尔的定义,概念必须具有绝对的普遍性。但是,在定量研究中很重要的一个步骤是概念操作化和测量。如果概念过于抽象,则测量的系统化和标准化差,误差就越大,得出的结论也越不可信。为了提升国际关系研究的"科学性",研究者不再追求寻找那种包含所有内容的概念之间的关系,而倾向于研究具有一定抽象性的概念之间的关系。概念抽象层次的回落导致解释的结构性程度减弱,增加了个体性的特征。例如,贸易是一个普遍性的概念,中美贸易不是一个普遍性的概念,因为它受"中美"的限定,不符合波普尔对概念的定义。但在实际研究中,中美贸易却具有一定的抽象性,它可以包含自中美有贸易关系以来每年的相互贸易活动。由"中美贸易"这一概念得出的理论或结论可能不再适用于所有国家,但却适用于中美两国。由此可见,定量研究不再执著于获取抽象性结论,力图调整结论的结构性和个体性之间的差距。

三、在具体研究模式上,凸显因果机制的挖掘方法

自从华尔兹在《国际政治理论》一书中痛批研究者滥用"理论"一词,并一针见血地指出"理论不是规律(即因果效应),而是对规律的解释"以来,研究者越来越倾向于从因果机制的角度来挖掘因果效应,认为国际关系理论不仅是由因果效应(即因果规律和相关关系)构成,而应当由因果效应和因果机制共同构成。

因果机制解释了因果效应发生的原因。举例来说,文化距离是影响两

---

① Robert Putnam, *Making Democracy Work: Civic Traditions in Modern Italy*, Princeton: Princeton University Press, 1993.

② David Laitin:"The Civic Culture at 30", *American Political Science Review*, Vol. 89, No. 1,1995.

③ Sidney Tarrow:"Bridging the Qualitative Quantitative Divide", in Henry Brady and David Collier, eds., *Rethinking Social Inquiry: Diverse Tools* (Shared Standards), pp. 178-179.

国贸易的重要因素。文化距离越近，两国贸易量越大，这两个变量之间形成了相关关系。但是这种相关关系仅仅指出了文化距离与贸易之间的恒定的关联，可以从贸易的历史资料研读中抽象出来。然而，理论的本质和核心在于指出为什么两国文化距离越近贸易量就越大。要解释这种现象必须利用心理认同、商品相似度等概念作进一步的分析和解释。这种解释就被称为因果机制。从中可以看出，因果效应与因果机制是一个好理论的两个重要组成部分，也是实现国际关系解释目的的主要途径。

因果机制的重要性得到了国际关系研究者的关注。为了挖掘因果机制，学术界创造了一系列方法。20 世纪 60 年代，政治科学研究中由于历史和国家的回归，使得以国家为个案的历史比较分析逐渐增加并在一些研究领域取得了可观的知识积累。[①] 历史比较分析并没有严格的定义，顾名思义，可以理解为一种分析历时性的过程、用数量不多的个案进行比较（这些个案往往是国家、文化个体等对象）并论证其观点的方法。[②] 当前，历史比较分析演化出了三条分支：过程追踪分析、时序分析法和典型特征分析法，已成为挖掘因果机制的主要路径。

小 结

本章对国际关系研究方法作了一个概览式的描述。“方法”是一个抽象而又概括的词汇，它包含着方法论、研究方式和具体研究技术三个层次。从方法论的层面看，当前国际关系研究呈现出实证主义、诠释学、批判论“三足鼎立”之势。随着学科的发展以及从其他学科不断地借鉴和吸收，国际关系研究方法越来越呈现出多元化发展的趋势。

---

① Lowi, T. J., *The End of Liberalism: The Second Republic of the Unites States*, New York: Norton, 1969. Piven F. F., Richard A. C., *Regulating the Poor: The Functions of Public Welfare*, New York: Vintage Books, 1971.

② 陈那波：《历史比较分析的复兴》，《公共行政评论》2008 年第 3 期。

第二章 国际关系实证研究的内涵与要求

国际关系实证研究方法主张研究的核心目标是发现与解释国际社会现象之间的普遍法则。在认识论层面，实证研究方法强调国际政治现象可以被客观描述，国际政治规律客观存在且可以被研究者发现。在方法论层面上，主张科学解释是以法则为根据的，实证研究理论解释为什么国际社会现象是现在这个模式。解释所采取的形式是"X 导致了 Y"以及"X 是如何导致 Y 的?"。在研究过程层面上，实证研究方法模仿自然科学中的"实验法"，挖掘现象或变量之间的因果关系。

第一节 实证研究的内涵

一、国际关系实证研究的内涵

实证研究方法的内涵是由其研究对象的特征决定的。在实证研究者看来，国际政治现象和规律是客观存在的，研究的主要目的就是利用一定的技术来客观地描述国际社会，通过探寻规律对国际政治现象进行解释，利用规律对未来可能发生的国际政治现象进行预测。国际关系实证研究方法包含以下四个方面的内容。

(1) 国际关系的研究对象是有规律的。尽管许多国际政治现象看起来是随机的、杂乱无章的——例如国家的结盟、战争发生的时间，但是国际政治现象仍具有高度的规律性。因此，国际关系实证研究的目标是探寻国际政治现象的规律性及这种规律背后的因果机制。这种规律性与自然科学的规律性既有相同之处，也有不同之处。

按照发生的可能性，国际政治规律可分为绝对规律和或然性规律。所谓绝对规律就是当 a 出现时，必然导致 b 出现，a 和 b 之间的关系是完全恒定的。例如，在标准大气压下，水加热到 100℃就必然沸腾，这是绝对规律。只要满足 a(在标准大气压下水加热至 100℃),则 b(水沸腾)就必然发生。如果 a 和 b 之间的联系不是如此绝对,而表现出高度的稳定关系,那么这一规律可以表述为:如果出现 a,就会以概率 x 出现 b 这一结果,这就是或然性规律。由于影响国际政治现象的因素很多且难以一一把握,国际关系研究以发现或然性规律为主。塞缪尔·亨廷顿(Samuel P. Huntington)在其名著《文明的冲突和世界秩序的重组》一文中指出:主要国家间文明的差异导致了核心国家的冲突。这一命题表述的就是或然性规律。当两个或几个国家所处的文明存在差异,是否一定会导致核心国家之间的战争呢?这一规律很难得到国际关系史的佐证。事实上,战争的发生除这一因素之外,还与领导人的认知、国际格局等其他因素密切相关。

按照形成机制,国际关系所研究的规律可以分为因果性规律和关联性规律。康德认为因果性规律可表述为:凡是发生的东西都以某物为前提,是按某一规则随该物出现。[①] 按照康德的定义,事物 b 的发生必然是由于另一个事物 a 的发生,即 a 的发生导致了 b 的出现。这一因果规律的定义包含以下三方面含义。①a 和 b 之间的关系是一个不变的或始终如一的关系——在每次确认的原因发生时,确认的结果就有意义。[②] b 的出现在其背后必然由于某个原因 a 发生。这就是 a 与 b 之间存在一个不言而喻的假定:原因构成结果产生的必要和充分条件。[③] ②被确定为原因的事件优先于结果,当原因和结果事件被一段时间分离时,如果说他们是因果关联,就假定他们是由一系列在时间上邻接的、因果相关的事件联系起来。[④] ③非对称性。a 是导致 b 的原因,但 b 却不是导致 a 发生的原因,但 b 却可以对 a 的发生产生一定的反作用。

关联性规律,又称为统计规律或相关性规律,是指从单个的个体而言,a 与 b 之间并不存在着一定的关系,但是从大规模统计数据来看,a 和 b 存在着一定的相关性。例如,国际机制和平论认为一个国家加入国际组织的程度越深,该国发生内战的可能性越小,这种关联性规律可表示为 $\mathrm{Prob}(Y)=\alpha+\beta X$。上式意味着融入国际组织的程度($X$)越深,内战的可能性[$\mathrm{Prob}(Y)$]也就越小。然而,对某个具体的国家而言,即使他已加入了多个国际性的组织,但是内战的可能性也不一定小于那些未加入国际组织的国家。但是从整个国际政治现状及历史来看,却存在融入国际组织越

---

① 〔德〕伊曼纽尔·康德:《纯粹理性批判》,《先验分析论》,第 2 卷第 2 章第 3 节。

② 〔美〕欧内斯特·内格尔:《科学的结构》,徐向东译,上海:上海译文出版社,2005 年,第 82 页。

③④ 〔美〕欧内斯特·内格尔:《科学的结构》,第 82 页。

深,内战发生可能性越小的普遍性现象。需要说明的是,关联性规律具有非因果性的特点。在上例中,融入国际组织多并不是内战爆发可能性小的原因。事实上,内战的爆发与该国的民族政策、经济结构、领导人等因素紧密相关。

(2) 国际政治现象、现象之间的关联(规律)是可以被发现的。既然国际政治中存在着客观的现象和规律,那么研究者可以通过一定的方法来挖掘发现这些规律。实证主义者主张把国际政治现象等同于自然现象。自然科学家关心的是如何解释自然现象的运动和变化规律,对现象及现象之间的因果关系可以通过系统的观察和人为的实验得以探索。实证主义者主张国际政治现象及其规律也可以通过观察——主要是查阅、比较历史资料来获取。

当然,也有许多学者主张把自然科学的一套解释方式全盘照搬到国际关系研究中是不合适的,因为国际政治研究的对象不是无意识的物体,对国际政治现象的描述与解释必须考虑到领导人的动机、感情等内在的因素。例如,要解释国家参加地区安全合作的动因,如果把国家当成客观的物体,就可以用"受到的外在威胁、内在的利益驱动"这两个因素来解释。作出上述解释其实隐含着一个潜在的假定,即如果外在威胁、内在利益这两项条件具备的话,每一个国家都会参加地区安全合作组织。但实际上,影响国家参与地区安全合作的还包括领导人因素,甚至是一国所坚持的意识形态因素。所以韦伯曾根据这一特点,提出研究者要站到被研究者的立场,设身处地地理解行动者的内在动机,主观地判断影响社会行为的内在原因。

不过,如果用韦伯这种方式来替代科学解释的话,产生的问题就是知识的"多样性"。一千个人对哈姆雷特有一千种理解,不同的人对国际政治现象会产生不同的理解。更关键的是,对国家各种行为的理解并不能证明国际政治现象之间的因果效应关系,无法为国际关系研究提供知识增量。例如:按照常识性理解,一个国家加入了区域经济组织,国家的对外贸易依存度会提高,原因是加入区域经济组织后,关税下降,进出口增加。但是实际数据调查结果却与这个结论相反。这说明,靠理解来挖掘因果关系往往存在着偏差。

总之,实证主义方法主张国际政治的解释是建立在因果决定论的假设之上。与此相对应的就是那种认定国际政治历史现象是独特的、需要采用特殊方法的观点完全排斥了国际政治现象的规律性和普遍性。这种认识论上的差异导致了双方在解释国际政治现象时采取了不同的路径。后者主张顿悟等哲学或历史思维方法，而实证研究更关注变量控制、数理统计等客观性的方法。

(3) 研究者可以采取“科学的方法”来发现、挖掘国际政治现象和规律。科学的方法只有一种，即无论研究的对象是自然世界还是人与国家组成的世界，研究方法都是同一的，都必须遵循自然科学家在实践中所运用的以变量控制为核心的实验法。作为“类”自然科学的国际关系研究，要求概念界定、数据获取、分析、理论假设的检验等各个环节保持高度透明。这种程序透明的主要目的使其他研究者能够重演这一程序并取得相同结果。无论什么样的研究者，只要遵从该研究给定的定义、程序、数据生成、分析逻辑，就能够得到相同的结果。这样才能保证研究过程“真实”，进而促进结论的推广与应用。

(4) 主观因素——价值观、世界观、意识形态——不应当影响对国际政治现象和规律的研究结论。实证主义主张研究者是独立于国际政治现象之外的，是通过对现象的观察归纳进而发现现象之间的关联性。这意味着研究者在研究时不会去触碰现象，不会改变其运转机制，解释现象与规律的发生机制时保持价值中立。

当然，也有研究者主张国际关系研究不是要发现永恒的规律，而是要探索在特定的社会中制约国家行为的经验规则，这些规则告诉我们，在国际政治中能够做什么，不能做什么。例如，在国际政治中，不可能寻找到国家为什么会发生战争的绝对规律，而只能探寻在特定的国际社会中影响战争的因素有哪些。冷战中，战争主要发生在意识形态对立的国家之间；冷战后，战争大多发生在文明的断裂地带，国家要避免战争的话，就要非常关注文明的断裂地。因此，在部分研究者看来，不存在着绝对的国际政治规律，规律都是有时间、空间限度的。

二、国际关系实证研究方法与自然科学方法的比较

实证研究方法起源于孔德的实证主义哲学。孔德的实证方法论思想要旨有三。其一，在英国经验主义的影响下，孔德旗帜鲜明地反对任何种类神学的、形而上学和绝对的观念，拒绝对本体论进行研究。其二，哲学的根本任务是对科学的本质进行探求，因为科学是人类唯一认识客观世界的手段。唯科学能获取知识，进而能发现客观世界的最高规律——人类社会规律。其三，基于前两点，研究者必须遵循自然科学家在实践中所运用的研究方法来挖掘和解释人类社会的运行规律，这是实证研究的基石。因此，实证研究的终极目标是建立像自然科学那样的“科学方法”，从而增加

国际政治研究的客观性、重复性、科学性。从实践操作来看，实证研究的具体技术，如比较案例分析、大样本统计分析，本质就是模仿自然科学中的实验法，通过控制变量的方式来发挖掘现象、规律发生的背后原因。下面通过国际关系与自然科学的特点比较，从而使读者对国际关系实证研究方法的内涵有更加明确的了解。

(1) 从本体论看，国际关系和自然科学的研究对象都是客观存在且具有规律的实体。这种观点包含着以下的哲学潜含义：国际社会与自然一样是客观的，存在着自身特点和运行规律。因此，国际关系研究的职责和使命就是寻找因果效应，进而解释现象，同时用于政策指导。具体而言，国际关系研究的任务可以归纳为三种：描述、解释、预测。其中，解释是国际关系研究的核心，描述是为解释服务的，预测是在解释基础上的自然延伸。鉴于这种认识观，国际关系应当是一种“类”自然科学。当然，国际关系的因果分析比自然科学的因果分析更为微妙复杂，这主要是由国际关系研究对象本身的特点所决定的。与自然科学研究不同，一方面，当研究者去研究国际社会现象和规律时，研究者已有的知识、意识形态、认识论会对研究结果产生一定的影响，从而使国际政治现象的因果链条变得更加扑朔迷离，因果推论更加困难。另一方面，当研究者去对国际政治现象进行研究时，研究的行为会改变国际政治现象的运行。举例来说，为了研究外交人员的决策模式，需与外交人员进行对话交流，交流的过程可能会改变研究对象的行为。

(2) 从认识论看，国际关系和自然科学研究都关注普遍性的现象。认识论是探索人类知识起源、本质、方法及局限的一个哲学分支。你到底能知道什么，你怎样认识世界，这是认识论关注的内容。自然科学和国际关系都关注和追求那些“永恒”的真理性的东西，而不是关注那些表面的或个别的现象。在自然科学中，科学家知道一种疾病的发病机理后，可以应用到各种肤色、不同种族、不同国家的病人身上。同样，在国际关系研究中了解战争发生的机理后也可以用于发展中国家、发达国家等不同地区和年代的国际行为体上。因此，自然科学和国际关系都非常关注由个案组成的总体的状况，都是通过从个案中抽象出总体的特征，再把总体特征应用于其他个案的一个反复的过程。

(3) 从目的论看，国际关系与自然科学的研究目的都是要发现规律和解释因果关系。国际社会是自然界的一部分，就必然要受到自然规律的约束。国际关系与自然科学都是要研究那些不以人的意志为转移的客观规律。了解这些规律，就能对人类社会发生的各种现象进行因果解释。规律和因果解释就是我们常说的“知识”。知识不仅是“客观存在的现实”，即国际现象，按照柏拉图的定义，知识应当是“永恒的世界”，这个永恒的世界是指依据现象、抛开现象，提出一种永恒的、放之四海而皆准的真理性的东西。举例来说，在国际研究中，我们常会接触到国家权力，美国在中东进行战争是国家权力的一种表现。但是，真正的知识不是对美国的这种权力去进行描述，因为研究者接触到的美国的权力只是权力的一种具体形态，并不是完美的权力。完美的权力不存在于现实，而存在于研究者的思想中。要研究权力，就必须抛弃具体的权力，去寻找到权力的共同特征。有了这些特征，就可以把它推广到任何具体的权力。这就是实证研究方法要达到的目的，即不是去寻找一种具体的事物或现象，而是找到一种相对“永恒的”“普遍适用”的本质。

（4）方法论上看，自然科学和国际关系研究的科学性都是由方法论决定的。美国学者加里·金等人认为，科学的研究方法有四个特性：其一是追求描述或解释性的推理目标；其二是公开的、可检验的研究程序和数据；其三是推理的结果仍面临需要进一步研究的不确定性；其四是坚持一组有效的推理规则。[①] 他们强调：科学最根本的内容是方法和规则，而不是研究的主题。简单地讲，无论是国际关系研究，还是自然科学研究，它们的科学性都是由其方法决定的，而不是由研究内容决定的。例如，解释人类的起源，可以用进化论的方法，也可以用上帝创造的方法；解释疾病的原因，可以采用病毒试验的方法，也可以用巫术进行阐释；解释战争的动机，可以用变量控制的方法，也可以用个人主观意志进行臆测。但无论哪一种方法，如果具有科学性的话，必须能经受得了其他研究者的检验和重复。考察研究科学性的根本不在于研究的对象，而在于是否采用了“科学”的研究方法。

（5）从过程论看，国际关系与自然科学所取得的成就都主要依赖于研究者的思考能力。收集事实是科学研究的重要组成部分，但是，如何分析事实才是科学研究的核心。牛顿和他的同事对行星运动规律的观察是一样的，但是只有他提出了万有引力这个概念，并作出 $F = G\frac{Mm}{r^2}$ 这个理论假设后，才能对行星的运动规律作出令人满意的解释。同样，国家之间力量的平衡可以有效地避免战争，早在修昔底德撰写《伯罗奔尼撒战争史》的

① 〔美〕加里·金、罗伯特·基欧汉、悉尼·维巴：《社会科学中的研究设计》，陈硕译，上海：格致出版社、上海人民出版社，2014 年，第 5—8 页。

时候,古人就发现了这一现实。但是在国际关系学者提出均势理论之前,却一直没人能从大量的战争事例中总结出这一规律。因此,无论是自然科学还是国际关系,研究取得突破性进展的核心都在于科学家的思考能力。

当然,这种思考能力——由观察归纳上升到理论层面的能力并不是通过努力就会获得的。它涉及一种非理性思维,这是个人研究能力区别所在。正如卡尔·波普尔(Karl Popper)所指出的:并不存在一个逻辑的方法来帮助产生新思想,发现新思想的过程包含着"非理性因素"。有时顿悟、直觉是发现这种理论规律的必要。①

(6) 自然科学研究与国际关系研究的不同方法及原理是共通的。自然科学获得新规律、新发展的最关键途径是实验法,实验法的本质在于变量控制。事实上,在国际关系研究中,"实验法"也越来越受重视。其中变量控制方法就是国际关系中一种典型的"实验法"。为了获得现象发生的原因,把其他可能的因素控制起来,只让一个原因发生变化,通过案例的比较来考察该因素是否是现象发生的真实原因。只是在国际关系研究中,研究者难以像实验那样人为地操控干扰变量,但是国际关系史中的大量案例为变量控制提供了巨大的"实验数据库"。

同样,大样本分析与自然科学中的实验法也有相通之处。国际政治现象与自然现象最大的区别在于影响政治现象的因素种类繁多,包括主导因素和微小的随机因素。因此,通过比较案例分析方法就无法控制诸多的随机因素。数学中的统计分析方法有助于控制随机因素。1935 年,费舍尔完善了随机实验设计,他将试验的对象随机地分配到控制组(实验组)和对照组或随机地抽取案例。根据大数定理,个体的不可控制的微小差异,随着试验对象的增加被互相抵消了,研究者可以专注于导致结果发生的主导因素。因此,在随机实验基础上建立起来的因果关系就不再表述为个体事件,而表述为群体概率或平均值和随机组试验的可重复性。② 在费舍尔理论的基础上,特别是随着科学行为主义的兴起,国际关系研究开始注重大样本统计回归方法,期冀通过变量间的共变性或者相关性来认识现实世界中一般模式的因果影响。③ 特别是以大样本回归统计为代表,找寻一个变量与另一个或多个变量之间关系的定量研究方法主张研究的公开性、可重

---

① Popper, Karl R., *The Logic of Scientific Discovery*, New York: Harper and Row, 1968, p32.

② Fisher, Ronald A., *The Design of Experiments*, Edinburgh, Oliver and Boyd, 1935.

③ Charles Ragin, *Constructing Social Research*, Thousand Oaks Pine Forge Press, 1994, p33, pp. 131-153.

复性、可验证性，与一般意义上的科学研究更加接近，从而具备了对定性研究方法的压倒性优势。

因此，从形式看上，变量控制方法和大样本统计分析迥然相异，但是他们的推理逻辑是相同的。统计分析是通过大样本的回归来获得变量之间的关系（相关关系）；而变量控制方法是通过案例的比较获得自变量与应变量的关系（因果关系）。[①] 它们背后的方法论基石都是自然科学的“实验法”。因此，罗伯特·基欧汉就明确指出了这种研究只是风格迥异，但并无优劣之分，都是系统的和科学的。

当然，受国际关系研究的影响，自然科学也开始强调事物的非线性和复杂性研究。可以肯定地讲，随着自然科学与国际关系学科之间相互融合、相互渗透趋势的不断加强，它们将互相借鉴、共同发展。

三、国际关系实证研究的意义

国际关系和自然科学都属于科学范畴，它们最基本的共性就是都使用实证研究方法。实证研究方法有很大的局限性，它不能解决所有问题，但是实证的方法可以解决很多其他研究方法所不能解决的问题。在国际关系研究中，实证研究方法的意义主要体现在以下三个方面。

（1）实证研究方法可以帮助我们了解事物的变化程度。传统研究方法关注事物性质的变化，而忽视了量的研究。正如国内一位国际关系研究者评述到：如果你看到一堵墙就要倒了，还用得着纠缠于那堵墙的倾斜角度究竟是几度吗？所以，很多研究是大而化之，只要说得通即可。事实上，在当前的国际关系研究中，进行程度分析的重要性已大于性质的分析。实证方法既可以进行定性分析，也可以进行定量分析。实证方法的重要模式之一就是定量分析，定量分析不但可以帮助我们了解事物的发展方向，而且可以帮助我们认识事物变化程度。而非实证研究方法就难以做到这一点。举例来说，要了解两国之间的关系，传统研究方法可以对两国关系给出一个大致判断。如果通过研究发现中俄、中美两国关系都处在“好”的级别，那么，哪两个国家的双边关系更好呢？此时，传统方法就显得无能为力了。如果把两国间发生的事件用具体数值来替代，那么两国间关系就可以

---

① 在部分学者看来，比较研究的类型分为大样本与小样本，因此，比较案例分析和统计分析都同属于比较分析。〔瑞士〕Daniel Caramania：《基于布尔代数的比较法导论》，蒋勤译，上海：格致出版社，2010 年，第 23—28 页。Arend Lijpart：“The Comparable-Cases Strategy in Comparative Research”，*Comparative Political Studies*，Vol. 8，No. 2，July，1975.

用具体的数值表现出来，哪两个国家关系更好就一目了然。

(2) 实证研究方法可以帮助我们了解相关因素之间的关系。传统研究方法主要是通过列举方式把所有可能的原因呈现出来。但是，到底是哪一个或哪几个原因导致了结果的发生呢？传统分析方法难以给出一个明确的答复。而且，使用传统研究方法，不同的研究者可以得出不同的结论，论证的过程往往是不可重复的。而实证研究方法有助于了解各个因素之间的关系，深化对国际关系规律的认识。变量控制是实证研究中分析因果关系的主要手段。与简单经验归纳法不同，变量控制不但可以发现与事件相关的要素，而且可以认清这些要素之间的关系。举例来说，为什么小国会加入核不扩散协议（NPT）？传统的分析方法会列举出各种原因：面临国际社会压力、安全考量、经济利益驱动、领导人因素等等。在这么多原因中，到底哪一个因素起作用呢？传统的列举法是无法做出说明的。实证研究可以通过案例比较的途径发掘现象背后真实的原因。具体参见表 2.1。

表 2.1　小国加入核不扩散协议的原因分析

案　例	可能原因 1	可能原因 2	可能原因 3
A 国加入 NPT	国际社会压力	面临的经济困境	安全考量
B 国加入 NPT	国际社会压力	领导人的因素	国家间的竞争

从上述例子可以看出，经济困境、安全考量、领导人因素、国家间的竞争都不是小国加入 NPT 的原因，只有国际社会压力才是导致小国积极加入核不扩散协议的根本原因。

(3) 实证研究方法可以帮助我们提高预测的准确率。实证研究方法强调可重复性、可检验性，其目的在于提高结论的可靠性，进而增强结论的预测准确程度。举例来说，分析一国融入 WTO 的程度与国内武装冲突风险之间的关系，通过统计方法，发现国内武装冲突的概率与融入 WTO 的程度之间存在着一定的相关关系，通过样本得出回归方程式的系数后，可以对其他国家国内武装冲突的概率进行有效的预测。国际关系研究和自然科学一样，都可以通过精确确定变量之间的等式来做出预测。当然，自然现象和社会现象的发生都有一定的随机性，两者的预测都不可能是无条件的绝对精确，预测的精确程度只能是在一定的范围之内。

第二节 国际关系实证研究要解决的问题

国际关系实证研究方法与其他研究方法类似，主要解决三类问题：是什么的问题（描述性问题），涉及描述性研究，主要任务是对国际关系现象进行客观性的描述；为什么的问题（解释性问题），涉及解释性研究，主要任务是挖掘规律，解释国际关系现象产生的原因；预测性问题，主要是依据挖掘的国际政治规律进行预测。在这三类问题中，解释性问题是国际关系研究最核心的任务，主要包括寻找因果效应和挖掘因果机制。需要指出的是，应该怎么办的问题往往不属于国际关系实证研究的范畴。应该怎么办的问题往往涉及价值判断，这与研究者的价值观、个人经历等密切相关。对国际关系问题进行价值判断与实证方法的内涵之间存在着冲突。

一、描述性问题

国际关系研究的一个重要目的就是对某些国际关系现象、国际事件和国际问题及它的特征进行客观、准确的描述，通过审核、整理与汇总的资料，说明研究对象总体或局部的某些特征、状况的分布。通俗地讲就是说明所研究问题、现象及特征是"什么"的一种方法。描述是解释、预测研究的基础，也是认识、探索国际问题的第一步，而且是不可缺少的一步。只有完整、准确的描述，才可能形成正确的解释、预测。一般而言，描述不是国际关系实证研究的主要内容，而解释性研究也就是探索"为什么"才是实证研究的核心。但是，描述性研究在国际关系研究中也是一个非常重要的课题。例如，对于国家综合实力的评估，就是一个典型的描述性问题。评估国家实力时，需要将软实力和硬实力分开，在软实力和硬实力中分别设立指标体系、查询数据，最终组合起来得到国家的综合实力。描述性研究的关键是指标体系的设置。例如，考察中国对国际秩序的态度这一命题，那些支持或反对中国奉行维持现状外交政策观点的研究者最常见的论证方法是采用举例子或列举领导人讲话等模式。事实上，这种辩论在学理上容易走进死胡同。一是支持己方观点的列举出 10 个案例，反对方可以列举出 20 个反对性的案例，造成的结果就是谁也说服不了谁。二是借助于领袖语录、官方文件或现行政策的权威硬下结论，把对方的不同观点与现行政策之间的不一致联系在一起，从而把学理的辩论水准带回到了思想解放前的低点。实证方法在进行描述时，首先是准确地界定"维护现状"和"改变现状”这两个词的含义。其次是提供多个指标来判断某个国家是否游离于维持现状。[①] 通过设立指标或指标体系来对某种现象进行说明，这样，即使争论也具备了学理基础。

二、解释性问题

国际关系研究的重点往往并不在于描述一类现象或把某件事件的发生过程复述出来，而在于解释。所谓解释就是对研究对象的行为、特征、因果关系等为什么产生或变化的回答。例如，为什么东亚在冷战后保持了长久和平？为什么在19世纪英国国力强盛和20世纪下半叶美国国力强盛的时候，世界上发生的战争次数比较少？为什么两个贸易量较大的国家，发生冲突的可能性比较小？……这些都是国际关系研究的核心内容。解释是预测未来国际事件和国际现象的基础，是寻找未来国际社会问题对策的依据。

解释性研究主要涉及两个方面：一是探寻因果效应，主要包括因果关系和相关关系（规律）；二是对现象及规律发生的机制进行解释，主要涉及因果机制问题。

传统的国际关系研究是仿效自然科学理论通过因果效应来对国际政治现象做出解释的。

对于自然科学理论的理解，亨普尔（Hempel C. G.）的覆盖律最为经典，被誉为“科学解释的标准模型”。[②] 在亨普尔看来，科学理论的实质就是寻找因果规律，用因果规律来解释现象。亨普尔的覆盖律理论观可用如下示意图表述：

解释项（自变量）		被解释项（因变量）
因果或统计规律	→	待解释的现象或抽象层次较低的规律

覆盖律式的理论模型与人类的直观认识十分契合，而且现代科学的许多解释，尤其是物理学都符合亨普尔所描述的形式。这种模型为经验科学中的解释程序提供了一个系统的逻辑分析框架和统一的方法论基础，也就是将理论还原为形式化的逻辑关系。

---

① 〔美〕冯慧云：《中国是现状改变国吗？——基于信念体系操作码的解读》，《国际政治科学》2009年第3期。

② 威斯利·萨尔蒙把亨普尔的这种观点称之为科学解释的“里程碑”。具体可参见 Salmon, W. C., *Four Decades of Scientific Explanation*, Minneapolis: University of Minnesota Press, 1989.

国际关系研究具有“拟自然科学”的特性。因此，国际关系研究和自然科学一样，本质应当是寻找因果效应，用因果效应来解释国际政治现象。因果效应一方面可以对“范围广泛的国际社会现象做出系统性和统一性的解释。”[①]另一方面，因果效应作为国际社会反复发生现象的归纳，可以对未来国际政治现象做出预测。在探索国际政治现象的因果效应时，研究者提出的假设不仅可以进行逻辑证明，还可以用国际事件或国际社会现象进行检验。经过多次反复检验正确的假设，就成为特定的规律，就是我们对“为什么”问题的回答。

寻找因果效应主要有质性和定量两种方法。对质性方法来说，就是通过案例分析、变量控制等技术，找出影响国际事件或现象发生的原因。例如，为了考察美国两党政治对美国军控政策的影响，需要排除国际体系、国际环境等干扰变量对军控政策的影响。如何排除这些干扰变量呢？最好的办法就是像自然科学一样通过实验方法进行。但是，国际关系学科特点决定了不可能进行实验法。一个比较合理的办法就是通过多个案例比较来模拟自然科学中的“实验”，从而达到探究现象背后原因的目的。对定量方法而言，主要是找出两个变量或多个变量之间的关系，进行双变量和多变量统计分析。重点包括以下两部分的内容。①研究两个变量之间是否存在关系及关系的密切程度。研究者首先要确定研究问题的两个变量是否存在关系，只有确定他们存在关系了，才能从事下一步的研究工作。②建立变量之间的回归模型或其他类型的分析模型，从而精确地了解一个变量变化时对另一个变量产生的影响。例如，通过样本分析发现冷战后官方援助与本国 GDP、财政收入以及意识形态存在很大的相关性。研究者可以预设建立如下的回归模型：$Y=\beta_0+\beta_1 GDP+\beta_2 FI+\beta_3 X+\varepsilon$，[②]通过收集某个国家历年来对外援助、GDP、财政收入的数据，确定出具体的 β_0、β_1、β_2、β_3 的值，从而精确地了解各个变量之间的关系。

1973 年，华尔兹在《国际政治理论》一书中指出“理论不是规律（即因果效应），而是对规律的解释”。随后，越来越多的国际关系研究者主张解释性研究除了发现国际政治规律之外，还涉及因果机制的挖掘，因为仅仅提供规律或假设并不能对现象做出解释。

因果机制阐述了因果效应发生的原因，说明了解释变量导致被解释变量

---

① Brian Fay and J. Donald Moon: “What Would an Adequate Philosophy of Social Science Look Like?” in Michael Martin and Lee C. McIntyre, eds., *Readings in the Philosophy of Social Science*, Cambridge: MIT Press, 1994, p. 22.

② *FI* 代表财政收入，*X* 是个定类变量，1 代表两国意识形态相同，0 代表不相同。

的过程。因果机制主要通过中介变量(链)的方式来说明自变量与因变量的联接。在为国际社会中的某种行为、现象或事件寻求解释时,研究者可能不满足于"X 导致了 Y"或"X 与 Y 高度相关"这种因果效应,好奇心会驱使我们继续追问"X 是如何导致 Y 的?""为什么 X 和 Y 高度相关",这就涉及因果机制问题。举例来说,民主和平论是国际政治学中最常见的理论。民主和平论认为:民主国家之间不会发生或者很少发生战争。对于民主与战争之间的这种因果效应,可以通过大样本统计方式发现民主制度与武力冲突之间的确存在相关性和共变性。然而,作为民主制度与国家间稳定之间的因果效应,仅仅指出了民主与战争之间的关联。但是,理论的本质核心在于指出为什么民主制度与武力冲突之间存在着这种关系,必须要能够提出解释这种相关性和共变性的机制。因此,学者们从民主制度的特征和过程来解释为什么民主国家间较少发生战争,提出了民主制约、经济利益以及承诺可信性等机制,来进一步解释这种共变性。① 由此可见,国际关系的解释性研究不仅要包括因果效应,还必须包含因果效应的解释,即因果机制问题。

三、预测性问题

预测性研究是在解释性研究基础上进行的。如果已经找到国际政治现象之间的规律,那么当未来出现某一变量的时候,在很大程度上可以判断另一相关变量也会出现。例如,同盟国的战略分歧与同盟解体之间相关度比较高。那么,当某个同盟体内两个国家的战略分歧比较大时,可以判断同盟解体的可能性也在加大。因此,对规律的掌握是预测成功与否的关键。国际政治现象之间的关系可以分为因果关系和相关关系,在进行预测前首先要分清。如果某个规律是因果规律,还需要厘清自变量与因变量之间是充分关系、必要关系还是充分必要关系。如果是充分关系,那么自变量出现时因变量也一定会出现。如果是必要关系,自变量出现时,因变量未必出现。如果不进行这种细分的话,在进行预测的时候可能会犯错误。

当然,与自然科学不同,国际政治现象的发生往往是多种因素造成的,一般而言不存在一个突出的因素对结果有显著性的影响,在形式上就表现为复杂的规律。在这种情况下,一般的变量控制、计算相关系数等方法就难以探寻到现象发生的原因组合。基于布尔代数和模糊集合的多变量比较分析可以较好地解决多元变量之间的相关性和因果性问题,通过探索多

---

① Marian Fendius-Ellman, ed., *Paths to Peace Is Democracy the Answers?*, Cambridge: MIT Press, 1997.

变量组合导致现象及结果发生的机制,从而进行更加复杂的预测。

第三节　国际关系实证研究的要求

在本体论、认识论、方法论上,国际关系实证研究方法与自然科学有一定的相似性。因此,实证研究方法与自然科学的实验法在一定程度上也是相通的,实证研究方法内在要求主要表现在以下四个方面。

一是可实证性。可实证性是指国际关系研究的命题必须能够被证实。如果该命题、观点或规律无法在事实中得到证明,那肯定是不科学的。例如,许多政治报告经常提到国际形势日益复杂,对于这一命题,研究者既无法证明它是正确的,也无法证明它是错误的。因为每个人对"形势复杂"这个词语的含义理解是不一样的。在国际关系研究中,许多命题和政治报告中的观点十分类似,都是一些模棱两可的话语,难以通过事实来进行证明,这些命题就是不科学的,也不是实证研究要解决的问题。

二是可重复性。可重复性意味着,只要条件具备,结论就会发生。例如,在一个标准大气压下把水加热到 100 摄氏度,水就会沸腾。只要满足这个条件变量(在一个标准大气压下水加热到 100 摄氏度),结果变量(水沸腾)就会出现。无论是谁做这个实验,都可以得到相同结果。由此可见,实验法的基本特点是研究者不仅可以自己去做,而且可以告诉别人如何去做。只要重复这个程序和方法,其他人也可以获得相同的结果。因此,可重复性是国际关系实证研究方法的一个基本特征。

三是可检验性。这意味着国际关系研究者要把自己研究的过程、方法和结果公之于众,接受他人的检验。当研究者宣称发现一个新的规律和理论时,必须要把研究程序、数据方法和成果公之于学术共同体。只有经过学术共同体的检验并得到认同后的规律和理论,才是科学的理论。

四是不排除自己的错误。科学研究是无限不断逼近"真理"的过程,科学的典型特征就是能够承认"我错了"。约瑟夫・熊彼特(Joesph A. Schumpeter)曾评述到:如果要论证确凿无疑,它们就一定与现实无关,只要论证涉及现实,就必然具有一定的不确定性。[①] 在国际关系研究中,无

---

① Schumpeter, Joesph A.: "Can Capitalism Survive?" In Richard Swedberg, eds, *The Economics of Sociology and Capitalism*, Princeton: Princeton University Press, 1998, pp. 298-299.

论使用何种方法，研究设计、数据收集、案例选择都不具有完全的典型性和完备性，它将随着新论据的出现而产生被推翻的可能。同样，任何推论、准则都有例外情况出现，只是在大规模的反例出现以前我们暂时接受该种解释。因此，国际关系研究的结论并不是一成不变的，而是具有不确定性和可改进性。同时，影响力大小也不是判断研究科学性的标准。某个理论或观点影响力特别大，但并不代表这个观点和理论一定是正确的。例如，现实主义理论比民主和平论影响力大很多，但是从科学和实证的角度看，并不意味着现实主义比民主和平论更科学。

小　结

本章系统地阐述了实证研究方法的内涵、要求以及在国际关系中的应用领域。国际关系实证研究来源于自然科学的实验法，具有一定的程序、规范与步骤，根本目的在于描述国际政治现象，探索各类现象之间的因果联系，分析各种现象联系背后的机制，从而促进国际关系研究的科学化与精确化。

第三章 国际关系实证研究程序

国际关系实证研究是为了解答某一方面的问题，在研究过程中，并不存在着固定模式，但是研究要做到逻辑自洽、结构合理、有所创新，需要遵守一定的规范，具有一套固定的程序和方法。同时，作为研究成果的体现——学术论文写作也有约定俗成的标准和规范。一般来讲，国际关系实证研究主要包含以下五个步骤：一是明确研究类型，二是确立研究问题，三是进行文献回顾，四是提出理论假设，五是检验假设。

第一节 明确研究类型

在进行国际关系研究时，首先要确定是进行何种类型的研究：仅仅是对客观存在的国际政治现象进行描述，还是对国际政治规律进行检验，还是通过国际政治事件归纳出特定的规律。1971 年，社会科学家华莱士(W. Wallace)提出了社会科学研究的逻辑模型，也称为“科学环”(如图 3.1 所示)。在科学环中，任何研究者都可以找到所需研究的类型。同样，“科学环”也适用于国际关系研究，研究者可以在此图中找到相应的研究类型。

在这一逻辑模型中，华莱士用五个方框表示知识：①理论；②假设；③经验观察；④经验概括；⑤被检验过的假设。用椭圆表示研究各阶段中使用的六套方法：①逻辑演绎方法；②操作化方法，包括研究设计，概念的具体化和操作化；③量度、测定与分析方法，指观察的记录，资料的整理、分类、评定、统计及分析的方法，涉及测量、抽样和调查等；④检验假设的方法，如统计分析、比较案例分析等方法；⑤逻辑推论方法，主要是把验证过的假设抽象上升为理论；⑥建立概念、命题和理论的方法。各个部分的知识通过各种方法转换为其他形式。箭头表示知识形式转换的阶段。中心线的右边是理论演绎的过程，左边是理论建构的过程，它首先是运用归纳法由经验观察概括出研究的结论，然后再上升到抽象的概念和理论。在横

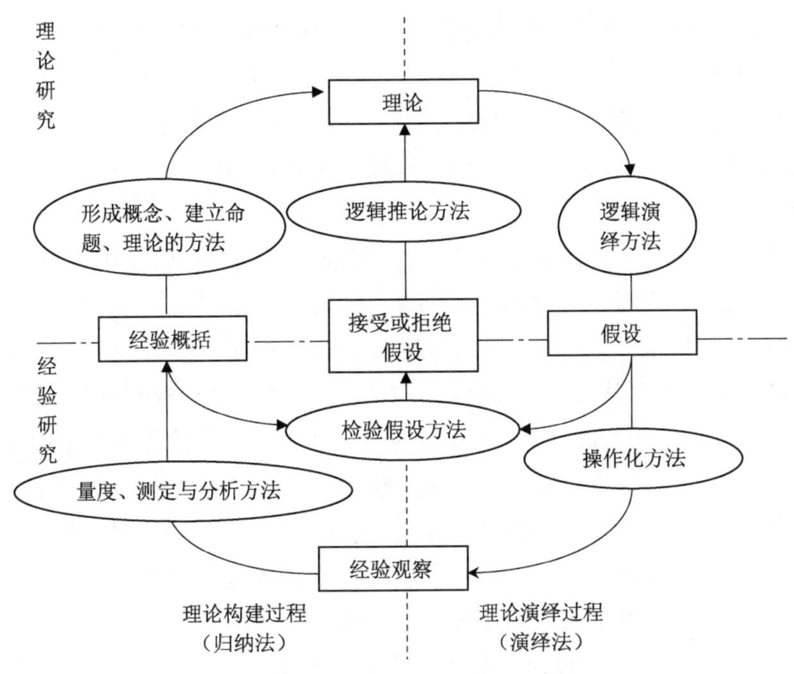

图 3.1 “科学环”——社会科学研究的逻辑模型

剖线的上方属于理论研究，它处于抽象层次。横剖线的下方则属于经验研究，属于比较具体的研究。

科学环是针对整个社会科学研究的。同样，科学环也可用于确定国际关系研究类型。从科学环中可以看出，国际关系实证研究的类型主要包括以下几个方面。

① 纯粹的国际政治现象描述，主要是通过观察国际政治现象，发现新的事实。特别是在已知事实的基础上，发现国际政治现象新的属性、特点、变化趋势，或者是用新的指标体系对国际政治现象做出新的概括。这一研究主要体现在从经验观察到经验概括这两个阶段。

② 发现国际政治现象新关系。通过经验概括，发现国际政治中的规律，主要涉及经验概括，形成概念，从而建立理论假设这个过程。

③ 对已有的或他人提出的国际关系理论进行检验。主要体现在对理论进行逻辑演绎，获得理论假设，进而利用数据和资料，对假设进行检验，从而确定接受还是拒绝假设这一过程。

④ 作为理论假设的一个延伸，国际关系研究的类型还表现在对国际政

治现象进行预测。理论假设从形式上表现为一系列的因果关系或相关关系(也称之为规律),利用规律可以预测未发生的或未知的国际政治现象。

根据华莱士的"科学环",大致可以看出实证主义国际关系研究的类型可以分为四种：描述、解释、检验、预测。以上四个类型中,解释应当处于核心的地位,没有解释的创新,就没有理论的创新,也就没有国际关系学科的发展。

"科学环"是对国际关系研究中各种逻辑过程的概括,从中可以看出,科学研究是从理论——假设——观察——概括或检验——新的理论……这样一个周而复始,无限循环的过程。它的优点在于没有起点也没有终点,研究工作可以从任何一点开始。有些研究可能是从观察开始,直接进行实地调查、资料查阅,然后通过归纳、总结等方法,由感性认识上升到理性认识。这一研究仅仅集中在对国际政治现象的观察概括方面。例如,为了探讨 INGO 在中国的国际合作模式,可以考察国际草海自然保护区管理在中国的合作个案,总结合作模式的特点,剖析模式的产生、优势和弊端。有些研究仅仅是在抽象层面探讨理论问题或致力于构造概念和理论体系,它并没有涉及理论的验证。有些研究主要是对已存在的理论进行检验。例如,利用统计方法对霸权稳定论进行检验。还有一些研究是针对问题,提出理论假设,再使用具体的技术和方法进行验证。例如,通过对战争史料的研读发现使用不对称战略是弱国在战争中取胜的决定因素。提出上述假设后,研究者再根据历史资料和数据对该理论假设进行统计检验,同时排除一些竞争性的解释。因此,华莱士的"科学环"可以作为国际关系实证研究的指南,了解具体研究类型,明确自身研究在整个研究过程中的位置和作用。

需要指出的是,国际关系研究最核心的目标是提供关于世界某个方面的可检验的科学解释,为特定研究领域提供知识增量。按照加里·金的说法,评判国际关系学科进步的标准是将未解决的问题以及存在多种竞争解释模式的问题转化为已得到解决的问题。换言之,国际关系研究致力于追求提供一种新的并且解释力超越现有各种解释的理论路径。当然,国际关系研究也可以发现现有各种解释模式所忽视的问题、因素与变量;或者从一个新的角度考察问题,而这些因素对于我们更好地理解国际政治与社会现象具有十分重要的启发意义。① 从这个意义上讲,通过归纳、演绎等方

① 尹继武:《社会认知与联盟信任形成》,中国人民大学 2007 年博士论文,中国人民大学馆藏稿。

法构建理论假设，进而检验理论假设，从而为国际关系学科提供新的知识是研究最重要的路径。由此可见，理论假设在实证研究中应当占据核心地位。一个典型的国际关系实证研究应当如图 3.2 所示。在这一逻辑框架中，理论的抽象探讨、国际政治现象的简单描述不再是实证研究的中心工作。

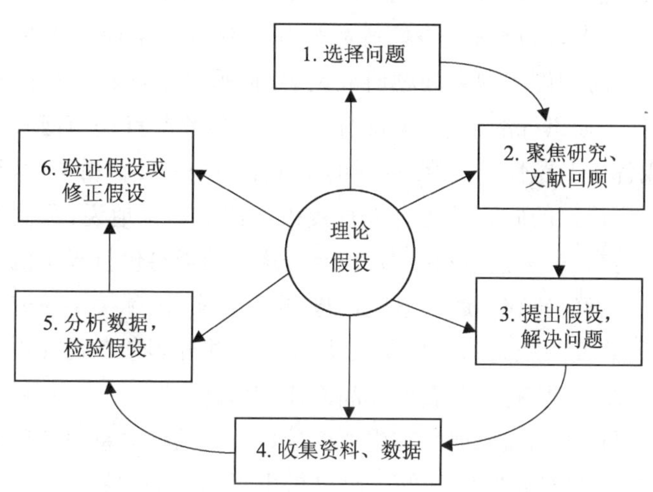

图 3.2　实证主义视角下国际关系研究典型程序

第二节　确定研究问题

在明确研究类型之后，需要进入确定研究问题的环节。所谓研究问题，是指本研究要解决的是国际政治学界未解决的疑惑或争论，或者是一个亟待解决的问题。它可以是提出具体的指标体系以对国际政治现象进行描述，也可以是对某一国际政治现象进行重新解释，还可以是对未知的国际政治问题作出推测。

一、研究问题的含义

在进行国际关系研究之前，首先要做的就是选择什么样的问题进行研究。当前，对于选择什么问题作为研究对象存在着模糊的认识。国际关系研究常常与国际评论混淆起来，许多人误将国际评论文章都视为国际关系的研究成果。各级电视台常常播放某学者对国际局势或热点事件的看法和意见,这些都不属于国际关系研究问题的范畴。评论者只是对一些国际问题发表了他个人的观点,并没有对国际政治现象和问题做出客观描述,也没有对现象发生的原因进行周密考证。还有一种"研究"是在学术刊物中对某一国际热点问题进行解读,一般采用三段式:问题的由来、目前的情况、解决的前景等,这也不属于国际关系的研究问题。对于这一点,老一辈国际问题学者,欧洲研究专家陈乐民先生就曾坦率地提出过自己的看法,他认为当时的许多国际问题研究论著"似乎等于把新华社以及当时所能看到的外国通讯社的消息(大部分又能在《参考资料》上看到)当作基本材料,编成各类专题性的文字,这样的工作至多是一种资料整理,很难说是学术性的、理论性的研究。"还有人直接指出:"不客气地说,我们有些国际关系学者,是靠《参考消息》和《参考资料》这样的资料包打天下的。"正因为如此,加上学者的研究问题太紧跟形势、贴近现实,国际关系研究缺少一般学术研究所需要的距离感和独立性,以至于一些外国学者批评中国的国际关系研究基本上是"扎实的新闻作品而非学术著作"。

因此,要做国际关系研究首先要清楚什么是国际关系研究问题。清华大学阎学通教授对研究问题的内涵已做出了明确的回答:研究问题是研究人员面临的未解之谜。如果以 Q 表示问题,以 F 表示所追求的知识,以 C 表示现有的知识,那么问题可以表述为 $Q=F-C$。简单地讲,研究问题是指国际关系研究者所要回答或解释的题目,而不是一个讨论的主题,也不是国际政治中需要解决的矛盾和疑难。[①]

选择什么样的问题进行研究具有一定的标准。由于不清楚国际关系研究与国际评论的区别,许多初学者甚至一些专业研究人员也不知道国际评论与国际关系研究选题的不同标准。国际评论选题最重要标准是政治标准,即要选择政治上有重要意义的事件进行评论,而国际关系研究则要选择有科学意义的问题,科学性是国际关系研究选题的最主要标准。那么,什么样的选题才具有科学意义呢?社会科学家加里·金提出了选题科学性的内涵:即研究的问题应提供关于世界某个方面的可检验的科学解释,为特定研究领域提供知识增量。需要注意的是,国际关系学界许多人往往把政治上是否重要作为选择课题的标准。许多博士论文往往把大国关系、周边外交作为选题,理由是大国关系是中国对外关系的重中之重,是国家领导人关注焦点,但他们却没有考虑过这一选题能否为认识国际政治

① 阎学通、孙学峰:《国际关系研究实用方法》,北京:人民出版社,2007年,第42页。

现象和规律提供新的认知和知识。例如,研究 2013 年中日之间爆发的钓鱼岛冲突。由于钓鱼岛冲突会严重影响中日两国关系,甚至会擦枪走火导致战争。从政治意义上看,研究钓鱼岛冲突有助于防止中日两国再次出现类似事件,维护好中国主权利益,进而维护东亚乃至世界的和平与稳定。但是,当以钓鱼岛冲突为典型案例,探讨事件发生后中国在危机中是如何维护国家利益的,如何把基本原则与一般原则灵活结合起来,总结出处理冲突的一般性规律和经验,这种研究就具有了科学意义,这类问题才可以进入到国际关系问题研究库里面。

二、研究问题的类型

既然国际关系研究的核心是回答和解释问题,哪一类问题是国际关系研究者所应关心的呢? 根据研究目的、方法的不同,国际关系研究的问题可以分为五类: 描述性问题、解释性问题、预测性问题、政策性问题、应然性问题。

描述性问题是指对国际政治现象或规律的特征、本质做出新的或更加贴近现实的描述。举例来说,"当前世界政治的新特征是什么""美国是进攻型国家吗"等都属于描述性问题的范畴。典型的描述性问题是利用指标或指标体系来刻画国际关系对象。例如,为了描述两个国家的文化距离,可分别设置权力距离、集体/个体主义、男性/女性度和不确定性规避四个指标,分别测算四个维度上的数值,最终通过加权的方式得出国家间的总文化距离。①

解释性问题是对国际政治现象或规律发生的原因做出阐述。无论是回答国际政治现象多样性的原因,还是认识国际关系中的规律,都需要对"为什么"的问题进行研究。"为什么"问题是国际关系研究中最主要的课题。国内一些核心杂志发表的论文基本上都是对国际政治现象或规律原因的探究,也即关注的是为什么的问题。解释性问题主要涉及因果效应和因果机制两个方面。因果效应反应了两个或多个变量之间的联系,因果机制主要是说明为什么产生如此的因果效应。

预测性问题是利用研究者对"解释性问题"的回答来预测将来的或未知的国际政治现象。例如,研究贸易与和平的关系时发现,双边贸易

---

① Groot L. T., David A. G.:"The effect of cultural distance on entry mode choice, international diversification, and MNE performance: a meta-analysis", *Journal of International Business Studies*, 2005, Vol. 36, pp. 270-283.

量越大的两个国家之间发生战争的概率越小。有了这个规律后，一旦发现国家间的贸易量在增加，可以判断这两国发生战争的可能性在减少。

政策性问题主要涉及对策的研究，属于“怎么办”的研究范畴。例如，美国推行跨太平洋贸易协议后中国怎么办？如何进一步推动朝核问题的六方会谈？都是此类问题。许多人认为，政策性问题不需要理论支撑，主要依赖于实践性经验。事实上，在进行政策决定时，有意或无意都需要理论的支撑。正如经济学家凯恩斯所说：生活在现实中的人，通常自认为能够完全免除于知识的影响，其实往往都还是某些已故经济学家的奴隶。

应然性问题涉及对国际规范的研究。一般来讲，应然性问题都会带有“应当”的字眼。公正的世界秩序应当是怎么样的？国家间交往的规则应当是怎么样的？都属于此类问题。对应然性问题的回答，往往与研究者的意识形态和个人经历密切相关。

研究者对国际政治现象的研究存在两个层面，即理论研究层面和政策研究层面。国际关系理论研究在于发现国际关系的本质和规律，因此，理论研究多选“描述性”和“解释性”问题。预测性问题是前两个问题的延伸。政策研究的目的在于提出更有效的政策，政策研究的选题多是“怎么办”的问题。因此，从学术研究的角度看，“描述性”“解释性”和“预测性”问题是研究中最核心的三种问题。

需要指出的是，问题都是研究人员在探索中发现的，寻找问题的过程本身就是科学研究的一部分。不经过艰苦研究而提出来的研究课题不是已经有了答案，就是难于取得研究成果。只有经过认真研究之后才可能提出有意义、有价值的问题。根据多数研究人员的经验，越是容易提出的问题，越是难于取得研究成果；越是不容易找到的问题，越可能取得突破性的研究成果。

三、研究问题的选择原则

一般人觉得，提出问题是最容易的事情。数学家费马在书边随手写的一个问题整整困扰了国际数学界三百多年，直到 1994 年才被怀尔斯解决。但是，国际关系研究的实践表明，提出一个真正值得研究的问题实际上是一件非常困难的事。这就是为什么博士、硕士研究生在撰写毕业论文前需要进行开题报告的原因。

一个真正有价值的研究问题，必须符合三个基本原则。

一是所选择的问题要有科学意义。所谓科学意义就是问题的答案有助于人类对某一领域知识的积累，有助于推动学科发展和科学的整体进步。对于国际关系研究而言，一个有科学意义的问题表现在有助于我们对国际政治现象的理解，有助于探索国际政治运行规律，有助于从新的视角来认识国际政治现象。举例来说，在国际关系研究中，无论研究成果是多么的精确和仔细，研究领导人的发型和穿衣风格都无助于人们理解国家权力的运行规则。但是，如果去研究国家领导人的性格、语言风格，就有助于理解国家外交政策的特征。

总的看来，国际关系研究中有科学意义的问题大致可以归纳为四类：①寻找国际社会现象的规律或现象之间的相互关系，从而对众多国际现象的共性作出解释；②对各种不同国际现象加以区别，并对某一个或一类现象的特殊性加以解释；③检验已有的国际关系理论，从而提炼出更加完善的理论；④对国际社会发展趋势或国际行为体的未来行为进行预测。

需要指出的是，许多国际关系研究者喜欢用“填补空白”一词来描述自己或他人的研究成果，理由是这些研究成果回答了以前并没有被研究过的问题。但是，从科学研究的意义上讲，如果仅仅是解答了一个他人没有关注的问题，并不能算作是“填补空白”。只有研究了一个既尚未回答，又有现实科学意义的问题才算是填补了空白。

二是问题没有现存的答案或答案还不十分完备。提出一个有科学意义的问题是进行有价值研究的第一步。如果对该问题学术界已有公认答案，那么这个问题的价值就会大打折扣甚至毫无意义。国际关系研究经过近一百年的发展，在许多问题上都已经有了比较完备的答案。因此，在提出问题进行研究之前，需要对具体问题的研究现状有充分的了解。如果不作深入了解的话，可能会选择一个已有成熟答案或成果的问题进行重复研究。显而易见，重复研究是不存在意义的。需要指出的是，有些问题的答案可能不止一个。在未了解研究现状的情况下，贸然进入该领域并取得重大突破，这种情况也是可能发生的。但是，客观地讲，这种情况发生的概率很低，而为此付出的代价则是相当的大。因此，为了确保所选择的问题是别人还没有回答或是回答得不完整的问题，研究人员需要通过大量的阅读，了解某一问题的研究现状，避免重复已有成果的研究。例如，如果研究者选择的问题是测量国家实力，那么这一问题的选择就没有多大价值。克莱因等许多学者对实力的计算模式进行了详细而精辟的分析。当然，随着时代的发展，实力的内涵与外延也发生了巨大的变化，计量技术也在飞速发展,原有的实力计算公式也显得不甚完备,此时可以选择实力测量作为研究的问题。

三是问题的回答要符合客观现实。符合客观现实表现在两个方面。①提出的问题能够找到答案。国际关系研究中需要解释和回答的问题也许是无限的,但这并不等于很容易就能找到一个值得研究的问题,因为许多问题是找不到答案的。例如,从理论上讲,建立世界政府是遏制国际战争最有效的方法。于是,从 20 世纪初开始就有人研究如何在以民族国家为主体的国际社会里建立一个拥有中央权威的世界政府,以控制国际战争,但是至今没有找到答案。这种问题类似于物理学中的永动机研究,是徒劳无益的。②对问题的回答要符合研究者的能力特点。对于特定的研究人员或机构来讲,由于研究能力和研究资源的限制,不可能对任何一个值得研究的问题都进行研究。国际关系研究的选题还必须要考虑具体问题研究的现实可能性,这种可能性包括研究人员的知识结构、研究经费、研究方法的可行性、研究资料的可获取性等多方面因素。在国际关系研究中,许多课题的研究需要大量的经费,如果所选的问题得不到基本的经费支持,那么对这个选题的研究也就无法展开。例如,研究五个安理会常任理事国在联合国中投票行为的特点,是一个既有科学意义又有政治意义的研究问题。但要研究这个问题,需要对五个国家在联合国内的投票行为进行分类、统计,然后利用相关方法对统计数据进行分析。如果无法得到五国在联合国的投票记录,那么对研究人员来讲,这个问题是无法研究的,也没有意义。要对国际恐怖主义的世界分布问题进行研究,显然需要进行统计相关分析。如果研究人员不具备统计学的基本知识,那么就不应当选择这个问题。[①]

四、研究问题的来源

问题是国际关系研究的灵魂,选择合适的问题也是研究最困难的部分。如何发现、提出问题,并不存在固定模式。一般来讲,国际关系研究问题的选择主要有三条路径:一是通过批判现有国际关系理论来寻找问题,称为逻辑路径;二是从经验事实中去发现问题,即历史路径;三是当理论和历史冲突时去修正或创建理论,称之为逻辑—历史路径。[②] 具体说来,在国际关系研究的实践中,主要包括以下五种方法。

---

① 该部分的观点来自于清华大学国际关系研究方法研讨班,特在此致谢!

② 卢凌宇:《国际关系研究问题的选择》,《国际政治研究》2014 年第 2 期。

一是阅读历史资料，从历史资料中找出规律性的现象，或找到某些现有知识无法解释的反常现象。这样就会产生疑问，促使你去思考。例如，在阅读世界历史时发现，当英国、美国实力非常强盛的时候，国际社会发生战争的次数很少。当某个超级强国实力衰退时，战争发生的频率很高。看到这段历史资料后，很自然地会提出一个问题，为什么一个国家实力强大的时候，国际社会的和平系数就比较高呢？

二是理论与经验事实存在矛盾。已有的国际关系理论难以解释新的国际政治经验事实，需要寻找新的理论来进行阐释，这是国际关系研究中问题产生的最常见模式。举例来说，冷战期间，国际关系研究者认为意识形态差异是发生世界性战争的主要因素。那么，冷战结束后，资本主义和社会主义这两种意识形态之间的对抗已大大缓解，但是，世界并不太平，战争发生的频率依然很高。此时，需要一个新理论框架来替代原先的解释。亨廷顿考察战争史后发现，冷战后的战争主要发生在文明的断裂带上，冷战后的战争主要表现为各种不同文明之间的冲突。文明的差异可以用来解释冷战后战争频繁的原因。

三是不同理论派别之间的竞争。对于同一个国际关系现象，由于认识角度或出发点不同，会形成相互竞争的学派和各持己见的国际关系理论体系。特别是由于竞争，研究者很容易抓住其他理论的缺陷，用新的经验事实向对立学派提出质疑，这种学术争论容易产生研究问题。

例如，冷战后东亚维持了较长时间的和平，成了世界上少有的几个和平地区。针对这个问题，许多学者提出各自的见解。美国学者陆伯斌(Robert S. Ross)认为，冷战后东亚地区的和平是靠中美两国在东亚地区的地缘均势维护的。中国是陆权利益的代表，美国是海权利益的代表。东亚国家按地缘关系在中美间选择一方作为安全依靠对象，从而形成了均势的海洋利益集团和陆地利益集团。只要两个集团互不侵犯对方的利益，东亚和平就得以维护。但是，冷战后的实际与理论并不相符。首先从中美实力来看，中美之间并没有形成一种均衡态势。其次，冷战的历史也不支持两极均势可以避免地区局部常规战争的论点。冷战期间美苏在东北亚形成了均势，但这种均势只避免了美苏之间的直接战争，却没有避免在东北亚进行的代理人战争。因此，中美东亚均势和平论无法解释东亚的长时期和平状况。针对这一问题，国内学者提出了东亚的非均势核威慑遏制了大国间的战争；非均势核威慑与东盟共同维系了东亚大国与中小国家间的和平、东盟内部的和平及美国与东盟国家的和平；韩国的和平统一政策保持了朝韩和平，约束了美国对朝动武。只要这三个要素保持不变，东亚和平就能持续较长时间。[①] 正是由于对同一个国际政治现象的认识不同，研究者才能持续不断地提出问题，从而丰富了人们对国际政治现象的理解。

四是理论体系本身的内在逻辑矛盾。从理论上讲，国际关系理论体系的构建，在逻辑上应该自洽、合理。当学者们发现国际关系理论内部出现逻辑不合理的现象、逻辑推理过程出现“断点”或导出相互矛盾的命题或结论时，就引出许多需要探讨的科学问题。

例如，新现实主义认为“国家构成结构，结构造就国家”，国家的对外行为由国际体系结构决定。结构主要是由排列原则、单元特性和能力分配这三个部分形成。按照这一定义，国际政治系统具有以下结构特征：第一，主权国家之间的无政府状态；第二，行为体之间最小限度的功能差异；第三，国家间实力的差异。华尔兹认为前两个特征是不变的，结构由第三个特征——各单元实力对比所界定。结构是国际系统最核心的特征，它具有独立性，一旦形成便约束着国家的行为并决定着国家行为的结果。国际系统结构与国家行为之间是因果关系，系统结构是原因，单位行为是结果。

结构现实主义认为无政府状态和国家的功能是恒定不变的。事实上，在威斯特伐利亚体系建立以前，国际体系的特征并不是无政府状态，相反国际体系呈现出清晰的等级秩序。如果将国际关系研究置于世界历史的视域下，可以发现无政府特性只是国际体系的一个历史特征而已。由此可见，华尔兹的国际结构组成概念需要重新修正，这就产生了如何界定国际结构的“新问题”。

五是通过学科间的类比移植提出问题。通过参考其他学科的研究成果，进而把这些成果类比推导到国际关系研究中来。例如，微观经济学认为市场决定企业的行为。市场分为垄断、寡头竞争、垄断竞争、完全竞争四种形态，在不同的市场形态中，企业会有不同行为。那么，国际社会中是否也存在这样的现象呢？这是研究者自然会提出的一个问题。华尔兹认真考察了这一现象，认为结构是国际体系最核心的特征，在国际社会中存在着两极、多极和单极结构体系，他们像市场的四种形态一样约束着国家行为并决定国家行为的结果。这是一个典型的由学科间类比移植提出问题、构建理论的例子。

当然，问题的来源并不囿于以上五种方式，研究者也可从预料不到的事实或偶然发现中得到启发或“顿悟”，从而提出一些新问题或想法，以此为线索来构建新的国际关系理论。

---

① 阎学通：《东亚和平的基础》，《世界经济与政治》2004 年第 3 期。

第三节 文献回顾

提出研究问题之后，紧随其后的任务是考察当前学术界对该问题是否给出了解答，评估答案的正确与否。如果问题提出后，其他学者已经回答了该问题，那么就没有必要再进行该问题的研究。了解已有研究现状就涉及文献回顾，通过文献回顾了解学术界在该问题研究上的进展，从而为自己解答该问题打下基础。

一、文献回顾的目的

文献回顾是基于以下两个假设：①知识是累积起来的；②我们从他人的成果中学习并在他人的基础上建立起我们自己的研究。国际关系研究是许许多多分享研究成果的研究者，以共同体的力量来追求知识的集体努力。通俗地讲，研究就是对话，而且是长期的对话，对话的载体是学术论文，撰写学术论文就是对话的延续。因此，在进行对话时，首先要明确其他人“讲了”哪些内容，他所讲的内容有哪些漏洞和缺陷，只有了解这些情况后你才能进行“发言”。文献回顾就是在“对话”之前梳理其他研究者对该问题的意见和观点。文献回顾主要有以下四个目标，在一次文献回顾中着重满足其中之一。

一是说明对某一知识体系熟悉的程度，并且建立起研究者对该研究领域的信用。一篇好的文献回顾可以告诉读者，研究者了解某个领域中的研究前沿，并知道哪些是主要的议题。因此，通过撰写一篇全面、准确的文献回顾能够增加读者对研究者专业能力与背景的信任。二是呈现前人研究的路线，以及目前的研究与前人研究有何关系。一篇文献回顾提纲挈领地告诉读者有关某个问题研究的发展过程并呈现出发展方向。三是整合并概括某个领域内已知的事物。一篇文献回顾会汇集各种不同的研究结果，并进行综合分析，指出前人研究中赞同或反对什么，以及还有哪些问题尚待解决。四是向他人学习并刺激新想法的产生。一篇文献回顾告诉读者其他学者已经发现的事物，这样研究者便可从他人的研究中获益。一篇好的文献回顾指出目前研究的误区，并提出重新研究的建议和假设，指出值得仿效的程序、技术和研究设计，以便研究者能更好地聚焦假设，并获得新的启发。

二、文献回顾的步骤

第一步：界定和细化主题。在开始一项研究时，必须明确界定出一个主题与研究的问题。开始着手文献回顾时，也必须从一个定义清楚、焦点明确的研究问题与搜寻计划开始。好的文献回顾主题要有一个和研究问题一样明确的焦点。当然，这个主题有时是在文献回顾的过程中不断明确聚集的。例如，为了研究领导人印象与国家外交政策之间的关系，在进行文献回顾的时候，不能对所有的外交政策理论进行综合和评述。印象是属于认知领域的概念，在文献回顾时，应当集中于认知与外交政策关系这一主题。

第二步：概括归纳。收集文献的方法主要有两种：一是通过各种检索工具，如文献索引、文摘杂志检索，也可利用光盘或网络进行检索；二是从综述性文章、专著、教科书等参考文献中，摘录出有关的文献目录。

选择文献时，应由近及远，因为最新研究常常包括以前研究的参考资料，并且可以使人更快地了解研究现状。首先，阅读文献资料的摘要和总结，以确定它与要做的研究有没有联系，决定是否需要将它包括在文献综述中。其次，根据有关的科学理论和研究需要，对已经收集到的文献资料做进一步的筛选，详细、系统地记下所评论的各个文献中研究的问题、目标、方法和结论，及其存在的问题、观点的不足与尚未提出的问题。将相关的、类似的内容，分别归类；对结论不一致的文献，要对比分析，按一定的评价原则，作出是非的判断。同时，对每一项资料的来源要注明完整出处，不要忽略记录参考文献的次要信息。第三，对要评论的文献进行概括。概括并不是简单重复，而是对已有成果的总结与归纳。概括完成后，研究者要对文献进行分析、比较和对照，目的不是为了对以前的研究进行详细解释，而是确保读者能够领会与本研究相关的先前研究的主要方面。

第三步：评判。文献综述是否有价值，不仅要看其中的新信息与知识的多少，还要看研究者对已有文献观点的评判。评判主要是分析已有文献在回答研究问题时的主要观点及存在的问题。单独和集中地对以前研究的优点、不足和贡献进行分析和评论，这在文献综述中是非常重要的。文献评判是国际关系研究的“法理”基础，只有其他研究者对该问题的回答存在疑问时，才有重新进行或深入研究的必要。

第四步：建议。文献综述的最后步骤是在回顾和分析的基础上，指出新的研究方向和研究建议。根据发展历史和国内外现状，以及其他专业、领域可能给予本专业、领域的影响，根据在纵横对比中发现的主流和规律，指出几种发展的可能性，以及对其可能产生的重大影响和可能出现的问题等趋势进行预测，从而提出新的研究设想、研究内容，建议采取的具体措施、步骤和研究方案等，并说明成果的可能性等。

需要指出的是，阅读和分析已有的其他专业研究人员的文献综述，可以高效率地获得有益的观点和建议。但是，这类集中介绍研究成果的综述性文章只能作为新的研究的基础或参考点，不能被用来替代自己的独立研究。总之，要做好国际关系研究，必须重视资料概览，认真写好文献综述。

三、文献回顾常见错误

一篇好的文献回顾，必须从批判的角度来阅读论文与其他文献，对所阅读文章提出质疑，并做出客观中肯的评价。在具体的文献回顾实践中，研究者容易犯以下四种错误。

1. 大量罗列堆砌文章

研究者罗列出与主题相关或不甚相关的文章，并对文章所论述的主要观点做出介绍。产生这种错误的根源在于误认为文献综述的目的是显示对其他相关研究的了解程度，结果导致很多文献综述不是以所研究的问题为中心来展开，而变成了读书心得清单。其实文献梳理并不是越详尽越好，学术研究试图穷尽所有相关的文献在操作上既是不可能的，也是没有必要的。合理的文献回顾应当注意三个问题：文献的针对性、相关性及学术性。针对性是指评判文献应是针对具体的研究问题本身的；相关性是指所选文献应与创新性研究设计密切联系；学术性则是指文献本身要有重要的学术意义。

2. 轻易放弃研究批判的权利

文献回顾中最易出现的问题是放弃批判的权利。如果不指出已有研究成果的缺陷、问题，意味着自己的研究并不存在价值。正是由于他人研究的不完善，自己才有必要提出新的理论、观点。所以，批判是文献回顾中最重要的部分，也是自身研究的“合法性”基础。当前，文献回顾的一种突出模式是大量引用他人的著作，每段话均以谁说为起始，结果使自己的论文成为他人研究有效与否的验证报告，没有指出他人在研究中存在的缺陷及问题。

3. 回避和放弃研究冲突另辟蹊径

对有较多学术争议的研究主题，或发现有的研究结论互相矛盾时，有些研究者就回避矛盾，进行一个自认为是创新的研究。其实将这些冲突全部放弃，就意味着放弃一大堆有价值的资料，并且这个所谓的创新，因为不跟任何现有的研究相关或比较，没有引用价值，会被后人所放弃。遇到不协调或者互相矛盾的研究发现，尽管要花费更多的时间来处理，但是不要避重就轻，甚至主动放弃。在国际关系研究中，这些不协调或者冲突是很有价值的，将现有文献的冲突与矛盾加以整合往往能发现研究的突破口。

4. 选择性地探讨文献

有些研究者不是系统地回顾文献，却宣称某种研究缺乏文献，从而开始他们自认的探索性研究。有选择地探讨现有文献，使得文献综述变成了研究者主观愿望的反应，成了一种机会性的回顾。在实际的国际关系研究中，很多论文认为自己已经进行了创造性的发明。真实的情况是其他学者早已提出了相似的观点，这种情况主要是由研究者选择性探讨文献造成的。

因此，在对问题进行研究前一定要系统、全面地进行文献综述，以严谨的科学设计来寻找、评估以及整合科学研究的证据，确保文献综述完整不偏。要勇于探索和不回避冲突，分析冲突的原因、方法与结论，可以为未来的研究及论文奠定成功的基础，使论文的结论对后续研究有应用价值和理论意义。

第四节　提出理论假设

提出研究问题后，通过文献回顾梳理了学术界对该问题的解决方案以及存在的问题和不足，接下来的主要任务是对问题提出自己的解决方案。实证研究者主要是通过理论假设来回答问题。理论假设是对研究问题答案做出的一种合理且准确的猜测。

根据国际关系实证研究要解决的问题，理论假设可分为描述性假设和因果性假设。描述性假设与描述是两个不同的概念，描述是指对国际政治事实的重现。扎实的档案收集、历史事实汇总以及当前国际政治现象的呈现都属于描述的范畴，但它并不是国际关系描述性研究的全部内容。描述性假设是通过对国际关系历史、档案、事实的研读，对国际政治现象进行有效的概括、总结和推论。例如，叙述美国历次对外战争，这属于描述的范畴；但是在此基础上，根据美国历次对外战争行为提出“美国是一个进攻性国家”则是描述性假设。由此可见，描述性假设是在一系列观察值的基础上对国际政治现象的概括和理解。因果性假设是通过确立两个或多个变量之间的关系，进而对国际政治现象做出解释。因此，因果性假设一般涉及自变量（解释变量或条件变量）和因变量（被解释变量或结果变量），主要用“X（解释变量）导致 Y（被解释变量）”的形式来展示。例如，研究者在回答“有哪些因素决定着美国介入他国领土争端”这一问题时，可以提出如下因果性假设：美国干涉的目标国同美国联盟责任的程度越低，或对外政策相似程度越低，美国越倾向于军事干涉领土争端。该假设包含解释变量和被解释变量，从而确立两个变量之间的关系，对所提问题做出了合理的回答。

探索和检验描述性假设和因果性假设是国际关系实证研究的主题。正如罗伯特·基欧汉等人指出的：任何科学研究，如果它不能为理论假设的产生提供空间，就如一个根本不想去发现真相的阐释性描述一般愚蠢。[①] 和其他社会科学一样，国际关系研究需要对国际政治历史现象和当前现状进行归纳并做出描述性假设。尽管如此，对于国际关系研究而言，没有因果性假设的研究往往是不完整的。换句话说，精准的描述性假设虽然可以作为解释性研究的前提，但是研究不能只有描述性假设。当然，这并不是说所有的国际关系研究都需要通过因果性假设来解释国际政治现象。在特定的议题或解释性研究比较困难的情况下，获得和检验描述性假设可以作为研究的最终目的。同时，也不能用描述和解释来区分国际关系研究的科学性，真正区分的标准在于他们是否通过有效的程序得到系统性的推论，从这个意义上讲，描述性假设和因果性假设都是国际关系实证研究追求的目标。

归纳、演绎、类比是获得理论假设的主要方法，“顿悟”“灵光闪现”等非理性方法也是获得理论假设的重要途径。在本书后面的章节中将对归纳、演绎等方法做出更进一步的详细讨论。事实上，提出理论假设并不是一蹴而就的，理论假设是在思考研究问题的过程中通过反复思考而形成的。理论假设只是对问题的一个初步回答，还需要通过事实的检验。需要指出的是，在国际关系实证研究中，许多研究并不一定是按先获得理论假设，再进行假设检验的步骤进行的。有时，一项国际关系研究可能仅仅是检验其他人的理论假设。在这种情况下，研究者就不再需要提出理论假设，可以直接进入到假设检验的步骤。

---

① 〔美〕加里·金、罗伯特·基欧汉、悉尼·维巴：《社会科学中的研究设计》，陈硕译，上海：格致出版社、上海人民出版社，2014 年，第 35 页。

第五节 假设检验

提出理论假设后，需要使用资料数据去证明假设的正误。汉斯·摩根索在其名著《国家间政治》一书中指出，理论假设必须接受双重检验：经验的和逻辑的。就是说，检验理论有两个标准：首先，理论所得出的结论是否能够从理论自身的前提引出，并且成为其必然的逻辑结果；其次，理论解释是否与实际存在的事实相符合。简而言之，理论要符合事实并能自圆其说。[①] 因此，我们主要从以下两个方面进行理论检验[②]：一是检验理论在逻辑上是否自洽；二是通过收集和分析经验资料来论证提出的理论假设是否符合国际关系现实。[③] 其中我们最关心的是第二方面的检验。如果理论假设符合国际关系历史和现实，理论假设就得到了支持，可以上升为假说；如果这种假说被学科共同体所接受，则可以称之为定律或理论；反之，如果经验资料不支持理论假设，则需要对假设作进一步修改。理论检验主要分为两步：首先是假设推演，即从抽象的理论假设出发，推演出抽象程度较低的工作假设；其次是利用收集的资料和数据与工作假设进行比较，以确定经验资料是否能够支持该工作假设，进而间接地证明或证伪理论假设。

当然，并非任何研究都以建立理论为目的。实际上，大量研究并非出于建立理论的目的，而是为了解答问题，如"为什么东亚出现了长时间的和平""冷战后官方发展援助的决定因素是什么"等等。对这些问题，已存在各种理论解释。国际关系研究可以在某种理论的指导下，通过建立假设去系统地收集资料，从而证实（伪）、完善、发展已有的理论成果。

一、假设推演

假设推演就是按照概念间的逻辑关系和概念操作化的方式将一个理

---

① 〔美〕汉斯·摩根索：《国家间政治：为权力与和平斗争》，徐昕等译，北京：中国人民公安大学出版社，1990年，第3页。

② 对于理论是否能检验，科学哲学史上曾存在着巨大的意见分歧。波普尔依据科学事实对逻辑实证主义的"可证实原则"进行了严格的批判："因为我们无法穷究一切事例。因此，理论在经验上是决不可证实的。""科学理论不仅同样是不可证明的，而且是同样不可知的。"依据此，波普尔认为理论只能被证伪，并建立了自己的理论证伪观。但是波普尔的观点受到了库恩、拉卡托斯、费耶阿本德等人的批评："科学理论同样是不可否证的。"参见波普尔：《科学发现的逻辑》，查汝强、邱仁宗译，北京：科学出版社，1986年；拉卡托斯：《科学研究纲领方法论》，兰征译，上海：上海译文出版社，2005年。

③ 王俊生：《实证主义视角下的国际关系理论建构与理论检验》，《中国人民大学学报》2006年第4期。

论假设推演为一个或多个能够进行经验检验的抽象层次较低的假设。在国际关系研究中，理论假设检验的基本方式是通过理论假设的内容与真实的经验数据加以比较，看理论假设的陈述是否符合经验资料。要做到这一点就要求理论假设具有能够与经验资料进行比较的形式。但是在许多情况下，理论假设是以抽象、高度概括的概念来表述的，因此，就需要通过假设推演的方式将其转化为能够与经验资料相比较的形式，即工作假设的形式。① 假设推演包括逻辑推演和操作化推演两类。

1. 理论假设的逻辑推演

作为国际关系的理论假设，很难直接将其与经验事实进行比较，进而判断正误。一种有效的方法就是通过逻辑演绎的方式得到一个容易进行经验检验的新假设，进而通过检验这个新假设来间接检验原来的理论假设。例如，下面有两个关于国际组织的理论假设。

理论假设 1：经济发展越不平衡，资本主义国家经济危机越严重。

理论假设 2：资本主义经济越严重，国内冲突烈度越大。

对上述理论假设，由于“资本主义危机严重性”的定义含糊不清，无法进行经验观察。但是对于“经济发展不平衡”和“国内冲突烈度”则有明确的定义和测量方法。因此，可以对上述两个理论假设作适当的演绎推理，得出一个可以直接检验的工作假设。

推演假设：经济发展越不平衡，国内冲突烈度越大。

对于这个假设，我们可以选用基尼系数作为经济发展不平衡的测量指标，冲突中伤亡人数作为冲突烈度的测量指标，进而利用资料检验推演假设的正误，从而间接地证明（或证伪）原有假设。

2. 理论假设的操作化推演

操作化推演又称为经验推演，是把理论假设中比较抽象的、无法直接进行度量的变量与经验变量和指标联系起来，然后在经验层次上建立工作假设。在操作化推演中，最核心、关键的就是对理论假设中的概念设定操作定义，将其转化为可以直接进行经验测量的变量及变量关系，这一步骤称为概念的操作化。其过程主要包含两个部分。一是对概念进行明确定义，这是进行操作化的基础。定义不同，对概念进行度量的指标或指标体系也会不同。二是操作化推演。操作化推演是依据定义用一些具体变量

① 王俊生：《实证主义视角下的国际关系理论建构与理论检验》，《中国人民大学学报》2006年第4期。

来替代原先理论中的抽象概念。例如,对于国际社会稳定这一概念,由于其包含的意义比较抽象,无法对其进行直接测量。因此,研究者需要使用操作化方法,寻找一些具体的变量来替代。例如,可以用国际战争的频数来替代国际稳定这一概念。国际武装冲突次数越少,国际体系就越趋于稳定。相对于国际社会稳定,国际武装冲突是可以进行测量的变量。这样,国际社会稳定这一抽象概念就通过武装冲突频数这一具体的变量完成了操作化的过程,进而可以利用国际关系数据资料进行检验。因此,理论假设操作化推演的主要任务是制定概念或变量的操作定义,并将理论转化为可测量的变量或指标,然后用变量的语言重新表述理论假设,并用具体的指标(或变量)建立工作假设。①

从表面上看,操作定义比抽象定义具体、明白、简单,但是由一个概念的抽象定义转化为具体的操作定义,实际上并不是很容易的工作,这种困难表现在三个方面:①操作定义往往是抽象定义的具体化,因此,操作定义的内涵往往小于既有概念的内涵;②国际关系研究中的许多概念都是抽象的,往往不存在现成的操作定义,需要研究者"创造性地发现";③概念的操作化并不存在固定和具体可遵循的步骤。不过,以下两点建议有助于操作化工作:一是阅读他人的研究报告,查看是否已经有一个很好的操作化指标存在;第二,如果没有指标存在,就需凭空创造一个,新创造的操作指标应尽可能包含原有概念的内涵。② 例如,对于结构,华尔兹已给出了一个较好的操作指标。对于印象,不存在现存的操作指标,需要进行适当的构造。

下面以民主和平论为例说明由理论假设推演为工作假设的过程,具体参见图 3.2。

在很多情况下,一个抽象的概念同时也是复合的概念,难以用单一指标进行操作化,因此在进行操作化推演的过程中需要对其进行分解。例如,当研究者要对"两国关系的恶化对国际局势产生负面影响"的假设进行操作化推演时,首先要对其中的复合概念加以分解,然后在此基础上推导出操作假设。概念分解过程如图 3.3 所示。

在对理论假设进行了逻辑推演和操作化推演后,原来理论假设中抽象的概念变成了可以在经验中加以测量的变量,研究者得到一组可以在经验中加以检验的工作假设,随后可以利用历史资料和数据去检验经过操作化

---

① 袁方主编:《社会研究方法教程》,第 116 页。

② 袁方主编:《社会研究方法教程》,第 75 页。

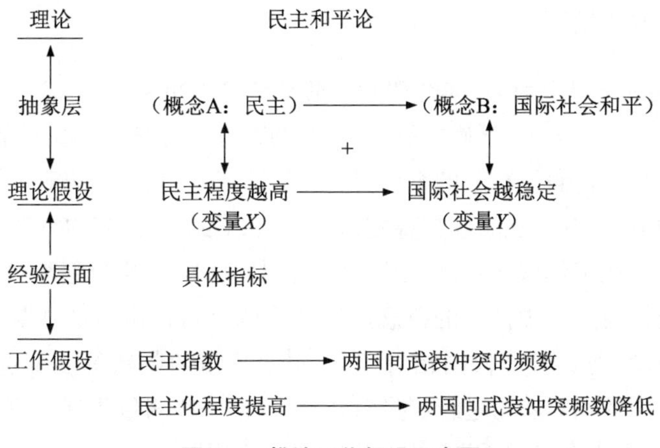

图 3.2　推演工作假设示意图

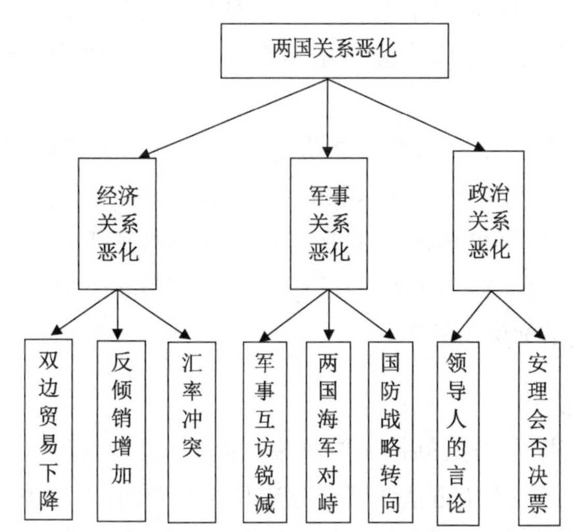

图 3.3　操作化推演的概念分解图示

的变量关系。这种检验方法一般涉及定性资料和定量资料的搜集和分析，方法也林林总总，包括抽样、调查、定量数据分析、个案分析、比较案例分析等各种具体方法，对于最终采用什么方法，要依据具体问题具体对待。

二、理论假设的检验

得到工作假设后就可以进行检验方案的设计，确定调查的时间、地点及资料收集的方法，选择抽样的方法和测量工具，以便系统地收集经验资料检验研究假设。

1. 建立测量指标，对工作假设中的变量进行测量

根据设计方案（包括确定研究类型、调查方法、抽样方案、测量工具等）直接收集与工作假设有关的案例资料和统计资料，利用收集到的资料对变量进行测量。例如，检验霸权稳定理论，通过操作化推演的方法将理论假设转化为下述工作假设：霸权国相对实力越强，国际社会主要战争的频数越低。霸权稳定论中抽象的概念就转变为两个可以测量的变量。为了检验工作假设，需要对霸权国相对实力、主要战争的频数等变量进行测量。在对霸权国的相对实力进行测量时，需要设计一些测量指标。研究者可以用该国 GDP 占全世界 GDP 的百分比，也可使用霸权国的核武器数量占世界总数的比重来表示。但是霸权稳定论更强调国家的军事实力，认为霸权国的权威是建立在国际系统等级构架之中的，而这种架构的基础就是霸权国的军事力量。① 因此，更合理的是用相对军事力量来测量霸权国的相对国力。霸权国的相对军事力量可用军费开支与体系内大国军费开支总和之比作为测量指标。②

从上述例子可以看出，对变量进行测量关键在于指标的选取。例如，测量霸权国的相对经济实力时，我们可以选用国内生产总值，也可以选用国民生产总值，甚至可选用重工业产值。那么到底哪一个测量是准确的呢？这就涉及测量的信度（Reliability）和效度（Validity）问题。③ 信度和效度是判别测量指标优劣的工具。

2. 收集相关资料

完成测量指标的选择后，需要收集相应的资料对操作假设进行验证。选择什么样的资料收集方法与研究方法是相对应的，而研究方法往往是与研究的理论、方法论倾向和知识背景有关。一般而言，国际关系研究所使用的资料包括三类：一是直接调查获得的数据资料；二是通过实验获得的

① Gilpin, *War and Change in World Politics*, Cambridge: Cambridge University Press, 1971, 133.

② 当然，也可以采用其他指标。例如，霸权国的军队人数、霸权国的常规武器数量等作为相对军事力量的测量指标。选择测量指标的基本原则是获得的测量值要准确、稳定地反映霸权国相对国力的实际情况。

③ W. Lawrence Meuman, *Qualitative and Quantitative Approaches* (Fifth Edition), Pearson Education, Inc, Allyn & Bocon, 2003, p179。在自然科学中，测量是否合理也涉及信度和效度的问题，但他们主要反映在测量的精度上，即效度上。

数据资料;三是文献资料。三种不同类型的资料对应于不同的资料收集渠道。一是统计调查,是指在自然状态下通过直接询问、观察或让被调查人填写相关问卷而获得。资料的收集依据设计好的表格、问卷、提纲等,所提的问题和回答的类别是统一标准的,调查内容可以进行汇总分析。[①] 其中,最常见的方法就是问卷调查。例如,分析学生群体对联合国改革态度,就是以涉及联合国的定位、联合国改革方向以及中国与联合国的关系等26个预先设计的问题作为观测的变量,对随机抽取的大学生进行问卷调查,根据所得样本进行分析。[②] 二是实地研究或田野研究。它是指研究者不带理论预设的方式深入到国际政治的生活背景中,以观察和访谈的方法收集资料,并通过对这些资料的分析达到理解和阐释研究对象的研究目的。举例来说,如果你想了解联合国大会的投票情况,可以到投票现场去看一下,感受一下,甚至参与其中,等等。三是实验法。实验的概念来自于自然科学,实验法适用于解释现象之间的因果关系,其中最典型的就是将调查对象分为实验组和控制组,分别观察实验前后的变化,从而发现影响因素。但是研究对象的特点决定了国际关系研究往往无法或难以采用实验法。例如,要分析领导人性格对外交政策的影响,研究者不可能把国家领导人依据性格差异人为地分成实验组和对照组,进而通过比较外交政策效果来评判性格与外交之间的关系。四是研读、收集国际关系的历史资料。国际关系史为国际关系研究提供了丰富的资料库。特别是冷战结束后,大量的档案、讲话稿、回忆录的出版为研究者检验理论假设构建了"天然的实验室"。五是现有的数据库。部分大学和研究所已建立了国际关系研究数据库,主要包括冲突数据、国际经济政治地理数据、组织数据和调查数据等几种类型。它们涵盖国际政治经济、冲突或冲突过程、国际组织、对外政策分析、民主化、族群政治、发展、环境研究、和平研究等大部分国际关系研究领域。

不同的资料来源对应着不同的研究类型:实验性研究和观测性研究。实验性研究是指研究者对被研究对象有着比较明确的控制力,通过控制被研究对象进入实验组和对照组的方式来揭示变量间的因果效应。观测性研究与之相反,研究者往往不能够分配和控制被研究对象。因此,被研究对象如何受到自变量影响的过程是无法人为控制的。在国际关系研究中,

---

① 袁方:《社会研究方法教程》,第138页。

② 呼日那日松、张燕等:《学生群体对联合国改革态度的调查与分析》,《世界经济与政治》2005年第5期。

绝大多数基于调查数据(包括从已有数据库获得数据)的研究都属于观测性研究。因此,利用观测性数据来进行因果推论时需要采用附加的假设或特殊的方法。

3. 整理分析资料,证实(或证伪)理论假设

资料收集和测量完毕后,并不是工作的结束,要求分析出资料中所包含的实质性内容。资料整理与分析涉及具体的技术和方法,种类相当繁多。对于定量资料,主要涉及相关分析,单元、多元回归分析、多元统计分析等;对于定性资料则涉及比较案例分析、个案剖析等各种具体的技术。但无论采用何种方法,最终目的都是将各种资料归纳为一些经验的概括,从而与所研究的假设进行比较,并分析资料对理论假设的支持与否以及支持的程度如何。

4. 检验及评判理论

一项研究很少能完全支持或完全否定一个理论,研究结果通常是在某个方面支持理论假设,而在其他方面与假设相矛盾。这就需要结合研究结果来讨论理论的适用范围和有效性。

值得说明的是,本书将理论建构与检验过程区分开来是为了说明不同的研究逻辑。而在实际研究中,这两种过程的界线并不泾渭分明。许多研究既包括理论检验的成分,也包括理论建构的成分。有时清晰地阐述理论假设过程就形成了工作假设,他们之间不存在绝对的界线。

上述是理论假设检验的基本步骤,在理论假设检验的过程中,还有一些原则需要遵守。

一是尽可能对理论的多个假设进行测试。实证主义者把理论看成是因果效应和因果机制的结合。因此,不能仅仅是检验因果效应,有时还要尽可能地检验因果机制。当然对于因果机制是什么,因果机制应当挖掘到哪一阶段为止,理论界并没有取得统一的认识,所以检验因果机制有时是一项“软任务”。例如,如果理论假设是 $X \rightarrow Y$,但为什么会产生这一因果效应,涉及一系列的链条: $X \rightarrow a \rightarrow b \rightarrow Y$。那么在理论假设的检验过程中不仅要检验 $X \rightarrow Y$ 这一规律,还需全面地检验 $X \rightarrow a$、$a \rightarrow b$、$b \rightarrow Y$,甚至有时还需检验 $X \rightarrow b$ 等环节。

二是从理论假设推出尽可能多的工作假设,并对它们进行测试。例如在对霸权稳定论进行检验时,可以把抽象的理论转化为如下的具体工作假设:霸权国的军事实力越强,国际社会发生大型战争的次数就越少。这是从霸权稳定论推导出的静态的工作假设。事实上,还可以从中推导出动态

的假设：霸权国家的军事实力由强变弱时，国际社会发生战争的次数会增加。利用收集的数据和资料对这些工作假设进行检验，进而从更大的概率上证明(或证伪)霸权稳定论。

三是理论假设检验不通过时，可以缩小解释范围，再次进行检验。事实上，理论并不存在“错”与“对”之分，只存在解释范围的大与小。当理论假设没有被国际政治现实证明时，可以尝试缩小解释的范围，再利用相关数据和资料进行验证。举例来说，从整个人类历史进程来看，民主和平论并不一定会获得验证。但是，如果把时间范围压缩为 1648 年以来的欧洲史，民主和平论就会得到检验，那么我们认为该理论适用于威斯特伐利亚体系以来的欧洲地区。

小　结

国际关系实证研究存在着相对固定的程序和步骤。在每个步骤中都需要遵守严格的要求和标准，这也是实证方法科学性的重要体现。一项国际关系研究往往是从问题出发，然后综述相关文献和理论，进而从中抽出假设命题建立理论假设，之后测量、收集数据，设计分析方案，最后分析数据以检验假设，并做出总结。上述步骤已成为国际关系经验研究，特别是实证研究的普遍性方法论范式。因此，熟练掌握国际关系实证研究程序有助于取得高质量的研究成果。

需要说明的是，上述五个研究步骤中，提出理论假设和假设检验是一项国际关系实证研究最核心的内容。因此，在第四、第五章中将进行详细论述。

第四章 研究假设与变量

根据国际关系实证研究的步骤，国际关系研究者在发现问题后，一般是通过建立理论假设来回答研究问题。因此，提出理论假设是解决问题的基础，也是进行国际关系研究的前提。本章详细阐述国际关系理论假设的内涵、种类及获得假设的途径。

需要指出的是，对于是否应先建立假设，在学者中存在分歧。有人认为"假设先行"可能会限制研究人员观察问题的角度，因为假设本身已受到研究者的理论或研究范式的影响。以假设为前提去收集资料很可能使研究者只收集能支持假设的证据，而忽视否定假设的事实。此外，假设本身已经将变量限制在一定范围之内，有可能使研究人员忽视研究中其他变量的作用。因此，这一派学者主张"观察先行"，即不带假设进行研究。

其实，研究人员的假设一般都是基于以往观察而提出来的。这种观察包括了对已有理论知识和事实经验的了解。一个对国际现象或议题根本不了解的人，不可能就这一问题提出假设。此外，国际关系的任何一项研究都是在一定理论或方法论支配下进行的，而这些理论和方法论本身就是经过变量筛选之后形成的。变量的筛选过程其实就是一个观察过程。"观察先行"不过是把假设过程中的一些内容定义为观察。事实上，所有的科学研究都得建立在假设的基础上。没有假设的指导，观察将变得非常盲目。例如，如果不是先假设民主制度对战争有影响，就不可能想到去观察比较不同政治制度的国家在历史上进行战争次数多寡这一事实。因此，通过理论假设来回答研究问题，是国际关系实证研究常用的模式。

第一节 研究假设

一、研究假设的含义

提到"理论"或假设，国际关系研究者最先浮现的是"现实主义""建构主义”“自由制度主义”等耳熟能详的名字。事实上,正如华尔兹所指出:“研究者随意使用‘理论’这一词汇,经常用其指代任何并非纯粹描述性的成果,而很少只是用来指称那些符合科学哲学标准的研究成果。”[①]华尔兹明确指出现实主义、理想主义等理论是建立在价值判断的基础上,并非是真正的理论。华尔兹对庸俗化和泛化的“理论”表示了很大的不满。那么符合科学哲学标准的理论或理论假设究竟应该是什么呢?

“科学解释就是要揭示现象背后的因果性和内在机制,阐明它在整个自然图景和层次结构中的地位。”[②]因此,真正的理论假设应当是因果效应(包括因果规律和相关规律)以及对因果效应的解释——因果机制——的结合体。正如斯蒂芬·M·沃尔特指出的:一种理论乃是一种因果解释——它明确两个或更多现象之间反复出现的关系,并且解释这种关系为何出现。[③] 美国著名国际关系学者斯蒂芬·范埃弗拉也用非常简洁明了的语言表述出了理论假设的内涵:理论假设是对同一类现象发生的原因或导致的结果进行描述和解释的一般性陈述,它由因果规律或假设、解释以及前提条件几部分组成。[④] 解释本身也包括由自变量和因变量组成的因果规律或假设。[⑤] 下面以民主和平论为例具体阐述国际关系理论假设的内涵。一位国际关系史学者考察威斯特伐利亚体系后发现,民主国家很少或从不相互打仗,这是考察国际关系历史得出的一条规律。该学者提出了三个主要的概念:民主、民主政治和国际政治系统,认为单位层次上的民主政治结构(自变量)与国际政治状态(因变量)之间有一种相关关系。[⑥] 但是为什么国际社会中会有这种规律呢?这位学者又提出了自己的解释:①机制上的限制,即公共舆论或国内政治机构的监督与平衡对政府决策的制约作用;②民主标准和文化因素,民主国家之间有相互尊重、合作与妥协

---

① Kenneth N. Waltz, *Theory of International Politics*, p17.

② Mohoney, J.: “Beyond Correlational Analysis: Recent Innovations in Theory and Method”, *Sociological Forum*, Vol. 16, No3, p580.

③ 〔美〕斯蒂芬·M·沃尔特:《国际关系中理论与政策的关系》,《国际问题论坛》2006年秋季号(总第44期)。

④ 〔美〕斯蒂芬·范埃弗拉著,陈琪译:《政治学研究方法指南》,北京:北京大学出版社,2012年,第8页。

⑤ 这也隐约地说明,解释也应当是由规律组成的。因果机制也是规律的集合,只是在抽象层次比被解释的规律更具体些而已。

⑥ 由此可见,规律具有一定的客观性,即规律不是人创造出来的,而是一种客观的社会实在,至于这条规律是否正确,其检验的标准就是有多少事实支持了该规律。

的共同特点。[①] 该学者把通过观察得出的规律和自己的解释称之为“民主和平论”。[②]

上文对国际关系理论假设的内涵给出了一个图景式的论述，从本质上看，理论假设不仅是因果效应，也不仅是对因果效应的解释，一个完善的国际关系理论假设应当是包括因果效应和因果机制两个部分。

下面我们将考察一个完整的国际关系理论假设从形式上应当包括哪些具体的内容。根据理论的内涵，一个完整的国际关系理论假设应该包含以下两个方面：一是由概念或概念群、变量、规律组成的因果效应；二是因果效应的解释，即因果机制。

1. 概念

概念是建构理论的基石，是各类现象的抽象元素。[③] 人们对于对象的认识，是一个不断深化的过程。首先是在实践中通过感官去感知对象，获得感性认识，即认识事物的现象、片面的和外部的联系。然后，随着社会实践的继续，认识也向前发展，即在感性认识的基础上，运用比较、分析、综合、抽象、概括等方法，逐步认识对象的特有属性或本质属性，并借助于词语形成概念。[④] 在自然科学中，概念常常用符号来表示。例如用 S 表示距离，用 F 表示力。在国际关系学科领域，大部分概念是用言语来表征的，反映着思维的基本内容。同时，概念界定要求完善、准确。软弱无力、互相矛盾或不清晰的概念限制了知识的进步。那么一个准确的概念应当包括哪些内容呢？科学哲学家认为，概念应当包含两个部分：语词（或符号）与内涵。[⑤] 概念的形成和存在必须依赖于语词，任何概念的实质内容都要通过语词来表达。内涵则说明了概念的具体实在，是不同概念之间的本质区别。正因为概念反映了对象的特有属性或本质属性，同时也就反映了具有这种本质属性的对象，这两个方面构成了概念的两个基本逻辑特征，即内

① Mariam Fendius-Ellman, eds., *Paths to Peace: Is Democracy the Answers?*, Cambridge, MIT Press, 1997。曲博：《因果机制与过程追踪法》，《世界经济与政治》，2010 年第 4 期。倪世雄：《当代西方国际关系理论》，第 451 页。

② 从该例也可看出，这种解释带有一定的主观随意性及创造性，这也从另一个侧面反映了理论的评判标准在于它在多大程度上解释了客观规律。假定另外一名学者发现有一种模式能更好地解释民主政治机制与和平之间的关系，并被实践证明能更好地解释这些民主国家或民主国家之间很少打仗这一规律，那么我们就可以认为该模式更具有说服力，是更好的理论。

③ 〔美〕艾尔·巴比：《社会研究方法》，邱泽奇译，北京：华夏出版社 2000 版，第 70 页。

④ 《普通逻辑》编写组：《普通逻辑》，上海：上海人民出版社 2007 版，第 106 页。

⑤ 〔美〕劳伦斯·纽曼：《社会研究方法：定性和定量的取向》（第五版），第 59 页。

涵和外延。

概念的内涵是指概念中对象的特有属性或本质属性,外延是指具有概念所反映的本质属性的对象。例如,"国家"这个概念,其内涵是制订、执行法律,保护民众免受外敌侵辱的共同体组织。它的外延是指"具有上述属性的对象,如美国、日本等"。对于概念的内涵和外延,逻辑学对此作了较好的区分。

> 概念的内涵与外延是概念的基本特征,它们同对象的属性和对象本身既有联系又有区别。就内涵来说,对象的各种特有属性、本质属性都可以反映在特定概念中成为该概念的内涵,任何概念的内涵也都是反映特定对象一定方面的特有属性或本质属性。但是,并非对象的特有属性或本质属性就是概念的内涵,而是只有当对象的特有属性或本质属性被反映到概念之中时,才转化成为概念的内涵。就外延来说,任何事物都可以反映在特定概念中成为其外延,概念的外延就是指适用于该概念的对象。但是并非客观对象就是概念的外延,而是只有当客观事物被反映到概念之中成为其对象时,才转化为概念的外延。①

在国际关系研究中,概念很少单独使用。它与许多与之相关联的概念组成了概念丛。它们共同形成一张有意义的概念之网,通过这些概念丛中概念的比较有助于我们把握概念的内涵和本质。例如,对于国际机制,我们需要了解与之相关的其他概念,如国际规则、国际准则、多边协议及国际组织,通过对相关概念的理解有助于把握国际机制的本质内涵。

2. 变量

经过严格界定的概念称为变量。具体而言,变量是指概念内涵的各种类型或各种状态,他们对应于各种实际存在的事物。国际关系中的理论假设主要是通过变量语言进行描述的。

3. 规律

规律是变量之间的联系。按照产生的机制,规律可以分为因果规律和相关规律。因果规律是指两个变量之间存在着因果关系,相关规律是指变量之间呈现出高度协同关系,但一个变量并不是另外一个变量的原因。因果规律和相关规律统称为因果效应。

---

① 《普通逻辑》编写组:《普通逻辑》,第108页。

4. 规律的产生机制

规律详细地告诉我们"两个或两个以上的变量之间的关系,或告诉我们某个变量的变化可由其他变量的变化加以解释"。[①] 但是为什么会产生这种规律?这就涉及规律的因果解释——即因果机制问题。规律指出了恒定不变的或可能存在的因果关系、相关关系,因果机制解释了规律的产生机制。但是,如果我们再继续追问的话,因果机制又是什么?其实,因果机制在本质上也是"规律",只是更复杂、更多中间链条的规律群而已。下面,我们以一个假想的例子进行说明。通过归纳国家发生革命的历史资料,我们发现国家面临财政问题是国家革命的原因,这是理论假设中的因果效应。如果我们继续追问的话,为什么会发生这种因果效应呢?通过对历史资料的分析发现了以下逻辑:国家发生财政问题导致国家税收改革,国家税收改革加剧了农民的负担,农民负担加重导致农民起义,进而国家发生革命。上述逻辑链条就是对因果效应的一种解释,从这一机制的表述中我们可以看出,因果机制本质也是一种规律。只是这种规律相对于因果效应来讲,使研究者对问题的分析和阐述更加接近我们的直接经验,有助于我们理解和思考问题本身。[②]

综上所述,我们可以对科学哲学标准意义上的"国际关系理论假设"内涵作一概括:一个理论假设包含了概念、变量、变量与变量之间的关系,以及说明该关系的因果机制或理由。这种因果机制或理由往往表现为一个或一系列的待验证的假设。

二、研究假设的要求

《现代汉语词典》中对"假设"的解释是:"科学研究上对客观事物的假定的说明,假设要根据事实提出,经过实践证明是正确的,就成为理论。"这是一个抽象的概念,它并没有对理论假设所应符合的要求做出说明。一个合适的假设至少应当满足五个条件。一是概念明确。假设中包含的概念应当是清晰的,而不是模棱两可的。二是理论假设必须为正面的陈述性命题。研究假设不是问题式的,它必须在问题式命题的基础上,变成陈述式命题,需要用陈述或判断句的形式表现出来。例如,现有两个假设,假设1:国家追求霸权地位会影响对外援助吗?假设2:国家追求霸权地位的

---

① Turner Jonathan H:"Defense of Positivism", *Socialogical Theory*, 1985, p24.

② 刘骥、张玲、陈子恪:《社会科学为什么要找因果机制——一种打开黑箱、强调能动的方法论尝试》,《公共行政评论》2011 年第 4 期。

意愿越强烈,对外援助的数额就越大。很明显,只有假设 2 符合国际关系理论研究规范。三是假设能被国际政治经验检验,这是理论假设的核心要求。可检验性主要包含两方面的内容:①提出的理论假设能被国际政治历史或现状检验;②研究者拥有的知识结构能够证明提出的理论假设。四是假设必须包含变量间的关系。实证主义国际关系研究的目的是寻找现象之间、事件之间以及政治过程之间的因果关系或相关关系。因此,理论假设中必须包含两个或两个以上的变量及其相互关系。五是与有效观测技术相联系。主要是指理论假设中的变量必须能够被测量。如果变量无法进行测量,就难以找到相关的国际政治事件和现象进行验证。

例如,“追求声誉是国家对外行动的基础。”这个陈述就是一个假设,是研究者在总结二战后国家外交行为的基础上提出来的。在这个假设里,两个变量分别是“追求声誉”与“对外行动”,都是概念清晰的变量,它们的关系是,前者的存在与否决定后者的存在与否。这个假设可以依据二战后大国的对外关系史进行检验。因此,该假设满足了假设的五条基本要求。不论检验结果证实了假设还是否定了假设,说明这个假设是可检验的。

需要特别强调的是,如果一个陈述无法检验,那么这个陈述就不能称为假设。

例如,“A 国是一个伟大的国家。”这是一个常用的陈述,而且似乎每个国家都这样描述自己。在这个陈述中也有两个变量,A 国和伟大的国家,两者间的关系是同步的。但是,这个陈述却无法检验,原因在于“伟大”这个概念是无法度量的,缺乏测量的客观标准。A 国可以因其以军事优势征服他国被认为伟大,A 国也可以因在军事劣势下进行反侵略斗争而被认为伟大。A 国可以因为创造了前所未有的财富被认为伟大,A 国也可因其与贫困作斗争而被认为伟大。所以,这种无法检验的陈述是不能作为科学研究假设的。

上述例子中的假设之所以不能被检验,其主要原因是这个假设中的概念无法清晰地界定,或者这一概念具有强烈的价值判断或意识形态倾向。在一个理论假设中,如果包含有价值判断的概念,这种假设往往是价值假设。价值假设常常以价值合理性为前提,而不同人的价值标准往往难以一致,价值标准的多样性使人们难以用统一的标准检验价值假设。一旦涉及价值假设,则进入了国际关系规范研究的范畴。

在国际关系研究中,实证研究与规范研究有着重要的区别,两者提出的假设也不尽相同。实证研究和规范研究都要寻求真理,但它们判断真理的标准不同。实证研究强调假设的规律合理性,而规范研究则注重价值合理性。科学的假设依据规律合理性来判断,其判断标准是逻辑、经验、重复性等,假设的基本模式为"如果……那么……"。规范假设是以价值合理性来判断的,判断标准是社会规范、法律、宗教、传统习惯等,其假设的基本模式为"由于……应该如此……"。一般来讲,实证假设的检验标准相对一致,因此实证假设的可检验性强,而规范假设的检验标准由于受到意识形态、个人知识结构等因素影响,缺乏统一的检验标准。下面两个例子清晰地呈现了实证假设和规范假设之间的区别。

实证假设:当决策者认为战争所带来的利益小于和平所产生的利益时,决策者将选择和平方式解决矛盾冲突。这个假设可以通过国家放弃战争或奉行和平政策的经验加以检验。二战后期,日本在拥有强大军事实力的情况下向盟军投降,美苏在冷战时期没有进行核战争,两个国家在领土争端上采取搁置争议的政策等都可以检验该假设。

规范假设:由于对弱小国家援助是正义公平的行为,因此,世界主要大国应该加强对弱小国家的援助。在这个假设中,正义公平是价值标准,不同意识形态和文明对该概念的理解并不一样。在有些国家的文化中,对弱小国家的援助并不意味着是维护公平正义,而是为了加强对弱小国家的控制。因此,这样的假设就难以进行检验。

三、研究假设的基本类别

研究问题可以分为三类:是什么的问题、为什么的问题和怎么办的问题。对于不同类别问题的回答,就形成了不同类型的理论假设。具体来看,假设可以分为描述假设、规律假设和处方假设。

1. 描述假设

描述假设是研究中假定某一事实是真实的陈述,这种假设主要通过经验加以检验,但也有进行逻辑检验的可能。在检验描述某一现象的假设时,需要把该假设进行分解,从各个层面进行论证。举例来说,研究者提出"中国是改变现状国家"这一描述性理论假设。在检验时,首先对改变现状的含义进行界定,主要反映在国家领导人的语言和行动中。然后,从战略、政治领域的意象、对历史发展的控制力三个层面来论证中国是否是改变现状的国家。①

从该例子可以看出,一个描述假设能够被检验,关键在于假设中的概

① 〔美〕冯慧云:《中国是现状改变国吗?——基于信念体系操作码的解读》,《国际政治科学》2009 年第 3 期。

念是清晰的、可度量的。它不包含或尽量少包含主观的认知成分。如果要检验"当前和平力量压倒战争力量"这一假设,这个描述假设包含"和平力量""战争力量"两个概念,其主观性非常强,所以这个假设是难以进行检验的。

2. 规律假设

规律假设是关于两个或多个现象、变量之间关系的陈述。规律假设有两种主要的方式。一种是因果假设,包含多因一果或一因多果。例如,冷战结束以来,有些国家的民主化转型很成功,有些国家却失败了。要探寻这一现象的原因,研究者可以通过初步探索,并根据某些理论和实际经验找出各种可能的影响因素,然后从中筛选出几种最主要的原因,建立多因一果的模型。同理,研究者也可以用这种方式建立一因多果的模型。比如,随着各国现代化程度的加速,导致了民主化深入发展、社会矛盾激增等现象,从而建立起一因多果的关系。第二种是相关假设。在研究之前并没有列出原因或后果,而是只选择一组最主要的变量建立研究假设,探讨两者之间是否存在高度相关性。相关假设是建立因果假设的基础。一般而言,研究者在深入分析两个变量的相关性后再确定变量间是否具有因果关系。例如,国际关系研究者注意到,在国际冲突中,战略非对称程度的加大与弱国取胜的可能性增大同时出现。从相关性的角度来看,两者关联程度非常大。此时,研究者可以再深入探究两者之间是否存在因果关系。

3. 处方假设

处方假设是用于解决问题的陈述。这种假设常常与规律假设有直接联系。如果知道了现象间的规律性关系就有可能提出解决问题的办法。对处方假设是不能进行历史经验检验的,只能进行逻辑检验或是在未来实践中进行检验。例如,"通过增加双边贸易量来消除国家间的战争",这是一个处方假设。这种假设往往是难以通过历史经验来检验的。但是,对这个假设可以依据现有理论进行检验。贸易和平论认为,贸易是解决国家间战争的有效办法。那么,根据这个逻辑,加大贸易往来可以消除战争。现有理论只是检验处方假设的一条路径,并不是100%有效。因为在处方假设实施的将来,各种外在条件都会发生变化,处方假设就不一定成立。因此,处方假设是否真的成立,需要根据未来的实践进行判定。

四、常见假设谬误

理论假设是对问题的回答。在具体实践操作中,容易提出一些错误的理论假设，这些假设看似对事件或现象产生的原因做出了回答，实际上在逻辑上却存在着问题。主要表现在以下四个方面。

一是同义反复。同义反复是一种循环论证，主要是通过对理论假设内涵的阐述来证明该假设的正确性。举例来说：自由主义国家主张较少政府管制、维持较小的军队、在全世界推广价值观、废除种族歧视与宗教歧视等等。如果有学者提出一个理论假设：较少政府管制、废除种族宗教歧视会导致国家偏向自由主义。该假设从形式上看是一个因果陈述。但是仔细推敲的话，它并不是一个因果解释，它犯了同义反复的毛病。因为较少政府管制等变量并不是国家偏向自由主义的原因，只是自由主义国家的表现而已，是把这些国家看成有自由主义倾向的原因。国家倾向于自由主义是由于历史因素、文化因素导致的。因此，同义反复的错误就在于把一个行为体自身的特质视为导致这个行为体有这种特质的原因。

二是层次谬误。这种谬误源自于分析单位的错误配对，是指研究者握有经验证据的单位，与他要加以论述的单位之间出现的不相称状况。层次谬误的发生往往是由于推论不当，以及将结论推广到证据所保证的范围之外造成的。层次谬误常常发生在研究者以一个较高层次或集合形式的分析单位收集资料，但是却想要对一个较低层次的、非集合形式的单位做出论述之时。如果研究者搜集到较大集体(如组织、整个国家)的资料，然后根据这些资料做出关于个体行为的结论，那么就犯了层次谬误。例如，研究A和B两个国家的经济水平与民众对国际事务关注程度之间的关系。A国人均GDP为40 000美元，关注国际事务的民众的比例为60%，B国人均GDP为20 000美元，关注国际事务的民众的比例为40%。如果根据这些数据说明有钱人更关注国际事务，就发生了层次谬误。原因是自变量是整个A国和B国，因变量是个人。这就产生了使用一个较高层次的单位去对一个较低层次的单位做出判断。也许会出现这样一种极端现象，在经济发达的A国中，60%是穷人，但都关注国际事务，在经济欠发达的B国中，60%是富人，但都不关注国际事务。由此可见，上述推论是存在逻辑问题的。

三是简化论。简化论是指在解释具有宏观层次事件的发生原因时，却使用了多个关于个人的证据；或者研究者观察的是较低层次的分析单位，但却对较高层次单位的产生发展原因做出了解释。简化论的典型案例是对第一次世界大战爆发原因的解析。世界大战爆发的原因是复杂的，主要是由帝国主义间经济政治发展不平衡造成的。但是，如果研究者在察看史料时发现由于斐迪南大公被刺杀导致了第一次世界大战，那么就犯了简化论的错误。斐迪南大公被刺只能看成是第一次世界大战的导火索而不是一战的原因。产生这种错误的原因主要是用个人层次的因素来解释系统层次的事件。

四是虚假相关。虚假相关是指从数据上看,变量与变量之间存在着因果关系或相关关系,但实际上,这两个变量之间并不存在因果关系或相关关系。在国际关系研究中,我们往往会因为发现一个新的关系而感到兴奋。但是应当注意的是,这种关系可能并不构成因果关系的基础,它们只是在表面上呈现出高度协调性。例如在生活中,我们发现头发的长短与观看电视的类型存在着相关关系。头发短的人喜欢看体育节目,头发长的人喜欢看爱情剧。显然这是一种虚假相关关系。真正导致观看电视类型差异的不是头发的长短,而是性别。性别导致了头发的长短和电视观看类型的差异,进而使头发的长短与电视观看类型两者之间呈现出相关关系。在国际关系研究中,也面临着类似情况。从统计数据看,贸易量与国家民主程度之间存在着相关关系。事实上,贸易并不是导致国家民主的原因,它们仅仅是在数据上呈现出一致性。

那么,如何识别这种虚假的相关关系呢?主要有三种方法。一种是从逻辑上进行直观分析,两者相关的话也一定要符合理论逻辑和现实逻辑。二是深入挖掘两个相关变量之间的因果机制。如果两个变量的相关关系是真实的话,那么一定可以找到一个变量导致另一变量变化的具体路径。三是利用统计学方法。在统计理论中,存在着格兰杰因果关系检验方法。通过系数的显著性检验可以判断两个变量之间的相关关系是真实的还是虚假的。

第二节　变量的含义与分类

从形式上看,研究假设是变量间关系的陈述。变量是研究假设的载体,理论假设是通过变量的语言进行表述的。因此,变量在国际关系实证研究中具有十分重要的地位。

一、变量的含义

所谓变量就是经过严格界定的概念。具体而言,变量是指概念内涵的各种类型或各种状态,他们对应于各种实际存在的事物。因此变量是可以观察和度量的,它与概念最突出的区别就在于可测量性。变量在不同的情况下有不同的状态和属性,它反映了概念的可变动性,说明了现象在规模、速度等方面的变化情况,或现象在程度差异上的变化方式。[①] 例如体系这一变量可表示为"两极""多极"和"单极"。

国际关系实证研究必须使用变量语言,因为它需要精确描述现象和事物的状态,需要了解某一现象的变化如何与另一现象的变化相联系。由于变量的可测性,当变量变化时,代表了不同的状态,从而引发另一变量状态的变动,进而才能寻找出规律。根据变量之间的影响关系变量可分为自变量(或称条件变量、解释变量)和因变量(或称结果变量、被解释变量)。在一组变量中,能够影响其他变量发生变化,而又不受其他变量影响的变量为自变量。依赖于其他变量,而又不能影响其他变量的称为因变量。[②] 有了自变量和因变量,我们可以对变量之间的关系——规律进行分析。例如,亚历山大·温特在《国际政治的社会理论》中解释了现代国家低死亡率的原因在于主权制度的建立。在这个理论假设中,主权制度的建立是自变量,现代国家的低死亡率是因变量。

理论假设从表面上看是概念与概念之间的联结,但在具体的检验和论证实践中却需要使用变量语言。例如,在解释"为什么有些国家的公民权走向衰弱,有些却十分兴盛"这个问题时,构建了"国家—社会关系影响公民权走向"这一理论假设。"国家—社会关系""公民权"都属于概念的范畴。但是在论证这个假设时,需要将此抽象假设分解为两个具体假设:①如果国家支配社会,即支配逻辑占主导,公民权将走向衰弱;②如果国家—社会之间呈现均势,即制衡逻辑占上风,则公民权走向兴盛。这样,国家—社会关系就变成了变量,它有两个取值,即国家支配社会、国家—社会之间呈现均势。只有通过这种变量化的语言描述后,才可能使用资料和数据对理论假设进行验证。

二、变量的类别

国际关系研究中的变量具有不同的特征和类别。一般来讲,针对研究对象的相应特征可以将变量分为四个类别:定类变量、定序变量、定距变量和定比变量。

1. 定类变量

定类变量是指取值只能为类别的变量。例如,研究国家之间的类别,

① 袁方主编:《社会研究方法教程》,第75页。

② 袁方主编:《社会科学方法教程》,第75—76页。

我们可以把所有国家分为资本主义国家、社会主义国家和第三世界国家，并分别指定不同的数字，如1、2、3；也可以把所有国家分为发达国家和发展中国家，分别用1和2表示，象征性地加以区别。注意，这里的数字只是对研究对象的特征与属性进行分类，没有一点对国家进行评价之意。同样，性别可以分为男、女；宗教可分为基督教、佛教、伊斯兰教……；文明可以分为亚洲文明、欧美文明、伊斯兰文明、东正教文明……上述性别、宗教都是定类变量。由于定类变量是对研究对象的特征与属性的分类，因此要求所分类别具有尽含与互斥的性质，即定类变量的每一个值在某一个类别中存在，而且仅在某一个类别中存在。例如，如果把国家分为资本主义国家、社会主义国家和发展中国家三类，那么中国可以归入到两类中，不满足互斥原则，从而造成在后续统计分析中出现问题。

2. 定序变量

定序变量是以定类变量为基础建立起来的，它将研究对象以某种方式排序或分级。例如，国家按照实力的大小可以分为微型国家、弱小国家、中等国家、强国和霸权国家，我们用1表示微型国家，2、3、4、5分别表示弱小国家、中等国家、强国和霸权国家。这实际上就是依据国家实力对所有国家进行了简单排序。

定序变量比定类变量能够传达更多信息，它指出研究变量的某一类型较另一类型具有更多或更少某种性质的东西。但是要注意的是，这里的排序仅告诉我们1与2、2与3有差异，但没有指出它们有多大差异。它们之间的差异可能比较大，也可能比较小。比如用1表示马尔代夫的实力，用2表示瑞士的实力，中国用4表示，美国用5表示，马尔代夫与瑞士之间的实力差距和美国与中国之间的实力差距是不等的。运动比赛中，A是第一名，B是第二名，C是第三名，显然各相邻运动员之间的差距是不等的，只是说第一比第二快些而已。因此，定序变量中的数字仅反映变量某种特征或属性的顺序级别，而不具有数学中数字的实际内涵和功能。

3. 定距变量

定距变量是以定类变量与定序变量为双重基础而建立起来的，它不仅可以表示研究对象特征的类别与次序，而且可以测量研究对象特征的差异大小。每一类特征的差异大小在同一个测量单位之下，可以表示出它们的差异值，它表示一个对象比另一个对象高出多少个测量单位。因此，这一类型的变量只能进行加减运算，而不能做乘除等运算。

4. 定比变量

定比变量是以定类、定序、定距三个变量为基础建立起来的，除了具有上述三个变量的性质之外，还有一个有实际意义的零点(绝对零点)。正因为这样，两个定比变量间除了可做加减运算，还能做乘除运算。例如，美国在2011年的GDP是15.54万亿美元，中国的GDP是7.55万亿美元，在绝对的意义下，可知两国GDP的差距是15.54－7.55＝7.99万亿美元。在相对意义下，美国的GDP是中国GDP的2倍多。因此，判断某一变量是定距变量还是定比变量，就是看它们是否具有实际意义的零点，如果含有实际意义的零点，就是定比变量，否则就是定距变量。

上述四类变量的特征可参见表4.1。

表4.1 国际关系研究中四种变量的特征

定类变量	要求变量的特征分类具有可辨别性，且不同类别应无同一性的性质。
定序变量	要求按照变量特征与属性的等级、大小进行排序。
定距变量	要求测量单位具有相等的意义，且没有绝对意义的“零点”。
定比变量	要求测量单位具有相等的意义，且有一个真实意义的“零点”。

国际关系研究涉及的变量一般都包含在定类、定序、定距、定比这四种类型中，由于各变量的性质不同，适用对象不同，因此，统计分析的方法也不同。

一般而言，在国际关系研究中，如果某一研究变量可以选择多个测量等级时，应根据课题的要求与条件，尽可能地选择高层次的变量等级。这是因为：①高层次的变量可以获得更多、更精确的信息；②高等级层次变量具有低层次变量的功能，因而高层次的变量可以转化为低层次变量来处理，但是低层次的变量却不能用较高层次变量的运算规则来处理。例如，测量美国的国家实力，可以在“超强、强、弱”这三个类别中选一个，也可以用具体的经济总量和军费开支来表示。显然，后者包含的信息更多。在进行数据处理时，后者可用统计回归等方法处理，而前者最多只能通过计算相关系数方法进行处理。

三、变量间关系

国际关系实证研究一方面通过一些变量来描述总体和各个部分的状态、特征和一般过程，说明国际现象“是什么”；另一方面是通过对这些变量之间关系的分析来说明国际现象和问题之间的因果联系和一般规律,解释这些现象、问题为什么产生、发展和变化。为达到这一目标,需要对变量进行描述,更需要对两个或多个变量之间的关系进行判断。

变量间关系是多种多样的,有两个变量间关系和多个变量间关系。在很多情况下,多个变量间的关系如一因多果型或多因一果型关系,可以用数个两两变量间的关系进行描述。因此,两变量间关系是国际关系研究最重要的内容之一。

就两个变量而言,它们之间可能有相关关系,也可能有因果关系。所谓相关关系,就是两个变量在国际政治现实中呈现出一致或相反的变化,是指当一个变量发生或改变时,另外一个变量也随之发生或改变。

1. 相关关系

相关关系分为两种:一种是统计相关,实际无关,这种情况称为虚假相关关系。从统计数据看,两个变量间存在着高度的相关关系,实际上相互独立、互不影响,并无有意义的联系。例如,夏天开空调数量和冰棒的消耗量之间从统计资料看存在着高度的相关关系。空调开得越多,冰棒的消耗量也越大。两个变量的变化趋势表现出高度的一致性。实际上,这两个变量并没有内在的联系,不能说空调开多了导致了冰棒消耗量增加。国际关系研究中也存在着许多这样的案例。中国与前苏联在联合国的投票状态存在着一致性,苏联投否决票,中国也投否决票。实际上,并不是因为苏联投票对中国有影响,本质上是相同的意识形态导致了两国间投票的一致性。

二是统计相关,实际也相关,这种情况称之为相互关系,所谓相互关系指统计上相关的两变量实质是有关系的,这种关系是一种交互影响的关系。在这种关系中,两个变量相互作用、相互加强。例如,贸易和平论是国际关系研究中的重要理论,两国间贸易量越多,国家发生战争的可能性就越小。这一规律对某一具体国家而言可能不一定适用。二战前苏联和德国之间的贸易量超过了苏英间贸易量,但苏德之间还是爆发了全面战争。但是,从整个国际关系的历史来看,贸易量与战争次数之间却存在着这种关系,两个变量间呈现出高度的协同性。需要指出的是,在相关关系中,两个变量变化趋势相同,但并不能说他们之间存在着因果关系。主要原因有两条:一是两者之间仅仅是数量上的相关,但从机制上看,结果的产生却另有他因;二是两个变量之间难以确定谁是自变量,谁是因变量。在贸易和平论中,贸易量对和平有影响,反过来两国的和平也有利于促进国家间贸易的发展。

2. 因果关系

探究因果关系是国际关系研究，也是社会科学研究的重要课题。所谓因果关系是指在两个变量中，一个变量的变化导致另一个变量的变化，即一个变量影响另一个变量，但反过来不成立。举例来说，霸权稳定论认为霸权国实力强弱与国际社会战争次数之间存在因果关系。霸权国的实力越是强盛，导致国际社会战争可能性越小。但是反过来并不是说国际社会越和平，则霸权国的力量越强大。

判断两个变量之间是否有因果关系有三条基本的原则：一是自变量和因变量在时空上毗连；二是时间顺序，原因在前结果在后；三是两者之间具有必然的联系，因果现象要相伴而生。

在因果关系中，需要重点考察自变量是因变量发生的充分条件、必要条件还是充分必要条件。只有把这些要素区别清楚后，才能了解国际政治现象出现的真实原因，进而进行准确预测。

充分条件是指当自变量 X 发生时，因变量 Y 一定会发生。当然，因变量 Y 的发生也可能是由其他原因造成的。但是，只要 X 出现，Y 总是会出现，Y 就从不缺失。此时，X 就是 Y 发生的充分条件。例如，研究国家主权与对外战争的关系，国家主权受到侵犯是对外反击战争的充分条件。通过考察国际关系的历史，当国家主权受到严重损伤时，政府一定会奋起反击，每一个具体的案例都呈现出这种因果关系。

必要条件是指自变量 X 不出现时，因变量 Y 就不发生。结果 Y 仅当 X 出现时才出现。简而言之，因变量发生时，自变量一定会发生。他不会出现自变量 X 没有发生，但因变量 Y 却出现了这种情况。当然，如果 X 是 Y 的必要条件，很可能出现 X 发生了，但 Y 却没有发生这种情况。例如，国家利益是国家对外战争的必要条件。当国家发动战争时，一定是通过战争能获取正向的国家利益。这意味着，当战争发生这个结果出现时，一定会出现国家利益增加这一个条件变量。但是，当有利于扩大国家利益时，并不是每个国家都会发动战争。

充分必要条件是指自变量 X 既是因变量 Y 的充分条件，又是 Y 的必要条件。这意味着 X 出现时 Y 一定会出现，Y 出现时 X 也一定会出现。

在国际关系研究实践中必须清晰区别充分条件、必要条件、充要条件。如果对这三种不同的因果关系不加区分的话，会造成国际关系预测的错误。举例来说，在研究中推断出 X、Y 之间存在因果关系，但 X 只是 Y 的必要条件。如果没有严格区分的话，很容易造成一种错误，即 X 发生时，我们会推测 Y 发生。事实上，X 仅仅是 Y 的必要条件，X 的出现并不一定伴随着 Y 的出现。同时，我们要防止"琐细变量"的干扰。根据必要条件的定义，当因变量 Y 出现时，自变量 X 一定会出现，X 就是 Y 的必要条件。按照这一逻辑，万有引力是战争发生的必要条件。因为每当发生战争时，万有引力总是存在的。然而，逻辑常识告诉我们，万有引力并不是战争发生的必要条件。在该例子中万有引力就是琐细变量。上述例子比较直观，容易发现逻辑问题。在国际关系实际研究中，琐细变量有时往往难以发现。避免把"琐细变量"当成自变量或因变量的最直接办法就是看该变量是否有变异，即变量是否能取不同的值。如果这个变量只能取一个固定值，那么这个变量就是琐细变量。在上例中，万有引力只能取"有"这个值，所以它一定是干扰性的琐细变量。

第三节　理论假设的构建方法

概念与变量是国际关系理论假设的基本要素，但是仅有概念与变量还不能构成一个理论。在国际关系理论的形成过程中要经历一个从经验观察上升到理论或从已有理论演绎出新理论的过程，这就需要通过专门的理论建构程序来实现。需要说明的是，通过这些方法建构出来的理论仅仅是一个抽象度很高的理论假设，或者是拉卡托斯所说的"理论硬核"，或者华尔兹所称的理论观念。① 同时，这些理论假设还需要转化推导出具体而特殊的工作假设，并由实证研究加以直接验证，经验证正确的理论假设才称之为理论。本节重点讨论中层理论构建方法。一方面，近年来国内对宏理论的引介和研讨已趋沉寂，因为宏理论在解释及预测方面存在着"先天不足"，而中层理论能对特殊类型的现象和规律做出解释，从而构成了国际关系理论的主体。另一方面，由于担心落入所谓三大国际关系理论范式的俗套，国际关系学界转而关注解释现实的国际政治议题，中层理论正契合了这一要求，能对某类特殊现象做出解释。

一、归纳法

理论是对客观事物、现象及其规律的概括与抽象。因此，理论的最终

① 王俊生：《实证主义视角下的国际关系理论建构与理论检验》，《中国人民大学学报》2006 年第 4 期。

来源是我们的实践和感性认识。只有通过对社会现象或规律进行多角度考察,才能提出合乎逻辑的解释框架。特别是在遇到新的国际关系现象或问题时,往往不存在现成的理论解释框架,研究者常常需要以经验的观察为起点来构建解释的框架。这类研究方法就是归纳法,即根据个别或某一类事物、现象的分析推理得出该类事物和现象的普遍规律。① 归纳法将从比较具体的概念间的逻辑关系出发,然后向更抽象原则与概念前进。一开始,只有一个研究主题及与这个主题模糊相关的某个概念。但随着观察的深入或观察对象数量的增多,可以提炼出更加抽象的概念,发展出经验性的概括,并确认出一些实质的形式。一般而言,利用归纳法构建理论分两个阶段。

1. 从经验观察到经验概括

当一个国际关系研究主题确立后,研究者可以直接深入到档案馆、资料室或各个具体的实践部门中去收集与课题有关的资料,以便对所研究的国际关系或国际社会现象做出说明和解释。例如,要探究国际社会的和平根源问题,研究者可以分析国际关系史,特别是每次战争发生的背景及具体的战争经过,收集相关资料。这些阅读、收集的资料是原始的、零散的和不系统的,他们需要整理、简化和系统化,以便从中概括出一个大致的初步结论。一般而言,这一阶段的方法主要有两种。

一是经验归纳。经验资料主要分为案例资料和统计资料两大类。案例资料是对几个或较少数量案例的一一记录,后者是对大量样本的统计结果。经验归纳涉及的是对案例资料的归纳,主要涉及两种方法,其一是列举归纳法,这种方法是考察某类事物中不同事例的同一属性,通过简单枚举而获得经验概括。一般而言,列举归纳法可得出该类对象的共同属性。例如,为了研究当下恐怖主义产生的根源问题,查阅了许多资料后可以列举出一些经验概括,例如恐怖分子一般出生于经济不发达国家,等等。其二是科学归纳法,或称排除归纳。即在许多命题中,排除不符合客观事实的命题,保留未被事实所反驳的命题以建立经验命题。② 它与经验归纳法的区别就是在考察某类事物中部分事例的同一属性时,还试图概括某一现象产生某种关系的普遍原因,分析事件发生的内在逻辑关系。因此,它被称之为科学归纳法。例如:独裁国家的国家性质对其战争行为的影响是什么?考察发现,独裁的法西斯国家进行了战争。这些战争发动的原因是

① 阎学通、孙学峰:《国际关系研究实用方法》,第 11 页。

② R. B. Braith Waite:《科学的解释》,伦敦:剑桥大学出版社,1953 年,第 257 页。

独裁国家的社会内部压力比较大，为了减轻社会压力，转移公众视线，提高大众对政权的认同度，需要发动对外战争。因此，国家的独裁性是导致战争的原因。

当然，列举归纳法是从个别案例推及普遍情况，而科学归纳法在列举案例的基础上，概括某一现象产生的原因，科学性较强。但这两种方法所得出的结论仍然具有很大的或然性，其有效度还取决于案例数量及这些案例的代表性或典型性。

二是统计归纳。统计归纳是对特定时期内所有或大样本的同类事件进行考察，进而总结出该类研究对象具有的共同特征。[①] 统计概括，依据的是概率原则，只要样本是从总体中随机抽取的，那么样本中发现的现象或变量之间的规律也可以在总体样本中观察到。[②] 统计归纳是发现规律的有效方法。一般而言，观测或统计的次数越多，考察范围越广，结论的可靠性越高。同时，由一次统计概括出来的结论并不能一劳永逸地使用。随着国际形势或环境的变化，统计得出的结论也要随着这些情况变化而再作研究。而且统计概括出来的是对群体行为的规律性描述而不是对个体行为的规律性描述。例如，在对恐怖主义进行研究时，不可能对人类历史上所有恐怖主义行为进行查阅和统计，需要从诸多的恐怖主义袭击中随机抽取一些事件进行概括，得到如下统计结论：①经济落后地区民众比发达地区民众参加恐怖组织的可能性高；②发生内战国家的民众比不发生内战国家民众参加恐怖组织的可能性高。这些统计规律分别说明经济水平等变量与参加恐怖主义行为的相关关系，这种具有普遍性的经验概括可以称为统计规律。

由经验归纳和统计归纳得出的结论并不合乎科学哲学意义上的理论标准。这些结论一般不包含人们对事实的理性认识，它仅仅是对国际社会现象一些共性或规律的描述，而理论则要与许多抽象的理论命题相联系，它能系统地对现象作出归纳和解释。正如默顿指出的："经验归纳仍是一个个孤立的命题，它只是对被观察到的两个或更多变量间的一致性概括。"[③]同样，统计规律也并不是定律或理论，它也是孤立的经验命题，它还没有结合到一个理论体系中。虽然由经验概括得出的并不是一个直接的理论，但却是建构理论的一个重要基础。因为受到人类跳跃性思维的限

① 阎学通、孙学峰：《国际关系研究实用方法》，第122页。

② 袁方主编：《社会研究方法教程》，第99页。

③ 〔美〕默顿：《社会理论与社会结构》，纽约：自由出版社，1957年，第95—96页。

制，人不可能从社会现象中直接寻找出一个能解释一类普遍现象的理论。因此，经验概括主要的作用就是能够为新理论提供事实根据，能够检验原有理论中的错误。更重要的是，它能使研究者从预料不到的事实中或偶然发现中得到启发和“顿悟”，从而得出一个新的，甚至是模糊的概念和想法，以此为线索发展出一个新的理论。① 总之，由观察到经验概括得出的只是一个比较具体的规律，这与实证意义上的理论要求还有一段差距。从经验概括上升到理论范畴还须经过“顿悟”“心灵的自白”等非理性方法。

2. 从经验概括到理论假设建构

许多国际关系理论研究者认为可以通过对经验与现实的直接观察从而逻辑地推导出理论。这可能与部分人把理论等同于规律的观念有关。②事实上，正如爱因斯坦所言：我们只有在通过大量观察发现规律的基础上，通过一些“顿悟”来构造出理论。波普尔也认为：“不存在任何获得新思想、新理论的逻辑方法或逻辑建构过程，任何科学发现都包含着非理性的因素，或‘创造性的想象’。”③“没有任何逻辑途径可以直接导致定律和理论的发现，只有依靠直觉，依靠研究者对专业的酷爱才能得到定律和理论。”因此，从现象到经验概括这一过程，具有严格的步骤和方法。但从经验概括上升到理论范畴，我们的想象力甚至是“灵光闪现”就变得不可或缺。因此，由经验概括到理论就是应用创造性想象和思维的过程。在这一过程中，虽然不存在固定的程序，但也有固定的步骤可以遵循。

①建立解释项的概念。这一抽象的概念包括经验概括中各种变量的共同属性和特征。②建立被解释项的概念。它在更抽象、更普遍层次上表明所研究的具体现象。③以原有经验和概括为基础，建立解释项与被解释项相联系的基本命题。这一命题就是理论的基本假设，它可以是因果关系，也可以是某种概然性关系。④建立多个命题，它们包含上述解释项与被解释项，然后将这些命题组织在一个逻辑上相互联系的理论体系中。④这就是理论形成的基本逻辑和过程。

---

① 袁方主编：《社会科学方法教程》，第 100 页。

② 华尔兹在其名著《国际政治理论》一书中，系统地批判了为什么归纳法得不出理论的原因。他认为，归纳只能获得关于国际政治的规律，而理论是对规律的解释，他只能被创造而不能被发现，需要通过创造性思维而获得。这种创造性思维可能是灵感、顿悟等一些无法明言的东西。事实上，从归纳法无法直接获得理论，但其得到的比较具体的规律却是理论建构的前提，只有认识到了这些规律，才有可能进行理论“创造”。

③ 〔英〕卡尔·波普尔：《科学发现的逻辑》，纽约：纽约科学出版社，1961 年，第 30—32 页。

④ 袁方主编：《社会研究方法教程》，第 102 页。

由此可见，理论构建的关键是从具体的经验事实中抽象出这种现象的普遍意义及本质特征，用一个或几个具有创造性的概念来表达，然后创造出这些概念和变量之间的联系。例如，牛顿把客观实在所含有的物质称为质量，物体之间的相互作用称之为“力”，从而构造出质量与力之间的关系：$F=ma$，进而解释受力物体的运动行为。因此，理论建构是一种创造性的过程。

虽然从经验概括到理论假设需要创造性的想象力，而且这种想象力、顿悟是难以言表、捉摸不定的东西。但是在实践中，却存在一些原则和策略，有助于我们从经验概括上升到理论层面。

（1）利用和改造现有的理论概念。科学研究的目的是为了发现新的规律，进而做出理论上的假设。但是并非每一次研究或对国际社会现象的观察都能创造出一个新的理论。事实上，许多创新研究都是建立在现有理论和概念的基础上，通过对这些概念的改造或重新定义，或者是重新修正变量与变量之间的关系，进而获得一种较新的理论。例如，现实主义认为国家对外行为的唯一动因是国家利益。但新现实主义理论认为仅仅依靠利益来解释国家的外交行为是不充分的。它认为国家行为的原因并不只是在一个方向发生，而是在两个方向上展开：即国际政治的单位层次和国际体系格局上。结构影响单位，只有通过区分结构层次和单位层次的因果要素才能充分地研究和了解互动的国家。① 因此，新现实主义从国际体系结构这一角度来解释国家的外交政策。只有观察到新现象，以致现有理论无法解释时，才需要提出新的概念，进而发展出新的解释范式。

（2）列举共同因素。在国际问题的经验研究中，如发现许多不同现象都导致相同的结果，那么我们就可以先列举那些导致相同结果的因素，进而分析这些因素的共同特征。这种原则方法有助于我们辨认出经验事实所表示的更普遍的意义。例如，在文明冲突论中，亨廷顿要探询为什么冷战后世界热点战争大多发生在波斯尼亚、车臣、中东、外高加索、苏丹等地区。他发现，这些战争都是发生在某一断层线上，这条断层线正好是世界文明的分界线。因此，他把这些共同因素上升为更普遍、更抽象的属性——文明的差异，提出“文明”已替代民族国家、意识形态，成为今后观察、讨论及判断一切国际纷争的范式。

（3）考虑现象后的背景因素。从经验现象中发现普遍意义的概念时

① 倪世雄：《当代西方国际关系理论》，第125页。

应该注意的是具体国际关系事件的社会历史背景以及事件之间的联系。特别是对领导人决策行为、态度等属性进行抽象时更要注意。[①] 例如，独裁国家比民主国家更容易发生对外战争这种现象在现代与17、18世纪有不同的社会意义。在当今，独裁者易于发动对外战争是因为独裁现象已受国际社会的广泛批评，因此国内民众对政权的支持度下降，统治者需要通过战争转移视线进而获得政治上的认同感。而在17世纪时，独裁者发动战争往往是出于独裁者的贪婪个性以及试图建立一个庞大帝国的愿望使然。

以上是利用归纳法构建国际关系理论的具体步骤和原则。事实上，归纳法在建构理论的过程中存在着很大局限性。①由一些个别的国际关系事件或国际社会现象概括出的一般性结论并非是可靠的，依据这些结论构建的理论很容易被其他未观察到的事例所推翻。在现实的研究过程中，研究者往往无法观察到某类国际社会现象的全部个案，而只能选取一个或几个事实上的样本进行推理。这就形成了休谟所关心的问题：归纳是建立在不确定基础之上的猜测，永远不具备绝对的可靠性。[②] ②归纳并不是理论建构的全部，即理论构建并不完全依赖于归纳。因为归纳得到的一般结论只是对具体的或某类经验现象的概括，它只适合于特定时间、场合、范围，仍属于经验的范畴。由这些经验概括上升到理论命题，在认识论上需要经历一个质的飞跃，这一过程更多地依赖于猜想、想象、顿悟甚至是灵光闪现，而并非仅仅是靠归纳完成的。可以说归纳法主要作用是发现经验事实之间的联系，找出某种具体的规律，而并非是一般的理论，但这些具体的规律却是理论建构的一个基础。

下面以恐怖主义为例说明归纳法创建理论的基本过程。

(1) 从国际现象到经验概括

当下恐怖主义行为主要发生在中东、中亚以及南欧等少部分地区。中东、中亚地区的突出特点是经济发展水平比较低下，民众文化水平不高。因此，可以得出初步推论，即经济水平、民众受教育程度与恐怖主义行为存在着相应的关系。

(2) 从经验概括到理论假设

一是建立解释项的抽象概念。研究者在经验概括中陈述了一些变量(如经济发展程度、是否发生内战)与恐怖主义行为的关系，这时研究者要

---

① 袁方主编：《社会研究方法教程》，第103页。

② 〔英〕大卫·休谟：《人类理解研究》，关文运译，北京：商务印书馆，1995年，第23页。

思考的问题是，这些变量的共同特征或普遍意义是什么呢？也就是说，要以变量中的何种含义来解释恐怖主义可能性的不同呢？研究者的创造性发现是：在每一个变量中，产生恐怖主义可能性低的类别（经济发展水平较高、没有发生内战）与产生恐怖主义可能性较高的类别（经济发展水平较低、发生过内战）相比较，都是经历过产业革命、现代化发展程度较高的国家……研究者认为，正是这些共同特征影响了恐怖主义的可能性。他从这些共同特征抽象出解释项的概念：国家的现代化程度。

二是建立被解释项的抽象概念。研究者接着要探讨的问题是，恐怖主义这一现象是表示何种更普遍的现象呢？经过主观思维的运作，研究者将恐怖主义与国际犯罪、违背国际条约等现象归为同一类，它们都是不正常的、反国际社会或偏离国际社会规范的现象，由此他建立了被解释项的概念：国际政治越轨行为。

三是建立理论命题。将解释项与被解释项联系起来就形成了一个理论命题：国家社会现代化程度影响国际政治越轨行为。这里概念之间关系是以经验中的变量关系为依据的，但统计概括只是发现和陈述经验资料中存在的相关关系，而理论命题则可根据因果判断将相关关系表述为因果关系。

四是建立命题体系。现代化程度是从社会关系的层次（群体层次）上描述社会发展程度的先进与否，它的测量维度是：治理体系与治理能力的法治化程度。但是，国家的恐怖主义还受到心理层次中的心理整合程度的影响，它的测量维度是社会心理反常或正常。这说明治理体系的法治化程度与社会心理整合程度有关。通过理论分析和对概念的精确定义，就可以得到更多的理论命题和相关关系命题，如：①社会心理反常的比率与治理体系的法制化成反比；②社会心理正常的比率与治理体系的法治化成正比。这就在形式上形成了一系列的理论假设，这些假设就构成了恐怖主义理论的基本命题。

需要说明的是，在实际研究过程中，并不一定要获得抽象程度较高的理论假设，许多研究只是停留在经验观察到经验概括阶段，通过概括获得一些具体的规律进而对某个国际政治现象做出解释和说明。在这种情况下，并不一定要经过构建理论假设这一创造性的过程。同时，在检验假设时，如果理论假设已非常具体和明确，也可以忽略推演工作假设这一步骤，直接进行测量和理论检验。

二、演绎法

演绎建构理论假设的雏形可以追溯至古希腊。亚里士多德在《后分析篇》中提出演绎是科学的理想结构。[①] 自亚里士多德以来,必须以逻辑演绎的形式提出科学说明的观点得到了自然和社会科学家的广泛承认和认同。所谓演绎是从一个抽象的合乎逻辑或已被科学证明的命题(或科学理论)出发,经过一系列推理,得出一个新的逻辑推演。这称之为命题逻辑推理。这种方式首先产生于几何学和数学中,欧几里德几何就是从著名的五大公理中推演所得的理论体系。许多社会科学研究者包括国际关系学者也采用演绎的方法推演理论假设。例如,关于国际非政府组织(INGOs)的效率研究,我们可根据社会学中提出的几个"真命题"进行逻辑推理。

公理Ⅰ:一个国际非政府组织的集中化程度越高,它的形式化程度也越高;

公理Ⅱ:一个国际非政府组织的形式化程度越高,效率越高;

公理Ⅲ:一个国际非政府组织的复杂性程度越高(即涉及的议题越多),集中化程度越低。

上述三个命题可以认为是已经获得证实的理论。根据这三个命题,可以推理出3个基本的理论假设。[②]

假设1:国际非政府组织的集中化程度越高,效率越高(由Ⅰ和Ⅱ);

假设2:复杂性越高,形式化程度越低(由Ⅰ和Ⅲ);

假设3:复杂性越高,效率越低(由Ⅰ、Ⅱ和Ⅲ)。

由上述演绎推理可知,命题逻辑推理的一个重要特点是由公理推导出的理论假设都处于同一抽象层次,这就能使经验观察与理论有一致的逻辑联系。[③] 但是逻辑推理存在的一个主要问题是理论验证中概念的测量问题。例如在上述命题中,如何测量集中化和形式化,相关的定义并不清晰。而且这些概念的测量十分复杂,主观随意性大。正是由于命题逻辑推演的特点及存在的缺陷,许多社会科学研究者主张采用定义逻辑推演。定义逻辑推演与命题逻辑推演的区别就在于前者的假设是较低层次的理论命题。举例如下。

理论陈述:帝国主义国家必然进行对外扩张;

条件陈述:由金融资本家控制的国家是帝国主义国家;

推论出命题:由金融资本家控制的国家必然进行对外扩张。

定义逻辑推演的优点在于抽象层次较低,较容易使用经验事实进行检验。

从以上关于演绎法的阐述中可以看出,演绎理论假设的关键,也是最

---

① 亚里士多德:《后分析篇》,第1卷,第2章。

② 一般来说,由 N 个公设经过两两组合可以推演出 $N(N-1)/2$ 个理论假设。

③ 袁方主编:《社会研究方法教程》,第107页。

核心的步骤就是“三段论”：以一个包含共同项的性质命题为前提，进而推出一个新的性质命题为结论的推理。任何一个演绎或“三段论”都是由三个性质命题组成，两个是前提，一个是结论。举例如下。

大前提：利益是一个人对外行为的依据；

小前提：外交活动是一种特殊的个人行为；

因此，外交活动是由利益决定的。

前两个性质命题是前提，它们是推出新命题的依据，“因此”后面的是结论，它是从前提推出的新命题。

在三段论中，每个命题由两个部分肯定句组成，每个判断命题由两个词项组成，因此一个三段式一共有三个词项，且每个词项在三个命题中出现两次。例如，上述中三个词项分别是利益、个人行为、国家的外交活动，分别称之为主项、联项和谓项。所谓主项是表示命题对象的概念，谓项表示命题对象具有或不具有某一性质的概念，联项是联结主项和谓项的概念。在结论中，主项的词项称为小项，通常用 S 表示，如上例的国家外交活动；谓项的词项称为大项，通常用 P 表示，如上例的利益；只在两个前提中出现的共同项称为中项，通常用 M 表示。中项在前提中起媒介作用，把大项和小项联结起来，如上例中的个人活动。包含中项和大项的命题称为大前提，包含小项和中项的命题称为小前提，包含小项和大项的命题称为结论。一般而言，一个典型的三段论可表示为图 4.1 的形式。

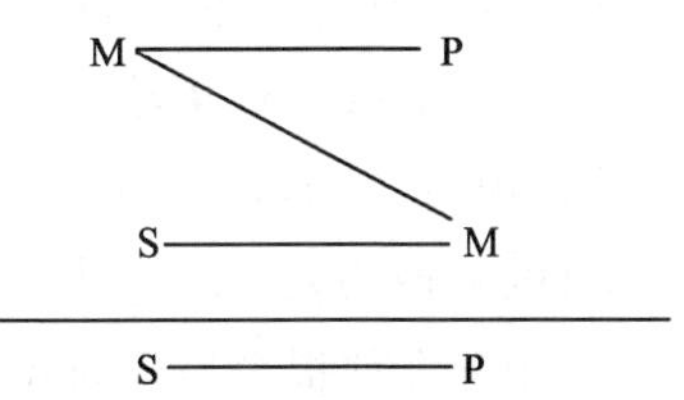

图 4.1　三段论推演的基本形式

从图 4.1 可以看出，中项在三段论的演绎中联结大项和小项，起着承上启下的作用。中项只能有一个，如果中项有两个，则大项与一个中项发生关系，小项与另一中项发生关系，则大小项之间的关系就无法确定，三段论也无法组成。

以上考察了演绎路径构建理论的基本方法，但是用演绎法构建时容易发生逻辑上的混乱，从而构建出某种伪理论或假理论，下列一些原则有助于防止在演绎过程中发生逻辑上的谬误。

原则 1：前提必须是真实的。亚里士多德认为，一个演绎说明中，前提必须为真，它们必须已知为真，它们必须比说明项更为人熟知。[①] 科技哲

① 亚里士多德：《后分析篇》，第 1 卷，第 2 章。

学家内格尔更是明确地指出了演绎前提真实性的重要意义。

> 要演绎出一个说明(即理论假设)时,前提是最重要的。一个令人满意的前提必须为真的要求看来是不可避免的,构造一组满足演绎说明的逻辑条件的任意前提总是相对容易的;若不对这些前提施加进一步的约束,则能轻而易举地说明宇宙中的任何事实,只需恰当的数学能力和逻辑能力就行了。但事实上,如果已知任意构造的说明的前提是假的,那么所有这种说明都会由于不合适而不予考虑。前提的真实性无疑是一个令人满意的说明所期望的一个条件。[①]

由此可见,前提的正确性在理论演绎中占据着至关重要的地位。如果前提正确,论证过程正确,则结论必然是正当的。在国际关系研究中,应用演绎法时前提的真实与论证的正当有着同等重要的意义。[②]

原则 2: 中项在前提中至少周延一次。周延是逻辑学中的一个专属名词,是指在命题中对主项、谓项的外延数量的反映。如果在一个命题中,对它的主项(或谓项)的全部外延作了反映,那么这个命题的主项(或谓项)是周延的。如果未对主项(或谓项)全部外延作反映,那么这个命题的主项(或谓项)就是不周延的。[③] 由三段论演绎结论就是确定大项与小项之间具有的某种关系。而这种确定的关系是通过中项这一媒介作用建立起来的。中项在前提中至少周延一次就是要求中项的全部外延有一次和另一项(大项或小项)发生关系,为建立小项和大项的某种关系提供依据。如果中项在前提中没有一次周延,那么可能产生这样一种情况: 小项与中项的一部分外延发生关系,大项与中项的另一部分外延发生联系,因而小项与大项就不可能通过中项建立确定关系。这样,前提不蕴含结论,得出的结论就是不正确的。例如: 一切帝国主义国家都会发动对外战争,独裁国家发动对外战争,演绎结论是独裁国家就是帝国主义国家。在这个演绎推理中,中项发动对外战争在大、小前提中都不周延。因此,帝国主义与独裁国家之间的关系无法通过演绎方法而获得。根据这一要求,可以得出另一推论,在前提中不周延的项,在结论中也不得周延。

原则 3: 推理的正当性也是结论正确的保证。演绎法把前提的正确性

---

① 〔美〕欧内斯特·内格尔:《科学的结构》,第 45—46 页。

② 阎学通、孙学峰:《国际关系研究实用方法》,第 108 页。

③ 《普通逻辑》编写组:《普通逻辑》,第 161 页。

视为第一重要的，但是如果前提正确，推理不合逻辑或缺乏逻辑上的一致性，则得出的结论假设仍然是不正确的。什么是不正确的推论？阎学通教授在《国际关系实用方法》一书中给出了具体解释：论证方法不当包括对前提理解不正确、论证不符合逻辑、偷换概念、混淆概念等等，其中最常见的是混淆概念：即由于无意中违反了同一律，错误地把两个不同的概念混为一谈。[①] 在国际关系理论演绎时，由于涉及的概念比较相近，从而很容易犯混淆概念的错误。例如，为检验"发展"与"国家安全"之间的关系，大前提是"国家安全的基础是经济实力"，小前提是"经济实力来源于经济发展"，推演出的理论假设是"经济发展是国家安全"。在该演绎过程中，把"国家安全的基础是经济实力"混淆成"国家安全是经济实力"；又将小前提"经济实力来源于经济发展"混淆成"经济实力是经济发展"。最终得出了"经济发展是国家安全"的错误结论。[②]

其他还有一些比较明显且一目了然的判断原则，包括：两个否定前提不能得出结论；两个前提中如果有一个是否定的，则结论是否定的；如果结论是否定的，则必有一个前提是否定的，等等。这些基本原则有助于我们迅速地对结论作个粗略判断。

综上所述，演绎法构建理论假设的基本步骤如下。

① 明确阐述研究主题。

② 详细说明理论所关注的范围，即理论的适用性问题。该理论是用来解释所有的国际关系现象，还是用于外交政策的解释，还是仅适用于某些特定的国际关系议题，这涉及理论的边界问题。事实上，建构一种具有普世意义的、终极性的国关理论在经验层面上是不可能的，清晰地界定出理论的适用范围是至关重要的。

③ 详细说明主要概念和变量：对概念进行定义，定义后概念就转化为变量，这是理论中最基本的元素。

④ 找出关于变量关系的既存知识(如公理、定理等)。

⑤ 按照一定方法从"既存知识"中逻辑地推论出正在考察的特定主题的相关命题。

⑥ 利用文中所述原则进行简单、快速的判断，防止理论在逻辑上存在问题。随后再利用个案、统计等方法进行理论假设的检验。

---

① 阎学通、孙学峰：《国际关系研究实用方法》，第 110 页。

② 该例摘自于阎学通、孙学峰著：《国际关系研究实用方法》，第 111 页。

三、类比法

1. 类比的基本概念和原理

所谓理论构建的类比法(或称类比推理)一般是指两个(或两类)对象在一系列属性上是相同的(或相似),而且已知可用一种理论来解释一种(或一类)现象,那么可以用相似的理论来解释另一种(或一类)现象。对两个(类)事物或现象进行比较,找出他们在某一层的相似关系,并以此为依据,把某一事物的有关知识迁移到另一个对象中去。[①] 类比推理的本质要求事物或现象之间存在相似性。但这种相似性与比较是不一样的。比较是辨认对象之间的共同点或差异点。类比推理是在比较的基础上,对被研究对象的某种未知情况作出判断,如果思维过程仅仅是停留在有关被研究对象之间的相同点或差异点的资料整理上,而不作进一步的推导,那它就仅仅是比较而不是类比。[②]

一般而言,类比法是依照下述方式进行的:

A 现象具有属性 a,b,c,d;

B 现象也具有属性 a'、b'、c'、d',且 a、b、c、d 与 a'、b'、c'、d'属性是相似的;

如果理论 C 能解释 A 现象,那么 C 的类似理论也可能用来解释现象 B。

上述推理模式中,A 和 B 可以指对象的类别,也可以是两个具体的对象,还可以其中一个涉指类别,另一个涉指个别,或者是不同的事件或现象。

为什么根据两个对象在一系列属性上的相似就能推出他们在别的方面也是相似的呢?即类比推理有何理论依据?类比推理并非是人们主观自由创造,而是存在客观基础的。客观世界中存在各种各样的事物、现象,并不是彼此孤立、互不相干的,而是相互制约、相互作用的。也就是说,事物的各种属性总是处于系统结构中并保持复杂的功能联系。另一方面,客观世界的各种事物及现象之间“呈现惊人的相似”。正是由于事物和现象属性之间的相互制约,而且不同事物现象之间具有多方面的相似性,因此当人们观察到某对象具有属性 a、b、c,而另一对象具有相似的属性 a'、b'、c'时,便合情合理地推断解释 A 的理论也可以解释 B。

---

① 赵永青:《浅谈类比归纳推理》,《哈尔滨市委党校学报》2005 年第 3 期。

② 《普通逻辑》编写组:《普通逻辑》,第 313 页。

2. 类比推理的分类

类比推理的原理及模式相对而言比较简单，但是其具体推理的情况却是复杂多变的。其中最传统的就是属性类比或共存类比。其基本思路是两个事物或现象存在某些相同（或相异）属性从而推断出他们在另一属性上是相同的（或相异的）。见表 4.2。

表 4.2 属性推理（共存类比推理）

肯定类比	否定类比
对象 A 具有属性 a、b、c、d	对象 A 不具有属性 a、b、c、d
对象 B 具有属性 a、b、c	对象 B 不具有属性 a、b、c
所以，对象 B 也具有属性 d	所以对象 B 也不具有属性 d

共存类比推理是类比推理中一种简单的方式，这种类比推理只有助于我们了解事物的性质，但是对于构建理论并无很大助益。有助于理论建构的类比推理称为因果关系类比。因果关系类比是指类比对象各要素的性质是由某一因果关系制约或是说要素之间具有某种因果关系。那么，由参照模型要素具有的因果关系，并且对象模型有若干要素同参照模型的要素相似或相同，推理出对象模型也有同样的因果关系。因此，它是以两个对象系统之间的某些因果关系或规律性的相似为根据进行的类比推理。在国际关系理论中，最著名的就是华尔兹把国际社会中的结构类比为经济学中的市场，把每个国家类比为企业。那么根据古典经济学理论，企业行为受到“无形的手”支配，即市场决定企业行为。由此可以类似地推出结构决定国家行为。这正是结构现实主义的要义所在。这种因果类比推理可列表如下。

表 4.3 结构现实主义理论的因果类比推理

	要素	关系 R	结论
市场	由单个企业组合而成；企业的大小不同。	市场决定企业行为（因果关系）R_1。	R_1 与 R_2 的关系相似：国际体系结构决定国家行为。
国际体系结构	由单个国家组成；每个国家的实力大小不同。	R_2。	

因果类比推理可用以下公式来表示。

参照物系统存在属性 a_1、a_2、a_3，a_1、a_2 和 a_3 之间存在因果关系 R_1；

对照系统存在属性 b_1、b_2、b_3，且属性 b_1、b_2、b_3 与属性 a_1、a_2、a_3 相

似或相同；

猜想性结论：b_1、b_2和b_3之间也存在类似于R_1的关系。

3. 类比推理的步骤(因果类比推理)

通过因果类比推理获得一个新的理论解释框架一般可分为三个阶段。第一阶段是类比的契机：问题的提出。通过对国际现象的观察或历史资料的研读产生问题，试图寻找解释这些问题的理论。第二阶段是类比推理的逻辑操作：比较与分析。这一步骤的关键是事物或现象特征的抽取、类比关系的建立，从而产生知识的迁移。这是类比推理建构理论的关键。在该过程中，通过比较两个对象并进行逻辑分析和特征抽取，分清两个事物或现象在哪些属性上相似，判断这些相似是本质还是非本质的，是性质上相似还是因果关系和科学定律上的相似，是结构组成上的相似还是行为和功能上的相似。通过比较进一步寻找对象之间、系统之间、研究方法之间、原则之间、形式结构之间及各种因果联系之间的相似性。然后依据对象、系统之间的相似性特征，把个别对象系统的研究结果类推到相似对象、系统上去。[①] 第三阶段是类推结果的评估和修正。类比推理得出的理论假设是或然性的，还需利用个案、统计等方法进行检验。

4. 类比推理构建理论的优势及局限

类比推理是理论构建中简洁有效的方法。开普勒曾说过："我珍视类比胜过任何别的东西，它是我最可信赖的老师，它能揭示自然界的秘密。"康德也认为："每当理智缺乏可靠的论证思路时，类比这个方法往往指引我们前进。"这些都说明了类比法在理论构建中的重要作用。

(1) 使用类比推理构建理论的适用范围极广。与演绎推理和归纳推理相比，类比推理构建理论的方法应用范围十分广泛。演绎和归纳在思维进程方面是截然相反的，但他们都是在同类事物或现象的范围内进行的，通过个别到一般或一般到个别的方式获得理论。因此他们都没有超出同类事物的范围。但是类比推理却不受同类中一般与个别关系的限制。即便差别极大的事例或现象之间，人们仍可使用类比推理法获得理论假设。人们既可以在两个不同的个体事物或现象——如国际社会、组织结构和国内组织之间，也可以在不同的两个事物或现象类别——如市场结构和国际结构之间进行类比，还可以在某类个体与另一事物类别之间进行类比，从而获得理论构建的灵感与源泉。

---

① 李玉兰：《类比推理、机制与功能》，《武汉大学学报》(哲学社会科学版)1995年第3期。

(2) 类比推理的结论受前提的制约程度低。演绎推理的结论被前提所蕴含,因而受前提的严格制约,否则结论就不可能是必然的;归纳推理从本质上而言是由特殊到一般的不完全推理过程,它的结论超过了前提的断定范围,是前提已有知识的推广。因此,前提对归纳推理产生的理论假设的制约程度明显弱于演绎推理。[①] 而类比推理受到前提约束最为宽松,或者可以说不受前提限制。它的前提大多是为结论提供线索,但并未严格地规定或限制它的指向。它往往能把理论从一个领域经过适当的变换引申至一个完全不相关的新领域。[②] 在社会科学中,一些社会现象和规律的解释甚至可以直接来源于物理、生物学等自然科学中。因此,类比推理在构建理论过程中更富有创造性和灵活性。

但是类比推理只是或然性推理,产生的理论假设还必须经过实践的严格论证。在理论发展史上,类比推理产生的理论为尔后所证实的确实不少,然而被推翻的也许更多。人们常常犯"机械类比"的错误,特别是容易把一般事物或对象的偶有属性或关系推广至另一类事物中去。可以说,类比推理构建理论的方法太容易,而且缺乏严格的规则或约制,容易使我们沉沦于发现新理论和新规律的"虚假繁荣"中。

理论假设是对研究问题的回答。归纳法、演绎法、类比法是提出理论假设的基本方法。当然,在研究过程中,也并不一定必然要遵循这三种方法才能获得理论假设。反之,遵从这三种模式也不一定能获得合理的理论假设。顿悟、灵感、研究团体间的争论等非理性因素都是获得理论假设的重要方法。无论通过何种方法获得假设,最终都要进行逻辑和事实的检验。

小　结

本章重点论述了国际关系研究假设的内涵及构建方法。理论不仅仅是变量之间的关系,而且涉及对变量间关系的解释。因此,一个完整的国际关系理论应当包括因果效应和因果机制。在表现形式上,变量是理论的载体,理论假设主要通过变量间关系体现出来。归纳、演绎、类比是构建理论的三种主要方法。当然,在具体的研究实践中,这三种方法是相互渗透、相互借鉴并相互影响的。

---

① 《普通逻辑》编写组:《普通逻辑》,第 316 页。

② 《普通逻辑》编写组:《普通逻辑》,第 316 页。

第五章　理论假设的操作化与测量

理论假设是对研究问题的回答，虽然在形态上已具有理论的形式，但它是从有限的经验观察和经验概括中得来的，还没有经过检验，只能是一种假设。因此，在形成理论假设后，还需要通过一定的程序对其加以检验。所谓假设检验，是指研究者通过收集和分析经验资料来论证国际关系研究中提出的理论假设是否符合国际关系的本来面目。符合国际关系现实和历史的就被接受为真实性假设，可以上升为理论；反之，如果经验资料不支持理论假设，研究者就不能接受该假设，需要进行新的调查和研究，进一步修改理论假设。假设检验涉及两项重要的工作：首先是假设推演，就是把抽象的理论具体化，使之能与实际的经验资料比较，该过程称为理论假设的操作化；其次，是对操作化后的假设进行经验检验，即把操作假设与经验材料加以比较，以确定经验资料是否能够支持该理论假设。在这一步骤中涉及测量及具体的假设检验技术。

需要说明的是，在国际关系研究的实践中，有时仅仅是检验已有的理论假设，研究者就不需要通过归纳、演绎等方法获得假设；有时检验的理论假设已相当的具体，也就不需要通过操作化推演的方式把抽象的假设具体化。

下面我们以一个假想的例子说明假设检验的具体步骤。均势与国际社会稳定之间存在着较高的相关关系，这是国际政治学中的一个理论命题。很显然，均势、国际社会稳定都是比较抽象的概念，很难直接使用历史资料或数据对两者的关系进行检验。如要进行检验的话，需要把这些抽象的概念转化成具体的可测量的变量。例如，用发生世界性战争的次数来替代国际社会的稳定，次数越少表示国际社会越稳定。用世界上主要大国军事力量的对比来替代均势程度。原先抽象的命题可以用具体的命题来替代，这一过程称之为理论假设的操作化。随后我们可以通过测量历年主要大国军事力量和世界性战争的次数，进而对具体的假设进行检验。

从上述例子可以看出，对一个抽象的理论假设进行检验主要分为三个步骤。一是对理论假设中的概念作出精确定义。这主要是因为国际关系中使用的概念与自然科学中的不同,它们通常是模糊的或含义不清的,如“权力”“国家利益”“同盟”“均势”等。如果不对这些概念作出精确定义,就无法对现象进行观察和度量。二是假设操作化。根据定义,把理论假设中的概念具体化为可以测量的变量,从而把抽象的理论假设转化成可以用历史资料和数据进行验证的工作假设。三是对操作化后的变量进行测量,再利用相关方法对工作假设进行验证。

第一节　理论假设的概念化与操作化

一、概念的界定

理论假设的操作化就是要找到一个合适的变量来代替假设中抽象的概念。进行操作化的第一步是对概念进行界定。同一个概念,定义不同,操作化时选用的变量也不相同。

例如,对国际稳定进行操作化,按照国际关系理论,稳定是国际系统的稳衡状态,它包括非稳定性稳衡和稳定性稳衡,前者指没有战争的状态,而后者指一种不但没有战争,而且没有战备行为的状态。验证霸权稳定理论时,就要考虑该理论中的“稳定”到底是指哪一个含义。通过对理论的解读,发现国际稳定应当是指非稳定性稳衡,也就是说,即使国际社会有备战行为,但没有发生战争,那么也算是稳衡状态。因此,研究者就可以选择大国参与武装冲突的频繁程度作为国际社会稳定的操作定义,从而完成概念的操作化。如果把稳定定义成稳定性稳衡的话,那么大国参与武装冲突的频数就不能成为稳定的操作定义。

因此,在进行概念操作化之前,首先要把概念的内涵界定清晰,研究者才能找到合适、准确的变量进行操作化定义。

二、概念的操作化

在很多情况下,理论假设是以比较抽象的概念来表述的,而这些抽象概念难以直接加以经验测量。因此,在进行理论检验前,需要对这些概念进行操作化推演,将其转化为可以直接进行经验测量的变量,从而形成经验层面的具体假设以供检验。例如,研究者要对“大学质量水平决定毕业生的素质”这一理论假设进行检验,在这个假设中两个主要的概念——大学质量水平、毕业生的素质——都是比较抽象的,难以利用数据直接进行检验。传统的检验方法是列举部分较高水平的大学,观察这些大学培养了多少优秀毕业生。实证主义认为用举例子的方法进行假设检验是存在缺陷的:举例法只是对理论假设进行了说明,使读者更加容易理解假设的内涵,而不是证明了理论假设。那么,如何来检验上述命题呢?一个基本的设想就是以一个大学的院士数量来代表大学的质量水平,用毕业生中产生的教授数量来代表毕业生的素质。通过统计全国所有高校的数据,计算这两个变量之间的相关系数,如果相关系数高的话,就证明了上述假设。用"毕业生中教授的比例"来替代毕业生的素质其实就是操作化的过程。所以操作化就是建立一些具体的程序或指标来替代抽象概念。在上例中,可以用毕业生中教授的比例这一指标来替代毕业生素质这一抽象的概念,当然,也可以用其他的指标或指标群来替代,如可以用毕业生中企业家的比例、毕业生中出国留学的比例等操作化指标来指代毕业生质量这一概念。通过概念的界定和操作定义,原先抽象的理论假设就变成了可以检验的工作假设。其过程如图 5.1 所示。

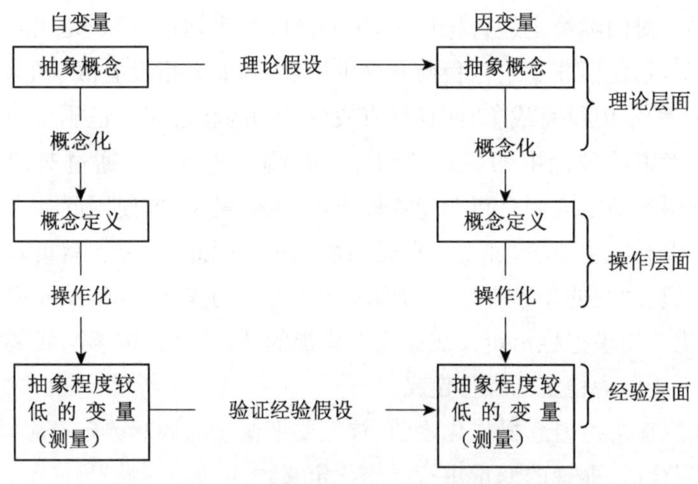

图 5.1 理论假设的操作化推演图示

由此可见,所谓操作化推演就是将理论假设转述为具体工作假设的过程。操作化的主要作用是通过详细界定理论假设中的概念并将概念具体化为可观测的变量,然后用变量语言重新表述理论假设。操作化推演是理论检验的关键环节。只有有了具体的研究假设才能进行研究方案或调查方案的设计，才能明确调查对象、调查内容以及调查的时间、地点。从表面上看，操作化后的定义比原先的概念更加具体、直白。事实上，将抽象定义转化成操作定义是一项非常困难的工作。这主要是由于国际政治研究中概念的复杂性和模糊性。一个好的操作定义需要尽可能地涵盖抽象概念所包含的内容。当然，在国际关系实际研究中，有时理论假设中的变量已经十分具体，并不需要进行概念界定和操作化，可以直接对其进行测量，完成检验。

下面，以霸权稳定理论为例，详细讲述操作化的具体过程。

罗伯特·吉尔平是霸权稳定的系统论述者。他认为，国际体系的稳定与霸权国的根本国家利益休戚相关，霸权国会竭尽全力维护稳定的国际霸权体系。也就是说国际社会的稳定程度与霸权国的实力之间存在一种必然的正相关关系。因此，总的理论假设是：霸权国国力与国际社会稳定之间有相关关系。图 5.2 演示了如何把抽象的假设推演为具体可检验的工作假设过程。

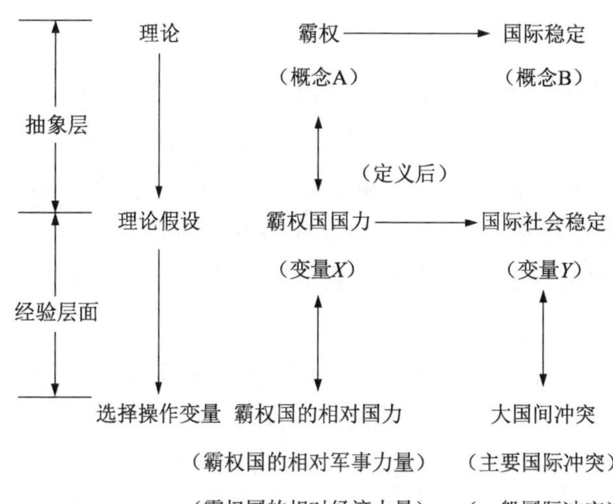

工作假设：霸权国相对国力越强，大国间武装冲突频数越低。

霸权国相对国力越强，主要国际冲突频数越低。

霸权国相对国力越强，一般国际冲突频数越低。

在霸权国国力持续下降时，国际冲突频数会相应地不断上升。

图 5.2　推演工作假设示意图

对理论假设进行了逻辑推演和操作化推演后，我们得到了一组可以在经验中加以检验的工作假设，随后可以利用历史资料和数据进行检验。检验方法一般涉及定性资料和定量资料的搜集和分析，方法也林林总总，包括抽样、调查、数据统计分析等定量方法，也包括个案分析、比较案例分析等质性方法。至于最终采用什么方法，要依据具体问题具体对待。

第二节　测　　量

当用操作定义来表示某个概念时，我们还需要对这些操作定义进行度量。例如，我们可以用国家实力的相对大小来表示霸权国霸权能力的高低，国家发达程度来表示现代化程度等等。国家实力的相对大小、国家发达程度分别是霸权国能力、现代化程度的操作定义。有了操作定义，在检验操作化后的工作假设时，还需要对这些操作定义进行测量。

一、测量的概念

自然科学中的测量比较容易理解。但在国际关系研究中，测量的对象往往是内涵丰富且有些抽象的概念，如国家的实力、文明的差异、同盟分歧等等。准确地了解这些抽象概念的内涵就涉及测量这一过程。国际关系研究中，“测量”是指对研究对象进行有效地观察和量度，也就是依据一定的规则将数字或符号分赋予研究对象的特征之上，使一种国际现象数量化或类型化。

例如，测量两国“对外政策相似度”。两国对外政策相似度可以通过外交政策的重合率来显示。对于重大的国际事件，如果两个国家的表态一致，则认为两国的外交政策是重合的。对于重合率可以从两个方面来测量，一是联合国投票情况。如果一年中投票 N 次，两国投票相同的次数为 N_1，则联合国投票的重合率为 $U_1 = \frac{N_1}{N}$。二是两国在重大国际事件中的表态。如果一年中发生重大事件为 M 次，两国相同的表态为 M_1 次，重大事件重合率为 $U_2 = \frac{M_1}{M}$。那么，最终两国的外交政策重合率或对外政策的相似度为 $U = \frac{(U_1 + U_2)}{2}$。

变量测量的核心是规则的分派，不同的规则产生不同的测量值。实证主义国际关系研究的争论焦点之一就是测量的准确性和可靠性。准确性和可靠性取决于测量规则分派的有效性，而规则分派的有效性取决于所观测变量的特点。有些变量，如经济实力等，就易于测量，分派规则就比较好制订；有些变量，如国家综合国力，就很难用具体数字来表述；还有一些概念，如分裂意愿、国民士气、利益等，不能采用具体数字进行测量，制定有效的分赋规则就比较困难，需要用类别和等级来区分。无论采用定类数据、定序数据还是定距数据来进行测量，必须掌握以下三个原则。

一是准确，也就是对变量分配的数字或进行的分类要真实、可靠，能真实地反映对象在属性和特征上的差异。例如，相对经济实力这一变量可用本国的国民生产总值占世界总值的百分比来表示；国际体系结构可用单极、两极、多极来衡量。在对国家军事实力的测量中，如果日本得分为60分，中国得分为30分，那么从直观上看，这两个分值并没有准确地反映出两国真实的军事实力，产生这种情况的原因可能是军事实力的测算标准出现了偏差。

二是完备，即分派规则要包括研究变量的各种状态或变异。例如，在测量国际组织的类型时，可以把国际组织分为经济组织、政治组织、军事组织、文化组织。但是这种测量的规则却难以把“基地”这一类综合性的组织归入其中的任何一类。因此，需要重新制定测量规则，以便纳入世界上所有的国际组织。

三是互斥，即每一个变量的属性和特征都能以一个而且只能以一个数据来表示。也就是说，研究变量的取值必须是互不相容的。例如，我们对社会阶层进行分类时，按照工人、农民、城市居民、干部的分类规则，就不是互斥的，因为干部与城市居民并不互斥。在以后统计数据时，某一个人可以同时归入两类中。在区分国际组织的不同类别时，如果以全球性组织、地区性组织、国家间组织为分类规则，就没有满足互斥的要求，因为联合国可以是全球性组织，也可以是国家间组织。

二、测量的具体方法

1. 指标

对某个变量进行测量的实质就是用具体的数值去替代该变量。例如，距离可以用千米来测量，工厂规模可以用年产值来测量。国家的综合国力是一个比较抽象的概念，可以用GDP这个比较具体的指标来代替。因此，测量的关键在于能找到一个具体的指标来替代抽象的概念。例如，对外贸易依存度是一个比较抽象的概念。研究者可以用该国出口总量占 GDP 的比重来表示，比重越大，说明该国对外贸易依存度越高。当然，也可以用该国进出口总量与 GDP 的比重来表示。选择哪一种指标要根据数据的可获得性及效度要求来确定。

2. 指标群

指标是表示事物强度差别的标准，对于一些简单的变量可以用一个指标来表示。但是在国际关系研究中，绝大多数变量的强度不是由一个因素决定的，因此我们有时需要使用指标群来对变量进行衡量。例如，国际关系研究中常常需要对国家的经济实力进行测量，常用的做法就是以 GDP 作为指标。但用单一指标衡量却存在一个问题。中国的 GDP 已是美国总量的 60%，但从直觉上看，中国的经济实力并没有达到美国的 60%。因此，还需要引入其他影响国家经济实力的因素构建指标群。研究者可以把货币的国际化程度、外贸开放度、人均国民生产总值放在一起作为指标群来度量国家经济实力。

下面以文化距离的测量为例说明指标群的应用。文化距离是影响两国关系的重要变量。在传统国际关系研究中，文化距离主要体现在国家政治制度差异方面。因此，可以用两国间政治体制的差异来表示国家文化距离。但是，随着文化内涵的扩展、文化多样化的发展，国家文化的内涵不仅仅是政治制度，而且至少还应当包含价值观、权力观等指标。因此，荷兰跨文化比较研究者 Hofstede 提出了分析文化距离的五大指标：个体主义/集体主义指标、权力距离指标、不确定性避免指标、男性/女性主义指标、长期倾向/短期倾向指标。个体主义/集体主义强调个人与集体联系的紧密程度。权力距离指标衡量的是人们对组织中权力分配不平等情况的接受程度。这一指标可以根据上级决策的方式(民主还是专制)、上下级发生冲突时下级的恐惧心理等因素来确定。不确定性避免指数衡量的是人们对于情况不确定性的容忍程度。男性/女性主义指数衡量的是在工作中应注重业绩表现还是注重关系的调和，反应了工作、社会生活的人际关系。长期倾向/短期倾向衡量的是人们在完成工作任务时注重短期还是长远利益。那么国家文化距离就表现为不同国家或地区在 5 个指标上的差异总和，具体表示如下：

$$\begin{aligned} CD = {} & I_1(\text{个体主义 / 集体主义差异}) + I_2(\text{权力距离}) \\ & + I_3(\text{不确定性避免差异}) + I_4(\text{男性 / 女性主义差异}) \\ & + I_5(\text{长期倾向 / 短期倾向差异})。 \end{aligned} \tag{5.1}$$

在建立指标群时，需要注意指标的加权问题。一般来讲，一个概念包含的要素所起的作用并不完全相等，因此对于作用较大的要素应给予较高权重。在不加权的指标群里，各项指标的权重是相等的，而在加权的指标群里，权重大的指标分量是权重小的指标的数倍。哪些指标需要加权，哪些指标不需要加权，完全取决于研究人员对研究对象的理解。

例如，国际关系研究需要对国家利益进行测量。国家利益包括经济利益、政治利益、军事利益、文化利益和发展利益等多个部分。不同国家对各类利益重视程度不一样。对于发展中国家，经济利益、发展利益是最关注的部分，权重就应适当大些，可把权重设置为 5；军事利益次之，可设置为 3；政治利益再次之，可设置为 2；文化利益的权重可设为 1。最终该国的国家利益测量表达式为：国家利益＝5×（经济利益＋发展利益）＋3×军事利益＋2×政治利益＋1×文化利益。

一般来讲，通过多个指标值的直接相加或加权相加可以获得该变量的测量数据。在有些研究中，变量的最终测量结果并不一定是各个指标值的简单加减，它可能具有更加复杂的形式。国际关系学科中著名的克莱因国力评估公式为：$PP=(C+E+M)\times(S+W)$，其中 C 代表人口和领土，E 代表经济实力，M 代表军事力量，S 代表战略意图，W 代表国家意志。克莱因公式表明国力并不是五种相关力量的简单相加，它呈现出一种复杂的形式。

例如，国家文化距离测量的常规表述式如 5.1 式所示。显然，我们也可以对各个指标设置权重，从而得到如下的国家文化距离测量公式：$CD=2\times I_1$（个体主义 / 集体主义差异）$+5\times I_2$（权力距离）$+2\times I_3$（不确定性避免差异）$+0.5\times I_4$（男性 / 女性主义差异）$+I_5$（长期倾向 / 短期倾向差异）。当然，也可以把国家文化距离标准化，得到如下的测量方法：

$$CD=\sqrt{\sum_{i=1}^{5}\frac{(I_{ij}-I_{ic})^2}{V_i}},$$

其中，V_i 表示方差。

采用何种测量指标（群），需要依据研究对象和已有的研究成果做出具体分析。测量指标（群）要满足两个基本的要求：一是指标要尽可能客观准确地反映出概念的内涵；二是指标要尽可能客观地反映出不同测量对象之间的相对量。

其实，确定分赋数字的规则（也就是设立指标群）是国际关系测量最基本也是最困难的工作。指标群设置得好，那就能很好地测算原来的概念或变量；设置得不好，对最终的研究结果也会产生重要影响。因此，有学者认为科学即测量，在一定意义上是成立的。

3. 量表

量表是国际关系研究中经常涉及的一种测量工具，主要用于测量复杂且带有主观性色彩的概念。指标测量的是一些抽象但却具有客观特征的对象，如国际社会稳定、国家实力、国家利益等等。在国际关系研究中有些变量却存在着主观性，比如大学生对联合国改革的态度、领导人对双边关系的认知，这些概念不仅抽象，而且带有强烈的主观认知色彩。如果再用指标或指标群进行测量的话，就显得力不从心，需要引入量表进行测量。

量表一词的英文是Scales，它也常常译成尺度。由于它与多个不同的概念相近，又有各种不同译法，因而它是社会科学中最令人迷惑的概念之一。我们有必要先对量表及其相关的术语进行一些讨论。

(1) 量表与维度。维度这个概念前文并没有涉及，但在具体的国际关系研究实践中会经常用到。维度属于理念范畴，它表示现象的某一层次或某一方面，或者说，它在抽象层次上表示从某一角度看待现象时的某种连续统一体，如强大—不强大、理智—不理智、保守—激进、贫穷—富裕等。某个概念可以分为几个层次，相应的层次就是维度。例如，国家实力可以分为经济实力、军事实力、文化实力3个维度。如果观察军事实力这个维度，国家可分为军事强国和军事弱国。与维度不同，量表是用来捕获和再现概念维度的经验工具，是用来测量维度的技术。例如，测量某个国家领导人在外交政策上的保守性，可以在极端保守和极端激进两者间，分为极端保守、十分保守、保守、中立、比较激进、激进、十分激进、极端激进八个程度级别。而量表是通过设置问题去测量某个领导人的外交政策到底处于某一维度下何种程度的办法。

(2) 量表与指标。指标是用某个可以测量的变量或变量群去代替某个复杂或抽象的概念。例如，用GDP这个变量来代表一个国家的经济实力，GDP就是测量国家经济实力的指标，GDP和国家经济实力都是客观真实的变量。量表主要用于那些具有主观性评价概念的测量。例如对领导人的管理水平进行评价时，就要使用量表。领导者管理水平的测量往往与测量人员的经历有关。不同经历的人，对同一个领导人的管理水平有不同的评价。因此，当研究者邀请一组专家对领导者的管理水平进行评价时，就进入到量表测量的领域。测量领导的管理水平时，测量者需要设计一系列问题(这些问题经过组合排版后就变成了量表)来进行测量。当使用一份问卷来测量幸福感时,由于幸福感涉及个人评判,这份问卷可以看成是量表。但是,当用自杀率来作为幸福的测量指标时,由于自杀的资料并不包括社会研究者的判断,这是一个客观统计量。因此,自杀率只能算作测量幸福的指标。自杀率高表示不幸福,自杀率低代表幸福。

(3) 量表通常由多项测量的内容综合而成。比如,一个篮球运动员的能力可以通过一个由奔跑能力、运球能力和投篮能力所构成的量表来进行测量。这一点与我们所讲的指标群有点相似。但是两者还存在区别:量表"在原则上都需要个人对一系列精心设计的统一陈述或项目作出赞成或反对、同意或不同意的反应。"也就是说,量表必须由一套问卷问题所构成。它将回答者对一套问题的回答综合起来,其结果就是个人在该量表上的"得分"。而指标或指标群是自我组合的。例如,用什么代表一个国家的经济发展水平?可以用该国的 GDP 总量,也可以用该国的人均 GDP,还可以综合考虑该国的 GDP 及对外贸易额来代表国家的经济发展水平。因此,指标群是由几个指标组合、运算而成,而量表则由对一组问题的回答"计分"综合而成。

在国际关系研究中,量表不仅限于测量态度,还可以用于测量国家的发展水平、软实力等。根据测量内容的差异可以区分出态度、能力、软实力等类型的量表。

量表还可以分为调查量表与测验量表。它们分别用于问卷调查和测验中。在问卷调查中,使用量表的主要目的是精确了解总体状况。例如,问卷调查中的"政治态度"量表是要通过对个人政治态度的统计汇总来了解各类人的政治态度,它的分析重点是群体而不是个人。测验量表通常要精确观测某个国家或国际行为体的某一特征(如软实力、凝聚力、执行力),它的分析重点是国家、组织等具体的行为体。因此,测验量表设计要严格、精确且有较高的信度和效度,这就需要设计大量的题目。与此相反,调查量表中的题目较少,效度要求不高。

举例来说,"国家领导人能力考核量表"就是一种测验量表,它的目的是要精确地测定领导人具有的各种能力和素质,它类似于对个人的智力考验。对领导能力的测量仅靠几个问题是无法获得精确结果的。因此,需要设计大量的题目,从而达到对个人领导力进行精确量度的目的。而对国家领导人的"民主评议量表"则是一种调查量表,它的目的是了解群众对国家领导人的意见和看法,它是民意调查的一种方式。因此,只需要少量题目就可以达到目的。用一种形象的比喻来说,测验量表就好比对各种电视机的性能指标进行精确测定，以确定每一种电视机的质量、性能和等级，而调查量表是由群众对每种电视机进行评价，以便了解群众最喜欢或最不喜欢哪一型号的电视机。对电视机性能进行测评时，需要通过各种程序，对各个部件的性能进行测试，但是群众的评价并不需要使用精密的仪器、仪表，而是凭主观印象和实际感受。这一例子说明，研究目的不同，量表的设计也不同。总体来看，量表主要是通过对大量问题的回答间接地、近似地反映那些难以精确度量、带有主观色彩的现象、事物或态度。

综合上述，量表就是一个尺子，它的作用在于精确度量一个较抽象的或综合性较强的概念，特别是度量态度和观念（如种族偏见、政治倾向等）的不同程度或差异。量表比单一指标或单项问题的测量能获得更多、更真实、更准确的信息，能通过间接的、定量的方式衡量那些难以直接观测、难以客观度量的国际关系研究概念。

目前量表技术还存在着一些缺点，如设计比较复杂，测量的信度和效度还不太高等。如果我们设计的量表能精确测量所有的抽象概念且得到大家公认的话，国际关系研究的科学性就获得了极大的进步。但上述任务是极度困难的，因为对一些主观的概念，如政治倾向的测量，研究者难以找到一个客观的、学界公认的量表。随着国际关系研究的深入，量表技术和其他调查技术一样，也会不断完善，会不断克服现有缺点和局限性，在国际关系研究中发挥更大作用。

第三节　信度与效度

在对变量进行测量时，可以采用不同的指标或指标群。那么，很自然地会引申出一个问题，到底选哪个指标更合适呢？举例来说，测量国家霸权，可以用一国 GDP 占全世界 GDP 的百分比来表示，也可以用一国军费开支占全世界军费开支的百分比，还可以用一国在安理会投否决票的数目来衡量。显而易见，不同的衡量指标对霸权内涵的覆盖程度是不同的。因此，需要对各个指标的可信度和有效度进行评判，进而选出最合适的指标或指标体系。

一、测量信度

信度与效度是优良的测量工具所必备的条件，如果对测量工具的信度与效度一无所知,则无法判断获得资料的可信性与有效程度。

1. 信度的内涵

所谓信度是指测量数据与结论的可靠性程度,即选择的测量方法能否稳定地测量研究对象。因此,信度是针对测量的稳定性和一致性而言的。信度代表了测量结果随指标、工具或测量设计本身的特性变化而发生变化的程度。如果有可以信赖的指标或指标群,测量相同事物时能得到相似的结果,那么,该指标的信度是比较高的。在国际关系研究中,要使用多种测量技术,如访谈、档案文献、统计等方法,那么每次研究是否能一致性地记录他们的观察呢?如果一致,说明该方法信度比较高。对于定量研究来说,信度则意味着指标所提供的信息不会因为测量者而发生改变。[①] 例如,采用问卷调查方法去测量民众对国家安全观的认识,只要问卷相同,调查步骤相同,那么得出来的结论也应当是一致的。再举个简单的例子,一个人多次使用同一个体重秤测量体重,如果每次测量都能得到相同的体重值,我们可以认为这个体重秤是有信度的。如果每次测量给出的体重值都相差很大,那么我们认为它不可信,即无信度。

2. 三种信度类型

稳定性信度:稳定性信度是跨越时间的信度。它指在不同的时间下使用同一个测量工具或指标进行测量所获得结论的稳定性。上例中体重秤的例子就是这种类型的信度。研究者可以利用多次测量的方法来检验指标具有的稳定性程度。使用相同指标对同一组对象多次测量,如果所测量的结论是稳定的,那么指标就具有稳定性信度。

代表性信度:代表性信度是跨越次总体或子群体的信度。它是指使用同一个测量工具或指标对不同团体进行测量所获得结论的情况。涉及的是如果一个指标被用来测量不同对象(例:不同阶级、种族、性别、年龄团体)时,是否会获得与各个对象特征相适应的结论?举例来说,使用某个指标测量一个人的年龄,如果 20 岁的人给出的是超越他们真实年龄的答案,50 岁的人给出的是低于他们真实年龄的答案,那么这个指标所具有的代表性信度就很低。

等值信度:等值信度是指研究者使用不同指标测量同一个对象时所获得结论的情况。如果数个不同指标有等值信度,那么测量同一个对象所

---

① 〔美〕劳伦斯·纽曼:《社会研究方法:定性和定量的取向》(第五版),郝大海译,北京:中国人民大学出版社,2007 年,第 179 页。

得到的结果也应当是相等的。

3. 增进信度的方法

选择指标来测量某个抽象的概念,并不是一件容易的事。不同的研究人员使用同一个研究指标或同一个研究人员在不同的时期使用同一个指标进行测量的时候,结果往往会存在误差。出现这种情况会对研究结论造成负面影响。因此,在研究中需要尽可能地提高测量的信度。一是要清楚地对概念进行定义。概念界定得越清楚,指标(群)构建就越准确。举例来说,为了测量两国间的同盟关系,就需要把同盟关系与国家间关系区别开来。如果做不到的话,研究者就可能无法确知实际测量的是什么。二是尽可能多地使用多重指标来测量一个变量。指标越多,根据概率论的知识,在测量过程中的误差就可能被抵消,从而能有效地提高测量的信度。但是,随着指标数量的增加,也增加了研究者的工作量。有时,尽管指标增加了,但测量的信度并没有同步增加。此时,需要平衡指标数量与测量信度之间的关系。

二、测量效度

效度涉及概念与数据之间的联接,是概念与指标间吻合的程度,触及变量、操作化定义、测量指标等之间有多契合的问题。契合度越高,测量效度就越大。① 理论假设中的变量都是抽象的,无法直接测量,而进行操作化定义及测量指标设置的目的就是用新的直观可测的变量来代替原先抽象的概念和变量。那么这些指标在多大程度上能涵盖原先变量的内涵,这就涉及测量的效度问题。例如,利用相对军事和经济实力这一指标来测量霸权国的相对国力,如果这个指标及方法计算所得结果基本真实地反映了霸权国的相对国力,则说明该指标是有效度的。

三、信度与效度的关系

信度和效度之间存在着一定的关系。信度是效度的必要条件,但不是充分条件。高信度不一定有高效度。某一测量工具或指标多次测量同一对象时产生相同的结果,但是测量结果可以完全不符合测量对象的内涵,这意味着该指标或工具是有信度却无效度的。特别是当概念比较抽象,测量指标不是太明确时,信度就不易达到;而当测量工具或设计的研究方案

---

① 〔美〕劳伦斯·纽曼:《社会研究方法:定性和定量的取向》(第五版),郝大海译,第183页。

不科学时,效度往往无法保证。下面以血压仪为例进行说明。如果使用血压仪多次测量同一个人的血压,获得的测量值偏差很大,我们认为它是低信度的。如果该仪器每次测量值都比较接近,但是与真实值之间差距较大,那么我们认为测量是无效度但有信度的,只需进行适当的调节和校正就可以准确测量。如果测量值与真实值比较接近,且每次测量值都很相似和接近,那么可认为血压仪是高信度和高效度的。

高信度和高效度是测量所追求的目标,在实践操作中,两者往往难以同时满足,实践中的信度与效度往往表现出以下三种形式。

1. 低信度,不可能高效度

信度代表的是指标体系的可信程度,一定程度上反映了指标体系的稳定程度。高信度意味着不同研究者或同一个研究者在不同时间使用同一个指标去测量变量,应当得出基本相同的结论。如果指标体系是低信度的话,那它肯定是不可能高效度的。因为低信度表示在不同测量中得出的结果有很大的差异。显然,测量的结果肯定不会有很高的效度。例如,为了测量同盟的分歧,可以用两国政府领导人在"特定国际问题上的争论"这一指标进行测量。但是,不同研究者在测量过程中往往由于对"争论"内涵理解的不同,从而得到关于同盟分歧不同的测量结果。因此,这一指标就是低信度的。同时,这一指标无法有效地测量出同盟分歧的内涵,意味着该指标也是低效度的。

2. 高信度,低效度

信度反映了该测量指标的稳定性,效度反映了测量指标对测量对象内涵的涵盖程度。一个稳定的测量指标并不一定能准确地测量某个对象的本质内涵。例如:人口数量是测量综合国力的一种指标。很显然,利用这一指标去测量某个具体国家综合实力时得出来的结果是非常稳定的。但是,国家的综合国力并不仅仅体现在人口数量上,还涉及经济、军事、政治、文化、科学等方面。因此,它是一个信度很高,但效度很低的测量指标。

3. 高效度,必须高信度

如果一个指标或指标群是高效度的,这意味着指标体系准确全面地反映了测量对象的内涵。能较准确全面反映被测量对象内涵的测量指标应当是唯一的或相似的。因此,具有高效度的指标,一定是信度较高的指标。图 5.3 直观地反映出了效度与信度之间的相互关系。

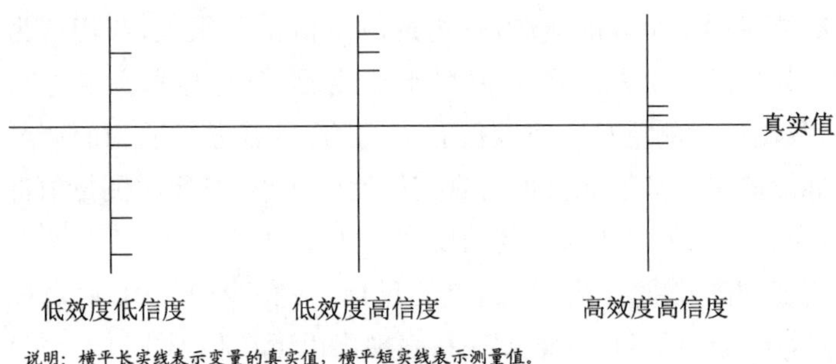

说明：横平长实线表示变量的真实值，横平短实线表示测量值。

图 5.3　信度和效度的比较

小　结

本章主要涉及假设的操作化和测量问题。在对理论假设进行检验之前，需要把抽象的假设转换成具体的工作假设，这一过程包括概念化和操作化两个步骤。有了具体的工作假设后，研究者需要对工作假设中的变量进行测量，进而根据积累的资料和收集的数据，利用各种方法对假设进行验证。

第六章　变量控制及假设检验

提出理论假设并进行操作化推演后，研究者需要利用搜集的资料对工作假设进行验证。在论证一个命题或假设时，传统的列举法存在着较大缺陷。例如，为了分析同盟为什么会破裂这个问题，研究者可以列举出许多因素：共同敌人消失、战略分歧加深、实力差距增大、意识形态变化等等。但是，在诸多导致同盟破裂的因素中，到底哪一个在起作用呢？如果研究者不能准确地说明发生作用的因素，而仅仅是笼统地列举原因，并不能达到国际关系实证研究的目的。

如何检验理论假设呢？最好的方法是自然科学中的实验法。为了证明某现象发生是A因素在起作用，研究者需要把与A因素不相关的其他因素控制起来，通过改变A因素来观察结果是否发生变化。如果出现“A因素不存在，结果没有发生；A因素变化了，结果也发生了变化”这种情况，我们可以认定A因素是现象发生的原因。由此可见，实验法的核心是变量控制，把那些与真正原因无关的干扰因素都控制起来保持不变，让关注的因素发生变动，观察结果是否发生变化。如果两者同时发生变化，可以认定关注因素是结果发生的原因。举例来说，为了验证中药和西药治疗感冒的效果，可以设置实验组和对照组，A组（实验组）成员通过吃中药治疗感冒，同时A组成员每天坚持练气功；B组（对照组）成员通过吃西药治疗感冒，同时B组坚持每天打网球。一段时间后，A组感冒未痊愈，B组感冒好了。那么，是否能说明西药疗效比中药好呢？显然是不能的。因为在B组中我们无法知道到底是因为打网球还是吃西药导致感冒痊愈。因此，合理的实验应当是A、B两组除了所用药物不一样外，其他情况都保持相同。如果B组通过吃西药感冒得到痊愈，A组并没有痊愈，在这种情况下，我们才能判断西药的疗效优于中药。这就是自然科学中的实验法思想。在国际关系研究中，我们无法通过实验的方法对变量进行控制。国际关系研究的变量控制主要是通过案例比较的方法模拟自然科学中的实验法达到检验理论假设的目的。具体而言，变量控制法包含比较案例分析、质性比较分析和大样本统计分析三种方法。

第一节　变量控制与因果推论

一、变量控制的内涵

我们从一个假想例子开始，为了考察和平战略还是战争战略有利于中国崛起，可以设想世界上有两个一模一样的中国，一个中国在崛起时采用了和平战略，另一个中国采取战争崛起的方式。若干年后，通过和平战略中国实现了崛起，通过战争方式的中国未能实现崛起，那么我们认为和平战略是中国崛起的理想模式。显然，这种设想在现实中是不可能实现的。但是我们可以设想另一种检验模式，对比不同时期中国崛起的路径来证明上述命题。考察历史上中国崛起的案例，第一个案例是二战后的中国，国际背景是战争与革命，通过战争方式中国未能实现崛起。第二个案例是冷战结束后，国际背景是和平与发展，中国通过和平方式实现了崛起。通过这两个案例的比较，我们是否能得出“和平方式一定有利于国家崛起”的结论呢？事实上，上述两个案例的比较是没有办法做出推论的。因为两个时期的中国面临的国际大环境是不一样的。研究者无法判断中国崛起到底是因为国际环境的影响还是因为采取的策略不同。要想了解哪一个崛起战略更好，必须把周边环境设置成相同。因此，在探究国际政治现象发生的原因时，必须把不相关的干扰因素控制住，才能找到国际政治现象发生的真实原因。

以上是对变量控制的一个框架性介绍。在具体实践操作中，研究者可以搜集数个具有不同结果的案例。这些案例除关注的因素在变化外，其他干扰因素都是相同的，通过案例的比较可以判断关注因素与结果之间是否具有因果关系，从而达到检验理论假设的目的。

二、变量控制、反事实框架与因果推论

利用变量控制进行假设检验的理论基础是“反事实”框架。反事实，顾名思义是和我们能够观测到的现实情况相反的一种状态。按照“反事实”理论，自变量 A 对于因变量 B 的因果性效果就是 A 成立时 B 的事实状态与 A 不成立时 B 的反事实状态之间的差异。如果这种差异存在且在统计上十分显著，则证明变量 A 对于变量 B 具有因果效应，否则两者之间就不

存在因果关系。①

下面我们以一个具体的例子来说明“反事实”框架的基本逻辑。例如，为了验证高等教育对收入的影响这一因果关系，可以通过大学毕业生和初中生收入的对比来进行检验。那么，是否观察到大学毕业生收入高于初中生就一定能证明上述因果关系成立呢？显然不能！可能是其他干扰因素导致了收入差异。如何才能严格地证明上述因果关系呢？合理的方法是找到这样的两个案例：一个案例是大学毕业生拥有较高收入；另一个案例是让相同的“大学毕业生”不接受高等教育并考察其收入状况。只有通过上述两个案例收入差异的比较，我们才能从逻辑上确定地说明是否接受高等教育——而不是其他因素导致了收入差异。学生接受高等教育称之为“事实”，该学生没有接受高等教育称为“反事实”，依照上述逻辑进行推理的过程称为因果推论的“反事实”框架。

自然科学中的实验法是“反事实”框架的完美应用。例如，为了测试新药 A 是否对疾病 B 具有疗效，其中新药 A 可理解为自变量，疾病 B 为因变量，“具有疗效”可理解为它们之间的因果关系。检验上述因果关系的典型方法是将一群患有疾病 B 的病员随机地分为两组，一组接受新药 A 的治疗，另一组不接受任何药物或仅使用安慰剂。实验中服用新药的试验组称为“事实”，服用安慰剂的对照组称为“反事实”。如果服用新药的病员身体康复了，而服用安慰剂的没有康复，我们可以断定在自变量(服用新药 A)和因变量(疾病 B)之间建立了因果关系。原因在于通过随机方式分配病员到试验组和对照组中，其他可能导致疾病痊愈的原因都被“平均化”了，唯一能影响疾病是否痊愈的因素只能为“是否服用新药”。由此可见，随机试验可以帮助研究者建构“反事实”并通过“反事实”框架来验证因果关系，根本原因在于随机化的过程保证了我们关心的个案(事实)和那些与之相对应的“反事实”个案之间在关注的自变量之外的干扰变量上取值是相同的或近似的。

对社会科学而言，研究者无法通过随机分配的实验法来构建“事实”和“反事实”进行匹配比较。特别是在国际关系研究中，由于无法人为地进行随机实验，我们只能看到“事实”，却看不到“反事实”。例如，为了检验核均势阻止战争扩大这一理论假设，合乎科学的推论或证明过程应当是这样的：首先找到 1969 年中苏冲突这一案例，由于中苏两国都拥有核武器并存在核均势，所以两国间尽管发生了冲突，战争并没有扩大。同时，还需要

---

① 胡安宁：《社会科学因果推断的理论基础》，北京：社会科学文献出版社，第 5 页。

找到“反事实”案例，让1969年的中苏之间不存在核均势，观察战争是否扩大。如果战争扩大了，我们就可以肯定地推断战争没有扩大的原因是核均势，而不是其他的干扰变量。事实上，由于历史不可回溯，在现实中根本不可能观察到“1969年中苏不存在核均势情况下战争扩大”这一“反事实”。从上述例子可以看出“反事实”在国际关系研究中是不可能观察到的，“反事实”的“不可观测性”称为“因果推论中的基本问题”。①

既然“反事实”是不可观察的，在国际关系乃至社会科学研究中如何进行因果推论和理论检验呢？我们所能够做的只能是通过变量控制的办法找到与研究者关心的个案类似的其他个案作为“反事实”。例如，在上例中，我们可以寻找另一个国际冲突的案例，假设在这个新的国际冲突案例中两国不存在核均势，其他的干扰变量（如意识形态因素、地缘政治、领土争端等）也都基本相似，那么就达到了控制干扰变量的目的。因此，该案例可以作为“中苏案例”的“反事实”。通过“事实”与“反事实”的匹配比较，推断出阻止战争扩大的原因是核均势。

从上文分析可以看出，因果推论和理论检验的理想模式是“反事实”框架。自然科学通过试验组和对照组的随机实验方法完美地建立了“事实”和“反事实”。但是在社会科学及国际关系研究中，由于只能进行观测性研究，研究者无法通过人为方式去控制除关注的自变量以外的其他所有干扰变量，从而构建出“反事实”。研究者只能通过变量控制的方法近似地找到事实与“反事实”。事实上，国际关系研究中的“反事实个案”和研究者所关心的个案往往不是十分匹配，从而导致遗漏变量、因果推论偏差等问题，这也是社会科学及国际关系研究科学性低于自然科学的根本原因所在。

三、变量控制的意义

与自然科学研究相比，国际关系研究成果的精确性和科学性较差，根本原因在于研究者无法通过“控制变量”的方法获得“反事实”案例。但是，如果不进行变量控制，就无法进行科学分析。例如化学实验中，如果研究人员将浓度不同的化学试剂放在两个温度不同的试验箱，由于没有进行变量控制，研究人员无法知道导致结果的原因是化学试剂浓度的不同还是温度的差异。

国际关系研究也一样，如果不进行变量控制，根本无法找出国际政治

---

① Holland, Paul W.: “Statistics and Causal Inference”, *Journal of the American Statistical Association*, 81(396), pp. 945-960.

现象或规律背后的准确原因是什么。在国内的国际关系研究中，经常会看到这样一种情景：分析某件重大国际事件的发生原因，往往从经济、政治、军事等角度列举出诸多原因。但是，在这么多原因中，到底是哪个因素在起作用呢？无论是研究者还是读者都无法精确地获知。例如，考察弱国在战争中为什么会获胜，得到以下四个原因：一是冲突关乎弱国的核心利益；二是冲突的另一方为民主政体；三是弱国在战争中获得了重大的外援；四是弱国在战争中采用了不对称战略。事实上，通过列举的方法并没有找到导致弱者在战争中获胜的真实原因，充其量只是把可能的原因罗列一遍。由此可见，如果不进行变量控制，就无法实现国际关系实证研究的目的。

当然，国际关系研究中进行变量控制是非常困难的。由于研究人员客观上无法控制国际关系运行，研究者只能从已发生的历史事件中进行近似的变量控制。这意味着没有对研究对象及国际关系史的深入了解，变量控制是难以做到的。从这个角度出发，国际关系研究人员的科研水平主要表现在其对所研究对象进行变量控制的能力上。

四、变量控制数据的来源

自然科学主要通过人为构造实验、控制变量来挖掘因果关系、检验理论。国际关系研究的特点决定了不可能完全模仿自然科学。但是，国际关系史却为变量控制提供了一个可操作的“实验时空”。自 1648 年威斯特伐利亚体系建立以来，现代意义上的国际政治产生了。体系变迁、力量分布变化、国际冲突、国际合作、规范机制的建构、经济与政治、文化变迁等等都可以在这近 400 年所发生的历史事件中寻找到踪影。特别值得一提的是，冷战结束以来，世界主要大国不断解密和公布档案文献更是为变量控制研究“实验室”提供了广阔空间。现存数以百万页计的冷战时期大国外交、国防、军事决策与冲突、会议等资料，为从事国际关系理论研究的学者们进行案例的深度比较分析提供了厚实的资料基础。

变量控制是国际关系研究科学化的重要保证，是“反事实”因果推论原理在国际关系研究中的具体应用。国际关系研究中的变量控制主要是比较案例分析，包括求同法、求异法、求同求异法和共变法四种基本的形态。随着行为主义的兴起，特别是布尔代数、模糊数学等数学工具的引入，比较案例分析发展成为质性比较分析，变量控制形式更加多样，使用范围更加广泛，原因挖掘更加准确。

第二节 比较案例分析法

斯蒂芬·范埃弗拉指出：在国际关系研究方法中，案例研究是一个“穷兄弟”。主流的方法论著作往往对于大样本研究方法青睐有加，对案例研究方法却不予理睬。许多国际关系研究生课程将大样本统计方法作为唯一的技巧来讲授。① 事实上，比较案例分析是实现变量控制的重要途径，也是发现因果效应、进行理论检验的重要工具。比较案例分析的雏形来自于密尔逻辑，在密尔逻辑的引导下，密尔提出了四种建立和检验变量间普遍性关系的“法则”：求同法、求异法、求同求异法和共变法。

一、求同法

求同法也称契合法，是比较在不同场合下出现的相同现象，从而得出该现象出现的背景原因。求同法的基本思路可以表述为：找到两个或多个结果相同的案例，各个案例除有一个条件因素相同外，其他可能导致结果的条件因素都是不同的，那么这个相同的因素就是结果发生的原因。举例来说，为了证明某个教学法的有效性，可选择两组学生，一组全是男生，一组全是女生；男生组家庭条件都很好，女生组家庭条件都不好；男生组寄宿，女生组走读。两组学生都采用了该教学法，最终都取得了好成绩。通过比较我们可以推测，他们取得好成绩是因为教学法的缘故，而不是性别、家庭条件等因素。

下面再举一个例子。

提出问题：小国研制核武器与国家安全是否相关？

表 6.1 案例比较

案 例	可能原因	研究现象
A 小国	维护国家安全、保持核平衡、争夺地区霸权	研制核武器
B 小国	维护国家安全、转移国内矛盾、获取经济利益	研制核武器
C 小国	维护国家安全、保持核平衡、转移国内矛盾	研制核武器

结论：维护国家安全是小国研制核武器的主要原因。

① 〔美〕斯蒂芬·范埃弗拉：《政治学研究方法指南》，陈琪译，北京：北京大学出版社，2012年，第3页。

表 6.2 求同法示意表

	案例 1	案例 2	案例 3	
原因 1	A	D	G	异
原因 2	B	E	H	异
原因 3	C	F	I	异
原因 4	X	X	X	同
结论	Y	Y	Y	

结论：X 是导致 Y 发生的原因。

二、求异法

求异法也称为差异法，是考察条件因素在出现与不出现两种场合下的不同结果。某个原因出现时，结果或现象就出现；某个原因不出现时，结果或现象也不出现，此时我们就可以推断该原因与结果之间存在因果关系。举例来说，两个双胞胎都感冒了，研究者想了解哪种感冒药有效。双胞胎 1 吃了 A 感冒药，双胞胎 2 吃了 B 感冒药，一个星期后吃 A 感冒药的双胞胎 1 感冒痊愈了，吃 B 感冒药的没有恢复。双胞胎具有相同的基因、生活环境、营养条件，那么是什么因素导致结果差异呢？唯一的可能就是感冒药不同。通过这种差异对比实验，可以断定 A 感冒药治疗感冒具有良好的疗效。

下面再举一个例子。

提出问题：在东亚，崛起国与霸权护持国未发生对抗的原因是什么？

表 6.3 案例比较

案例	潜在原因	结果
冷战后的中美	中美实力相当、规则制定权的争夺、中美之间制度均势	中美在东亚实现了互动与融合
20 世纪 70 年代的美苏	美苏实力相当、规则制定权的争夺、美苏之间不存在制度均势	美苏在东南亚的军事对抗与代理人战争

结论：制度均势是崛起国与霸权护持国之间维持互动、避免对抗的原因。

表 6.4　求异法示意表

	案例 1	案例 2	
原因 1	A	A	同
原因 2	B	B	同
原因 3	C	C	同
原因 4	X	No X	异
结论	Y	No Y	

结论：X 是导致 Y 发生的原因。

根据求异法的基本思路，研究者需要在国际关系历史中寻找结果相反的案例，如果在导致结果发生的诸多原因中，只有一个原因相异，最终结果也不同，那么我们可以在很大概率上认为该因素是导致结果发生的真正原因。当然，由于国际关系研究的特点，变量控制存在强弱问题。举例来说，为了验证核均衡是遏制战争扩大的原因这一理论假设，在检验时可以选择 20 世纪 60 年代的国际冲突 A 和 20 世纪 70 年代的国际冲突 B。在这两次冲突及战争中，前一次冲突没有扩大，后一场冲突升级演变成一场中等烈度的战争。是什么原因导致战争扩大的呢？通过对两个案例的分析，我们发现相关国家意识形态相同，可以排除意识形态的因素；都是具有领土接壤的国家，可以排除地缘因素；冲突双方都有明显实力差距，可以排除实力差异因素；都是因为领土争端而引发冲突，可以排除战争导火索因素。但是，两个案例中的国家的核力量是不相同的：冲突 A 的双方都拥有核武器，在核力量上维持了均势，所以冲突没有扩大；冲突 B 的双方处于核力量不对称的境地，战争扩大了。通过这两个案例的对比可以断定核平衡是防止冲突扩大的原因。当然，这两个案例控制了诸多变量，但对国际格局这个变量却没有控制好。在前一次冲突发生时，国际社会处于典型的两极格局中，而后一次冲突发生时，国际社会处于松散的两极格局。从上述案例比较分析可以看出，与自然科学的实验法不同，国际关系研究中的变量控制是相当困难的。因此，案例的选择、变量的控制能力反映了研究者科研能力的高低。

三、求同求异法

顾名思义，这种方法就是对同一个研究对象从两个不同的方面进行多次比较分析，其中两次求同比较，一次求异比较。第一次是正向研究，用求同比较法找出该现象出现的基本条件;第二次是反向研究,用求同法推断该现象不出现的基本条件;第三次是用求异的方法将正反两组不同现象进行比较,进而得出结论。

举例如下。

提出问题:中美战略合作的基础是什么?

案例比较如下。

表 6.5 正向组求同比较

案例	相关情况	研究现象
抗日战争	有共同安全威胁,没有意识形态矛盾	进行战略合作
冷战 1970—1989	有共同安全威胁,有意识形态矛盾	进行战略合作

结论:有共同安全威胁中美则进行战略合作。

表 6.6 反向组求同比较

案例	相关情况	研究现象
冷战 1950—1960	没有共同安全威胁,没有经济矛盾	没有战略合作
冷战后	没有共同安全威胁,有经济矛盾	没有战略合作

结论:没有共同安全威胁中美之间则无战略合作。

表 6.7 正反两组求异比较

案例	相关情况	研究现象
正向组	有共同安全威胁	有战略合作
反向组	没有共同安全威胁	没有战略合作

结论:共同安全威胁的有无决定中美之间能否发展战略合作。①

四、共变法

共变法是在不同场合下,只改变一种相关情况(即可能的原因),观察

① 该案例的选择参考了清华大学国际关系研究方法讲习班的教案,具体可参见阎学通、孙学峰:《国际关系研究实用方法》,北京:人民出版社,2007 年。

结果是否发生变化，根据这种变化来确定变量与结果之间的关系。举例来说，想了解喝水对治疗发烧是否有效，研究者可以将3个孪生兄弟置于同一房间。兄弟A每两个小时喝0.1升水，兄弟B每两个小时喝0.5升水，兄弟C每两个小时喝1升水。一天后，兄弟A的症状没有任何改变，兄弟B的症状得到了缓解，兄弟C则彻底痊愈了。这说明喝水量与发烧痊愈之间存在着密切关系。

下面再举一个例子。

提出问题：历史因素(殖民宗主程度)对官方援助有何影响？

表6.8 案例比较

案例	相关情况	研究现象
英国对埃塞俄比亚的援助	经济差距巨大、政治制度相似、没有殖民宗主关系史	没有官方援助
英国对菲律宾的援助	经济差距巨大、政治制度相似、殖民宗主关系史较长	官方援助较多
英国对南非的援助	经济差距巨大、政治制度相似、殖民宗主关系历史很长	官方援助巨大

结论：两国间殖民与宗主关系的历史与当前官方援助之间有密切的关系。

在实际应用中，以密尔四法为主的比较案例分析对匹配案例的要求比较苛刻，它要求除关键条件变量外其他干扰性的条件变量都是相同的。事实上，上述完全的匹配工作首先要求研究者预测并识别出所有可能的条件变量，然后选择那些在除关键条件变量外的其他变量上取值不变的案例来控制它们的影响，要达到研究对象的同质性是非常困难的。① 1970年，亚当·普沃斯基和亨利·图纳在求同和求异法的基础上提出了“最具相似性系统”和“最具差异性系统”的比较案例分析设计，通过放宽条件大大增加了其在国际关系研究中的应用性。② 最具相似性系统设计来自于求同法，力图在相似的案例中发现它们的重要差异点，并用这些差异来解释所观察

① 〔美〕加里·金、罗伯特·基欧汉、悉尼·维巴：《社会科学中的研究设计》，陈硕译，第200页。

② Adam Przeworski and Henry Teune, *The Logic of Comparative Social Inquiry*, New York: John Wiley, 1970, pp. 31-35.

到的政治结果。例如，比利时和荷兰就是很相似的国家，它们都是经济开放的欧洲小民主国家，两者都没有受到邻国威胁。因此，将这两个国家放在一起比较是可行的。[①] 最具差异性系统演化自求异法，它对"事实"和"反事实"的要求没有求异法那样严格，只需要匹配的案例具有较大差异即可。举例来说，要研究欧洲民主小国的形成是否受到殖民地宗主国对其政策的影响，可以将比利时、荷兰、葡萄牙（具有殖民统治史）与其他那些不具有殖民统治历史的国家（如奥地利、瑞典等）等进行比较。[②]

五、最不可能可能法

除了上述四种变量控制技术外，还有一种变量控制方法——最不可能可能法值得研究者关注。最不可能可能法是指极端条件下某个原因出现后，导致了现象或结果的发生。那么，研究者可以做出这样的推论：在条件相对宽松的情况下，该原因也会导致结果发生。在现实生活中，我们也常常自觉不自觉地使用该方法。例如，为了证明某种教学法的先进性，通过教学实践提升了最"笨"学生的学习成绩，那么可以肯定地讲，该教学法是先进的。下面通过两个案例来说明最不可能可能法。

案例 1 为了证明中美一直有和解的可能这一理论假设，研究者可以分析中美对峙最严重的时期（比如 1953 至 1955 年），在此期间中美仍然存在和解的可能，这就证明了在任何时期中美都有和解的可能。

案例 2 为了证明自古以来中国的国际体系观都是相同的这一理论假设，可以比较春秋战国时期和一战后中国的体系观，如果在这两个时期中国具有相同的体系观念，我们可以认为自古以来中国的体系观都是相同的。因为春秋战国与一战时期中国的国内政治、周边环境等所有条件差异都十分大，但两个时期都有相同的体系观。那么，我们可以推断在其他环境差异较小的情况下，中国的体系观也是相同的，从而证明了上述命题。

从逻辑上看，比较案例分析清晰易懂，但在实际的国际关系研究中，研究者往往要从海量案例中进行选择；而且，比较分析的案例越多，变量越多，变量控制的难度就越大。因此，相对于定量研究，比较案例分析也具有相当大的难度。

---

① Katzenstein, Peter J. *Small States in World Markets: Industrial Policy in Europe*, Ithaca: Cornell University Press, 1985.

② 〔美〕加里·金、罗伯特·基欧汉、悉尼·维巴：《社会科学中的研究设计》，陈硕译，上海：格致出版社，2014 年，第 195 页。

综合起来看,比较案例分析方法具有两个突出的优点:①有助于总结国际政治的一般性规律;②案例选择的灵活性强。根据研究人员掌握的材料,只要有两个案例就可以进行比较分析。统计分析必须要有很大规模数量的案例才能使统计结果有说服力,这使得比较案例分析比统计分析灵活得多。

比较案例分析的弱点在于:①由于不能绝对地控制变量,因此借助比较案例分析发现的结果只具有相对而不是绝对意义上的确定性;②分析结果仍带有一定的主观色彩。这种主观性主要表现在两个方面。一是案例选择的主观性。在进行比较分析时,案例由研究人员自由选择,而不是随机挑选,因此分析结果不可避免地要受到研究者主观因素的影响。二是由变量控制过程可以看出,在进行案例比较前,首先需要通过传统的方法分析导致结果发生的可能原因。在探寻这些原因时,研究者的主观性就体现出来了。

第三节 布尔代数与质性比较分析

比较案例分析通过两个(或多个)单独案例构成"事实"与"反事实"的匹配来实现国际政治现象的单因解释。它在运用时包含了如下的假设:存在唯一的单因,不存在相互影响的效果。[①] 因此,它是一种决定论式的解释,把复杂国际政治现象的发生归结为某一个最重要的关键性因素,具有逻辑上的简洁之美。单因解释的确定性与逻辑之美赋予了国际关系研究更多的科学性,同时也导致了因果关系简约化的问题。针对这一问题,拉金提出了多重并发原因的概念,并指出:国际政治现象之所以复杂并难以解释,不仅是因为有太多影响现象发生的变量,而且是因为不同的原因互相组合并以某一方式产生一个特定的结果。[②] 为实现因果的多因解释,国际关系研究者在比较案例分析的基础上引入了布尔代数中的逻辑真值表,形成了质性比较分析方法。在质性比较分析中,"事实"与"反事实"分别是包含多个案例的"案例组",条件变量不再是单独的关键变量,而是通

---

① Stanley Lieberson:"Small N's and Big Conclusion: An Examination of the Reasoning in Comparative Studies Based on a Small Number of Cases", *Social Forces*, Vol. 70, No. 2, 1991, pp. 307-320.

② Charles C. Ragin, *The Comparative Method: Moving beyond Qualitative and Quantitative Strategies*, Berkeley and Los Angeles: University of California Press, p. 26.

过布尔代数中"且""或""非"等联接符形成的"条件变量组合",从而有效地实现了国际政治现象的多变量分析和联合分析。①

一、布尔代数基本要义

布尔代数本质上是数理逻辑关系,它基于"且""或""非"三个基本陈述符号来建立变量之间的联系。

"且"用符号"·"或"∧"来表示,它的本质含义是只有当两者同时发生时,结果才发生。举例来说,斯科切波在《国家与社会革命》一书中揭示了社会革命起源的原因。通过研究发现,国家结构、国际力量、阶级关系三种要素单独存在时,革命都不会发生。但是当这三种要素结合在一起共同发生时,社会革命就产生了。比较案例分析只能挖掘现象发生的某一个原因,但是国际政治现象的发生往往是多因素的结合,布尔代数的"且"为探讨导致现象的多因素组合提供了有力工具。

"或"用符号"+"或"∨"来表示。它的本质含义是当两个或多个因素中只要有一个发生时,结果就发生了。例如,灯泡熄灭这一现象,只需要"开关没开"或"灯泡坏了"这两个条件中的任何一个条件满足,结果就会发生。在国际关系研究中,战争失败的原因有许多种,如战略失误、武器装备落后、指挥不当。在以上诸多条件中,只要其中一个条件满足,战争失败这一结果就会发生。因此,它们的因果关系可表示为:战争失败=战略失误+武器装备落后+指挥失灵。

"非"用"~"表示。它的本质含义是某一个条件的对立面。例如,用A表示国家军事力量强大,那么"~A"表示国家军事力量弱小。

二、布尔代数与多变量分析

结合布尔代数与比较案例分析,可以有效地挖掘结果发生的原因组合,由此产生的方法称为质性比较分析。质性比较分析主要有以下三种形式。

1. "且"与组合因果

利用布尔代数中的"且"这一运算规则,联合起结果发生的多种原因。

---

① Bollen, K., Entwisle, B., & Alderson, A.: "Macrocomparative Research Methods", *Annual Review of Sociology*, Vol. 19. Collier, D.: "The Comparative Method: Two Decades of Change", In D. Rustow &. K. Erickson eds., *Comparative Political Dynamics: Global Research Perspectives*, New York: Harper Collins, 1991.

在国际关系研究中，经常会出现这种情况：A原因出现并不能导致结果发生，B原因出现也不能导致结果发生，但是当A和B同时出现时，结果发生了。这种情况可以借助于“且”这个表达式，把可能潜在的原因联合起来，发现导致现象的条件组合。一般而言，“且”用来表示结果发生的充分条件。

结果＝“A原因”且“B原因”且……且“X原因”。

例如，通过研读资料发现导致国家参与国际组织的可能原因有6个：外在威胁、领导人意愿、国家特性、内在利益驱动、国际体系、国际组织特性，案例比较的结果如表6.9和表6.10所示。

表6.9 国家参与国际组织的原因分析

比较用的个案	外在威胁	领导人意愿	国家特性	结果
国家1	存在外在威胁	强烈意愿	民主国家	加入国际组织
国家2	存在外在威胁	没有意愿	集权国家	加入国际组织
国家3	存在外在威胁	强烈意愿	民主国家	加入国际组织
国家4	存在外在威胁	强烈意愿	集权国家	未加入国际组织

从表6.9中可以看出，如果使用比较案例分析，外在威胁、领导人意愿、国家特性都不是国家加入国际组织的原因。

表6.10 国家参与国际组织的原因分析

比较用的个案	内在利益驱动	国际体系	国际组织特性	结果
国家1	存在内在利益	两极	世界性	加入国际组织
国家2	存在内在利益	单极	地区性	加入国际组织
国家3	存在内在利益	多极	世界性	加入国际组织
国家4	不存在内在利益	两极	世界性	未加入国际组织
国家5	存在内在利益	两极	地区性	未加入国际组织

从表6.10中可以看出内在利益的驱动、国际体系、组织特性皆不是加入国际组织的原因。但是，对比表6.9和表6.10，当内在利益驱动和外在

威胁共同出现时，这个国家就会加入国际组织。因此，外在威胁和利益驱动是加入国际组织的原因。具体可参见表 6.11。

表 6.11　国家参与国际组织的原因分析

比较用的个案	潜在原因			结果
国家 1	存在外在威胁 存在内在利益	强烈意愿 两极	民主国家 军事考量	加入国际组织
国家 2	存在外在威胁 存在内在利益	没有意愿 单极	集权国家 政治考量	加入国际组织
国家 3	存在外在威胁 存在内在利益	强烈意愿 多极	民主国家 经济考量	加入国际组织
国家 4	存在外在威胁 不存在内在利益	强烈意愿 两极	民主国家 经济考量	未加入国际组织

2. “或”与多重因果

“或”表示多个因素中任何一个因素出现时，结果就出现。当然，对于某个具体案例来讲，结果出现时，并不是每一个因素都会出现。比如，研究者想知道在美国的选举中什么因素导致了民主党的失败。通过考察民主党失败的历史案例，研究者发现许多因素导致了该结果：政绩差、党派领袖的丑闻、摇摆州竞选策略的保守性等。任何一个因素或多个因素同时发生时，结果（民主党落选）就会发生。但是，在某一次具体的民主党落选原因中，并不意味着上述三个原因都会出现，只会出现其中的一个或几个原因。布尔代数中的“或”逻辑运算则较好地表达了这种关系。由此可见，“或”可以展示结果发生的必要条件。

结果＝“A 原因”或“B 原因”或……或“X 原因”。

例如，共同外在威胁的消除、战略分歧的增加、弱国自助能力的增强是导致同盟解体的主要原因。通过考察历史上同盟解体的案例，发现三个因素中任何一个因素发生时，都可以导致结果（同盟解体）发生。因此，同盟解体的原因是“共同外在威胁的消除”或“战略分歧的增加”或“弱国自助能力的增强”。用布尔代数来表示：同盟解体＝外在威胁消除＋战略分歧的增加＋弱国自助能力的增强。

表 6.12 表明，通过比较案例法可以判断原因 1 和原因 2 都不是结果发生的条件变量，但是“原因 1＋原因 2”是结果发生的原因。具体逻辑可

表示为表 6.13。同时，从表 6.13 也可以看出，“或”展示了结果的必要条件。当结果发生时，“原因 1＋原因 2”一定会发生。

表 6.12 “或”与多重因果关系

比较用的个案	原因 1	原因 2	结果
1	1	0	1
2	1	0	1
3	1	0	1
4	1	1	1
5	0	1	1
6	0	1	1

表 6.13 “或”与多重因果关系

比较用的个案	原因 1	原因 2	原因 1＋原因 2	结果
1	1	0	1	1
2	1	0	1	1
3	1	0	1	1
4	1	1	1	1
5	0	1	1	1
6	0	1	1	1

3. “且”“或”“非”与联合因果

前两部分展示了通过“且”与“或”的单独运算来挖掘原因与结果之间的因果关系。事实上，利用布尔代数中的“且”“或”“非”运算组合，可以寻找更复杂的、更精确的原因组合。三种逻辑符号的组合为寻求国际政治现象发生的多个原因及原因组合提供了有效的工具，是探索多重因果关系的重要方法。

例如，国家爆发社会革命主要与以下五个因素有关：外部的军事威胁、农业的落后性、工业的突破程度、国家财政问题、对外战争反复受挫。那么到底是哪些因素导致了革命的发生呢？通过多个案例的比较与分析可以得到如表 6.14 所示结果。

表 6.14　国家爆发社会革命的原因分析

个案	外部军事威胁	农业的落后性	工业突破程度	国家财政问题	对外战争反复受挫	结果
1780 年英国	存在	先进	突破	有问题	受挫	革命爆发
1830 年英国	存在	先进	未突破	有问题	受挫	革命爆发
1780 年法国	无	先进	突破	无问题	受挫	革命爆发
1910 年中国	存在	先进	突破	有问题	受挫	革命爆发
1890 年俄罗斯	无	落后	未突破	有问题	未受挫	革命未爆发
1890 年德国	无	先进	突破	有问题	受挫	革命未爆发
1857 年印度	无	先进	突破	无问题	受挫	革命未爆发

依据比较案例分析方法，外部军事威胁、落后的农业、工业突破、国家财政问题、对外战争受挫都不是革命爆发的原因。但是，当“外部军事威胁”与“先进的农业”（即～农业落后）同时存在时，革命就爆发了。因此，“外部军事威胁”且“～农业落后性”是革命爆发的原因。同时，当“存在国家财政问题”“对外战争反复受挫”“工业发生突破”这三个因素同时发生时，革命也爆发了。“国家财政问题”且“对外战争反复受挫”且“工业发生突破”是革命爆发的原因。结合上面的分析，可以得出革命爆发的充分必要条件是：（“外部军事威胁”且“～农业落后性”）或（“国家财政问题”且“对外战争反复受挫”且“工业发生突破”）。用布尔代数式可表示如下：

革命爆发＝（外部军事威胁·“～农业落后性”）＋（国家财政问题·对外战争反复受挫·工业发生突破）。

需要说明的是，本书所采用的案例，只是为了说明方法，而非证明结论。例如，上表中 1780 年法国和 1890 年德国这两个案例就不支持结论。下表同样存在反例。

下面利用抽象符号展示“且”“或”“非”与联合因果的表述（表 6.15）。

表 6.15　“且”“或”“非”与联合因果的关系示例

比较用的个案	原因 1	原因 2	原因 3	原因 4	原因 5	其他原因	结果
案例 1	1	0	1	1	1	0	1
案例 2	1	0	1	1	1	1	1
案例 3	0	0	0	0	1	1	1

（续表）

比较用的个案	原因 1	原因 2	原因 3	原因 4	原因 5	其他原因	结果
案例 4	1	0	1	1	1	0	1
案例 5	0	1	0	1	0	1	0
案例 6	0	1	1	1	1	1	0

由表 6.15 可知，原因 1 和 2 都不是结果发生的原因，“原因 1 · 原因 2”和“原因 1＋原因 2”也不是导致结果的原因。但是，原因 1 与“～原因 2”共同发生时，结果就会发生。通过布尔代数中“且”“非”的组合把结果发生的原因找出来了。同样，原因 3、原因 4、原因 5 共同发生时，结果也发生了。因此，结果发生的共同原因可以归结为“原因 1 · ～原因 2”＋“原因 3 · 原因 4 · 原因 5”。由此可见，利用布尔代数中的逻辑符号，并通过多个案例比较，可以挖掘事件发生的真正原因。

三、简化数据

联结符（且）、析取符（或）和否定符（非）之间的不同组合，可以探索导致现象或结果发生的原因组合，这与国际关系实证研究的特征是相契合的。但是，正如我们看到的，基于联结符、析取符和否定符之间不同组合的联合陈述，可能会导致复杂且冗长的逻辑表达，因而有一些逻辑工具被用来简化数据。

1. 因果陈述的最小化

所谓最小化是指，如果两对因素组合是结果发生的条件，在这两对因素组合中，仅有一个因果条件不同，且两对组合都产生了结果，那么，这一因果条件可以被认为与结果不相关。

举例来说，如果 $C_1 \cdot C_2 \cdot C_3 \cdot C_4$ 是结果 E 发生的条件变量。同时，通过案例比较分析发现第二组条件变量 $C_1 \cdot C_2 \cdot (\sim C_3) \cdot C_4$ 也是结果 E 发生的条件组合。显然，导致结果的充要条件可以归纳为如下的联合陈述：

$$E = (C_1 \cdot C_2 \cdot C_3 \cdot C_4) + (C_1 \cdot C_2 \cdot \sim C_3 \cdot C_4)。$$

很明显，无论 C_3 出现与否，对结果并不重要，因此，可以把 C_3 排除在原因之外。最终的原因逻辑可以表达为如下的陈述：$E = C_1 \cdot C_2 \cdot C_4$，即 C_1、C_2、C_4 同时发生是结果发生的充要条件。因果陈述最小化可以消除那些潜在的对结果无影响的因素。

基于两对产生相同结果 E 的因素组合，最小化方法隐含了很强的实验性，即只有一个因素是变动的。根据密尔逻辑中的求异法，当其他因素都不变时，唯一变动因素的变动并未导致结果变动，那么就可把它从因果性因素中排除。

例如，考察冲突中弱国为什么会取胜的原因时，发现是否关乎弱者核心利益、弱者是否得到重大外援、弱者是否采用不对称战略这三个条件是导致弱国取胜的可能因素。通过收集资料，得到了如下的逻辑框架图(表 6.16)。

表 6.16 国际冲突中弱国取胜原因分析

比较用的个案	是否关乎弱者核心利益	弱者是否得到重大外援	弱者是否采用不对称战略	冲突结果
中南半岛抗法	是	是	是	胜
印尼人民抗荷	是	否	是	胜
突尼斯反法	是	否	是	胜
越南战争	是	是	是	胜
对越自卫反击战	否	否	是	败
苏联入侵阿富汗	是	是	是	胜

根据布尔法的推断法则，“关乎弱者的核心利益”且“弱者得到重大的外援”且“弱国采用不对称战略”是弱国取胜的充分条件。同样，“关乎弱者的核心利益”且“弱者没有得到重大的外援”且“弱国采用不对称战略”也是弱国取胜的充分条件。因此，弱国取胜的原因可以用布尔逻辑表述如下：

弱国取胜=(“关乎弱者的核心利益”且“弱者得到重大的外援”且“弱国采用不对称战略”)或(“关乎弱者的核心利益”且“弱者没有得到重大的外援”且“弱国采用不对称战略”)。

从这一逻辑表达式可以看出，不管弱者是否得到重大外援对最后的结果都没有影响。因此，对于“弱国得到重大外援”这一因素可以不予考虑。弱国取胜的最终充分条件可以表述为：“关乎弱者的核心利益”且“弱国采用不对称战略”。

2. 因果陈述的蕴含简化法

所谓蕴含是指最小化的陈述(称之为主蕴含式)涵盖了两个或两个以上的原初陈述，原初陈述是最小化陈述的子集。例如，$C_1 \cdot C_2$ 同时涵盖了 $C_1 \cdot C_2 \cdot C_3$ 和 $C_1 \cdot C_2 \cdot \sim C_3$ 两个陈述，$C_1 \cdot C_2 \cdot C_3$ 和 $C_1 \cdot C_2 \cdot \sim C_3$ 都是 $C_1 \cdot C_2$ 的子集。

因果陈述的蕴含简化法是指通过案例比较分析，几个主蕴含式是结果发生的充要条件。但是在这些主蕴含式中却包括了同一个原初陈述。那么，这些主蕴含式还可以进一步地简化，从而带来因果关系最大的简约性，在因果的逻辑表达式中只有最主要的蕴含式出现在因果陈述中。

下面以一个假想的例子来说明蕴含简化法(表 6.17)。

表 6.17 蕴含简化法

个案	可能原因 C_1	可能原因 C_2	可能原因 C_3	结果 E
1	1	0	1	1
2	0	1	0	1
3	1	1	0	1
4	1	1	1	1

在表 6.17 中，通过对四个个案的比例，可以得到结果 E 发生的充要条件的逻辑表达式如下：

$$E = (C_1 \cdot \sim C_2 \cdot C_3) + (\sim C_1 \cdot C_2 \cdot \sim C_3) + (C_1 \cdot C_2 \sim C_3) + (C_1 \cdot C_2 \cdot C_3)。$$

根据因果陈述的最小化原则，$C_1 \cdot \sim C_2 \cdot C_3$ 和 $C_1 \cdot C_2 \cdot C_3$ 的组合可以最小化为 $C_1 \cdot C_3$。$\sim C_1 \cdot C_2 \cdot \sim C_3$ 和 $C_1 \cdot C_2 \sim C_3$ 的组合可以最小化为 $C_2 \cdot \sim C_3$。$C_1 \cdot C_2 \sim C_3$ 和 $C_1 \cdot C_2 \cdot C_3$ 的组合可以最小化为 $C_1 \cdot C_2$。因此，结果 E 发生的充要条件的逻辑表达式可简化为如下：

$$E = (C_1 \cdot C_3) + (C_2 \cdot \sim C_3) + (C_1 \cdot C_2)。$$

因此，$C_1 \cdot C_3$、$C_2 \cdot \sim C_3$ 和 $C_1 \cdot C_2$ 这三组主蕴含式是结果发生的充要条件。但是在这三组主蕴含式中，$C_1 \cdot C_3$ 和 $C_2 \cdot \sim C_3$ 却包含了 $C_1 \cdot C_2$ 的原初陈述。具体可见表 6.18。

表 6.18 主蕴会式与其包含的原初陈述

$C_1 \cdot C_3$	包含了	$C_1 \cdot \sim C_2 \cdot C_3$ $C_1 \cdot C_2 \cdot C_3$
$C_2 \cdot \sim C_3$	包含了	$\sim C_1 \cdot C_2 \cdot \sim C_3$ $C_1 \cdot C_2 \cdot \sim C_3$
$C_1 \cdot C_2$	包含了	$C_1 \cdot C_2 \sim C_3$［已被($C_2 \cdot \sim C_3$)蕴含］ $C_1 \cdot C_2 \cdot C_3$［已被($C_1 \cdot C_3$)蕴含］

因此，$C_1 \cdot C_2$ 就是冗余的主蕴含式，它的原初陈述已被另外两组主蕴含式所包含，因此可以被排除。经过上述的简化，结果最终发生的逻辑表达式为：

$$E=(C_1 \cdot C_3)+(C_2 \cdot \sim C_3)。$$

例如，考察为什么美国会采取军事手段介入他国领土争端，理论分析表明，争端双方同美国的实力对比、对外政策相似程度、经济相互依赖、政体相似性都是美国军事介入领土争端的可能原因。利用国际关系史中的案例对该问题进行分析，得到如下逻辑表。

表 6.19 美国军事介入他国领土争端原因分析

比较用的个案	与美国实力对比	政体相似性	对外政策相似度	经济相互依赖	结果
案例 1	大	相似	相似	大	介入
案例 2	大	不相似	相似	大	介入
案例 3	大	相似	不相似	大	介入
案例 4	不大	相似	不相似	大	介入

从四个案例比较中可以看出，美国是否采取军事手段介入领土争端的原因逻辑表达式为：

美国军事介入领土争端=(与美国实力对比大·与美国政体相似·两国对外政策相似·经济相互依赖)+(与美国实力对比大·与美国政体不相似·两国对外政策相似·经济相互依赖)+(与美国实力对比大·与美国政体相似·两国对外政策不相似·经济相互依赖)+(与美国实力对比小·与美国政体相似·两国对外政策不相似·经济相互依赖)。

很显然，从上面的逻辑表达式很难清晰地显示出导致结果的原因组合，因此，需要进行简化。根据因果陈述最小化原则，(与美国实力对比大·与美国政体相似·两国对外政策相似·经济相互依赖)和(与美国实力对比大·与美国政体不相似·两国对外政策相似·经济相互依赖)这两组可以简化为(与美国实力对比大·两国对外政策相似·经济相互依赖)。依据最小化的方法，相应地对其他逻辑组合进行简化，最后的结果是：

美国军事介入领土争端=(与美国实力对比大·两国对外政策相似·经济相互依赖)+(与美国实力对比大·与美国政体相似·经济相互依赖)+(与美国政体相似·两国对外政策不相似·经济相互依赖)。 (6.1)

这三个主蕴含式还可以进行简化(如表 6.20 所示)。

表 6.20 美国军事介入他国领土争端原因的主蕴含式与对应的原初陈述

与美国实力对比大·两国对外政策相似·经济相互依赖	包含了	(与美国实力对比大·与美国政体相似·两国对外政策相似·经济相互依赖)和(与美国实力对比大·与美国政体不相似·两国对外政策相似·经济相互依赖)
与美国实力对比大·与美国政体相似·经济相互依赖	包含了	(与美国实力对比大·与美国政体相似·两国对外政策相似·经济相互依赖)[已被(与美国实力对比大·两国对外政策相似·经济相互依赖)蕴含] (与美国实力对比大·与美国政体相似·两国对外政策不相似·经济相互依赖)[已被(与美国政体相似·两国对外政策不相似·经济相互依赖)蕴含]
与美国政体相似·两国对外政策不相似·经济相互依赖	包含了	与美国实力对比大·与美国政体相似·两国对外政策不相似·经济相互依赖 与美国实力对比不大·与美国政体相似·两国对外政策不相似·经济相互依赖

因此,6.1 式中的主蕴含式(与美国实力对比大·与美国政体相似·经济相互依赖)已被(与美国实力对比大·两国对外政策相似·经济相互依赖)和(与美国政体相似·两国对外政策不相似·经济相互依赖)所蕴含,可以将之删除。因此,美国军事介入领土争端原因的最终逻辑陈述为:

美国军事介入领土争端=(与美国实力对比大·两国对外政策相似·经济相互依赖)+(与美国政体相似·两国对外政策不相似·经济相互依赖)。

由此可见,国际政治现象的发生往往是多种因素相互作用的结果,借助于布尔代数中的逻辑运算,对导致结果发生的可能原因进行各种类型的组合,有助于研究者准确深入了解现象发生的原因组合,识别原因结构。

第四节 模糊集质性比较分析法(fsQCA)

质性比较分析为研究者提供了发掘国际政治现象背后多重原因及原因组合的方法,但是传统的质性比较分析存在着两个方面的问题。一是案例个数的"缺乏"。如果一个国际政治现象发生的可能原因有 4 个,为了确定到底是哪些原因或原因组合导致了该现象的出现，从理论上讲，我们需要对 $2^4=16$ 个案例进行比较研究。而在实际的操作过程中，基于质性比较分析的模式，往往无法对这么多案例进行有效的比较。二是质性比较分析中的条件变量和结果变量都是二分变量（或二元定类变量）。例如在对军事同盟关系这一变量进行赋值时，国家间要么是军事同盟关系，要么是非军事同盟关系。事实上，某些国家间的关系很可能是介于军事同盟和非军事同盟之间的准同盟关系。用概率论语言表达就是两国关系是 80％的军事同盟。此时二分变量就转化为定距变量，在这种情况下，传统的质性比较分析方法就无用武之地。国际关系研究中的许多概念本质上都不是简单的二元变量。所以，我们必须构建一种新的、超越简单二分法的模式和方法。

基于模糊集合的质性比较分析方法（fsQCA）是近年来兴起而又得到广泛应用的一种方法。与比较案例分析和质性比较分析相比，fsQCA 具有以下几方面优势。一是 fsQCA 突破了质性比较分析只能进行少数案例比较的限制，它可以对中等规模的样本进行分析。二是与质性比较分析一样，该方法能对结果或现象的原因进行更深入的分析，它强调导致结果可以有多个因素的组合，进而可以理清导致这一结果的多种方式和渠道，还可用于多重原因的不同组合分析。① 三是 fsQCA 突破了质性比较分析只能处理二分变量的限制，进入到了定距变量领域。因此，它的适用范围更广，几乎可以用来分析国际关系研究中的所有案例。

一、模糊集合的基本要义

集合论是现代数学理论的基础。经典集合需要满足完备性要求，即一个元素要么是属于某个集合，要么不属于某个集合。它不可能存在这种情况：某个元素有 85％的可能性属于某个集合。但是，社会科学研究却常常需要使用一些边界模糊或成分渐变的集合。比如，讨论贫困问题，在经典理论看来，一个家庭要么是属于贫困家庭，要么不属于。如果把年收入 5 万元作为贫富的分界线，很容易产生如下的疑问：难道 49 999 元和 50 001 元之间的两元之差就是一个家庭是否贫困的标准吗？事实上，合理

① Aaron Mathias Katz, HauVom and James Mahoney:"Explaining the Great Reversal in Spanish America: Fuzzy-set Analysis versus Regression Analysis", *Sociological Methods & Research*, Vol. 33, No. 5, 2005. Barbara Vis:"The Comparative Advantages of fsQCA and Regression Analysis for Moderately Large-N Analysis", *Sociological Methods & Research*, Vol. 41, No. 1, 2012.

的表述应当是这样的：家庭收入在 50 000 元至 70 000 元之间表示脱离贫困。越接近 70 000 元表示脱离贫困的程度越大。例如，某个家庭的年收入为 65 000 元，表示这个家庭在 $\frac{65\,000-50\,000}{70\,000-50\,000}=75\%$ 的程度上已脱离贫困。由此可见，是否脱离贫困并不存在一个确定的点，而要用一个区间来表示。模糊集合理论就为我们提供了一个精确的数学工具，它不是去规定一个清晰的临界点，而是在两个极限之间——如上例的 50 000 元以下(绝对贫困)和 70 000 元以上(绝对脱贫)，界定成员归属的不同等级，我们把这种归属程度称之为隶属度(又称隶属数值)。模糊集合可以解决国际关系乃至社会科学中的测量问题，并为原因分析提供新颖的工具。

模糊集合理论的另一个重要方面是集合运算。在经典的集合理论中，交(∩)、并(∪)、补(～)是三种常用运算。[①] 同样，在模糊集合理论中也采用交、并、补的运算，但是他们的运算方式与经典集合有一定的差异。模糊交集的定义是集合里最小程度的成员归属。例如，有两个集合，A 表示民主国家，B 表示发达国家。如果某个国家归属民主国家的隶属度是 0.8，归属发达国家的隶属度是 0.6，则该国归属"民主国家"且"发达国家"的程度应当是 0.6。交集可用如下的公式来表示：$m_{A\cap B}=\min(m_A, m_B)$。依此类推，并集表示集合里最大程度的成员归属，用公式表式如下：$m_{A\cup B}=\max(m_A, m_B)$。补集表示为 $m_{\sim X}=1-m_x$。

通过上述三种基本运算，可以组成各种类型的模糊集合运算。在社会科学中，模糊并集模拟了多余的因果关系，而模糊交集则模拟了共生的因果关系。[②]

二、fsQCA 方法的构建思路

基于模糊集合的质性比较分析方法的构建思路如下。①国际关系研究的本质是寻找现象背后的发生原因，fsQCA 也是出于同样目的。说得更精确一些，就是探究现象背后的充分/必要条件。②国际政治现象与自然现象最大的区别就在于，自然现象的发生往往是某个或几个原因导致的，通过实验可以清晰地区分出这些条件。但是，国际政治研究中所提供

① 所谓交运算，是两个集合中共有的元素的组合。例如，集合 $A=\{a, b, c, d, e, f\}$，集合 $B=\{a, c, e, h\}$，则 $A\cap B=\{a, c, e\}$。并运算是两个集合中所有元素的组合，$A\cup B=\{a, b, c, d, e, f, h\}$。补集是全集减去该集合后剩下的元素组合。如全集 $\Omega=\{a, b, c, d, e, f, g, h, i, j\}$，则集合 A 的补集是 $\{g, h, i, j\}$。

② 〔澳〕麦可·史密生、〔美〕杰·弗桂能：《模糊集合理论在社会科学中的应用》，林宗弘译，上海：格致出版社、上海人民出版社，2012 年，第 23 页。

的案例(相当于自然科学中的实验)往往难以对条件和结果变量做出简单的"二分"划分。举例来说,为了证明经济相互依赖程度与美国对外干涉的关系,通过操作化推演得到如下的工作假设:美国干涉目标国与美国的经济相互依赖程度越低,美国越倾向于军事干涉领土争端。共计考察30个案例,在所有的案例里面,不可能每个案例的条件变量——经济相互依赖程度要么是低,要么是高。结果变量也不可能是军事干涉或不进行干涉。可能出现以下情况,某些案例中两国的经济相互依赖程度是介于高和低之间,或用相互依赖指数表示是0.5,而且该案例的结果变量是美国用经济制裁的方式对他国进行了干涉。相对于完全的、使用武力的军事干涉,经济干涉所表达的决心与意愿都比较低。因此,这个案例提供的情境可以作如下描述:条件变量是0.5的经济相互依存度,结果变量是0.4的军事干涉度。其中,0.5和0.4分别为条件变量和结果变量的隶属度。那么,该案例是证明了还是否定了该假设呢?从直观上看,既没有肯定也没有否定上述假设。fsQCA引入了吻合系数这个概念来判断该条件变量是否是结果变量的充分必要条件。如果条件变量 x 的隶属数值小于结果变量 y 的隶属数值,则可以认为 x 是 y 的充分条件;如果 x 的隶属数值大于结果变量 y 的隶属数值,可以认为 x 是 y 的必要条件。[①] 通过这种方式,fsQCA就成功地处理了用模糊数来表示的条件变量与结果变量之间的关系。③国际政治现象是复杂的,导致结果发生的条件可能是多因素的组合,而且多因素组合可能仅是在一定程度上导致结果的发生。例如,为了证明A是结果发生的原因,通过20个案例的比较,18个案例表明A导致了结果发生。根据质性比较分析方法,可以排除A是结果发生的真实原因。事实上,国际关系难以像自然科学那样可以找到现象发生的确定、单一的充分/必要条件。因此,在国际关系研究中因果关系也需要进行模糊化处理:如果这种可能性达到了一定的程度(如90%)以上,我们也可以认为该因素的组合是现象发生的原因。通过对充分/必要条件的模糊处理,fsQCA超越了质性比较分析的限制,能在更宽广的范围探究现象背后深层次的因素。

三、fsQCA的基本步骤

从上述构建思路可以看出,利用fsQCA进行因果分析时分为四个步

---

① 上述话语理解起来可能有些抽象,事实上,可以采用下面的方式来帮助理解。假定 x 是导致 y 的原因,如有一个案例中出现 $0.3x$ 后,$0.4y$ 的结果发生了,我们可以推测较少程度的条件变量导致了较大程度的结果变量的出现,这说明只要 x 出现,y 这个结果是一定会出现的。因此,x 是 y 的充分条件。

骤。第一,获得各个条件变量和结果变量的隶属数值,这一过程称之为赋值和校准。具体步骤包括:①对条件变量和结果变量进行赋值,获得原始数值;②标准化原有变量的值,将结果变量与条件变量的原始数值全部转换为0—1区间的数字从而获得各个变量的"隶属数值",该步骤称为校准。赋值和校准是研究者用模糊集逻辑来对条件变量和结果变量关系进行分析的前提。第二,对各个条件变量是否是结果的必要条件进行检测。第三,在第二步的基础上,对各个非必要条件的变量进行组合,检验这些组合对结果的覆盖率,进而用该条件组合来分析结果解释力的大小。需要说明的是,必要条件和充分条件的检测都是基于条件和结果变量的隶属数值进行的。第四,利用第二、第三步得到的结果,得出现象发生的充分与必要条件。

1. 条件变量和结果变量的操作与校准

该步骤的目标在于获得条件变量和结果变量的隶属数值,它遵循着概念化—操作化—赋值—校准这一过程。

对变量进行操作和校准之前需要对变量作出清晰的定义。对同一变量,定义不同,案例选择、隶属数值的计算结果也各异。但是,不幸的是,就像阿考克(Adcock R.)和柯里尔(Collier D.)指出的,国际关系研究中的许多概念本质具有争议性是由于缺乏单一且精确的定义。[①] 概念界定后需要把抽象概念转换成可观测的指标,即进行概念操作化。[②]

概念操作化完成后,需要对变量进行赋值和测量。研究者很难像度量质量、距离那样对国际关系研究中的变量进行衡量。一般而言,研究者都是对变量进行主观赋值从而完成变量的测量,只不过这种主观赋值需要接受同行的检验。例如,对军事干涉进行测量时,使用海陆空军进行军事干涉可以设定为10分,军事制裁可以赋值为8分,口头表示将使用武力威胁赋值为4分,进行经济制裁可以赋值为2分,这些数值的高低反映了军事干涉意愿的强与弱。赋值具有一定的主观性,不同的研究者可以采用不同的标准进行赋值,这使得赋值结果往往具有不可比性。在上例中,研究者可以将上述分值同时扩大10倍,并不影响分析结果。因此,需要将主观的赋值校准为一致的刻度。fsQCA采用0—1区间的数字来进一步标准化原有变量的主观赋值。将结果变量与条件变量的原始数值转换为0—1之

---

① Adcock, R., & Collier:"Measurement Validity: A Shared Standard for Qualitative and Quantitative Research", *American Political Science Review*, 95, 2001, 529-546.

② 阎学通、孙学峰:《国际关系实用研究方法》,第86页。

间数值的过程就是测量各个变量归属度的过程，称之为校准，得到的数值称为变量的“隶属数值”。[①] 接着上述的例子，出动海陆空军，这是最强烈度的军事干涉，因此，可以校准为1。如果仅出动海军，这是略次烈度的军事干涉，可以校准为0.96。军事制裁是再略次烈度的军事干涉，可以校准为0.8。如果仅仅是经济制裁，可以校准为0.2，数值的大小反映了军事干涉烈度的高低。对条件变量和结果变量进行赋值和校准，其本质是测量变量的归属度。显然，如果隶属数值为1，就表示完全隶属关系；隶属数值为0，表示完全没有隶属关系；隶属数值为0.5，表示半隶属关系。国际关系研究变量的特性决定了不存在完全可取值为“是”或“否”的二元变量，这是进行隶属数值计算的原因所在。从上述校准的过程可以看出，该过程存在主观随意性。对于隶属数值的测量，史密生等人提出了形式化解释、概论化解释、决策理论、公理测量理论等四种具体精确的可操作性方法。[②] 但是，每种方法都存在着一定的缺陷，需要根据具体研究问题做出相应的选择。

2. 对各个条件变量是否是结果的必要条件进行检测

将各个条件和结果变量都转化为隶属数值后，接下来要回答的问题是：条件变量与结果变量之间是否存在着因果关系？探究因果关系的基本思路仍是比较案例分析和质性比较分析。只不过比较案例分析和质性比较分析存在两个明显弊端。一是只能处理二元变量。举例来说，为了证明国家实力差距与军事干涉之间的关系，如果出现了这样一个案例：条件变量即国家间实力差距的隶属数值是0.6，结果变量即军事干涉的隶属数值是0.5。那么，传统的案例比较和质性比较分析方法就无法判断这个案例是证明还是否定了上述假设。二是无法排除少数“例外”案例。为了证明A是B的原因这个假设，20个案例中有19个案例支持该假设，1个不支持。按照传统的案例比较和质性比较分析方法，上述假设是不成立的。但是，应该看到国际关系现象发生的原因太复杂，不能佐证假设的个别案例可能是由于其他特殊原因导致的。因此，从概率的角度看，应当认为假设是成立的。也就是说，研究者在考虑因果关系时也要抛弃A要么“是”、要么“不是”B原因的“二元思维”。

---

① Charles C. Ragin, *Fuzzy-Set Social Science*, Chicago: University of Chicago Press, 2000. Charles C. Ragin, *Redesigning Social Inquiry: Fuzzy Sets and Beyond*, Chicago: University of Chicago Press, 2008.

② 〔澳〕麦可·史密生、〔美〕杰·弗桂能：《模糊集合理论在社会科学中的应用》，第32页。

对条件变量是否是结果的必要条件进行检测时，涉及必要条件吻合系数和吻合度的计算。吻合系数是指在某个具体案例中条件变量和结果变量之间的关系。吻合度涉及的是从所有案例来看，有多少案例支持了条件变量和结果变量之间的关系（即需要论证的假设）。在模糊集合的分析中，如果案例中某些条件的吻合系数比较大，在集合上的表现就是，这些条件变量的隶属数值（x）应当大于结果变量的隶属数值（y）。用集合语言表示的吻合系数计算公式是：$\text{consistency} = \min(x, y)/y$。[①]那么，吻合系数达到多少就可以认为条件变量是结果变量的必要条件呢？拉金把这一阈值设定为0.75。那些吻合系数达到0.75以上的条件或组合，就可以认为条件变量是结果变量的必要条件，低于0.75则认为不具有必要条件的关系。因此，如果一个案例的吻合系数在0.75以上，就可以认为该案例支持理论假设。吻合度是指纳入分析的所有案例在多大程度上共享了导致结果发生的某个给定的条件或条件组合。[②] 它类似于回归分析中系数的显著程度，是指该条件变量与结果之间的一致性程度，相当于p值。[③] 由于国际关系的研究对象往往具有复杂的因果关系，根据拉金的解释，必要条件分析可以进行0.1的调整，必要条件吻合度的阈值通常设置为0.9。[④]这意味着如果90%的案例支持条件变量是结果变量的必要条件，则可以从普遍意义上表明该条件变量是结果变量的必要条件。因此，计算必要条件的过程可以概括如下：①利用 $\text{consistency} = \min(x, y)/y$ 计算各个案例中条件变量与结果变量之间的吻合系数，当该系数大于0.75时，表示在此案例中条件变量是结果变量的必要条件；②利用上一步计算出来的吻合系数来计算吻合度，从总体上判断条件变量是否是结果变量的必要条件。举例来说，为了检验国家实力差距是否是军事干涉的必要条件，现有10个案例，每个案例中条件变量和结果变量校准后的隶属数值如表6.21所示：

---

① 何俊志：《比较政治分析中的模糊集方法》，《社会科学》2013年第5期。

② 需要注意的是，吻合系数和吻合度是两个不同的概念。吻合系数是指在单个个案中条件变量与结果变量之间的关系，如果在具体个案中吻合系数大于0.75，可以认定在此案例中条件变量是结果变量的必要条件。而吻合度是从总体上判断条件变量与结果变量是否存在必要关系。如果绝大部分案例（比例超过0.9）中的吻合系数都在0.75以上，可以最终认为条件变量与结果变量之间存在必要关系。

③ Charles C. Ragin, *Redesigning Social Inquiry: Fuzzy Sets and Beyond*, Chicago: University of Chicago Press, 2008.

④ Charles C. Ragin, *Fuzzy-set Social Science*, University of Chicago Press, 2000, p. 226.

表 6.21 条件变量、结果变量的校准值与吻合系数

案例	条件变量的隶属数值	结果变量的隶属数值	吻合系数
1	0.8	0.9	0.89
2	0.4	0.5	0.80
3	0.3	0.2	1.00
4	0.4	0.5	0.80
5	0.6	0.7	0.86
6	0.7	0.8	0.875
7	0.6	0.7	0.86
8	0.4	0.5	0.80
9	0.3	0.4	0.75
10	0.1	0.2	0.5

从上面例子中可以看出，在前 9 个案例中，都满足必要条件吻合系数大于 0.75 的要求，9 个案例都说明条件变量（国家实力差距）是结果变量（军事干涉）的必要条件，第 10 个案例不满足。这说明 10 个案例中有 9 个案例证明了条件变量是结果变量的必要条件。因此，条件变量与结果变量的必要条件吻合度为 9÷10＝0.9，该值满足阈值要求，说明国家实力差距是进行军事干涉的必要条件。

一般来讲，fsQCA 针对的是条件变量较多（5—8 个）、案例较多（20—50 个），单纯用比较案例分析、质性比较分析的逻辑真值表难以进行因果检验的情况。那么在计算吻合系数、吻合度的时候，如果进行手工计算，往往费时费力。拉金等人已编写了相关的程序，按程序输入数据即可获得相应的结论。

3. 测量多个条件变量所构成的条件组合对结果的覆盖率，进而用该条件组合来分析对结果解释力的大小

吻合度测试了结果发生的必要条件。如果在上述步骤中测量得知某个条件变量对结果的吻合度已达到了 0.9 以上，说明该条件达到了必要条件的水平。那么在该步骤的条件组合分析中就没有必要再分析该条件变量对结果的影响。如果吻合度在 0.9 以下，就需要考虑条件组合，分析条件组合对结果的影响程度。该步骤的目的是对达不到必要条件阈值的条件变量进行组合，分析这些组合对结果变量的充分性，主要是通过覆盖率这个系数反映出来。因此，条件组合分析可以看成是在单个条件变量不构

成必要条件的情况下，测量条件变量的不同组合方式对结果的影响程度。[①] 我们假定 A、B、C、D、E 都是结果发生的可能原因。现有 20 个案例，如果吻合度分析发现 E 已是必要条件，那么在寻求充分条件覆盖率的分析中就可以把这一条件先排除在外。[②] 只需对 A、B、C、D 四个条件进行不同的组合来分析它们对结果的影响程度。假定 AB、AC、ACD、BC 四种条件组合都导致结果的发生，则不同组合方式导致结果发生的案例就形成了不同的比例。如果 20 个案例中，AB 这个因素组合导致结果发生的案例有 10 个，则覆盖率可以表达为 10÷20=0.5。[③] 通过覆盖率，我们就可以判断出这一条件组合在多大程度对结果产生了影响，显示出条件组合所具有的解释力。

计算覆盖率主要按以下两个步骤进行。第一步，计算模糊真值，构建模糊真值表。模糊真值表是进行模糊集分析的关键一步，它将原来的模糊值转换为清晰值，从而方便利用质性比较分析的精简原则进行下一步运算。计算模糊真值的核心在于判断在每个案例中某个条件变量对结果变量充分条件的吻合系数。[④] 如果 x 是 y 的充分条件，在集合上表示为条件变量的隶属数值小于结果变量的隶属数值。计算公式表示为：

$$\text{consistency} = \min(x,\ y) \div x。$$

一般将该阈值设置为 0.75，将小于 0.75 的条件变量编码为 0，其余的则为 1。举一个抽象的例子进行说明，“60%程度”的条件变量导致了“50%程度”的结果变量，按照上述公式，则充分条件的吻合系数为 50%÷60%≈0.83，在此案例中可以把该条件变量编码为 1。第二步，根据模糊真值表进行条件组合的覆盖率计算。

例如，为了分析大国对外军事干涉的充分条件，[⑤]经过对必要条件的

---

① 何俊志：《比较政治分析中的模糊集方法》，《社会科学》2013 年第 5 期。

② 为什么可以排除在外，原理在于布尔法中的简化数据原则。具体可参见〔瑞士〕丹尼尔·卡拉曼尼：《基于布尔代数的比较法导论》，第 104—108 页。

③ 由此可见，每个具体解释的条件组合都会产生一定的覆盖率，条件之间的组合方式越多，则每个具体组合解释的案例所占的比例就越低。参见 Charles C. Ragin, *Redesigning Social Inquiry: Fuzzy Sets and Beyond* (Chicago: The University of Chicago Press, 2008).

④ 注意：此处的吻合系数与第 2 部分必要条件吻合系数的内涵是不同的。上部分的吻合系数是指条件变量对结果变量必要条件的吻合系数，此处是指条件变量对结果变量充分条件的吻合系数。

⑤ 该案例的具体分析可以参见迟永：《美国介入领土争端的行为——基于模糊集定性比较分析的解释》，《世界经济与政治》，2014 年第 10 期。

测算后，发现“同盟关系、～实力对比、政体相似度高”达不到必要条件的要求。此时就有必要对这三个条件进行组合分析。假定现在有 10 个案例，第 1 个案例显示同盟关系的隶属数值是 0.4，大国对外军事干涉隶属数值是 0.35，充分条件吻合系数是 0.875，达到阈值，满足充分条件的要求，编码为 1；“～实力对比”的隶属数值是 0.7，吻合系数为 0.5，达不到阈值，编码为 0；“政体相似度高”的隶属数值是 0.2，吻合系数为 1，达到阈值，编码为 1。这就形成了表 6.22 的第一行。对所有的条件变量及案例进行相同的工作后，就形成了模糊真值表。假定形成了如下的模糊真值表。

表 6.22　模糊真值表

案例	同盟关系	～实力对比	政体相似度高	大国对外军事干涉
1	1	0	1	1
2	0	1	1	1
3	1	0	1	1
4	1	1	0	1
5	1	1	1	1
6	1	1	1	1
7	0	1	1	1
8	1	1	0	1
9	0	1	1	1
10	1	0	1	1

有了上述模糊真值表后，可以分析条件变量组合对结果的影响。观察“同盟关系·政体相似度高”这一组合，可以看到 10 个案例中有 5 个案例支持当“同盟关系”和“政体相似度高”这两者同时发生时，大国对外军事干涉（结果变量）就发生。因此，该条件变量组合的覆盖率为 5÷10＝50%。在该案例分析中有 3 个条件变量，条件变量最终的组合有 7 组（2^n-1），逐一分析即可得其覆盖率。

4. 得出结论

结合必要条件与充分条件，分析导致结果变量的逻辑关系，从而推导出结果发生的充分/必要条件。

四、实例解析

上文给出了 fsQCA 的基本设想和实现步骤，在接下来的讨论中，将以一个假想的因果探究为例，来说明 fsQCA 的运用。

为了探究在不对称战争中弱国为什么会取胜，[①]通过研读文献发现弱国取胜的可能原因有五种：冲突是否关乎弱国核心利益，强国是否为民主政体，弱国是否得到重大外援，弱国是否采用不对称战略，战争时限长短。本实例的核心目标在于探究这五个变量中哪个变量或变量的组合会导致弱国在战争中取胜。从上述条件变量和结果变量来看，民主政体、不对称战略、是否得到重大外援等都难以用简单的二分变量来表示。因此，有必要利用模糊集合进行分析。

1. 条件变量和结果变量隶属数值的计算

(1) 界定条件变量和结果变量的内涵

变量隶属数值计算的第一步是对变量进行界定和操作化。一般来讲，变量的概念化要使用学术共同体中普遍接受的内涵。在这一步骤中涉及对核心利益、民主政体、不对称战略、战争胜败内涵的界定。

(2) 条件变量和结果变量的操作化及其赋值

变量定义后，需要对收集的所有案例中的条件变量和结果变量进行操作化工作。下面以结果变量"战争胜败"为例进行说明。战争的胜败一般而言可以分成两类。一类是弱国在战争中取得了完全胜利。比如，在军事上彻底打败了强国，政治上获得了世界的认同，领土收复等。第二类是弱国在部分领域取得了胜利。比如，尽管军事上受损很大，但把强国阻挡在国门之外，等等。操作的基本目的就是对弱国在战争中的取胜程度进行赋值。具体如表 6.23 第二列所示，按获胜程度的顺序进行排列。

表 6.23　战争胜败的赋值与校准[②]

战争胜败的程度	赋值	校准值
获得压倒性的胜利	8	1
取得了军事胜利，但经济利益受损较大	7	0.875
把强国赶出国境以外	5	0.625
维持战前的状况	4	0.5

---

① 该实例的解析受到杨少华研究成果的启示，参见杨少华：《弱者何以能胜》，《国际政治科学》2008 年第 3 期。

② 表中对战争胜败的划分和赋值只是为了说明隶属数值的计算方法，实际上战争胜败程度的划分是需要相当的专业知识。因此，从这个例子也可以看出来，运用 fsQCA 同样需要传统理论与技术的支撑。

（续表）

战争胜败的程度	赋值	校准值
军事失利，但获得了其他国家的政治支持和同情	3	0.375
军事失利，实现了小部分目标	2	0.25
彻底失败	0	0

（3）条件变量和结果变量的校准（隶属数值计算）

赋值完毕后，需要计算条件变量和结果变量的隶属数值，也就是用0—1之间的数字来进一步标准化变量的原始值。在进行校准（即标准化）之前，需要确定校准所用的定性锚值，[①]学术界一般采用三值锚值，即0、0.5和1三个值。在结果变量的校准中，"全局性胜利"可锚定为1，"维持战前状况"可锚定为0.5，"彻底失败"可锚定为0。其余变量根据这个标准进行相应的校准。如"军事失利，获得其他国家的政治支持和同情"校准值为0.375。校准后的数值越接近于1，表明该变量隶属相关集合的程度越高，即越接近于完全胜利。具体校准值可参见表6.23中的第三列。

需要说明的是，由于研究主题及变量的差异，隶属数值的计算往往是不同的。隶属数值的计算方法有许多种，上例只是演示了一种具有代表性的计算方法。

按照上述路径，研究者对所有条件变量和结果变量进行操作化和校准。当完成所有变量的操作和校准后，可以手工分析或使用fsQCA软件中的模糊集处理程序来分析上述数据，主要包括必要条件分析和充分条件组合分析。

2. 必要条件分析

假定研究者收集了36个弱国战争的案例，先对各个条件变量是否是结果的必要条件进行检测。假定吻合度的计算结果如表6.24所示。

在所有条件变量中，满足必要条件的是战争时限较长，吻合度为1，即在弱国取胜的案例中，都包含着战争时限较长这一条件变量。弱国采用了不对称战略这一条件变量的吻合度达到了0.71，比较接近0.9的必要条件标准线。这说明，在弱国取胜的案例中，基本上也都包含了"弱国采用了不对称战略"这个条件变量，这一条件变量可以覆盖71%的案例。

① 定性锚值是变量的赋值标准，一般用1、0.5、0这三个数值来表示变量的两极和中间程度，当然，有些学者主张用1、0.75、0.5、0.25、0五个值来锚定。

表 6.24　条件变量的必要条件检测

条件变量名称	吻合度
战争时限较长(2 个月以上)	1
弱国采用了不对称战略	0.71
强国为民主政体	0.58
弱国得到重大外援	0.67
关乎弱国国家利益	0.32

从上述吻合度测试看,除了战争时限较长这个因素外,其他 4 个条件在分析中均达不到必要条件的标准,因而需要分析它们的组合对战争胜负的影响。

3. 条件组合分析

在上述检测中,研究者发现战争时限长是弱国取胜的必要条件,这意味着弱国在不对称战争中要获胜的话,这个因素必须存在。根据质性比较分析的简化规则,该变量就不必再纳入条件组合分析。下面利用 36 个案例分析条件变量组合对弱国胜负的影响。

首先是推断模糊真值表。假设第一个案例中四个条件变量——冲突关乎弱国核心利益、强国是民主政体、弱国得到重大外援、弱国采用不对称战略——隶属数值分别是 0.35、0.50、0.60、0.45,结果变量的隶属数值是 0.4.那么,根据充分条件吻合系数的计算方法可以得到相应的吻合系数分别为 1、0.80、0.66、0.89,有三个条件满足了 0.75 的阈值要求,在条件变量的编码中标注为 1。由该案例得到的模糊真值如表 6.25 第一行所示。对 36 个案例进行计算后,可以得到相应的模糊真值表(表 6.25)。

表 6.25　模糊真值表

冲突关乎弱国核心利益	强国是民主政体	弱国得到重大外援	弱国采用不对称战略	结果变量:战争获胜	案例数量
1	1	0	1	1	1
1	0	0	1	1	12
0	1	0	1	1	11
0	0	1	1	1	3
1	0	1	0	1	9

有了模糊真值表后，可以进行条件组合覆盖率的测算。下面以“冲突关乎弱国核心利益”且“弱国采用不对称战略”这一条件组合为例进行阐述。根据覆盖率的定义，发现在36个弱国的不对称战争中，同时满足上述两个条件且弱国取胜的有13个案例，覆盖率为13÷36≈0.36，这意味着这两个条件的组合在36%的程度上解释了弱国取胜的原因。按照这一思想，分别计算其他所有条件组合的覆盖率。需要说明的是，因为有4个条件变量需要进行两两组合，一共有$2^4=16$种可能。考虑到计算量，对于那些覆盖率十分小的条件组合可以忽略不计。最终得出的条件组合分析结果如表6.26所示。

表6.26 条件组合分析结果

条件组合	覆盖率	净覆盖率	吻合度
冲突关乎弱国核心利益·弱国采用不对称战略	0.36	0.26	1
强国是民主政体·弱国采用不对称战略	0.33	0.17	1
冲突关乎弱国核心利益·弱国得到重大外援	0.25	0.13	1
解的覆盖率	0.92		
解的吻合度	1		

通过分析16种可能的条件组合，由于其中13组条件组合覆盖率十分小，可忽略不计，剩余3组条件组合覆盖率比较高。因此，在弱国与强国进行的不对称战争中，弱国取得胜利的条件组合主要有3种：①冲突关乎弱国的核心利益且弱国采用了不对称战略；②强国是民主政体且弱国采用不对称战略；③冲突关乎弱国核心利益且弱国得到了重大外援。这意味着一个弱国在战争中取胜的主要原因在于这三种条件组合，一旦这些条件满足，弱国在实力悬殊的战争中就会取得胜利。通过上述方式，挖掘了弱国取胜的原因组合。

需要说明的是，在利用fsQCA软件进行分析时，最终的条件组合分析不止会出现覆盖率数值，还会出现净覆盖率和解的覆盖率（见表6.26）。覆盖率指的是单个原因组合能够解释多少正面的案例，净覆盖率表明的是只体现该原因组合的正面案例比例，排除了符合两种及以上的原因组合的案例。因此，当净覆盖率小于覆盖率时，表明存在符合多条因果路径的正面案例。解的覆盖率表示的是所有原因组合作为一个整体能够解释多少正面案例。因此，若解的覆盖率小于100%，意味着在呈现的原因组合之外还有“漏网之鱼”。在此情况下，研究者可以将其视为特殊或“外部”案例而对其单独进行考察。

4. 最终结果分析

将表 6.24 的必要条件分析和表 6.26 中的条件组合分析结果结合起来，弱国在非对称战争中取胜的充分必要条件就可以简化为如下逻辑等式：

弱国取胜＝(战争期限较长・冲突关乎弱国核心利益・弱国采用不对称战略)＋(战争期限较长・强国是民主政体・弱国采用不对称战略)＋(战争期限较长・冲突关乎弱国核心利益・弱国得到重大外援)。

在上述等式中，“＋”代表“或”，“・”代表“且”。

这一逻辑等式说明这 3 项条件变量的组合是弱国在非对称战争中取胜的充分必要条件，即这 3 项中的任何一项成立，都会导致弱国取胜。同时，如果弱国在战争中取得了胜利，那么这 3 项条件至少有 1 项会出现。

下面对 fsQCA 作一个小结：按照传统的定性分析方法，当我们分析弱国在战争中为何能取得胜利时，往往采用列举法，比如战争关系弱国的核心利益、强国是民主国家、弱国采取了不对称的战争战略等等。如果我们继续追问的话，到底是什么原因导致弱国的胜利，传统分析法就无法给出精确答复。fsQCA 为追寻现象背后的确切原因提供了“科学”的途径。它可以精确地发现现象背后深层次的原因。因果关系是预测的前提，如果能准确地找出因果关系，那么预测的准度也会得到较大的提升。同时，该因果关系也为弱国取得战争胜利提供了有益的政策启示。

五、fsQCA 的缺陷与突破

由上面的分析可以看出，在寻找因果关系的过程中，基于密尔逻辑的比较案例分析往往只能找到结果发生的单一条件，这也是理论难以解释国际政治现象和做出正确预测的重要原因。基于布尔代数逻辑真值表的质性比较分析充分考虑了多个条件变量及组合对结果的影响，它能更进一步地认清结果发生的原因。但是，鉴于国际社会现象的复杂性，有时条件或条件组合只是在一定概率意义上导致了现象的发生。fsQCA 就是基于上述思想产生的，与传统质性比较分析相比，它能更充分、更精确地挖掘导致结果的原因及原因组合。但是，fsQCA 也存在着一些亟待解决的问题和矛盾，这也是当前学界努力完善的方向。

一是关于隶属数值的计算问题。隶属数值是通过对变量进行主观赋值、标准化后得到的介于0和1之间的数值。国际关系研究中的变量有别于自然科学中的变量，难以精确地用具体数值进行衡量，在赋值时存在着主观性缺陷。随之产生的另一个问题是，由原始赋值转换为隶属数值，也缺乏特定的标准。不同赋值和隶属数值转换标准可推导出不同的隶属数值，进而产生结果不确定的风险。因此，作为fsQCA的基础——隶属数值的计算具有争议性且缺乏单一精确的通用方法。在模糊集合理论的发展和应用史上，学者们曾经尝试过各种方法，试图建立起一套将原始赋值转换为隶属数值的标准。史密生等人提出"形式化解释""概率化解释""决策理论"和"公理方法"等四种方法，每一类方法都适用于某些特定的研究目的。① 但没有哪一种方法在理论上被证明是完全正确的。② 拉金主张，研究者应该根据自己对研究领域的实质性理解或现有理论知识来确定转换的标准。③ 如果研究者的问题比较接近决策理论问题，那么"决策理论"的工具可能比较适合。如果想要对隶属函数提出某种特殊的计算方式，公理化测量可能是最佳选择。

二是fsQCA难以处理涉及时间顺序的案例。如果导致某一现象发生的原因可以归结为ABCD组合，在fsQCA分析中，ABCD这四个条件发生的先后顺序对结果不会产生影响。但是在现实中，不同的发生顺序可能对结果造成本质性的影响。举例说来，考察联盟如何在国际冲突中取胜的原因时，④大国主导·成功孤立·同类文化是导致结果发生的原因组合。在现实中，可能会发生这样两个案例，A同盟是由大国主导，随后成功地孤立了小国，同盟内部有相同文化，A同盟在冲突中获得了胜利。B同盟是成功地孤立了小国，然后再由大国主导，具有相同的文化，然而B同盟在冲突中失败了。因为条件变量出现顺序的差异，导致了结果的不同。fsQCA方法忽视了时间序列对结果的影响。从目前方法的发展趋势来看，里霍克斯和拉金也关注到了这个问题，并对原先的方法做了简要的改造以图解决

① Smithson, M., *Fuzzy-Sets Analysis for Behavioral and Social Sciences*, New York: Springer-Verlag, 1987. Bilgic T.:"Measurement of Membership Functions: Theoretical and Empirical Work", in D. Dubois & H. Prade eds., *International Handbook of Fuzzy-Sets and Possibility Theory*, Vol. 1: *Fundamentals of Fuzzy-Sets*, Boston: Kluwer Academic, 2000.

② 〔加〕约翰·福克斯：《社会科学中的数理基础及应用》，上海：格致出版社、上海人民出版社，2011年，第306页。

③ Charles C. Ragin, *Redesigning Social Inquiry: Fuzzy Sets and Beyond*, Chicago: The University of Chicago Press, 2008, p. 86.

④ 该例子的说明可参见岳鹏：《联盟如何在国际冲突中取胜？——基于47个案例的多值集QCA与回归分析双重检验》，《世界经济与政治论坛》2015年第3期。

上述问题,[①]其核心思想就是把事件出现的先后顺序纳入条件组合中,具体来说就是用"—"来表示事件出现的先后顺序。例如,用 A—B—C 和 A—C—B 表示条件变量的不同出现顺序。这样,ABC 和 ACB 表示为两个不同的条件变量组合。除此之外,其他所有操作原理等同于原来的 fsQCA 程序。[②] 这项工作最初由纽约大学的尼尔·卡伦和阿伦·帕诺夫斯共同完成,开发出了时序定性比较分析(TQCA)软件。但是,时序分析的最大缺陷在于,条件组合的数量会随着条件变量增多而呈现指数级的增长。如果条件变量是 5 个的话,fsQCA 方法只需要处理 $C_5^1 + C_5^2 + C_5^3 + C_5^4 + C_5^5 = 31$ 个条件组合。TQCA 中,在每个条件组合中还需要考虑条件变量的时序,则会产生 $P_5^1 + P_5^2 + P_5^3 + P_5^4 + P_5^5 = 5 + 5 \times 4 + 5 \times 4 \times 3 + 5 \times 4 \times 3 \times 2 + 5 \times 4 \times 3 \times 2 \times 1 = 325$ 个条件组合,由此引申出来的问题就是缺乏足够数量的案例来进行验证。针对这一问题,卡伦和帕诺夫斯指出可以通过考察案例内部的内容,预先排除一些无用的条件组合和不相关的时间序列。[③] 应该看到,时序分析的相关技术还处于起步阶段,目前也缺乏这项技术的研究成果。其实,从时间序列问题产生的机制来看,可以借助于计量经济学中的多重共线性技术来判断条件变量间的时序是否对结果有影响。如果 A—B 和 B—A 的不同时序组合产生了不同的结果,本质在于 A 作用于 B 和 B 作用于 A 所产生的效应不同。因此,只需要判断两个条件变量间是否有多重共线性即可确定条件变量组合是否有时序效应。通过计算条件变量间的相关系数,就可以判断变量间是否存在多重共线性。如果条件变量间存在多重共线性,进而再考虑时间序列的影响。

三是 fsQCA 忽视了因果机制问题。通过 fsQCA 获得的只是条件变量与结果变量之间的因果关系。因果关系解释变量值的变化所造成的系统观测要素的变化,由此产生的理论只在于预测,而不在于提供令人信服

---

① Benoit Rihoux and Charles C. Ragin, *Configurational Comparative Methods: Qualitative Comparative Analysis and Related Techniques*, London: SAGE Publication Inc, 2009.

② Neal Caren and Aaron Panofsky: "TQCA: A Technique for Adding Temporality to Qualitative Comparative Analysis", *Sociological Methods & Research*, Vol. 34, No. 2, pp147-172.

③ Neal Caren and Aaron Panofsky: "TQCA: A Technique for Adding Temporality to Qualitative Comparative Analysis", *Sociological Methods & Research*, Vol. 34, No. 2, 2005, pp. 147-172。日本学者日野爱郎也创造了另一种时间序列定性比较分析。参见 Airo Hino: "Time-Series QCA: Studying Temporal Change Through Boolean Analysis", *Sociological Theory and Methods*, Vol. 24, No. 2, 2009.

的解释。① 但是，国际关系研究所要求的理论不仅在于预测，而且关注解释。如果要对某一现象提供完整解释的话，因果机制就必须被包含在内。但是 fsQCA 在分析因果机制这一问题上显得无能为力。对因果机制的挖掘需要通过过程追踪、路径分析等其他方法来实现。

四是条件组合逻辑剩余问题。从理论上讲，如果有 k 个条件变量，则需要有 2^k 个案例才能覆盖所有条件变量和组合。因此，在实际研究过程中，随着条件变量的增加，往往难以收集到足够多的案例。有些包含条件变量及其组合的案例甚至在现实中都不可能出现。利用 fsQCA 进行因果分析时就产生了一个逻辑剩余的问题，即条件组合的数量大于可获得的案例数量。约翰·迈考夫(John Markoff)指出，用那些在现实中根本无法观察到的案例去进行条件组合的推理，存在着巨大的理论风险。② 但是，拉金和里霍克斯则提出这体现了模糊集质性比较分析方法的优势。因为正是通过这种途径，使 fsQCA 超越对可观察事实的有限研究，并基于可观察的事实而推导出超越既定事实的理论。③ 还有些学者则避免上述争论，提出两步模糊集质性比较分析方法来弥补 fsQCA 的缺陷。④

第五节　匹配与国际关系因果推论

比较案例分析和质性比较分析是国际关系研究在观测性数据条件下依据"反事实"原理近似进行的因果推论，存在的根本缺陷是研究者不能够控制被研究对象对于条件变量特定水平的接受或拒绝而产生遗漏变量偏差，进而难以判断发现的因果效应是确定的，还是由于某个(些)被忽略的变量所导致的。具体来说，主要包含以下两个因素。

一是变量选择误差。根据"反事实"原理，进行因果推论进而检验理论

---

① King G., Keohane R. O. &Verba, S., *Designing Social Inquiry: Scientific Inference in Qualitative Research*, Princeton University Press, 1994, pp. 81-82, 276-277.

② John Markoff："A Comparative Method: Reflections on Charles Ragin's Innovations in Comparative Analysis", *Historical Methods*, Vol. 23, No. 4, pp. 177-181.

③ Benoit Rihoux and Charles C. Ragin, *Configurational Comparative Methods: Qualitative Comparative Analysis and Related Techniques*, London: SAGE Publications Inc, 2009, pp. 152-154.

④ Carsten Q. Schneider and Claudius Wagemann："Reducing Complexity in Qualitative Comparative Analysis: Remote and Proximate Factors and the Consolidation of Democracy", *European Journal of Political Research*, Vol. 45, No. 5, 2006, pp. 751-786.

假设时首先要求研究者预测并识别出所有可能的条件变量，然后选择那些在除关键条件变量外的其他变量上取值不变的案例来控制它们的影响。显然，要识别所有条件变量并达到研究对象的同质性是非常困难的，它较多依赖于研究者对经验世界的判断。加里·金等人甚至明确指出，案例研究不能解决遗漏变量问题，最多可以估计出偏差的方向，通过了解高估还是低估了真实因果效用，才能判断已有结论是被强化还是弱化了。

二是案例选择误差。比较案例分析和质性比较分析往往选择"恰好"能证明因果关系的案例，对那些"反面"案例视而不见，这就没有保证每个案例被选中的概率是相等的。在那些未被关注的案例中，干扰变量可能对结果产生决定性影响。齐夫·毛兹(Zeev Maoz)在批评案例研究方法时指出：案例研究在很多情况下成了怎么都行的随意研究的代名词，作者感到自己无须阐明如何进行研究，为何选择一个特定案例或一组案例，哪些案例数据被使用了，哪些被省略了，如何处理和分析数据，以及推论是如何从作者呈现的故事中产生的。[①] 社会科学界也普遍认为，在比较案例分析检验理论假设的过程中，案例的选择是在"无知之幕"下进行的，选择的标准并不明确，选择过程也常常缺乏研究者评估潜在偏差的自觉努力，各种选择偏差被带入案例选择过程的机会因而大大增加了。

由此可见，无论是比较案例分析还是质性比较分析，都不能控制所有干扰变量，从而导致因果推论和假设检验带有"或然性"。因此，需要依据"反事实"原理发展新的因果推论技术。一个基本设想是在研究者所关注的条件变量作用于案例之前，所有案例的状态是相同的或相似的。当关注的条件变量作用于部分案例后，形成了"事实"；剩下的未受关注条件变量作用的案例形成了"反事实"。如果"事实"与"反事实"存在显著差异，这种差异只可能来自于研究者关注的条件变量，而不是其他干扰变量。根据案例性质的差异，产生了个案匹配和倾向值匹配两种因果推论和理论检验方法。

一、个案匹配与"反事实"因果推论

1. 个案匹配因果推论的基本原理

国际关系研究要实现严密的因果推论需要构建与被观测到个案相对应的"反事实"个案。显然，在现实与历史中几乎不存在"反事实"案例，需

---

① Zeev Maoz, "Case Study Methodology in International Studies: From Storytelling to Hypothesis Testing", in Frank P. Harvey and Michael Brecher, eds., Evaluating Methodology in International Studies: Millennial Reflections on International Studies, Ann Arbor: University of Michigan Press, 2002, pp. 164-165.

要通过综合很多没有经历过关注的条件变量影响的个案，由此构造出个案，称之为对照个案。对照个案构造的基本设想是通过某种加权方式将诸多没有受到关注的条件变量影响的个案进行综合，使得在该条件变量作用之前对照个案与研究者关注的个案具有相同或相似的历时性趋势。[①] 该对照个案可以近似地看成关注个案的"反事实"案例，原因在于影响关注个案和对照个案发展趋势的变量有许多，当两者的历时性趋势一致时，意味着影响两者发展趋势的变量在"平均值"上是一致的。当关注的条件变量作用于关注个案后，考察研究者关注的个案与对照个案之间的变化趋势，如果两者存在显著性差异，它只可能是关注的条件变量作用产生的，从而推断了关注的条件变量与结果变量之间的因果关系。

下面以民主化对贸易开放度的影响为例进行说明。首先，选择 A 国家作为"事实"，假设该国在 T_t 时刻实行了民主化改革，罗列出包含 T_t 时刻的 $[T_0, T_T]$ 时间段内该国的贸易开放度，从而形成了贸易开放度变化示意图 $(0 < t < T)$。其次，选择 N 个国家组成"个案池"，这些国家的特点是没有经历过民主化改革。按照"反事实"原则，个案池中的任意单个国家都不能成为 A 国的"反事实"。第三，选择适当的权重，对个案池中所有案例进行加权处理构造出对照个案，使得对照个案与我们关心的个案(A 国)的历时性趋势是一致的，即在 $[T_0, T_t]$ 时间段中，A 国贸易开放度曲线与对照个案的贸易开放度曲线尽可能地一致。那么，该对照个案可以作为 A 国的"反事实"，其原因就在于选择的权重使得影响 A 个案和对照个案的干扰变量都均等化了。第四，比较 T_t 时刻后经受民主化改革的 A 国的贸易开放度和未受民主化改革影响的对照个案的贸易开放度，如果两者之间有显著差异，说明民主化改革的确对贸易开放度有影响。上述分析思路可以用下图表示出来。

在图中，通过对个案池中 N 个个案进行加权处理形成对照个案，使得在 T_t 时刻前对照个案与关注个案的时间趋势基本相同。在 T_t 时刻，A 国(即关注个案)实行了民主化改革，对照个案没有施行民主化改革，观察 T_t 后 A 国与对照个案的发展趋势，如果两者有显著差别，显然，这种差别只可能是民主化改革造成的，从而挖掘了民主化改革与贸易开放度之间的因果关系。

---

① Abadie, Alberto, Alexis Diamond & Jens Hainmueller, Synthetic, "Control Methods for Comparative Case Studies: Estimating the Effect of California's Tobacco Control Program", *Journal of the American Statistical Association*, 105, pp. 493-505.

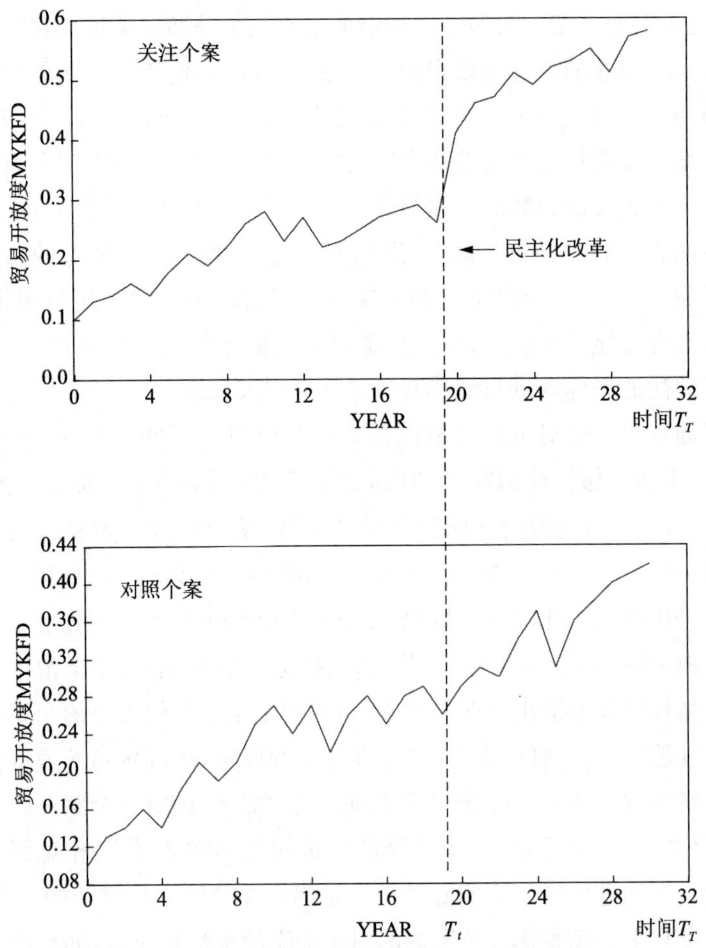

图 6.1　通过个案匹配分析民主化改革与贸易开放度关系

2. 权重设置方法

利用个案匹配方法进行因果推理的关键在于如何通过适当的加权方式将 N 个没有受到条件变量影响的个案综合起来形成对照个案，使之成为“反事实”。权重构造的基本设想是：假设个案池中每个个案受到的权重影响为 $\boldsymbol{\beta}^{\mathrm{T}}=(\beta_1, \beta_2, \cdots, \beta_N)$ ①，在 $[T_0, T_t]$ 时间段内选择 n 个时间点，假设在每个时间点上关注个案对应的贸易开放度是 $\boldsymbol{F}^0=(F_0, F_1, \cdots, F_i, \cdots, F_t)$。个案池中任意个案在每个时间点上对应的贸易开放度数值

① $\boldsymbol{\beta}^{\mathrm{T}}$ 表示矩阵 $\boldsymbol{\beta}$ 的转置。

可表示为如下的矩阵形式：

$$\boldsymbol{F}=\begin{pmatrix} F_0^1 & F_1^1 & \cdots & F_i^1 & \cdots & F_t^1 \\ F_0^2 & F_1^2 & \cdots & F_i^2 & \cdots & F_t^2 \\ \vdots & \vdots & & \vdots & & \vdots \\ F_0^j & F_1^j & \cdots & F_i^j & \cdots & F_t^j \\ \vdots & \vdots & & \vdots & & \vdots \\ F_0^N & F_1^N & \cdots & F_i^N & \cdots & F_t^N \end{pmatrix}。$$

其中，$(F_0^j, F_1^j, \cdots, F_i^j, \cdots, F_t^j)$ 代表个案池中第 j 个个案在各个时间点上的贸易开放度数值。

所求解的权重 $\boldsymbol{\beta}$ 是使关注个案的贸易开放度与构造的对照个案的贸易开放度的差最小，可表示为如下的矩阵形式：$\min(\boldsymbol{\beta}^{\mathrm{T}}\boldsymbol{F}-\boldsymbol{F}^0)^2$。

上式的最优解就是符合要求的权重 $\boldsymbol{\beta}$。

3. 个案匹配的优势与不足

通过构造对照个案进行因果推论最大的优势在于较好地控制了干扰变量，从而能尽可能地显示关注的条件变量对结果变量的影响，揭示两者之间的因果效应。另一方面，利用对照个案进行"反事实"推论也存在着以下不足。

一是构造对照个案对数据有较高的质量要求。从对照个案的构造过程可以看出，需要一定数量的未经条件变量影响的案例。根据阿巴迪等人的研究，案例池中案例的数量一般不应低于 30 个，接近于中等规模大样本统计所需的数据量。① 为了构建对照案例，研究者还需要了解每个案例的时间序列信息。同时，为更好地排除随机误差的影响，要求 $[T_0, T_t]$ 这一时间段尽可能的长。上述要求容易造成案例数据的缺失。

二是构造对照个案是比较繁琐的工作。权重计算涉及复杂的多元统计知识，工作量比较大，当前缺乏相应的软件，从而限制了该方法的推广与应用。同时，在求解 $\min(\boldsymbol{\beta}^{\mathrm{T}}\boldsymbol{F}-\boldsymbol{F}^0)^2$ 时，要求矩阵 $\boldsymbol{\beta}^{\mathrm{T}}\boldsymbol{F}$ 具有良好的性质。因此，该方法并不一定能够确保得到权重 $\boldsymbol{\beta}$，这意味着对照个案并不一定能够成功构建，从而导致个案匹配方法的失效。

---

① Abadie, Alberto, Alexis Diamond and Jens Hainmueller: "Synthetic Control Methods for Comparative Case Studies: Estimating the Effect of California's Tobacco Control Program", *Journal of the American Statistical Association*, 105(490), 493-505.

二、倾向值匹配与“反事实”因果推论

倾向值匹配是从已存的诸多案例中寻找两个案例，它们在关注的条件变量作用之前受到所有因素的平均影响都是相同的。当关注的条件变量作用于其中一个案例后，上述两个案例就形成了“事实”与“反事实”。其中，判断两个案例能否进行“事实”与“反事实”匹配的标准就是倾向值。

1. 倾向值匹配原理

通过倾向值匹配的方式来控制和消除遗漏变量是国际关系大样本研究可使用的一种新兴统计工具。倾向值作为因果推论的概念最早出现在1983年罗森鲍姆（Rosenbaum Paul R.）和鲁宾（Donald Rubin）合写的一篇名为《倾向值对于观测性研究中因果效应的中心作用》的论文中。[①] 倾向值是指被研究的个体受到所有干扰变量影响情况下的发生概率。倾向值匹配方法主要是针对具有相同或相似倾向值的两个或多个案例，考察受到关注的条件变量作用及没有受到关注的条件变量作用情况下案例的结果，如果结果的差异是显著的，那么这种差异只能归因于关注的条件变量，而不是其他干扰变量，从而在关注的条件变量与结果变量之间建立了因果关系。由此可见，倾向值匹配十分巧妙地完成了对干扰变量的控制。

为什么倾向值匹配方法能够进行有效的因果推论呢？原因在于它符合“反事实”逻辑推理框架。举例来说，考察宗教信仰对选举投票的影响，通过统计数据发现基督教徒倾向民主党，不信仰基督教的人员倾向于投共和党的票，那么是否可以断定信仰与投票倾向之间有因果关系呢？显然做出上述判断的逻辑推理是不严密的，原因在于其他潜在的干扰变量都会影响投票倾向。倾向值匹配方法按照信仰差异把所有的样本分成两组，在不同组中选择具有相同或近似“信仰基督教概率”（即倾向值）的案例形成案例匹配对。[②] 由于匹配对中的案例具有相同的倾向值，这意味着性别、年龄、工作性质等所有干扰变量对案例的“平均”影响都是相同的。因此，案例匹配对中的案例 a（信仰基督教）和案例 b（不信仰基督教）就形成了“事实”和“反事实”，投票倾向差异的原因只可能是宗教信仰，从而在宗教信仰与投票倾向之间建立了因果关系。由此可见，倾向值就像一道“阀门”，在倾向值匹配之后，除研究者关注的条件变量外，其他可能的干扰变量对同

---

① Rosenbaum, Paul R. and Donald Rubin: “The Central Role of Propensity Score in Observational Studies of Causal Effects”, *Biometrika*, 70(1), pp. 41-55.

② 这两个案例可分别记为 a 和 b，假设 a 案例信仰基督教，b 案例不信仰基督教。

一匹配对内案例的作用影响是相同或相似的。因此,匹配对中案例间结果的差异只可能是由关注的条件变量所导致,从而完成了变量间的因果推论。

2. 倾向值匹配的操作程序

利用倾向值匹配方法进行因果推论具有固定的程序,主要包括以下四个步骤。

(1) 计算每个抽样个体的倾向值(概率)。信仰基督教是一个二分变量(1=信仰基督教,0=不信仰基督教),受到性别、年龄、工作性质等变量影响,研究者可以建立一个逻辑斯蒂回归或 Probit 回归模型来计算每个个体信仰基督教的概率:

$$\log\left(\frac{\text{信仰基督教的概率}}{1-\text{信仰基督教的概率}}\right)=\boldsymbol{\beta X}+\varepsilon,$$

$$\text{或 Probit(信仰基督教的概率)}=\boldsymbol{\beta X}+\varepsilon$$ ①。

(2) 依据倾向值(概率)对个体进行匹配,形成匹配对。首先,把所有案例按信仰差异分成两组;其次,在信仰基督教的群体中抽取个体(假设倾向值为 c),然后从不信仰基督教的群体中找到倾向值与 c 最接近的那个个体与之匹配;第三,通过上述方法依次对所有个体进行匹配,得到依据倾向值为标准划分的多个匹配对。② 例如,在上例中假定第 m 个样本信仰基督教,由逻辑斯蒂或 Probit 模型计算该样本信仰基督教的概率(设为0.6)。假定第 n 个样本不信仰基督教,同时也可计算出该样本信仰基督教的概率(设定为 0.6),则第 m 个样本和第 n 个样本就形成了一个匹配对。③ 根据倾向值遍历所有的样本后就形成了多个匹配对。

---

① 上述两个模型中,$\boldsymbol{\beta}$ 是回归系数矩阵,$\boldsymbol{X}$ 是由性别、年龄、工作性质等条件变量形成的矩阵,ε 是随机误差分布。具体可以参见第 9 章的多元回归分析内容。

② 在具体操作时,可以利用嵌入在统计软件中的倾向值匹配模块进行。Harding, David J.: "Counterfactual Models of Neighborhood Effects: The Effect of Neighborhood Poverty on Dropping out and Teenage Pregnancy", *American Journal of Sociology*, 109(3), pp. 676-719. Leuven Edwin and Barbara Sianesi, "PSmatch2: State Module to Perform Full Mahalanobis and Propensity Score Matching, Common Support Graphing, and Covariate Imbalance Testing", *Statistical Software Components*, S432001, Boston College Department of Economics.

③ 此处的概率是主观概率或贝叶斯概率,它与我们常见的频率概率是不一样的。比较难理解的是为什么不信仰基督教的人还有信仰基督教的概率。可以借助于生活中的例子进行说明。例如,天气预报今天下雨的概率为 80%。实际上,今天要么是下雨要么不下雨。天气预报的下雨概率反映了风向、云层等因素对降水的影响度。

(3) 根据具有相同或相似倾向值的匹配对来分析信仰基督教和不信仰基督教的个体在投票选择上的差异,如果这种差异是显著的,则可以说明宗教信仰对选举投票有影响。

(4) 敏感性检验

利用逻辑斯蒂或 Probit 进行倾向值计算时,可以尽可能把考虑到的条件变量都纳入进去,但还有可能存在遗漏的变量。[①] 敏感性检验是指如果没有关注到的变量被我们考察到了,结论是否能够保持不变。如果结论仍是原先的,那么我们便有证据认为结论是稳健的。

在实际操作中,研究者无法通过纳入未考察的变量来进行敏感性检验,原因在于如果已知了未考察的变量,则可以放入逻辑斯蒂或 Probit 模型中。因此,敏感性检验只能采取间接方法:希望能够知道一个没有被观测到的干扰变量需要多大程度的变动才能够动摇对倾向值的预测以及基于倾向值而进行的因果推断。根据回归统计方法,可以考虑两个案例 i 和 j,他们的倾向值分别为 p_i 和 p_j。p_i 和 p_j 的值可以依据已观测的变量 $\boldsymbol{X}$ 及没有观测到的变量 $\boldsymbol{\mu}$ 来预测。

$$p_i = \boldsymbol{\alpha X}_i + \boldsymbol{\beta \mu}_i,$$
$$p_j = \boldsymbol{\alpha X}_j + \boldsymbol{\beta \mu}_j。$$

由上述等式可知,即使个体 i 和 j 在已观测到变量 $\boldsymbol{X}$ 上的取值完全一样,但他们的倾向值也会由于未观测到变量 $\boldsymbol{\mu}$ 的取值差异而不同。

令 $\gamma = \dfrac{p_i}{p_j} = \dfrac{\boldsymbol{\alpha X}_i + \boldsymbol{\beta \mu}_i}{\boldsymbol{\alpha X}_j + \boldsymbol{\beta \mu}_j}$。

根据罗森鲍姆研究,γ 可以作为统计量,通过该统计量可以判断在何种情况下,研究的结论会受到质疑。基本设想是:考察 γ 值的大小,如果 γ 等于 1,则认为干扰变量对结论没有影响。如果 $\gamma = 2$,说明即使两个个体在"已经考虑到的变量"上取值完全相同,但是案例 i 的倾向值仍是 j 的两倍,这是由未被考察到的变量 $\boldsymbol{\mu}$ 决定的。随着 γ 值的变大,未被考察到的遗漏变量 $\boldsymbol{\mu}$ 变得越来越重要,结论的稳健性就越差。

事实上,如果真的有遗漏变量 $\boldsymbol{\mu}$ 导致 γ 值变得很大,该遗漏变量应当是显著的,在进行倾向值计算时就应纳入到逻辑斯蒂或 Probit 模型中。这意味着如果 γ 值非常大,那么该干扰变量被"遗漏"就是一个小概率事件。

---

① 多元回归经常会出现多重共线性问题,从而导致错误的回归系数。在估计倾向值的逻辑斯蒂或 Probit 回归中,因为关心的是逻辑斯蒂模型的预测能力,共线性对于模型预测能力没有影响。因此可以把尽可能多的影响结果的条件变量纳入其中。

因此，在进行敏感性检验时，核心是观察 γ 值大到什么水平时结论就会变得不显著。如果 γ 接近于 1 时结论就不显著了，说明已遗漏了重要的变量。如果 γ 值要比较大时（如 $\gamma=3$），这意味着为使结论不显著，这个被遗漏的干扰变量需要使 p_i 值为 p_j 值的 3 倍，这样的干扰变量被遗漏显然是太“稀罕”了，据此可以断定根据原来模型计算的倾向值和因果推论是稳健的。

3. 倾向值匹配的研究趋势

利用倾向值匹配技术，研究者可以在以观测性数据为主的国际关系研究中建立一种类似于随机实验环境的匹配样本，进而利用“反事实”原理进行因果推论，整个过程严谨且符合科学规范。因此，倾向值匹配可以在国际关系实证研究中得到普及。当然，倾向值匹配方法还需要进一步地拓展，主要体现在以下两个方面。第一，传统的倾向值匹配方法关注二分变量，但是国际关系研究绝不仅仅只关注只有两个水平的处理变量。在上述宗教信仰与投票倾向的例子中，案例的取值只有“信仰和不信仰基督教”两个层级。但在现实中，研究者需要更细致地分析个体信仰基督教、伊斯兰教、犹太教等多个类别，由此凸显不同宗教类别对投票倾向的影响。显然，进行多类别、多层次分析更加符合现实需求，这就需要超越二分变量，关注多类别乃至连续型的处理变量，这是倾向值匹配方法发展的趋势。第二，优化倾向值匹配算法。在匹配时，不同案例的倾向值往往不会恰好相等，这就涉及倾向值匹配模式。目前倾向值匹配主要包括邻近匹配、半径匹配、核心匹配和分层匹配四种方式。① 不同匹配方法会产生不同的研究结论。因此，在实际研究中需要采用多种匹配方法进行交互验证，当不同匹配方法得出的结果大致接近时，才能够确定研究的结论站得住脚。近年来，一些新的匹配技术也在不断地发展，如海森（Hansen Ben B.）、格林（Green Samuel）发展的完全匹配方法，保证每个抽样案例都能在匹配过程中被使用到。② 塞克汗（Sekhon Jasjeet Singh）和米巴恩（Walter R. Mebane）发展的遗传匹配技术，借助人工智能方法，在匹配过程中甚至不

---

① Rosenbaum P. R.，Ross R. N.，Silber J. H.：“Minimum Distance Matched Sampling with Fine Balance in an Observational of Treatment for Ovarian Cancer”，*Journal of the American Statistical Association*，2007(102)。郭申阳、弗雷泽著，郭志刚、巫锡炜译：《倾向值分析：统计方法与应用》，重庆：重庆大学出版社，2012 年。

② Hansen，Ben B.：“Full Matching in an Observational Study of Coaching for the SAT”，*Journal of the American Statistical Association* (99)，pp. 609-618.

需要计算具体的倾向值得分。①

小 结

从本章开始涉及理论假设的检验方法。在自然科学中,实验法是发现、检验因果关系的主要途径,实验法的核心是变量控制。国际关系研究对象的特点决定了研究者不可能使用实验法。但是,通过比较案例分析也可以达到变量控制的目的。比较案例分析主要包括密尔四法,亚当·普沃斯基和亨利·图纳在求同法和求异法基础上提出的"最具相似性系统"和"最具差异性系统"比较设计。随着国际关系议题的拓展、任务的深化,研究者开始探索导致现象发生的多层次原因,质性比较分析、基于模糊集合的质性比较分析、案例匹配等方法是检验理论假设的有效技术和工具。

① Sekhon, Jasjeet Singh and Walter R. Mebane Jr:"Genetic Optimization Using Derivatives: Theory and Application to Nonlinear Models", *Political Analysis*, 7, pp. 189-203.

第七章　双变量相关关系衡量

计算两变量之间相关关系是国际关系实证研究最常见的工作。如果能知道一个变量与另一个变量之间存在着某种比较密切的相关关系，那么，当看到某一个变量出现时，可以在较大概率上推导出另一个变量也会出现。这里所谈的两个变量相关关系是指存在于现象之间的一种非确定性的数量上的依存关系。在现实生活中，许多社会现象之间存在着上述相关关系，比如吸烟量与寿命的相关关系，环境卫生与身体健康之间的相关关系。因此，判断两个或多个变量之间的相关关系是国际关系实证研究的重要课题，也是检验理论假设的重要方法。例如，贸易量的增长与双边关系，国家实力大小与联合国投反对票的相关关系等都是此类研究问题。

根据概率论，变量间相关系数的计算公式为：

$$\rho=\frac{\sum_{i=1}^{n}(X_i-\bar{X})(Y_i-\bar{Y})}{\sqrt{\sum_{i=1}^{n}(X_i-\bar{X})^2\sum_{i=1}^{n}(Y_i-\bar{Y})^2}}。$$

但是该公式难以直接应用于国际关系实证研究，原因主要有以下四点。①国际关系中的变量往往以定类、定序变量居多，而 ρ 相关系数的计算是基于定比或定距变量。②国际关系研究不仅要计算两个定类、定序变量之间的相关系数，有时甚至要计算不同层次数据之间的相关关系。例如，为了考察加入欧元区与贸易依存度之间的关系，自变量(是否加入欧元区)是定类变量，应变量(对外贸易依存度)是定比变量。ρ 相关系数只能计算相同层次变量间的相关系数。③ ρ 系数体现了变量之间的对称关系，即两个变量之间不存在自变量和因变量，不存在谁决定谁的问题。但是，在国际关系研究中往往存在着不对称相关系数的测量。例如，测量国家发展阶段(X)与对联合国评价(Y)之间的关系。在这两个变量中，只能是 X 决定 Y，而不能是 Y 决定 X。因此，上述两个变量之间是非对称关系，需要计算不对称变量相关系数。④在国际关系研究中，存在着多个现象之间的复杂的相关关系。因此,涉及偏相关系数的计算。鉴于以上原因,本章主要探讨国际关系实证研究中各类层次变量之间相关关系的测量方法。

本章的主要内容分为六个部分:①探讨计算变量相关系数的基本思想——减少误差比例的测量方法,这是计算各类相关系数的理论基础;②定类变量之间相关关系 λ 系数的计算;③定序变量 γ 相关系数的计算;④定比变量 r 相关系数的计算;⑤定类变量与定比变量 E^2 相关系数的计算;⑥偏相关系数的计算方法。

第一节 减少误差比例测量方法

研究变量之间的关系有助于从一个现象的发生去推测另一个现象的成因及发展趋势。两个变量之间相关关系的强弱程度可以用定量方法给出一个具体数值,这一数值称之为相关系数。研究人员看到两变量 X 和 Y 的相关系数就能立即知道 X 和 Y 之间的相关性达到了何种程度。

下面讨论一种测量两变量相关程度的方法,即减少误差比例测量法,简称 PRE 测量法。它可以把各种层次变量的相关性计算统一起来,因而更具有普遍意义。

减少误差比例方法基于以下思路。①为了测量变量 X 与 Y 之间的相关系数,先假定在未知 X 的情况下去推测 Y,由此推测的 Y 肯定会导致一定的误差,记为 E_1。②再根据已知 X 的情况下去推测 Y,产生的误差记为 E_2。记

$$PRE = \frac{E_1 - E_2}{E_1},$$

该公式称为减少误差比例公式,PRE 值为 X 与 Y 之间的相关系数。

为什么 PRE 值可以成为两变量之间的相关系数呢?可以想象,如果在未知 X 的情况下去推测 Y,此时预测的依据是对 Y 的“知识”,产生的误差势必很大。当已知 X 时,若两种现象(即 X 与 Y)之间的相关程度越强,则预测 Y 产生的误差就越小。因此,根据两次推测所减少的误差,就可以反映变量间的相关程度。具体而言,①如果 X 与 Y 之间存在着完全相关关系,则已知 X 时去判断 Y 时,不会产生任何误差。例如,如果 X 与 Y 之间存在着 $Y = 5X + 3$ 的关系,这说明 X 与 Y 是完全相关的。那么已知 X

的话，再去推测 Y 就不会产生任何误差，即 $E_2 = 0$。根据上述公式，两个变量的相关系数为 1。②如果 X 与 Y 之间没有任何相关关系，由 X 去推测 Y，与在不知 X 的情况下去推测 Y 时完全一致，由此产生的误差 $E_2 = E_1$，则两个变量的相关系数 $PRE = 0$。③如果 X 与 Y 之间有较高的相关关系，则由已知 X 的情况去推测 Y 产生的误差应当十分小。那么 E_2 的值比较小，则 PRE 接近于 1。因此，从相关系数的本质来看，PRE 值能显示两个变量之间的相关关系。

由减少误差比例公式可以发现如下规律。

一是如果 $PRE = 0$，即 $E_1 = E_2$，这说明 Y 与 X 完全不相关，预测 Y 值时产生的全部误差 E_1 与 Y 和 X 关系已知，预测 Y 的值所产生的误差 E_2 相等。这意味着由 X 表示的某一现象无论发生还是不发生，对现象 Y 的值没有影响，说明 X 与 Y 不相关。

二是如果 $PRE = 1$，即 $E_2 = 0$，说明如果已知 X 值后，预测 Y 的值时不会产生任何误差，这只有在 X 与 Y 是完全相关的情况下才能出现。

三是 $0 \leqslant PRE \leqslant 1$。$PRE$ 越接近 1，表明通过 X 预测 Y 可以减少的误差越大，反映出两者的相关程度越高。反之，PRE 越接近 0，表明通过 X 预测 Y 可以减少的误差越小，反映出两者的相关程度越低。

四是在推导相关系数 PRE 的思路中，没有规定变量 X 与 Y 之间的层级。这就意味着 X、Y 可以是定类、定序、定距、定比变量中的任何一种，两个变量也可以是分属于不同层次的变量。因此，PRE 方法适用于各层次变量相关关系的测量，也适应于 X 和 Y 分属不同层次变量相关系数的测量，用 PRE 方法来测量相关系数是一个通用公式。下文将依据 PRE 思想，逐一推导定类、定序、定距(比)以及交叉类型变量之间相关系数的计算公式。

第二节　国际关系研究定类变量相关系数测量

一、λ 相关系数的测量

有别于自然科学中的定比、定距数据，国际关系研究常常涉及定类变量。在测量两个定类变量的相关关系时，涉及相关系数 λ 的计算。下面，利用 PRE 思想推导定类变量相关系数 $Lambda(\lambda)$ 的计算公式。

例如，为了考察文明类别对国家卷入战争频率的影响，通过收集过去 100 年的资料，得出不同文明类别国家与卷入战争的情况如表 7.1 所示。

表 7.1　文明类别与国家卷入战争频率统计数据

<table>
<tr><td colspan="5">文明类别(X)</td></tr>
<tr><td rowspan="3">卷入战争频率(Y)</td><td></td><td>A 文明国家</td><td>B 文明国家</td><td>合计</td></tr>
<tr><td>卷入战争次数多</td><td>69 个国家</td><td>16 个国家</td><td>85</td></tr>
<tr><td>卷入战争次数少</td><td>8 个国家</td><td>54 个国家</td><td>62</td></tr>
<tr><td colspan="2">合计</td><td>77</td><td>70</td><td>147</td></tr>
</table>

表 7.1 共统计了 147 个国家，从直观上看，B 文明国家卷入战争次数少，A 文明国家卷入战争次数多，说明文明类别与战争频率之间存在着一定的关系。但是两者间的相关系数有多大呢？下面按照 PRE 思路进行计算。首先分析 E_1，根据定义，E_1 是指在不知国家类别(X)的情况下去推测这个国家卷入战争频率(Y)时所产生的误差。具体来说，给出一个国家，不知这个国家属于 A 文明还是 B 文明，研究者需要推测到底应该把这个国家归入“卷入战争次数多”还是“卷入战争次数少”的类别。显而易见，理性推测者在不知该国属于何种文明类别时应该把该国归入“卷入战争次数多”的类别。原因在于 147 个国家中，有 85 个国家卷入战争次数多，把该国归入此类意味着推测正确的概率高。依次对 147 个国家进行归类，归类正确的国家数是 85 个，产生的误差是 62 个，$E_1 = 62$。

下面分析 E_2。E_2 是在已知 X 的情况下推测 Y。在该例中是指给出一个国家并且知道这个国家的具体文明属性时，判断这个国家属于“卷入战争次数多”还是“卷入战争次数少”的类别。假定已知这个国家属于 B 文明，理性推测者肯定会把这个国家归入为“卷入战争次数少”这个类别，原因在于 70 个 B 文明国家有 54 个国家属于“卷入战争次数少”的类别。依此类推，16 个国家会产生归类错误，即误差为 16。如果已知这个国家属于 A 文明国家，则需要把这个国家归入“卷入战争次数多”的种类中，依次对 77 个国家进行归类产生的误差是 8 个。因此，共计产生的误差 $E_2 = 16 + 8 = 24$。可见，当已知这个国家的文明类型(即 X)后，去推导这个国家卷入战争的情况(即 Y)所产生的误差减少了。

根据 PRE 的计算公式，文明类别与卷入战争的相关系数为：

$$PRE = \frac{E_1 - E_2}{E_1} = \frac{62 - 24}{62} \approx 0.61。$$

为了更直观地显示利用 PRE 方法计算相关关系的合理性，现将上述例子的数据再极端化处理如下。

表 7.2　文明类别与国家卷入战争次数统计数据(极端化处理后的虚构数据)

文明类别(X)				
卷入战争频率(Y)		A 文明国家	B 文明国家	合计
	卷入战争次数多	76 个国家	1 个国家	77
	卷入战争次数少	1 个国家	52 个国家	53
合计		77	53	

从表 7.2 中可以直观地看出,在极端化假设情形下,文明类别与卷入战争频率之间的关系变得十分密切,因此相关系数的值就应当变得很大。根据 PRE 计算方法,$E_1=53$,$E_2=2$,则相关系数为:

$$PRE=\frac{E_1-E_2}{E_1}=\frac{53-2}{53}\approx 0.96。$$

这与直觉是一致的,由此可见,利用 λ 系数来判断两定类变量的相关程度具有很大的合理性。

根据上述思路,下面推导一般情况下定类变量相关系数 λ 的计算公式。

假设变量 X 可以分成 m 类,变量 Y 可以分成 n 类,根据调查的历史资料,得到统计数据如表 7.3 所示。

表 7.3　对称相关定类变量统计数据示意表

Y \ X	X_1	X_2	…	X_j	…	X_m	边缘众数
Y_1	N_{11}	N_{12}	…	N_{1j}	…	N_{1m}	$N_1=N_{11}+N_{12}+\cdots+N_{1m}$
Y_2	N_{21}	N_{22}	…	N_{2j}	…	N_{2m}	N_2
…	…	…	…	…	…	…	…
Y_i	N_{i1}	N_{i2}	…	N_{ij}	…	N_{im}	N_i
…	…	…	…	…	…	…	…
Y_n	N_{n1}	N_{n2}	…	N_{nj}	…	N_{nm}	N_n
边缘众数	N^1	N^2	…	N^j	…	N^m	$N=N_1+N_2+\cdots+N_i+\cdots+N_n=N^1+N^2+\cdots+N^m$

表中，N_{ij} 表示属于 X_j 类型和 Y_i 类型的案例数目的总和。边缘众数 N_i 表示属于 Y_i 类型的个案总和。N^j 表示属于 X_j 类型的个案总和。

E_1的推导 当 X 与 Y 的关系未知，任意给出一个个案，推测该个案归属于 Y 的哪一个类型时，唯一的依据就是 Y 的边缘众数，即表中 N_1、N_2、…、N_n 的值。毫无疑问，一定是用 N_1、N_2、…、N_n 中最大值所对应的类型作为个案的类型归属。依此类推，分析完所有的案例后所产生的误差即为 E_1，

$$E_1 = N_1 + N_2 + \cdots + N_i + \cdots + N_n - \max(N_i) = N - \max(N_i)。$$

E_2 的推导 当已知 X 与 Y 的关系时，任意给出一个个案，假定该个案在 X 中是归入 X_j 类，当去推导它应当归属于 Y 中的类别时，一定是推测它属于 N_{1j}、N_{2j}、…、N_{ij}、…、N_{nj} 中所对应最大的数的类型。依此类推，分析完所有属于 X_j 类型案例所产生的误差是 $N^j - \max(N_{ij})$。当分析完所有的案例后产生的总误差是

$$\begin{aligned}&(N^1 - \max N_{i1}) + (N^2 - \max N_{i2}) + \cdots + (N^j - \max N_{ij}) + \cdots + \\&(N^m - \max N_{im}) = N^1 + N^2 + \cdots + N^m - \max N_{i1} + \max N_{i2} + \cdots \\&\max N_{ij} + \cdots + \max N_{im} = N - (\max N_{i1} + \max N_{i2} + \\&\max N_{ij} + \cdots + \max N_{im})。\end{aligned}$$

因此，根据 PRE 的思想，两定类变量之间相关系数 λ 的计算公式可表示如下：

$$\begin{aligned}\lambda &= \frac{E_1 - E_2}{E_1} \\&= \frac{N_1 + N_2 + \cdots + N_m - \max(N_i) - N + (\max N_{i1} + \max N_{i2} + \max N_{ij} + \cdots + \max N_{im})}{N_1 + N_2 + \cdots + N_m - \max(N_i)} \\&= \frac{\max N_{i1} + \max N_{i2} + \cdots + \max N_{ij} + \cdots + \max N_{im} - \max(N_i)}{N - \max(N_i)}。\end{aligned} \tag{7.1}$$

说明

(1) N 为所有案例个数的总和，那么 $\max N_{i1} + \max N_{i2} + \cdots + \max N_{im}$ 值小于等于 N，所以 $0 \leqslant \lambda \leqslant 1$，即相关系数介于 0 和 1 之间，满足相关系数的基本条件。

(2) λ 相关系数测量是以众数作为预测工具。如果众数都出现在频率分布表之间同一行或同一列时，λ 系数将等于 0。但并不是说 X 与 Y 之间

完全没有关系。这说明了λ系数是测量X、Y相关关系比较粗糙的工具。

举例如下。

考察安理会投票时国别的差异与投票类型之间的相关关系,统计了二战以来中、俄(苏)、美96次联合国投票情况,得到的数据如表7.4所示。

表7.4　二战以来中、俄(苏)、美联合国投票统计

国别(X) / 投票类别(Y)	美国	俄罗斯	中国	边缘众数
赞同	9	12	18	39
弃权	4	8	12	24
反对	10	20	3	33
边缘众数	23	40	33	

根据上述表格可知,这是考察两定类变量之间的相关关系。

$$E_1 = 24 + 33 = 57,$$
$$E_2 = (9+4)+(12+8)+(12+3) = 48。$$

国别与投票类型的相关系数为:

$$\lambda = \frac{E_1 - E_2}{E_1} = \frac{57-48}{57} \approx 0.16。$$

二、λ_{xy}相关系数的测量

在进行λ系数推导时两个变量是相互对称的,这意味着研究X、Y两个变量之间相互关系,并没有涉及自变量和因变量的问题。在国际关系研究中,经常遇见的情况是,两个变量之间往往存在着因果关系,或者至少一个变量可看成是另一个变量的原因。例如,民主和平论指出,民主的差异(自变量)会导致战争的多寡(因变量)。在这两个变量中,民主可以看成是和平的原因,但世界和平并不会导致民主。这类情况称为非对称相关关系,其相关系数记为λ_{xy},下标表示x为自变量,y为因变量。因为两变量是非对称性关系,不能使用7.1式直接计算。假定通过调查得到的数据如表7.5所示。

表 7.5 非对称相关定类变量统计数据示意表

Y \ X	X_1	X_2	…	X_j	…	X_m	边缘众数
Y_1	N_{11}	N_{12}	…	N_{1j}	…	N_{1m}	N_1
Y_2	N_{21}	N_{22}	…	N_{2j}	…	N_{2m}	N_2
…	…	…	…	…	…	…	…
Y_i	N_{i1}	N_{i2}	…	N_{ij}	…	N_{im}	N_i
…	…	…	…	…	…	…	…
Y_n	N_{n1}	N_{n2}	…	N_{nj}	…	N_{nm}	N_n
边缘众数	N^1	N^2	…	N^j	…	N^m	$N=N_1+N_2+\cdots+N_i+\cdots+N_m$

记 $N = N_1 + N_2 + \cdots + N_n$，$N$ 表示所有案例的总数。

E_1 的推导 表 7.5 中因变量 Y_1 类型出现的次数是 N_1，则 $\frac{N_1}{N}$ 为 Y_1 出现的频率。同理，Y_i 类型出现的频率为 $\frac{N_i}{N}$。根据概率论思想可以用 $\frac{N_i}{N}$ 预测 Y_i 出现的概率。换句话说，正确判断某个个案因变量属于 Y_i 的可能性是 $\frac{N_i}{N}$，错误判断的可能性是 $\left(1-\frac{N_i}{N}\right)$。$N_1\left(1-\frac{N_1}{N}\right)$ 为预测案例属于 Y_1 时产生的误差。依此类推，预测案例属于 Y_i 类型产生的误差是 $N_i\left(1-\frac{N_i}{N}\right)$。当 X 与 Y 的关系未知时，预测 Y 产生的总误差：

$$\begin{aligned} E_1 &= N_1\left(1-\frac{N_1}{N}\right)+N_2\left(1-\frac{N_2}{N}\right)+\cdots+N_n\left(1-\frac{N_n}{N}\right) \\ &= \sum_{i=1}^{n} N_i\left(1-\frac{N_i}{N}\right)=\sum_{i=1}^{n}\left(N_i-\frac{N_i^2}{N}\right)。\end{aligned}$$

E_2 的推导 E_2 是已知自变量 X 的类型时，推测 Y 所属类型时产生的误差。如果已知某个案例中自变量属于 X_j 类型，那么相对应的因变量出现在 Y_1 类型的可能性是 $\frac{N_{1j}}{N^j}$，$\left(1-\frac{N_{1j}}{N^j}\right)$ 是不出现的概率，$N_{1j}\left(1-\frac{N_{1j}}{N^j}\right)$ 就是已知自变量为 X_j 类型推测因变量属于 Y_1 类型时所产生的误差。同理，如果已知自变量为 X_j 类型推测因变量属于 Y_i 类型时产

生的误差为 $N_{ij}\left(1-\dfrac{N_{ij}}{N^{j}}\right)$。因此,已知自变量为 X_j 类型推测因变量的类型时产生的误差为:

$$N_{1j}\left(1-\frac{N_{1j}}{N^{j}}\right)+N_{2j}\left(1-\frac{N_{2j}}{N^{j}}\right)+\cdots+N_{ij}\left(1-\frac{N_{ij}}{N^{j}}\right)+\cdots+N_{nj}\left(1-\frac{N_{nj}}{N^{j}}\right)$$

$$=\sum_{i=1}^{n}N_{ij}\left(1-\frac{N_{ij}}{N^{j}}\right)。$$

依次分析自变量分别属于 X_1、X_2、…、X_j、…、X_m 类型后,产生的总误差为:

$$E_2=\sum_{i=1}^{n}N_{i1}\left(1-\frac{N_{i1}}{N^{1}}\right)+\sum_{i=1}^{n}N_{i2}\left(1-\frac{N_{i2}}{N^{2}}\right)+\cdots+\sum_{i=1}^{n}N_{ij}\left(1-\frac{N_{ij}}{N^{1}}\right)+\cdots$$

$$+\sum_{i=1}^{n}N_{im}\left(1-\frac{N_{im}}{N^{1}}\right)=\sum_{j=1}^{m}\sum_{i=1}^{n}N_{ij}\left(1-\frac{N_{ij}}{N^{j}}\right)。$$

根据 PRE 思想,两个不对称定类变量相关系数的计算公式可表示为:

$$\lambda_{xy}=\frac{E_1-E_2}{E_1}=\frac{\sum_{i=1}^{n}\left(N_i-\frac{N_i^2}{N}\right)-\sum_{j=1}^{m}\sum_{i=1}^{n}N_{ij}\left(1-\frac{N_{ij}}{N^{j}}\right)}{\sum_{i=1}^{n}\left(N_i-\frac{N_i^2}{N}\right)}$$

$$=\frac{\sum_{j=1}^{m}\sum_{i=1}^{n}\frac{N_{ij}^2}{N^{j}}-\sum_{i=1}^{n}\frac{N_i^2}{N}}{N-\sum_{i=1}^{n}\frac{N_i^2}{N}}。\tag{7.2}$$

举例:为了分析中国不同类型大学学生对联合国的了解情况,通过调查问卷,测评他们对联合国常识的掌握程度,得到如下调查数据。

表 7.6 不同类型高校学生对联合国了解情况调查数据

	综合型高校	理工类高校	艺术类高校	边缘众数
熟悉	180	150	150	480
一般	200	20	130	350
陌生	100	150	30	280
边缘众数	480	320	310	1 110

本例研究的是不同类型大学学生对联合国知识掌握的差异,因此自变量与因变量之间是一种非对称的关系,需用 λ_{xy} 来计算。

$$\lambda_{xy}=\frac{\sum_{j=1}^{m}\sum_{i=1}^{n}\left(\frac{N_{ij}^2}{N}\right)-\sum_{i=1}^{n}\left(\frac{N_i^2}{N}\right)}{N-\sum_{i=1}^{n}\left(\frac{N_i^2}{N}\right)}$$

$$=\frac{\frac{180^2+150^2+\cdots+30^2}{1\,110}-\frac{480^2+350^2+280^2}{1\,110}}{1\,110-\frac{480^2+350^2+280^2}{1\,110}}$$

$$\approx -0.33$$

第三节　国际关系研究定序变量与 γ 系数

国际关系实证研究除了处理定类数据外，还常常涉及定序数据分析。由于国际关系研究对象的特殊性，研究者往往缺乏客观的标准去精确度量某个变量，但是对于变量之间的大小排序却比较容易获得。举例来说，对国家的实力进行衡量时涉及 100 多个指标，在研究实践中精准计算一个国家的实力大小往往十分困难。但是对世界上不同国家的实力进行排序却比较容易得到认可。因此，国际关系研究中另一类重要变量就是定序变量。两个定序变量之间的相关关系也可利用 PRE 思想进行计算。

一、基本设想

定序变量反映了前后数值大与小的关系。设 X、Y 为定序变量，他们分别取值如下：

$$X: x_1, x_2, \cdots, x_n;$$
$$Y: y_1, y_2, \cdots, y_n。$$

如果当 $x_1 < x_2 < \cdots < x_n$ 时，有 $y_1 < y_2 < \cdots < y_n$，这说明定序变量 X 和 Y 之间有完全的相关关系。国际关系的现实情况往往不具备这种高度一致的状态，即当 $x_i < x_j$ 时，并不一定有 $y_i < y_j$。因此，一个基本考虑就是，如果“当 $x_i < x_j$ 时，就有 $y_i < y_j$”这种数据对越多，则说明 X 和 Y 之间的相关关系越强。因此，可以通过两个变量组中同序对的数目来判断两个定序变量间的相关关系。

首先引入同序对和异序对的概念。

所谓同序对就是当 $x_i < x_j$（或 $x_i > x_j$）时，有 $y_i < y_j$（或 $y_i > y_j$），则

把 (x_i, y_i) 和 (x_j, y_j) 这一组来自自变量和因变量的数对称之为同序对。当 $x_i > x_j$ 时，$y_i < y_j$ 或 $x_i < x_j$ 时，有 $y_i > y_j$，则称 (x_i, y_i) 和 (x_j, y_j) 为一组异序对。一般来讲，用 n_s 表示 (X, Y) 变量组合中同序对数目，用 n_d 表示 (X, Y) 变量组合中异序对的数目。

举例：为了考察国家民主程度 (X) 与国家廉政程度 (Y) 之间的关系，分别用民主系数作为民主程度的操作值，用廉政指数作为国家清廉程度的操作值，统计 15 个国家得出如下数据。

表 7.7　国家民主程度与清廉程度统计数据

	x_1	x_2	x_3	x_4	x_5	x_6	x_7	x_8	x_9	x_{10}	x_{11}	x_{12}	x_{13}	x_{14}	x_{15}
民主程度	63	65	68	71	76	77	78	81	85	86	87	90	93	95	96
清廉指数	36	43	28	65	70	80	60	90	50	91	80	70	60	80	70
	y_1	y_2	y_3	y_4	y_5	y_6	y_7	y_8	y_9	y_{10}	y_{11}	y_{12}	y_{13}	y_{14}	y_{15}

先考察同序对数，由定义可知，(x_1, y_1) 与 (x_2, y_2) 是同序对，(x_1, y_1) 与 (x_4, y_4) 是同序对，依此类推可知：

同序对数 $n_s = 13 + 12 + 12 + 8 + 5 + 2 + 6 + 1 + 6 + 1 + 2 = 68$；

异序对数 $n_d = 1 + 1 + 3 + 3 + 5 + 1 + 6 + 5 + 3 + 1 + 1 = 30$。

上例是在调查样本数量比较小的情况下通过手工计算方法获得同序对与异序对的数量。如果调查数量比较大，那么通过手工方法计算就十分繁琐。可采取的方法是将数据按等级排列为联表，进而计算 n_s 和 n_d。

举例：为了检验民主和平论，通过调查 100 年中不同民主程度国家卷入战争次数的数据，得到如下统计值。

表 7.8　100 年中不同民主程度国家卷入战争次数统计

战争频数 Y \ 民主程度 X		高	中	低
卷入战争频数 (Y)	高	$3(x_1, x_2, x_3, y_1, y_2, y_3)$	$16(x_4, x_5, \cdots, x_{19}, y_4, y_5, \cdots, y_{19})$	$38(x_{20}, x_{21}, \cdots, x_{57}, y_{20}, y_{21}, \cdots, y_{57})$
	中	8	12	17
	低	17	8	10

先计算同序对 n_s。先选择($X_{高}$, $Y_{高}$)中的任何一个数对[例如,选(x_1, y_1)],则它与($X_{中}$, $Y_{中}$)中的所有数对都形成了同序对,共计 12 对。因为($X_{高}$, $Y_{高}$)中共有 3 个数对,因此,($X_{高}$, $Y_{高}$)与($X_{中}$, $Y_{中}$)产生的同序对总数为 $3 \times 12 = 36$。同样($X_{高}$, $Y_{高}$)也与($X_{中}$, $Y_{低}$)、($X_{低}$, $Y_{中}$)、($X_{低}$, $Y_{低}$)中的所有数对都形成了同序对。因此,($X_{高}$, $Y_{高}$)与其他数对产生的同序对数目共计 $3 \times (12+17+8+10) = 141$。依据上述思路,再分别计算($X_{中}$, $Y_{高}$)、($X_{中}$, $Y_{中}$)、($X_{中}$, $Y_{低}$)、($X_{低}$、$Y_{高}$)、($X_{低}$, $Y_{中}$)、($X_{低}$、$Y_{低}$)与其他各数组产生的同序对数目。同序对总数为 $n_s = 3 \times (12+17+8+10) + 16 \times (17+10) + 8 \times (8+10) + 12 \times 10 = 837$。

下面再计算异序对的数目。根据异序对的定义,应当从表格右上角开始计算比较方便。选择($X_{低}$, $Y_{高}$)中的任何一个数对(如 x_{20}, y_{20}),该数对与($X_{中}$, $Y_{中}$)、($X_{高}$, $Y_{中}$)、($X_{中}$, $Y_{低}$)、($X_{高}$, $Y_{低}$)中的任何一个数对都组成异序对。同样,在($X_{低}$, $Y_{高}$)中再选一个数对(如 x_{21}, y_{21}),则也与($X_{中}$, $Y_{中}$)、($X_{高}$, $Y_{中}$)、($X_{中}$, $Y_{低}$)、($X_{高}$, $Y_{低}$)中的所有数对组成异序对,产生的异序对一共为 $38 \times (8+12+17+8) = 1\,710$。同样,再分别以($X_{低}$, $Y_{中}$)、($X_{低}$, $Y_{低}$)、($X_{中}$, $Y_{高}$)、($X_{中}$, $Y_{中}$)、($X_{中}$, $Y_{低}$)、($X_{高}$, $Y_{高}$)、($X_{高}$, $Y_{中}$)、($X_{高}$, $Y_{低}$)为基准,计算与其他数组组成的异序对。

异序对总数为:

$$n_d = 38 \times (8+12+17+8) + 16 \times (8+17) + 17 \times (17+8) + 12 \times 17 = 2\,739。$$

根据上述思路,当调查数据比较大时,可以先将数据统计出来,按照定序数值排列成如下形式。

表 7.9　统计数据排序、分类方法示例

Y \ X	特大	大	中	小
高	X_1	X_4	X_7	X_{10}
中	X_2	X_5	X_8	X_{11}
低	X_3	X_6	X_9	X_{12}

$$同序对\ n_s = X_1 \times (X_5 + X_8 + X_{11} + X_6 + X_9 + X_{12}) + X_4 \times (X_8 + X_{11} + X_9 + X_{12}) + X_7 \times (X_{11} + X_{12}) + X_2 \times (X_6 + X_9 + X_{12}) + X_5 \times (X_9 + X_{12}) + X_8 \times X_{12}$$

异序对 $n_d = X_{10} \times (X_2 + X_5 + X_8 + X_3 + X_6 + X_9) + X_7 \times (X_2 + X_5 + X_3 + X_6) + X_4 \times (X_2 + X_3) + X_{11} \times (X_3 + X_6 + X_9) + X_8 \times (X_3 + X_6) + X_5 \times X_3$

二、国际关系研究中两定序变量相关系数的测量

结合减少误差分析法和同序对、异序对概念，可得到国际关系实证研究中两定序变量相关系数测量的设想：同序对越多时，说明两个变量之间的协同性越高，即相关性越高。因此，定序变量相关系数的测量主要是通过比较同序对与异序对的数量来进行的。

E_1 的计算 当 X 和 Y 的关系未知时，由 X 的情况去估算 Y 的等级纯属随机，即要么估算 $Y_i > Y_j$，或估算 $Y_i < Y_j$。估算正确和错误的概率各为 50%。由于总序对为 $n_s + n_d$ ①，估计正确和错误的数量各为 $\frac{n_s + n_d}{2}$。这说明在不知 X 的情况下去推测 Y 产生的总误差 $E_1 = \frac{n_s + n_d}{2}$。

E_2 的计算 E_2 是已知 X 时，根据 X 去推测 Y 所产生的误差。显而易见，当已知 $X_i > X_j$ 时，肯定会推测 $Y_i > Y_j$，当 $X_i < X_j$ 时，推测 $Y_i < Y_j$。那么产生的错误估算即误差是异序对的数目，因此，$E_2 = n_d$。

根据 PRE 相关系数计算的思想：

$$\gamma = \frac{E_1 - E_2}{E_1} = \frac{\frac{n_s + n_d}{2} - n_d}{\frac{n_s + n_d}{2}} = \frac{n_s - n_d}{n_s + n_d}。 \tag{7.3}$$

上式即为定序变量相关系数的测量公式。

几点说明

(1) 当 $n_d = 0$ 时，从直观上看，意味着变量 X 的变化趋势与变量 Y 的变化趋势是完全一致的，这说明 X 与 Y 的相关系数是 1。由 γ 的计算公式可推知，$\gamma = 1$。当 $n_s = 0$ 时，X 的变化趋势与 Y 的变化趋势完全相反，这说明 X 与 Y 的相关系数是 -1，从 γ 的计算公式也可推知 $\gamma = -1$。当 $n_s = n_d$ 时，意味着同序对和异序对的数量是相同的，即完全无法判断两个变量间的相关关系，相关系数应为 0。由 γ 的计算公式也可推知 $\gamma = 0$。这说明由上式来计算两定序变量的相关系数是比较合理的。

① 此处还涉及同分对，为了更加清晰地说明问题，暂不考虑同分对问题。

(2) $-1 \leqslant \gamma \leqslant 1$。当 $n_s < n_d$ 时,同序对的数目小于异序对的数目,表示两变量之间是负相关关系,说明 X 的变化趋势与 Y 的变化趋势是相反的。当 $n_s > n_d$ 时,同序对的数目大于异序对数目,表明两变量间存在正相关关系。

(3) 由上述推导过程可以看出,用 γ 系数去测量 X 和 Y 之间的相关关系适用于对称形式的变量。换句话说,用 X 去推测 Y 与用 Y 去推测 X,最终得出的相关系数是相同的。

举例:为了考察美国对外援助幅度是否与被援助国民主程度有关,通过收集美国历史上所有的援助案例得到如下数据。

表 7.10 美国对外援助幅度与被援助国民主程度统计数据

民主程度 X / 援助数额 Y	高	低
大	48	3
中	38	12
小	16	3

$$n_s = 48 \times (12 + 3) + 38 \times 3 = 834,$$

$$n_d = 3 \times (38 + 16) + 12 \times 16 = 354,$$

$$\gamma = \frac{834 - 354}{834 + 354} \approx 0.40。$$

由计算结果可知,美国对外援助幅度与被援助国民主程度的相关关系比较小。

事实上,上例的计算也可以用定类变量的计算公式进行。按照民主程度高低把自变量 X 分为两类,依据援助数额的大小把因变量 Y 分成 3 类,根据定类变量的计算公式可知:

$$\lambda = \frac{E_1 - E_2}{E_1} = \frac{69 - (6 + 54)}{69} \approx 0.13。$$

由此可见,使用两种不同方法计算出来的结论不一样,甚至差异很大。那么,到底该使用哪一种计算方法呢?一个基本的判别原则是:如果某个变量含有的信息量更高,就应该依据该类变量对应的相关系数计算公式进行计算。在上例中,定序变量不仅包含变量间的类别,也蕴含变量间的排序。因此,定序变量的信息量高于定类变量,按定序变量计算出的 γ 系数的可信度高于按定类变量计算出的 λ 系数。

三、非对称关系 γ_{xy} 系数的计算

γ 系数表示自变量 X 和因变量 Y 为对称关系的相关系数，即 X、Y 并不存在着显著的影响和被影响关系。但是在国际关系实际研究中，往往存在着 X 为自变量、Y 为因变量这种非对称的关系。例如，考察一国对外干涉的烈度与一国军事力量强度之间的关系，国家的军事力量决定了国家对外干涉的烈度，而不是相反。因此，这就涉及两个定序变量非对称关系相关系数的测量。

1. 同分对的概念

依据同序对和异序对的含义，当 $X_i > X_j$ 时，$Y_i > Y_j$ 或 $Y_i < Y_j$。但在国际关系研究中却存在着这样的情况：当 $X_i > X_j$ 时，$Y_i = Y_j$。这就涉及同分对的含义。同分对分为对 X 的同分对和对 Y 的同分对，下面通过表 7.11 进行说明。

表 7.11 民主程度与对外援助关系统计数据

民主程度 X / 对外援助 Y	x_1	x_2	x_3	x_4
X	1	2	1	4
Y	3	1	4	3
	y_1	y_2	y_3	y_4

由上表可知，(x_1, y_1)、(x_4, y_4) 是对 Y 的同分对，即当 $x_1 < x_4$ 时，$y_1 = y_4$。(x_1, y_1)、(x_3, y_3) 是对 X 的同分对，即当 $y_1 < y_3$ 时，$x_1 = x_3$。变量中产生的所有同分对的数量用 n_x 或 n_y 表示。n_x 表示对变量 X 同分对的数量，n_y 是对变量 Y 同分对的数量。

2. 非对称关系两个定序变量相关关系的测量

X 对 Y 有影响时，相关关系的测量方法如下。

E_1 的计算 E_1 是未知 X 情况时，随机推测 Y 时产生的误差。设总序数对数量为 $n_s + n_d + n_y$。当 X 未知时，推测 Y 是完全随机的，正确和错误的概率各为 50%。因此，推测 Y 时产生的误差为 $\frac{n_s + n_d + n_y}{2}$。

E_2 的计算 E_2 是在已知 X 时，推测 Y 等级时产生的误差。因此，在

$X_i > X_j$ 或 $X_i < X_j$ 时，必然会推测 $Y_i > Y_j$ 或 $Y_i < Y_j$，产生的误差就是异序对 n_d 的数量。对于同分对来讲，按照上述方法预测正确和错误的可能性各为 50%。因此产生的误差是 $\frac{n_y}{2}$。①

根据 PRE 思想，当两定序变量是非对称关系时相关系数的计算公式为：

$$\gamma_{xy} = \frac{E_1 - E_2}{E_1} = \frac{\dfrac{n_s + n_d + n_y}{2} - n_d - \dfrac{n_y}{2}}{\dfrac{n_s + n_d + n_y}{2}} = \frac{n_s - n_d}{n_s + n_d + n_y}。 \quad (7.4)$$

说明

(1) γ_{xy} 表示 X 是自变量，Y 是因变量时两变量之间的相关系数。n_s 为同序对的数目，n_d 为异序对的数目，n_y 表示对变量 Y 的同分对的数目。如果 Y 对 X 有影响时，即计算 γ_{yx} 时，可以把变量 X、Y 做形式上的交换，X 视为 Y，Y 视为 X，继续使用上述公式。

(2) 与两个定序变量是对称关系的计算公式相比，$\gamma_{xy} < \gamma$，主要原因是同分对的引入削弱了两定序变量之间的序列相似度，表现为更小的相关系数数值。

举例：为了考察中国参与国际组织的主动程度与外在威胁之间的关系，收集了中国加入的 66 个国际组织数据，如下表所示。

表 7.12　中国参与国际组织主动程度与外在威胁关系统计数据

外在威胁 X / 主动程度 Y	大	中	小
积极	16	8	1
一般	8	7	3
无奈	4	8	11

显而易见，这是一个非对称两定序变量相关问题，威胁程度是影响中国加入国际组织积极主动程度的原因，应当采用 γ_{xy} 的计算公式。

① 此处推测正确和错误的可能为 50%是基于效用这个角度。从统计意义上看，同分对对同序对和异序对产生的效果是相同的，那么把所有同分对视为同序对时，则有一半是错误的，因此产生的误差可视为 $\frac{n_y}{2}$。

同序对：$n_s = 16 \times (7+3+8+11) + 8 \times (3+11) + 8 \times (8+11) + 7 \times 11 = 805$；

异序对：$n_d = 1 \times (8+7+4+8) + 8 \times (8+4) + 3 \times (8+4) + 7 \times 4 = 187$。

下面计算同分对的数目。从因果关系看，外在威胁(X)为自变量，参与国际组织的主动程度(Y)是因变量，因此，需要计算对 Y 的同分对数目。

$$n_y = 16 \times (8+1) + 8 \times (7+3) + 4 \times (8+11) + 8 \times 1 + 7 \times 3 + 8 \times 11 = 417,$$

$$\gamma_{xy} = \frac{n_s - n_d}{n_s + n_d + n_y} = \frac{805 - 187}{805 + 187 + 417} \approx 0.44。$$

根据计算结果可知，外在威胁与中国加入国际组织的主动程度并没有十分强的关联。

第四节 定距变量相关关系测量

根据概率统计理论，定距变量 X、Y 之间的关系由协方差 $\mathrm{cov}(X, Y) = E(X-EX)(Y-EY)$ 来度量，刻画两定距变量 X、Y 间相关程度由公式(7.5)给出。

$$r = \frac{E(X-EX)(Y-EY)}{\sqrt{D(X)D(Y)}} = \frac{\sum_{i=1}^{n}(X_i - \bar{X})(Y_i - \bar{Y})}{\sqrt{\sum_{i=1}^{n}(X_i - \bar{X})^2 \sum_{i=1}^{n}(Y_i - \bar{Y})^2}}, \tag{7.5}$$

其中，$\bar{X}(EX)$、$\bar{Y}(EY)$ 分别表示变量 X 和 Y 的均值。

一般说来，r 越接近于 1，X 与 Y 间越近似地有线性关系。由概率统计理论还可得知：$|r| \leqslant 1$，当 $r = 1$ 时，$Y = a + bx$ 以概率 1 成立($b > 0$)，表示两变量间是完全正相关关系；当 $r = -1$ 时，$Y = a - bx$ 以概率 1 成立($b > 0$)，表示两变量间是完全负相关关系。当 $r = 0$，X、Y 不相关。所以两个定距变量之间的线性联系程度完全可以用相关系数 r 来刻画。

事实上，r 系数的计算公式也可以通过 PRE 思想推导出来。

E_1 的定义 E_1 是在未知 X 的情况下，预测 Y 产生的误差。因为 Y 是定距或定比变量，因此在未知 X 的情况下 Y 的最佳预测值是 Y 的均值 $\bar{Y}$，因此每个样本产生的误差是 $Y_i - \bar{Y}$，为了避免正负值互相抵消，每个误差都取平方值。因此全部的误差为：

$$E_1 = \sum_{i=1}^{n} (Y_i - \bar{Y})^2。$$

E_2 的定义　E_2 是在已知自变量 X 的情况下，预测因变量 Y 产生的误差。假设第 i 个自变量 X 与因变量 Y 的关系可近似表示为 $\hat{Y}_i = a + bX_i$。因此，在预测每一个因变量时产生的误差是 $Y_i - \hat{Y}_i$。总误差 E_2 为：

$$E_2 = \sum_{i=1}^{n} (Y_i - \hat{Y}_i)^2,$$

n 为样本数量。

根据 PRE 思想，两定距（比）变量之间相关系数的计算公式为①：

$$r^2 = \frac{E_1 - E_2}{E_1} = \frac{\sum_{i=1}^{n} (Y_i - \bar{Y})^2 - \sum_{i=1}^{n} (Y_i - \hat{Y}_i)^2}{\sum_{i=1}^{n} (Y_i - \bar{Y})^2}$$

$$= \frac{\left[\sum_{i=1}^{n} (X_i - \bar{X})(Y_i - \bar{Y})\right]^2}{\sum_{i=1}^{n} (X_i - \bar{X})^2 \sum_{i=1}^{n} (Y_i - \bar{Y})^2}。$$

因此，

$$r = \sqrt{\frac{\left[\sum_{i=1}^{n} (X_i - \bar{X})(Y_i - \bar{Y})\right]^2}{\sum_{i=1}^{n} (X_i - \bar{X})^2 \sum_{i=1}^{n} (Y_i - \bar{Y})^2}} = \frac{\sum_{i=1}^{n} (X_i - \bar{X})(Y_i - \bar{Y})}{\sum_{i=1}^{n} (X_i - \bar{X})^2 \sum_{i=1}^{n} (Y_i - \bar{Y})^2}$$

$$= \frac{n(\sum_{i=1}^{n} XY) - (\sum_{i=1}^{n} X)(\sum_{i=1}^{n} Y)}{\sqrt{\left[n(\sum_{i=1}^{n} X^2) - (\sum_{i=1}^{n} X)^2\right]\left[n(\sum_{i=1}^{n} Y^2) - (\sum_{i=1}^{n} Y)^2\right]}} \tag{7.6}$$

举例：测试国家间文化距离与双边贸易额之间的相关关系，通过统计 10 个国家的文化距离及双边贸易量，得到如下表所示的数据。

① 中间的推导过程可参见第八章一元线性回归部分，7.5 式与 7.6 式是等价的。

表 7.13　国家间文化距离与双边贸易额关系统计数据

案例	1	2	3	4	5	6	7	8	9	10
文化距离	2.38	3.76	3.14	3.21	3.37	4.30	3.42	5.4	6.8	7.1
贸易额(亿)	41.4	45	67	45.8	65.5	96.1	78.4	105	146	178

由 7.6 式可知，计算国家间文化距离和双边贸易量之间的相关系数时，需要知道 $\sum X$、$\sum Y$、$\sum XY$、$\sum X^2$ 和 $\sum Y^2$ 的值，利用原始数据分别计算，结果如下表所示。

表 7.14　经过处理的数据

X	Y	XY	X^2	Y^2
2.38	41.4	98.53	5.66	1 713.96
3.76	45	169.2	14.13	2 025
3.14	67	210.38	9.86	4 489
3.21	45.8	147	10.3	2 098
3.37	65.5	220.7	11.4	4 290
4.30	96.1	413.23	18.49	9 235
3.42	78.4	268.1	11.7	6 146
5.4	105	567	29.16	11 025
6.8	146	992.8	46.24	21 316
7.1	178	1 263.8	50.41	31 648
$\sum X=42.88$	$\sum Y=868.2$	$\sum XY=$ 4 350.74	$\sum X^2=$ 207.35	$\sum Y^2=$ 93 985.96

根据两定距变量相关系数的计算公式

$$r=\frac{n(\sum_{i=1}^{n}XY)-(\sum_{i=1}^{n}X)(\sum_{i=1}^{n}Y)}{\sqrt{\left[n(\sum_{i=1}^{n}X^2)-(\sum_{i=1}^{n}X)^2\right]\left[n(\sum_{i=1}^{n}Y^2)-(\sum_{i=1}^{n}Y)^2\right]}}$$

$$=\frac{10\times 4\,350.74-42.88\times 868.2}{\sqrt{(10\times 207.35-43.88^2)(10\times 93\,985.96-868.2^2)}}$$

$$=0.43$$

从结果来看，文化距离与两国贸易量之间的相关关系非常微弱。

需要指出的是,通过手工方式计算两个定距或定比变量之间相关系数的运算量相当大。SPSS、Matlab 等软件中都带有计算相关系数的工具,把数据输入后可以直接获得结果。

第五节 定类变量与定距变量间相关关系测量

前三节介绍了自变量和因变量都是相同层次变量情况下相关系数的计算方法,在国际关系实证研究中还存在这样的情况:自变量是定类变量,因变量却是定比或定距变量。例如,一个国家是否参加某个国际经济组织对本国进出口量的影响,是否采取某项政策对 GDP 的影响,等等。这就涉及定类变量与定距(比)变量相关系数 E^2 的计算。

设自变量 X 为定类变量,共分为 m 类,通过统计收集到的数据如下。

表 7.15 定类变量与定距(比)变量统计数据示意表

		自变量 X					
		X_1	X_2	…	X_j	…	X_m
因变量 Y	Y_1	y_{11}	y_{12}	…	y_{1j}	…	y_{1m}
	Y_2	y_{21}	y_{22}	…	Y_{2j}	…	y_{2m}
		…	…	…	…	…	…
	Y_i	y_{i1}	y_{i2}	…	y_{ij}	…	y_{im}
		…	…	…	…	…	…
	Y_n	$y_{n_1 1}$	$y_{n_2 2}$	…	$y_{n_j j}$	…	$y_{n_m m}$
均值	$\bar{Y}$	$\bar{y}_1$	$\bar{y}_2$	…	$\bar{y}_j$	…	$\bar{y}_m$

说明:由表可知,倒数第二行因变量的取值分别为 $y_{n_1 1}$、$y_{n_2 2}$、…、$y_{n_j j}$、…、$y_{n_m m}$,说明每一类 X 所对应的 Y 案例个数并不一定是相同的。依据 X_1 类统计的案例数为 n_1,X_j 类统计的案例数为 n_j。

下面利用减少误差比例法来推导定类变量与定距(比)变量相关系数 E^2 的计算公式。

E_1 的计算 由于 Y 是定比(定距)变量,因此,在未知 X 情况下推测 Y 最好的策略是取 Y 样本的平均值。具体来说,当给出一个案例,并不知道该案例属于 X 中的具体类别,则预测该个案中的 Y 值时,用全体案例的平均值作为该个案的估计值是最合理的。那么,每一次推测产生的误差是

$y_{ij}-\bar{y}$。其中 $\bar{y}$ 是全体样本 Y 数据的平均值。为了避免误差的正负抵消，使用平方值 $(y_{ij}-\bar{y})^2$ 作为每次推测的误差值。因此，在未知自变量 X 的情况下对 Y 进行推测产生的总误差 $E_1=\sum\limits_{i=1}^{n_1+\cdots+n_m}(y_{ij}-\bar{y})^2=\sum\limits_{j=1}^{m}\sum\limits_{i}^{n_j}(y_{ij}-\bar{y})^2$。

E_2 的计算　E_2 是已知 X 时推测 Y 所产生的误差。随机抽取一个样本，如果已知该样本属于自变量 X 的具体类别，那么推测该样本的 Y 值时，可以用对应组的 Y 的平均值，即 $\overline{y_j}=\dfrac{y_{1j}+y_{2j}+\cdots+y_{n_jj}}{n_j}$ 作为预测值。由此产生的总误差为：

$$\begin{aligned}E_2=&[(y_{11}-\overline{y_1})^2+(y_{21}-\overline{y_1})+\cdots+(y_{i1}-\overline{y_1})^2+(y_{n_11}-\overline{y_1})^2]+\cdots\\&+[(y_{1j}-\overline{y_j})^2+(y_{2j}-\overline{y_j})+\cdots+(y_{ij}-\overline{y_j})^2+(y_{n_jj}-\overline{y_j})^2]+\cdots\\&+[(y_{1m}-\overline{y_m})^2+\cdots+(y_{im}-\overline{y_m})^2+\cdots+(y_{n_mm}-\overline{y_m})^2]\\=&\sum_{i=1}^{n_1}(y_{i1}-\overline{y_1})^2+\cdots+\sum_{i=1}^{n_j}(y_{ij}-\overline{y_j})^2+\cdots+\sum_{i=1}^{n_m}(y_{im}-\overline{y_m})^2\\=&\sum_{j=1}^{m}\sum_{i=1}^{n_j}(y_{ij}-\overline{y_j})^2\text{。}\end{aligned}$$

根据减少误差测量方法的计算思想，可以得到定类变量和定距(比)变量相关系数的计算公式[①]：

$$\begin{aligned}E^2&=\frac{E_1-E_2}{E_1}\\&=\frac{\sum\limits_{j=1}^{m}\sum\limits_{i=1}^{n_j}y_{ij}^2-\bar{y}^2(n_1+n_2+\cdots+n_m)-\sum\limits_{j=1}^{m}\sum\limits_{i=1}^{n_j}y_{ij}^2+\sum\limits_{j=1}^{m}n_j\overline{y_j}^2}{\sum\limits_{j=1}^{m}\sum\limits_{i=1}^{n_j}y_{ij}^2-\bar{y}^2(n_1+n_2+\cdots+n_m)}\\&=\frac{\sum\limits_{j=1}^{m}n_j\overline{y_j}^2-\bar{y}^2(n_1+n_2+\cdots+n_m)}{\sum\limits_{j=1}^{m}\sum\limits_{i=1}^{n_j}y_{ij}^2-\bar{y}^2(n_1+n_2+\cdots+n_m)}\text{。}\end{aligned}$$

其中，n_1，n_2，…，n_m 是自变量 X 的每组样本的数量；

$\bar{y}$ 是因变量总体平均值；

$\bar{y}_i$ 是第 i 组自变量所对应的因变量的平均值；

---

① 该公式的推导参见附录 7.1。

$\overline{y_{ij}}$ 表示自变量为第 i 组、因变量为第 j 组的样本所对应的值；

$\sum_{j=1}^{m}\sum_{i=1}^{n_j} y_{ij}^2$ 表示所有样本数值平方的总和。

几点说明

(1) 因为 $\sum_{j=1}^{m} n_j \overline{y_j}^2 \leqslant \sum_{j=1}^{m}\sum_{i=1}^{n_j} y_{ij}^2$，所以 $0 \leqslant E^2 \leqslant 1$。当 $E^2 = 0$ 时，表明定类变量与定距(比)变量不相关。当 $E^2 = 1$ 时，表明两变量是完全相关关系。当 E^2 越接近 1，则 X、Y 的相关程度越高。

(2) 在国际关系实际问题研究中，往往是由于类别(X)的不同导致了数量(Y)的差异，所以 E^2 是 X 与 Y 为非对称形式相关系数的计算公式。

举例：考察国家加入欧元区对国家外贸依存度的影响。现收集欧元区和非欧元区 11 个国家的数据，通过统计每个国家的对外贸易依存度，得到如下数据。

表 7.16　欧元区和非欧元区国家对外贸易依存度数据

	X(是否属于欧元区)	
	欧元区	非欧元区
外贸依存度 Y	0.6	0.4
	0.4	0.2
	0.3	0.1
	0.7	0.6
	0.7	0.2
		0.3
	$n_1 = 5$	$n_2 = 6$

由于 X 变量的取值是欧元区或非欧元区，属于定类变量，对外贸易依存度 Y 属于定距变量，因此采用 E^2 系数来计算两者间相关关系。由表 7.16 可知：

$$n_1 = 5,\ n_2 = 6,\ \bar{y} = 0.41,$$

$$\overline{y_1} = 0.54,\ \overline{y_2} = 0.3,\ (n_1 + n_2)\bar{y}^2 = 1.849\,1,$$

$$\overline{y_1}^2 = 0.291\,6,\ n_1\overline{y_1}^2 = 1.458,$$

$$\overline{y_2}^2 = 0.09,\ n_2\overline{y_2}^2 = 0.54,\ \sum_{j=1}^{m}\sum_{i=1}^{n_j} y_{ij}^2 = 2.29。$$

所以,两变量之间的相关系数为:

$$E^2=\frac{E_1-E_2}{E_1}=\frac{\sum_{j=1}^{m}n_j\,\bar{y}_j^2-(n_1+n_2+\cdots+n_m)\,\bar{y}^2}{\sum_{j=1}^{m}\sum_{i=1}^{n_j}y_{ij}^2-(n_1+n_2+\cdots+n_m)\,\bar{y}^2}$$

$$=\frac{(n_1\,\bar{y}_1^2+n_2\,\bar{y}_2^2)-(n_1+n_2)\,\bar{y}^2}{\sum_{j=1}^{2}\sum_{i=1}^{n_j}y_{ij}^2-(n_1+n_2)\,\bar{y}^2}=\frac{0.15}{0.44}=0.34。$$

第六节　国际关系研究多变量偏相关系数的计算

国际关系研究的对象是复杂的国际政治现象,某一现象的发生是诸多原因造成的,这些因素之间往往具有关联性。因此,在进行变量相关性分析时,容易产生伪相关问题。所谓伪相关就是从数据分析来看,A 变量与 B 变量之间存在着较高的相关关系。但从实际机理看,A 与 B 之间并没有任何关联,只是在数据上呈现出一定的关联性。例如,统计数据表明开空调数量与冰棒的消费之间存在着较高的相关性。实际上,气温与开空调的数量、气温与冰棒的消费量之间才真正存在相关关系。在进行相关分析时易犯的另一种错误是,从数据统计来看,A 和 B 之间相关度比较高。但实际上,B 的发生不仅仅是由于 A 造成的,也可能还有 C 因素的存在。如果把 C 因素考虑进来的话,A 和 B 之间的相关系数就会降低。例如,检验民主和平论,经统计 58 个民主国家间发生战争的频率很低,民主和平论在一定程度上得到了验证。但是在统计的 58 个国家中,很大部分是双边贸易依存度较大的国家。战争频率低是民主、贸易两个因素共同作用导致的。如果在双边贸易依存度比较小的国家间测量民主与和平两个变量间的相关关系,两者的相关系数就没有那么大。因此,若要真正地了解民主与和平的关系,必须把“贸易”这个变量控制起来,考察在同一贸易依存度的情况下民主与和平的相关系数,这就涉及偏相关系数的计算。

一、高维列联表(定类变量)

如果要考察三个定类变量间的相关关系,可以采用高维列联表来进行分析。例如,考察民主和平论时加入贸易这一定类变量,就必须考虑民主程度、贸易依存度与和平之间的关系,从而形成了如表 7.17 所示的“贸易依存度×民主程度×和平”高维列联表。

表 7.17　贸易依存度、民主程度与和平关系统计数据

		和平(*Z*)	
贸易依存度(*X*)	民主程度(*Y*)	战争频率高	战争频率低
大	高	3	18
	低	14	3
小	高	12	14
	低	21	8

表 7.17 分别考察了贸易依存度大、小两种情况下，民主与和平的关系。如果不考虑贸易依存度情况，直接考虑民主与和平的关系，则表 7.17 可转化为表 7.18。表 7.18 是由表 7.17 在不同贸易依存度情况下数据合并在一起压缩而成的。

表 7.18　民主程度与和平关系统计数据

和平情况(*Z*) / 民主程度(*Y*)	战争频率高	战争频率低
高	15	32
低	35	11

由表 7.18 可知，民主程度与战争频率关系不大。但是再考虑表 7.17，在不同贸易依存度下民主程度与和平却存在着较高的关系。同样的数据为什么会产生不同的结论呢？一个很重要的原因是没有考虑贸易依存度对战争频率的影响。因此，在国际关系研究中，为了更好地辨析两个定类变量之间的相关程度，需要把对结论有影响的其他变量控制起来。正如表 7.17 所示，当把贸易依存度分层后再看，发现民主与和平之间的趋势是一致的，民主程度越高，战争频率越低。但倘若合起来看的话，民主与和平的关系并不是十分明显。因此，研究者必须仔细分析造成这种情况的原因，这就涉及定类变量有偏比较问题。

举例：为了考察外交官的性别是否对外交倾向有影响。针对不同类型国家的男、女外交官的外交倾向进行统计，得到如表 7.19 所示的数据。

表 7.19　不同类型国家男女外交官外交政策类型统计数据

		外交政策类型				
国家类别	性别	进攻型	防御型	合计	进攻型占比	性别与外交政策类型相关系数
A 类型	男	326	278	604	54%	$\lambda=0$
	女	26	22	48	53%	
B 类型	男	212	232	444	48%	$\lambda=0.065$
	女	321	358	671	47%	
C 类型	男	88	154	242	36%	$\lambda=0$
	女	86	160	246	35%	
D 类型	男	8	28	36	22%	$\lambda=0$
	女	11	34	45	24%	

若不考虑国家类型，则可将表 7.19 中的数据合并起来，进而得到表 7.20。

表 7.20　不同性别外交官外交政策类型统计数据(不区分国家类型)

外交倾向 / 性别	进攻型	防御型	合计	进攻型占比
男	634	692	1 326	47.8%
女	444	574	1 018	43.6%

从表 7.19 最右列数据可以看出，在 A 类、C 类和 D 类国家中，性别对外交政策倾向并没有影响，男性并不偏向于进攻型的外交政策。因此，性别与外交政策倾向之间也不存在相关关系。但是，当研究不考虑国家类型的综合数据表 7.20 时，发现男性偏向于进攻型外交政策，女性则偏向于防御型外交政策。由此可见，是否考虑国家类型对最终结果存在影响。为了精确地了解两个定类变量之间的真实关系，需要将可能影响上述两变量关系的变量控制起来，高维列联表是比较适合的工具。

二、定序变量偏相关系数计算

高维列联表可以计算多个定类变量间的偏相关关系。当三个变量 X、Y、Z 是定序变量时，如果要真正了解 X、Z 之间的相关度，就需要固定 Y 变量去考察另外两个变量的关联性，而不能直接计算 X、Z 之间的相关系数。

原因在于当因变量 Z 发生变化时，一部分原因是 X 造成的，另一部分原因也可能是 Y 造成的。如果要真正了解 Z 与 X 关系，必须在 Y 值固定的情况下，考察同一 Y 水平下 X 与 Z 的相关系数，这就涉及偏相关系数的计算。

设 γ_{xz} 是由统计数据直接计算得到的 X 与 Z 之间的相关系数，γ_{xy} 是根据统计数据直接计算得到的 X 与 Y 的相关系数，γ_{yz} 是由统计数据计算得到的 Y 与 Z 之间的相关系数。那么在 Y 保持固定的情况下，X 与 Z 的相关系数计算公式可表示如下：

$$\gamma_{xz.y} = \frac{\gamma_{xz} - \gamma_{xy}\lambda_{yz}}{\sqrt{(1-\gamma_{xy}^2)(1-\gamma_{yz}^2)}}。\tag{7.6}$$

举例：初步研究表明，两个国家间的贸易量与国家的 GDP 有关系，也与两国间的空间距离有关系。现统计 10 个国家的 GDP、空间距离和贸易量，得到如下数据表。

表 7.21　两国间贸易量与 GDP、空间距离关系的统计数据

（单位：万亿、千米）

国家编号	两国间贸易量(Y)	GDP(X)	空间距离(Z)
1	0.848	19.875	10 000
2	0.423 6	9.364 5	13 000
3	0.765 8	1.632 0	4 500
4	0.32	1.25	8 000
5	0.068 8	0.762	3 000
6	0.5	1.8	2 000
7	0.21	1.2	4 100
8	0.3	1.4	18 000
9	0.23	0.6	4 000
10	0.31	3.63	9 000

先计算 X 与 Y 的相关关系，将 X 按从小到大的顺序排列如下。

表 7.22　排序后的 GDP 与贸易量数据

X	0.6	0.76	1.2	1.25	1.4	1.63	1.8	3.63	9.4	19.9
Y	0.23	0.069	0.21	0.32	0.3	0.77	0.5	0.31	0.42	0.85

同序对：$n_s = 7+8+7+4+5+1+1+2+1 = 36$；

异序对：$n_d = 2+0+0+2+0+3+2 = 9$。

因此，$\gamma_{xy} = \dfrac{n_s - n_d}{n_s + n_d} = \dfrac{36-9}{36+9} = 0.6$。

这是在没有考虑空间距离情况下计算所得 GDP 与两国贸易量的相关系数。实际上，由于空间距离对两国贸易量会产生影响，因此，要知道 GDP 与两国贸易量的普遍真实关系，必须固定空间距离计算 GDP 与两国贸易量的相关系数，从而得到两者真正的相关关系。

下面计算 Y 与 Z 的相关系数 γ_{yz}，将 Z 按从大到小的顺序排列如下。

表 7.23 排序后的贸易量与空间距离数据

Z	2 000	3 000	4 000	4 100	4 500	8 000	9 000	10 000	13 000	18 000
Y	0.5	0.069	0.23	0.21	0.77	0.32	0.31	0.85	0.42	0.3

同序对：$n_s = 2+8+6+6+1+2+2 = 27$；

异序对：$n_d = 7+1+4+2+1+2+1 = 18$。

因此，

$$\gamma_{yz} = \frac{27-18}{27+18} = 0.2。$$

同理，计算 X 与 Z 的关系。

表 7.24 排序后的 GDP 与空间距离数据

X	0.6	0.76	1.2	1.25	1.4	1.63	1.8	3.63	9.4	19.9
Z	4 000	3 000	4 100	8 000	18 000	4 500	2 000	9 000	13 000	10 000

同序对：$n_s = 7+7+6+4+3+3+2 = 32$；

异序对：$n_d = 2+1+1+2+5+1 = 13$。

因此，$\gamma_{xz} = \dfrac{32-13}{32+13} \approx 0.42$。

因此，在保持空间距离（Z）相同的情况下，GDP（X）与两国贸易量（Y）的相关系数为：

$$\gamma_{xy.z} = \frac{\gamma_{xy} - \gamma_{xz}\gamma_{yz}}{\sqrt{(1-\gamma_{xz}^2)(1-\gamma_{yz}^2)}} = \frac{0.6 - 0.42 \times 0.2}{\sqrt{(1-0.42^2)(1-0.2^2)}} = 0.62。$$

上式是经过修正后 X 与 Y 的相关系数，是在剔除其他影响因素后 X 与 Y 之间真实的相关关系。

小　结

计算变量间相关系数是国际关系实证研究的重要内容。减少误差比例测量是计算变量间相关系数的基本方法，由此可推导出不同层次变量之间相关系数的计算公式。考察多变量的偏相关关系，有利于研究者深入精确地了解变量之间的真实关系。

附录 7.1

自变量为定类变量、因变量为定距(比)变量时,相关系数 E^2 的推导过程如下。

E_1 的计算

$$
\begin{aligned}
E_1 &= \sum_{i=1}^{n_1}(y_{i1}-\bar{y})^2+\sum_{i=1}^{n_2}(y_{i2}-\bar{y})^2+\cdots \\
&\quad +\sum_{i=1}^{n_j}(y_{ij}-\bar{y})^2+\cdots+\sum_{i=1}^{n_m}(y_{im}-\bar{y})^2 \\
&=(\sum_{i=1}^{n_1}y_{i1}^2+\sum_{i=1}^{n_2}y_{i2}^2+\cdots+\sum_{i=1}^{n_j}y_{ij}^2+\cdots+\sum_{i=1}^{n_m}y_{im}^2) \\
&\quad -2(\bar{y}\sum_{i=1}^{n_1}y_{i1}+\bar{y}\sum_{i=1}^{n_2}y_{i2}+\cdots+\bar{y}\sum_{i=1}^{n_j}y_{ij}+\cdots+\bar{y}\sum_{i=1}^{n_m}y_{im}) \\
&\quad +\sum_{i=1}^{n_1}\bar{y}^2+\sum_{i=1}^{n_2}\bar{y}^2+\cdots+\sum_{i=1}^{n_j}\bar{y}^2+\cdots+\sum_{i=1}^{n_m}\bar{y}^2 \\
&=\sum_{j=1}^{m}\sum_{i=1}^{n_j}y_{ij}^2-2\bar{y}(\sum_{i=1}^{n_1}y_{i1}+\sum_{i=1}^{n_2}y_{i2}+\cdots+\sum_{i=1}^{n_j}y_{ij}+\cdots+\sum_{i=1}^{n_m}y_{im}) \\
&\quad +(n_1+n_2+\cdots+n_m)\bar{y}^2 \\
&=\sum_{j=1}^{m}\sum_{i=1}^{n_j}y_{ij}^2-2\bar{y}\sum_{j=1}^{m}\sum_{i=1}^{n_j}y_{ij}\frac{n_1+n_2+\cdots+n_m}{n_1+n_2+\cdots+n_m}+(n_1+n_2+\cdots+n_m)\bar{y}^2 \\
&=\sum_{j=1}^{m}\sum_{i=1}^{n_j}y_{ij}^2-\bar{y}^2(n_1+n_2+\cdots+n_m)。
\end{aligned}
$$

E_2 的计算

$$
\begin{aligned}
E_2 &= \sum_{j=1}^{m}\sum_{i=1}^{n_i}(y_{ij}-\bar{y})^2=\sum_{i=1}^{n_1}(y_{i1}-\overline{y_1})^2+\sum_{i=1}^{n_2}(y_{i2}-\overline{y_2})^2 \\
&\quad +\cdots+\sum_{i=1}^{n_j}(y_{ij}-\overline{y_j})^2+\cdots+\sum_{i=1}^{n_m}(y_{im}-\overline{y_m})^2 \\
&=\sum_{i=1}^{n_1}(y_{i1}^2-2\,\overline{y_1}y_{i1}+\overline{y_1}^2)+\sum_{i=1}^{n_2}(y_{i2}^2-2\,\overline{y_2}y_{i2}+\overline{y_2}^2)+\cdots \\
&\quad +\sum_{i=1}^{n_m}(y_{im}^2-2\,\overline{y_m}y_{im}+\overline{y_m}^2)
\end{aligned}
$$

$$
\begin{aligned}
&=(\sum_{i=1}^{n_1} y_{i1}^2+\sum_{i=1}^{n_2} y_{i2}^2+\cdots+\sum_{i=1}^{n_m} y_{im}^2)+(\sum_{i=1}^{n_1} \overline{y_1}^2+\sum_{i=1}^{n_2} \overline{y_2}^2+\cdots+\sum_{i=1}^{n_m} \overline{y_m}^2) \\
&\quad -2(\sum_{i=1}^{n_1} \overline{y_1} y_{i1}+\sum_{i=1}^{n_2} \overline{y_2} y_{i2}+\cdots+\sum_{i=1}^{n_m} \overline{y_m} y_{im}) \\
&=\sum_{j=1}^{m} \sum_{i=1}^{n_j} y_{ij}^2+(n_1 \overline{y_1}^2+n_2 \overline{y_2}^2+\cdots+n_i \overline{y_i}^2+\cdots+n_m \overline{y_m}^2) \\
&\quad -2\left(\sum_{i=1}^{n_1} \frac{\overline{y_1} y_{i1} n_1}{n_1}+\sum_{i=1}^{n_2} \frac{\overline{y_2} y_{i2} n_2}{n_2}+\cdots+\sum_{i=1}^{n_j} \frac{\overline{y_j} y_{ij} n_j}{n_j}+\cdots+\sum_{i=1}^{n_m} \frac{\overline{y_m} y_{im} n_m}{n_m}\right) \\
&=\sum_{j=1}^{m} \sum_{i=1}^{n_j} y_{ij}^2-(n_1 \overline{y_1}^2+n_2 \overline{y_2}^2+\cdots+n_i \overline{y_i}^2+\cdots+n_m \overline{y_m}^2) \\
&=\sum_{j=1}^{m} \sum_{i=1}^{n_j} y_{ij}^2-\sum_{j=1}^{m} n_j \overline{y_j}^2 。
\end{aligned}
$$

根据 PRE 思想，定类变量和定距(比)变量的相关系数计算公式为：

$$
\begin{aligned}
E^2 &= \frac{E_1-E_2}{E_1} \\
&= \frac{\sum_{j=1}^{m} \sum_{i=1}^{n_j} y_{ij}^2-\bar{y}^2(n_1+n_2+\cdots+n_m)-\sum_{j=1}^{m} \sum_{i=1}^{n_j} y_{ij}^2+\sum_{j=1}^{m} n_j \overline{y_j}^2}{\sum_{j=1}^{m} \sum_{i=1}^{n_j} y_{ij}^2-\bar{y}^2(n_1+n_2+\cdots+n_m)} \\
&= \frac{\sum_{j=1}^{m} n_j \overline{y_j}^2-\bar{y}^2(n_1+n_2+\cdots+n_m)}{\sum_{j=1}^{m} \sum_{i=1}^{n_j} y_{ij}^2-\bar{y}^2(n_1+n_2+\cdots+n_m)} 。
\end{aligned}
$$

第八章　国际关系研究中的一元回归分析

两个变量(现象)之间相关程度,可以用相关系数或偏相关系数来度量。如果两个变量之间有较高的相关关系,我们自然会问,一个变量的变化会引起另一个变量多大程度的变化呢?例如,根据国际关系理论,一国的GDP与国家对外援助额存在着密切关系,研究者不仅要通过相关系数研究两者间的相关程度,而且还涉及GDP变化量所能引起对外援助额的变化程度,这就需要利用回归分析来研究两者之间具体的依存关系。

回归分析是研究一个(些)变量与另外一个(些)变量依赖关系的计算方法和理论,其目的是通过后者的已知值或设定值,去估计或预测前者的均值。前一个变量称为结果变量、被解释变量或因变量,后一个变量称之为条件变量、解释变量或自变量。回归分析是定量研究的核心,也是检验理论假设的重要方法,在西方国际关系学界占据着主导地位。

本章旨在介绍回归分析用到的一套核心方法,并用这些方法定量地解答国家、政府、国际政治中存在的各种各样的具体问题。需要指出的是,回归分析涉及复杂的概率论和数理统计知识,本书主要阐述回归分析的原理、方法和步骤,使研究者了解如何进行回归分析、解读参数,至于参数估计、检验等原理涉及繁琐的数理知识,其计算推理可以由相应的统计软件来完成。因此,涉及参数估计、统计检验等数理推导部分都放入附录中,供有兴趣的读者研读。

第一节　回归分析的问题、数据与步骤

回归分析的目标是利用总体数据推断自变量和因变量的回归方程。但是在具体研究实践中,由于总体数据数量巨大,或者并不能确切地了解总体的范围,研究者往往很难获得总体样本。因此,研究者只能从总体中随机抽取一部分样本,通过样本进行参数估计,从而获得样本回归模型或

方程，并利用样本回归方程来推断总体回归方程。随之产生的问题是，由样本数据得到的回归方程是否能代表总体呢？对这一问题的回答需要对参数估计量进行统计检验。根据样本估计参数对估计参数的可靠性进行检验是回归分析的核心内容。

一、回归分析常见研究问题

回归模型或方程的形式与研究的问题有关。在国际关系回归分析中，涉及的问题主要包括以下五种类型。

1. 单变量回归问题

问题 1　提高国家间的贸易量是否有利于国际社会的稳定？

国际政治学者急切地想知道，通过何种方式可以有效地维护世界和地区的和平稳定。贸易和平论认为，国家间贸易有助于促进地区和世界的和平。两国间贸易量越大，发生冲突的频数就越低。理由是贸易使两国间产生了具有敏感性和脆弱性的相互依赖，发动战争的成本显著提高，从而有效地阻止了国家通过战争来解决双边问题。同时，贸易量的增加也促进了双边交往频繁程度，从而提供了国家之间沟通与协调的工具，有助于缓解国家间冲突的升级。

历史上曾经多次发生这样有规律的现象，国家间的战争主要发生在那些交往比较少的国家之间。常识或国际关系历史经验已告诉我们，双边贸易量的增加的确有利于世界和平与稳定。但常识却无法精确地告诉我们贸易量的增加对国际冲突减少有多大影响？双边贸易量每增加 1%，国际社会冲突数会减少多少？为了回答这个问题，我们必须研究贸易与国际社会冲突频数之间的经验证据。

上述问题涉及一元线性回归模型。在一元线性回归模型中只有一个自变量和因变量。一元线性回归是回归分析的核心内容，涉及的参数估计、统计检验等也是整个回归分析的基础。

2. 多变量回归问题

问题 2　美国官方发展援助的决定因素有哪些？

对外援助是服务国家战略利益、提高国际事务影响及维护地区和世界稳定的重要工具。美国是当前世界上官方对外援助最多的国家，这与美国的政治、经济地位是相符的。

直觉告诉我们，一个国家的 GDP 越大，官方对外援助就越大。但是 GDP 每增加 1%，美国对外援助会增加多少呢？为了回答这个问题，我们必须研究 GDP 和国家对外援助之间的经济证据。

事实上，官方对外援助不仅仅与 GDP 有关，财政收入、国内公共财政支出、国家经济地位、经济开放程度等都是影响一国官方对外援助的重要因素。因此，我们必须考虑多个自变量对因变量的影响。然而，这些自变量中有些自变量具有较强的协同性。例如，财政收入越大，国内公共财政支出就会越大。那么，这两个变量都必须同时采用吗？是否可以删除其中一个以适当精简呢？

上述问题涉及多元回归分析。在实际的国际关系研究中，一个变量往往受到多个变量的影响，表现为线性回归模型中有多个解释变量。多元线性回归模型的参数估计、统计检验等原理与一元线性回归模型相同，只是计算更为复杂。

3. 涉及虚拟自变量的回归

问题 3 在问题 2 中，政府的官方援助与 GDP、财政收入、国内公共财政支出、经济开放程度等有关系。国际政治理论表明，国际政治体系中处于霸权地位的国家会更热衷于对外援助。因此，是否是霸权国也成为影响国家对外援助的重要原因。但这一变量与 GDP、财政收入等变量有很大差异，如何来表示这种类型的变量呢？

在国际关系研究中，许多变量是可以定量度量的，如 GDP、国家实力、战争频数等等。但是也有一些因素无法定量度量，如国家性质（民主或威权）、国家是否追求霸权地位等，这些变量属于定类数据的范畴，在分析时涉及虚拟变量的回归问题。

4. 二元离散选择问题

问题 4 同盟选择解体还是维持取决于两类因素。一类是同盟国之间的战略分歧。一般来讲，战略分歧越大，同盟解体的可能性越大。另一类是面临的外部威胁。外部威胁越大，同盟解体的可能性越小。从大量统计数据中可以发现，选择结果与影响因素之间具有一定的因果关系。因此，研究者需要定量地考察上述因素对同盟解体可能性的影响。揭示这一因果关系并用于预测研究对于决策者来说具有十分重要的意义。

这类统计回归问题具有鲜明的特点：在传统的统计分析中，因变量往往是连续变量。但二元离散选择问题中的因变量却不同于传统统计分析中的定比（距）数据，研究者需要分析在自变量的影响下，因变量在多大的概率上将会发生。这也是国际关系研究中经常遇见的选择问题，即决策者需要判断在一定条件下某一现象或事件发生的概率到底有多大。

5. 时间序列回归问题

问题 5 中国与大国间的外交关系变化究竟受哪些因素影响是研究者乃至决策者非常关注的问题。国际关系理论认为，大国间的关系主要是受到两国 GDP 差距、双边贸易、核武器、意识形态四个因素的影响。① 通过考察历年中国与其他大国的双边关系值、GDP 差距等数据，可以得到影响中国与大国外交关系的回归方程式。在该问题中，自变量和因变量都属于时间序列数据，从而形成了时间序列数据的回归问题。

实际上，在国际关系研究中，两列或多列时间序列数据往往会表现出一致变化的趋势。两个变量之间即使没有任何关系，但从数据上看，也表现出较高的协同性，从而产生了数据的非平稳性问题。时间序列数据与前面四种问题中的平稳性数据有所不同，具有自身的特点，需要通过揭示时间序列自身的变化规律来发展全新的回归理论与方法。

二、数据的来源和类型

1. 调查数据及观测数据

调查数据来源于为研究因果关系或相关关系而设计的实验。例如，为了了解不同类型大学的学生对联合国改革的态度，需要从全国所有大学中随机选择若干大学，在选中的大学中再选择部分学生，利用问卷调查的方式来了解学生对联合国改革的态度。在具体研究中，由于费用、实践的可操作性等原因，通过调查方式获得的数据是十分少见的。相反，大多数数据是在统计现实行为或国际关系历史中获取的。

通过实验之外的实际行为获取的数据称之为观测数据。例如，通过统计 1900—2000 年国家间战争的次数来了解战争发生的频率。当然，这些数据可以从各国政府记载的文件中获取，也可以从各个大学建设的国际冲突、经济、政治、地理、组织等数据库中获得。

回归分析的主要内容是根据获得的数据来估计变量之间的相关关系或因果关系，进而利用回归分析获得的变量间定量关系来推导国际政治现象间一般性的规律。

2. 数据类型

一般来讲，回归分析中的数据主要包含四种类型：截面数据、时间序列数据、面板数据和虚拟变量数据。

---

① 具体可参见漆海霞：《中国与大国关系影响的因素探析——基于对 1960—2009 年数据的统计分析》，《欧洲研究》2012 年第 5 期。

截面数据是由多个个体在一个时期内的观察值组成的数据。例如，两个国家之间的战争频数是对 193 个国家在某一时点的观测数据。一般情况下，我们用 n 表示观察实体的数量。上例中，观察实体的数量是 $192+191+190+\cdots+1=192\times(192+1)\div 2=18\,528$ 个。

时间序列数据是由一个个体在多个时间点内的观测值组成的数据。例如，国际社会的稳定程度就是一个时间序列数据。该数据包括了国际社会这个个体 1900—2000 年间战争次数的观察值。每一年国际社会都有相应的战争次数，因此这个数据集有 $T=100$ 个观察值。通过对一个个体较长时间的追踪，时间序列数据可用于研究变量随时间推移的发展变化，并预测变量在未来的可能值。

面板数据是由多个个体在多个时期内的观察值组成的。例如，研究双边贸易量对国家双边关系的影响。可以统计中美、中俄、中日、中欧在 1980—2016 年间的双边贸易量，这就形成了面板数据，具体如表 8.1 所示。我们用 n 表示面板数据中个体的数量，T 表示期数，则上述面板数据中包含了 $n=4$ 组国家从 1980 至 2016 ($T=37$) 的观察值，所以这个面板数据拥有的观测值为：

$$n\times T=4\times 37=148(\text{个})。$$

表 8.1　中国与不同国家、地区双边贸易量及双边关系的面板数据

观察序号	双边国家	年份	贸易量(亿美元)	双边关系值
1	中美	1980	651	15
2	中欧	1980	56	19
3	中俄	1980	19	5
4	中日	1980	288	11
……	……	……	……	……
145	中美	2016	8 700	67
146	中欧	2016	7 600	57
147	中俄	2016	478	88
148	中日	2016	4 710	45

虚拟变量数据也称二进制数据，取值一般为“0”和“1”。“0”和“1”只是表示取值的分类，并无“大小”“优劣”之分。虚拟变量常常被用来表征国家

类型、是否采用某个政策等因素。例如,在问题2中,以对外援助额作为因变量,自变量除了GDP、财政收入等定比变量外,两国间意识形态是否相同也是不可忽略的变量。因此,在回归模型中,必须引入意识形态因素,意识形态相同时用“1”来表示,不相同时用“0”来表示,从而与GDP、财政收入等定比类型的变量一起建立回归方程。该例中与意识形态有关的数据就是虚拟变量数据。

由于数据类型的差异,在进行回归统计时,往往需要采用不同的方法。原因是在构建一元或多元线性回归方程时,为了保证参数估计具有良好的性质,通常要对模型提出若干基本的假定。但并不是所有数据都能满足这种假定,在实践中需要针对不同的数据进行合理的处理,以满足这种假定的要求。

三、回归分析的基本步骤

回归分析具有一套相对固定的程序。相对于其他研究技术,回归分析的优势在于它的透明度比较高,学界同行可以按照该程序进行重演并评判研究结果。总体来看,回归分析主要包括以下四个步骤。

1. 选择回归方程

回归分析是研究因变量关于另一个(些)自变量的相互依赖关系的方法和理论,目的在于通过自变量的已知值去估计或预测因变量的均值。因此,需要建立因变量与自变量之间的回归方程。

回归方程是关于自变量与因变量之间普适的抽象关系,而不是对某一个具体案例或现象的特殊解释。回归方程可以表示为如下的方程式:

$$\hat{Y} = f(X) + \varepsilon。 \tag{8.1}$$

其中,X代表了所有的自变量,$\hat{Y}$代表了因变量。[①] ε是样本随机误差项或残差项,代表无法由自变量解释的其他随机变量的总和。

建立8.1式的抽象方程,需要完成以下两项任务。一是选择影响因变量的随机变量。回归分析主要用于检验国际关系理论假设,因此待检验假

① 在本书中,有些回归方程中的因变量用Y来表示,有些用$\hat{Y}$来表示。它们之间的区别在于:Y代表由总体样本数据获得的总体回归方程中的因变量,$\hat{Y}$代表根据抽样样本数据获得的样本回归方程中的因变量。同理,$Y_i = \beta_0 + \beta_1 X_i + \mu_i$表示总体回归方程,$\beta_0$,$\beta_1$为总体回归系数,$\hat{Y}_i = \hat{\beta}_0 + \hat{\beta}_1 X_i + \varepsilon_i$表示样本回归方程,$\hat{\beta}_0$,$\hat{\beta}_1$为样本回归系数。

设中的核心变量应当包含在 X 中。除了这些核心变量外，还有“控制变量”需要纳入 X 中。所谓控制变量是指那些对因变量有影响，但又不是假设中核心变量的变量。研究者需要通过假设检验的方法来评判存在和不存在这些控制变量时，核心自变量对因变量的影响。选择哪些变量进入控制变量有两大判别原则：①这些变量可能影响到因变量的变化；②这些变量与核心自变量有关系。在具体操作时，确定控制变量有后门准则为代表的因果图形分析和统计方法，具体可参见计量经济学教材。

二是明确 $f(X)$ 的形式，确立自变量和因变量之间的具体关系。确定 $f(X)$ 的形式需要把握以下三条原则。首先，根据理论假设做出大致的判断。$f(X)$ 的形式主要有线性和非线性两种。其次，可以借鉴其他研究成果来判别 $f(X)$ 的形式。如果自变量与因变量呈现线性关系，则 $f(X)$ 的形式简单明了；如果 $f(X)$ 为非线性关系，$f(X)$ 的形式则相对复杂。研究者要避免使用复杂的函数方程，原因在于过于复杂的函数，特别是通过变换后无法成为线性的复杂函数，会给模型的参数估计和假设检验带来较大的困难。第三，可以借助于因变量的分布特征来帮助判别 $f(X)$ 的形式。例如，如果因变量只能取“0”和“1”两个虚拟变量值，$f(X)$ 就不能是线性函数。

2. 抽取样本和数据整理

由于总体样本数量庞大，限于经济、人力、物力等因素无法获取总体数据，研究者常常需要随机地从总体中抽取样本，依据样本来推导总体回归方程。其实人们在生活中也经常遇到抽样问题，例如从病人手指上抽取几滴血液就可以知道该病人身体血液的情况。然而，这并不是说对总体每一次抽样得到的样本都能代表总体。抽样是一件复杂而又严谨的工作，操作中要坚持方法的科学性。在抽取样本数据时，关键在于“随机”，以确保由样本获得的回归方程能代表总体中自变量和因变量之间的关系。抽样实践涉及如何确定样本数量、采取何种抽样方式、如何估计抽样误差等问题，核心是要确保样本具有代表性。

抽取样本还涉及抽样的公开性、透明性。由于数据源、抽样、测量对于评价定量研究极其重要。特别是由于测量方式不同，抽样误差会导致迥然相异的研究结论。因此，研究者在研究成果中要详细报告数据来源、抽样方法等信息以供其他研究者重复检查和使用。

获得样本数据后，需要使用统计软件对数据进行处理。由于不同的软件有不同的格式要求，统计软件只能识别特定形式的数据。因此，研究者应按软件提供的手册严格按其标准将抽样数据输入电脑中以供软件分析使用。

3. 参数估计

参数估计是利用样本数据确定回归方程具体形式的过程。假设在步骤1中确定了自变量（X）和因变量（$\hat{Y}$）的形式为：

$$\hat{Y} = \hat{\beta}_0 + \hat{\beta}_1 X_1 + \hat{\beta}_2 X_2 + \varepsilon。 \tag{8.2}$$

8.2式只是表明了变量 X_1、X_2 与因变量 $\hat{Y}$ 的线性关系，但并不能说明 X 和 Y 之间具体的关系。X_1、X_2 对 $\hat{Y}$ 是正向关系还是负向关系？X 对 $\hat{Y}$ 的影响到底有多大？X_1 或 X_2 每变动1%，因变量 $\hat{Y}$ 会变动百分之多少？这都是回归分析的重点内容。要得到这些知识，需要利用样本信息对方程(8.2)中的参数 $\hat{\beta}_0$、$\hat{\beta}_1$、$\hat{\beta}_2$ 进行估计，从而获得自变量和因变量之间的确定关系。常见的参数估计方法主要有普通最小二乘法(OLS)、最大似然法(ML)和矩估计法(MM)。

4. 假设检验

利用普通最小二乘法等估计出模型参数后，需要考虑参数估计量的精度，即分析由样本获得的参数（$\hat{\beta}_0$、$\hat{\beta}_1$ 等）是否能代表总体参数的真值。样本回归方程是根据一次抽样样本获得的变量间的关系，但回归分析的目的是获得总体中自变量与因变量之间的普遍性关系。一般来讲，由于抽样的随机性以及所选估计方法的不同，估计的参数与总体参数的真值有差距。因此，考察参数估计量的统计性质就成了衡量该估计量“好坏”的主要准则。

$\hat{\beta}_0$、$\hat{\beta}_1$、$\hat{\beta}_2$ 是根据一次抽样样本得出的参数值，在不同的抽样中 $\hat{\beta}_0$、$\hat{\beta}_1$、$\hat{\beta}_2$ 值是不同的，这意味着 $\hat{\beta}_0$、$\hat{\beta}_1$、$\hat{\beta}_2$ 是随机变量。从统计的角度看，利用最小二乘法估计出的参数满足无偏性和有效性，具有良好的性质。所谓无偏性是指利用样本估计出的参数 $\hat{\beta}_0$、$\hat{\beta}_1$、$\hat{\beta}_2$ 的均值等于总体回归参数真值 β_0、β_1、β_2。同时对抽样数据可以利用多种方法来估计 $\hat{\beta}_0$、$\hat{\beta}_1$、$\hat{\beta}_2$ 值，每个 $\hat{\beta}_0$、$\hat{\beta}_1$、$\hat{\beta}_2$ 都是随机变量并存在方差，有效性意味着通过多种估计方法得出的多个参数中，最小二乘法得出的 $\hat{\beta}_0$、$\hat{\beta}_1$、$\hat{\beta}_2$ 的方差是最小的。

回归分析的假设检验主要包括两种：拟合优度检验和显著性检验。不同形式的回归方程具有不同的检验方法。也许有人会问，利用普通最小二乘法估计的参数已满足无偏性、最小方差等高性质要求，为什么还需要进行假设检验呢？原因就在于：回归分析的本质是通过样本所估计的参数来代替总体的真实参数，或者说用样本回归方程来代替总体回归方程。尽管从统计性质来讲，如果有足够多的抽样，参数的估计量 $\hat{\beta}_0$、$\hat{\beta}_1$、$\hat{\beta}_2$ 的均值就等于总体参数真值。但在回归分析实践中只能进行一次抽样，而不可能进行多次抽样和参数估计。那么在一次抽样中，参数估计量不一定就等于真值，假设检验就是分析在一次抽样中参数估计量与真值的差异有多大，由该次抽样得到的参数值是否能代替真值。

显著性检验是对模型中因变量与自变量之间的线性关系是否显著成立做出判断，或者说考察自变量是否对因变量具有显著的线性影响。进行参数显著性检验的原因在于尽管在该次抽样中 $\hat{\beta}_0$、$\hat{\beta}_1$、$\hat{\beta}_2$ 三个参数不等于 0，但是并不能确保总体回归方程中的 β_0、β_1、β_2 都显著地不等于 0。显著性检验的基本原理是"小概率事件在一次试验中不可能发生"的判断准则。首先是根据实际研究问题提出一个论断，称为统计假设，记为 H_0，一般把 H_0 设定为

$$H_0: \beta_0 = 0, \beta_1 = 0, \beta_2 = 0。$$

其次，根据样本的有关信息，对 H_0 的真伪进行判断，做出拒绝 H_0 或接受 H_0 的决策。如果最终验证 H_0 假设成立，则意味着 X_1、X_2 与 Y 之间不存在关系；如果 H_0 假设不成立，说明 X_1、X_2 与 Y 之间存在相应的关系，判断 H_0 成立与否的依据是抽样的样本数据。

在对拒绝还是接受 H_0 进行决策时，一般是通过样本数据构造一个统计量（如 t 统计量、F 统计量），利用样本计算该统计量的值，再与该统计量的标准值作对比。如果利用样本计算出统计量的值大于标准值（即落在小概率的范围内），则意味着该次"抽样"是一个小概率事件。根据小概率事件的原理，这次抽样的结果不应当发生，即 $H_0: \beta_0 = 0, \beta_1 = 0, \beta_2 = 0$ 不成立，从而得出 H_0 的对立假设 H_1：β_0、β_1、β_2 不同时为零是成立的，这意味着在总体回归方程中 X_1、X_2 与 Y 之间存在着显著的关系，从而完成假设检验。

第二节　一元线性回归

一、一元线性回归模型的确定

贸易和平论认为双边贸易量增加有利于国家间的和平与稳定。对于

上述问题,研究者可以更加具体明确地表述为：如果两国间的贸易量增加 $a\%$,则两国间冲突频数会下降多少？下面引入数学关系式精确地表示变量间的相关关系。

用 β_{MT} 表示在固定其他变量的情况下,双边贸易量变化对国家间冲突的影响因子,

$$\beta_{MT} = \frac{\text{两国间冲突频数变化量}}{\text{两国间贸易变化量}} = \frac{\Delta WT}{\Delta MT}。 \tag{8.3}$$

其中 Δ(delta)表示变化量。

对 8.3 式进行变换得：

$$\Delta WT = \beta_{MT} \times \Delta MT。 \tag{8.4}$$

设在某一固定时点两国间冲突频数为 WT_0,两国的双边贸易量为 MT_0,在任意时点双边贸易量为 MT_i,冲突数为 WT_i,则 8.4 式可以表述为：

$$WT_i - WT_0 = \beta_{MT}(MT_i - MT_0),$$
$$WT_i = \beta_{MT}MT_i + WT_0 - \beta_{MT}MT_0。 \tag{8.5}$$

记 $\beta_0 = WT_0 - \beta_{MT}MT_0$,$\beta_0$ 为一常数,8.5 式可转换为：

$$WT_i = \beta_0 + \beta_{MT}MT_i。 \tag{8.6}$$

由于 MT_i、WF_i 表示的是任意时点的双边贸易量与冲突数。因此,8.6 式可以用一般式表示如下：

$$WT = \beta_0 + \beta_{MT}MT。 \tag{8.7}$$

在实际研究中,影响国家间冲突频数的原因除了 8.7 式中涉及的双边贸易量外,还必须加入影响冲突频数的其他因素,包括地区体系、国家民主程度,甚至是国家领导人的风格。如果把这些因素全部加入模型中,8.7 式将显得十分复杂。当然,可以将最重要的因素加入 8.7 式中,形成多元统计回归方程,这将在第 9 章中作介绍。在此,只是简单地将这些因素综合在一起,定义为“其他因素”。因此,给定任意两个国家的贸易量,他们发生冲突的频数可表示如下：

$$WT = \beta_0 + \beta_{MT}MT + otherfactors。 \tag{8.8}$$

可见决定地区冲突频数的原因由两部分组成：其中 $\beta_0 + \beta_{MT}MT$ 表示双边贸易量对双边冲突频数的影响,$otherfatcors$ 表示其他因素的影响。

上述讨论都集中在某两个国家的贸易与冲突上，但 8.8 式试图表达的思想却是普遍的，它可以表示世界上任意两个国家双边贸易与冲突的关系。下面引入一般性的符号来表达上述思想。假设从总体中抽取一个包含 n 个双边贸易额及冲突频数的样本，令 $\hat{Y}_i$ 表示第 i 个双边冲突的频数，X_i 表示第 i 个双边贸易量，ε_i 表示影响第 i 个双边冲突的其他因素。对于任意双边冲突与双边贸易量的关系可以表示为如下一般形式：

$$\hat{Y}_i = \hat{\beta}_0 + \hat{\beta}_1 X_i + \varepsilon_i 。\tag{8.9}$$

其中 $\hat{\beta}_0$ 表示直线的截距，$\hat{\beta}_1$ 表示斜率。依此类推，8.9 式可以表示与问题 1 相类似的所有关系。8.9 式为一元线性回归模型或方程，截距 $\hat{\beta}_0$ 和斜率 $\hat{\beta}_1$ 为回归方程的系数，也称为样本回归方程的参数。斜率 $\hat{\beta}_1$ 表示自变量变化一单位引起因变量的变化。截距 $\hat{\beta}_0$ 表示自变量 $X=0$ 时样本回归方程的取值，在回归分析的实际应用中，有时截距项并没有实际意义。ε_i 为误差项，它包含了所有能够解释第 i 个样本冲突频数与样本回归方程预测值不同的其他因素。

图 8.1 概括了 9 组双边冲突频数（Y）与双边贸易量（X）假想观测值的一元线性模型。

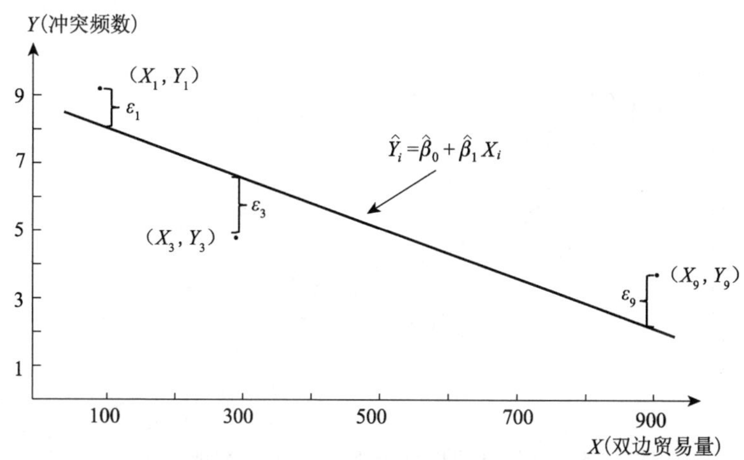

图 8.1　双边贸易量与冲突频数的一元线性模型

其中，直线 $\hat{\beta}_0 + \hat{\beta}_1 X_i$ 是样本回归线。$\hat{\beta}_1 < 0$ 表明贸易量大的国家之间双边冲突的数量比较少。由于受其他因素的影响，图 8.1 中的假想数据并没有刚好落在样本回归线上，其中 ε_1、ε_3 等误差是由未知因素或无法归

类的其他因素造成的。

如果能获得 8.9 式中的 $\hat{\beta}_0$ 和 $\hat{\beta}_1$ 值，根据 8.9 式可以作以下的推论：① 双边贸易额每增加或减少 Δx，则双边冲突数减少或增加 $\hat{\beta}_1 \Delta x$；②在任意给定双边贸易量的情况下，可以预测两国之间的冲突频数。

二、一元线性回归模型的参数估计

一元线性回归模型的参数估计涉及 $\hat{\beta}_0$ 和 $\hat{\beta}_1$ 的计算，主要是根据样本观测值 $\{(X_i, Y_i), i=1, 2, \cdots\}$，通过一定的参数估计方法确定样本回归方程 $\hat{Y}_i = \hat{\beta}_0 + \hat{\beta}_1 X_i + \varepsilon$。常见的参数估计方法有普通最小二乘法、最大似然法和矩估计法。在本书中主要讲述最常用的普通最小二乘法(OLS)。

假定在问题 1 中我们通过抽样调查得到了 8 组数据，如表 8.2 所示。根据表 8.2 可获得如图 8.2 所示的样本散点图。

表 8.2　双边贸易量与冲突频数的统计数据　　(单位：亿美元)

X	100	500	800	1 000	3 000	5 000	6 500	8 000	9 000	12 000
Y	50	42	32	28	19	20	14	11	5	5

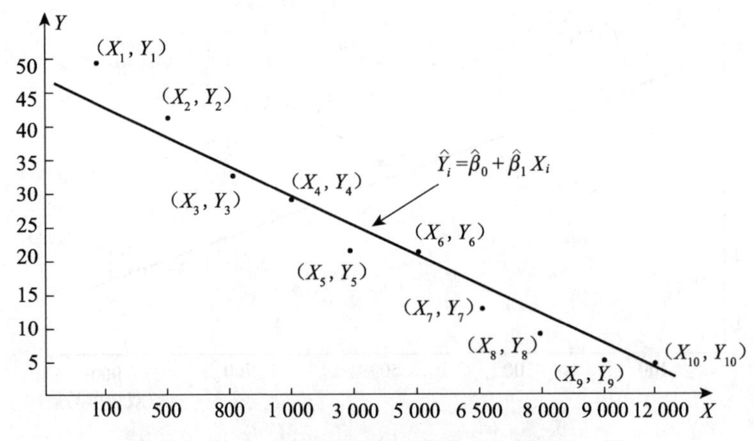

图 8.2　双边贸易量与冲突频数统计数据散点图

普通最小二乘法估计参数的思想是找到一条直线 $\hat{Y}_i = \hat{\beta}_0 + \hat{\beta}_1 X_i$，使这条直线尽可能地拟合 10 个样本值，即样本回归线上的点 $\hat{Y}_i (i=1, 2, \cdots, 10)$ 与真实观测值 $Y_i (i=1, 2, \cdots, 10)$ 的“总体误差”尽可能的小，用数学语言可表示如下[①]：

$$\min (Y_i - \hat{Y}_i)^2 = \min[(50 - \hat{Y}_1)^2 + (42 - \hat{Y}_2)^2 + \cdots + (5 - \hat{Y}_{10})^2]。 \tag{8.10}$$

那么如何在众多直线中进行选择，找到满足上述条件的直线呢？最常用的方法是普通最小二乘法。

1. 普通最小二乘法的基本原理

假设抽样获得的样本观测值为 (X_i, Y_i)，$(i = 1, 2, \cdots, n)$，OLS 方法给出的判别标准是因变量估计值 $\hat{Y}_i$ 与实际样本观测值之差的平方和最小，即

$$\begin{aligned}\min Q = \min e_i^2 &= \min \sum_{i=1}^{n} (Y_i - \hat{Y}_i)^2 \\ &= \min \sum_{i=1}^{n} [Y_i - (\hat{\beta}_0 + \hat{\beta}_1 X_i)]^2。\end{aligned} \tag{8.11}$$

如何求解 $\hat{\beta}_0$ 和 $\hat{\beta}_1$ 的值呢？一种方法是尝试各种 $\hat{\beta}_0$ 和 $\hat{\beta}_1$ 的可能值，直到找到合适的为止。事实上，在无限多个可能的 $\hat{\beta}_0$ 和 $\hat{\beta}_1$ 中寻找到合适的值并不是一件容易的事。第二种方法是根据微积分中的导数知识，Q 最小化的条件是分别对 $\hat{\beta}_0$ 和 $\hat{\beta}_1$ 求导，并令其导数为 0，具体推演过程如下：

$$\frac{\partial Q}{\partial \hat{\beta}_0} = 0,\ \frac{\partial Q}{\partial \hat{\beta}_1} = 0,$$

即

$$\begin{aligned}&\sum_{i=1}^{n} (Y_i - \hat{\beta}_0 - \hat{\beta}_1 X_i) = 0, \\ &\sum_{i=1}^{n} (Y_i - \hat{\beta}_0 - \hat{\beta}_1 X_i) X_i = 0。\end{aligned} \tag{8.12}$$

由 8.12 式可得截距 $\hat{\beta}_0$ 和斜率 $\hat{\beta}_1$ 的估计量分别是[②]：

---

① 由于样本回归线上的点 $\hat{Y}_i$ 与真实观测值 Y_i 的差距可正可负，为防止简单相加导致误差相抵消，因此采用平方和的形式。

② 8.13 式的推导过程参见附录 8.1。

$$
\begin{cases}
\hat{\beta}_0 = \bar{Y} - \hat{\beta}_1 \bar{X}, \\
\hat{\beta}_1 = \dfrac{\sum_{i=1}^{n}(X_i - \bar{X})(Y_i - \bar{Y})}{\sum_{i=1}^{n}(X_i - \bar{X})^2}。
\end{cases} \tag{8.13}
$$

其中 X_i、Y_i 为样本的真实观测值，$\bar{X}$、$\bar{Y}$ 为样本观测值的平均值。

需要再次强调的是，根据一次抽样样本计算出来的 $\hat{\beta}_0$ 和 $\hat{\beta}_1$ 是个随机变量，原因在于如果从总体中再次进行抽样的话，根据抽样数据可得另一组 $\hat{\beta}_0$ 和 $\hat{\beta}_1$。受各种因素的影响，根据两次抽样的样本数据推导出来的 $\hat{\beta}_0$ 和 $\hat{\beta}_1$ 并不完全相同。随着抽样的不同，$\hat{\beta}_0$ 和 $\hat{\beta}_1$ 的值也在发生着变化，因此，$\hat{\beta}_0$ 和 $\hat{\beta}_1$ 是个随机变量。

2. 一元线性回归模型的基本假定

根据 8.13 式获得的线性回归方程是样本回归函数。回归分析的目的是由样本数据推导出的样本回归函数能尽可能准确地接近总体的回归函数。为了保证参数估计量（$\hat{\beta}_0$ 和 $\hat{\beta}_1$）具有良好的性质，通常对总体样本模型中的随机误差项提出了具体的假定，即随机误差项 μ 具有给定 X 条件下的零均值、同方差以及序列不相关性，用数学语言可表述为 8.14 式。①

$$
\begin{cases}
E(\mu_i \mid X_i) = 0, \\
Var(\mu_i \mid X_i) = \sigma^2, \\
\text{cov}(\mu_i, \mu_j \mid X_i, X_j) = 0, i \neq j。
\end{cases} \tag{8.14}
$$

8.14 式称为线性回归模型的经典假定或古典假定，他能保证利用最小二乘法得到的参数估计量具有良好的性质。

要理解 8.14 式的内涵，需要认识总体回归函数。总体回归函数是依据总体样本获得的自变量与因变量之间普遍性的关系。在回归分析中要得到自变量与因变量间的普遍性关系，最合理的办法是调查所有个案（即总体）中的 X_i 和 Y_i 值，利用总体数据来估算 β_0、β_1 的值。

回到问题 1，假定世界上所有双边关系的总数为 100 组，考察所有双边贸易量和冲突频数得到总体样本。为了研究方便，将 100 组双边关系数值按贸易量划分为 10 组，得到如表 8.3 所示的统计表。

---

① μ 表示总体样本回归模型中的随机误差项，ε 表示抽样样本回归模型中的随机误差项。

表 8.3　双边贸易量(X)与双边冲突频数(Y)统计表

（X 单位：万亿美元）

Y \ X	100	500	800	1 000	3 000	5 000	6 500	8 000	9 000	12 000
双边冲突频数	60	38	36	26	16	14	11	9	7	0
	80	41	40	36	18	11	9	7	6	2
	50	53	18	15	19	9	7	6	5	3
	15	54	39	28	21	14	8	3	5	4
	35	42	48	30	30	15	14	4	7	8
	32	40	51	18	19	20	15	4	8	6
		36	56	19	16	23	13	8	8	5
			32	31	18	22	12	7	9	4
			19	40	23	20		11	10	1
				31	25	21		13	6	1
				30	27	18		15	3	3
					23	17				
						17				

表 8.3 是假定世界上共有 100 组双边关系的假想例子。事实上，现实世界中共有 193 个国家和地区，一共会产生 $C_{193}^{2} = 192 \times 193 \div 2 = 18\,528$ 对双边关系的数据，同时每年都涉及相应的双边贸易额和冲突，则总体数据为 $18\,528 \times T$（其中，T 为统计数据的年数）。

由此可见，总体是一个数据量十分庞大的群体，研究者不可能把总体数据全部统计出来再进行回归分析。特别是有些研究甚至连总体包含的范围都无法知道。这就需要合理地从总体中抽取一些样本，通过样本获得样本回归函数。同时，要求由抽样获得的样本回归函数能尽可能地与总体回归函数接近，即样本的参数估计量（$\hat{\beta}_0$、$\hat{\beta}_1$等）要与总体一致。为保证由样本获得的参数估计量能较好地代表总体，需要对总体样本提出 8.14 式的要求。

$E(\mu_i \mid X_i) = 0$ 反映了总体回归模型中随机误差项的期望值不依赖 X 值的变化而变化；$Var(\mu_i \mid X_i) = \sigma^2$ 说明了随机误差项的方差不依赖于 X 的变化而变化，且总为常数 σ^2；$\mathrm{cov}(\mu_i, \mu_j \mid X_i, X_j) = 0$，$i \neq j$ 表明随机误差项的条件序列非相关性，意味着在给定任意两个不同样本点时对应的随机误差项不相关。

由表 8.3 可知，由于不确定性因素的影响，在同一双边贸易量水平 X 下，不同国家产生的冲突频数是不完全相同的。由于调查的完备性，给定双边贸易量 X 的情况下冲突频数 Y 的分布是确定的，即以 X 的给定值为条件的 Y 的条件分布是已知的，如 $P(Y=30 \mid X=3\,000)=\frac{1}{12}$。因此，给定双边贸易量 X 的值，可以得到冲突频数 Y 的条件均值或条件期望。表 8.4 给出了在 10 组双边贸易量水平下相应的双边冲突的条件均值(期望)及条件概率。

表 8.4　双边贸易条件下冲突频数的条件概率与条件均值

双边贸易量	100	500	800	1 000	3 000	5 000	6 500	8 000	9 000	12 000
条件概率	$\frac{1}{6}$	$\frac{1}{7}$	$\frac{1}{9}$	$\frac{1}{11}$	$\frac{1}{12}$	$\frac{1}{13}$	$\frac{1}{8}$	$\frac{1}{11}$	$\frac{1}{11}$	$\frac{1}{11}$
条件期望	45.3	43.4	37.7	27.6	21.3	17	11.1	7.9	6.7	3.4

根据表 8.4 数据可以绘出总体样本双边贸易与地区平均冲突频数的散点图(图 8.3)。从散点图可以看出，尽管在同一贸易水平下双边冲突频数仍存在差异，但平均而言，随着双边贸易量的增加，冲突的频率也在降低。问题 1 中的贸易量与冲突频数的平均值近似地落在一条直线上，这条直线称为总体回归线，它是在给定 X(双边贸易量)的情况下，Y(双边冲突数)的期望轨迹。

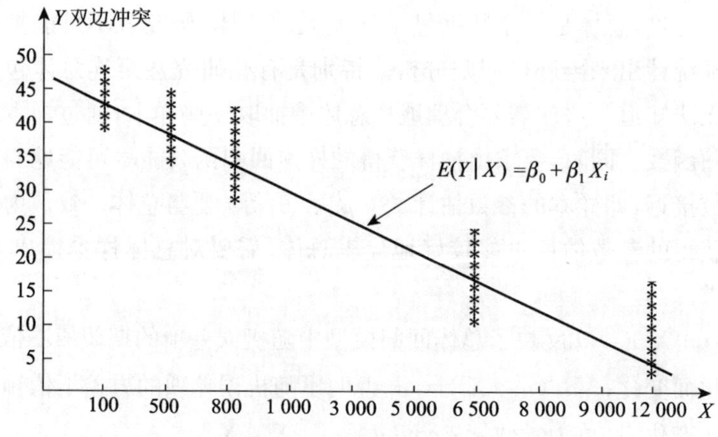

图 8.3　不同双边贸易量下双边冲突频数散点图

描述总体回归线的方程称之为总体回归方程,一般可表示为:

$$E(Y \mid X) = f(X) = \beta_0 + \beta_1 X。 \tag{8.15}$$

其中,β_0、β_1 为总体方程的回归系数,是待求解的量。

总体回归函数度量了因变量 Y 与自变量 X 之间的数量关系。但是对具体的两个国家来讲,冲突数与双边贸易量并不完全符合上述函数关系。根据图 8.3,具体国家间的冲突数是围绕回归线上下波动的,在数量关系上可以表述为如下的函数:

$$Y = E(Y \mid X) + \mu = \beta_0 + \beta_1 X + \mu \text{ 或 } Y_i = \beta_0 + \beta_1 X_i + \mu_i。 \tag{8.16}$$

μ_i 是每一个具体个体的观察值与 Y 的期望值之间的离差。在图 8.3 中,在给定 $X = 100$ 亿的情况下,6 个双边国家之间的冲突频数的期望值为 45.3,即

$$E(Y \mid X) = 45.3,$$
$$\mu_1^1 = 60 - 45.3 = 14.7,\ \mu_1^2 = 80 - 45.3 = 34.7,$$
$$\mu_1^3 = 50 - 45.3 = 4.7,\ \mu_1^4 = 15 - 45.3 = -30.3,$$
$$\mu_1^5 = 35 - 45.3 = -10.3,\ \mu_1^6 = 32 - 45.3 = -13.3。$$

$$\begin{aligned}\mathrm{var}(\mu_1 \mid X = 100) &= \sum_{i=1}^{6} (X_i - \bar{X})^2 p_i \\ &= (60 - 45.3)^2 \times \frac{1}{6} + (80 - 45.3)^2 \times \frac{1}{6} + \cdots \\ &\quad + (32 - 45.3)^2 \times \frac{1}{6} = 440.56\end{aligned}$$

因此,假定 $E(\mu_i \mid X_i) = 0$ 的含义是在每一个具体双边贸易量的条件下,随机误差项均值为 0。即:

$E(\mu_1 \mid X_i = 100) = E(\mu_2 \mid X_i = 500) = \cdots = E(\mu_8 \mid X_i = 12\,000) = 0$。①

$\mathrm{var}(\mu \mid X) = \sigma^2$ 是指在每一个具体的双边贸易条件下,随机误差项的方差为 σ^2。即

① $E(\mu_1 \mid X_i = 100) = (14.7 + 34.7 + 4.7 - 30.3 - 10.3 - 13.3) \div 6 \doteq 0.03$。此处 $E(\mu_1 \mid X_i = 100)$ 不等于 0 的原因在于总体样本比较少。一般而言,随着总体样本数的增加,$E(\mu_i \mid X_i) = 0$ 能得到满足。

$$\mathrm{var}(\mu_1 \mid X_i = 100) = \mathrm{var}(\mu_2 \mid X_i = 500)$$
$$= \cdots = \mathrm{var}(\mu_8 \mid X_i = 12\,000) = \sigma^2。$$

这说明误差项的方差是独立的,它不随自变量的变化而发生变化。图 8.4 显示了误差项 μ 的条件零均值与条件同方差假定下的总体回归函数图。

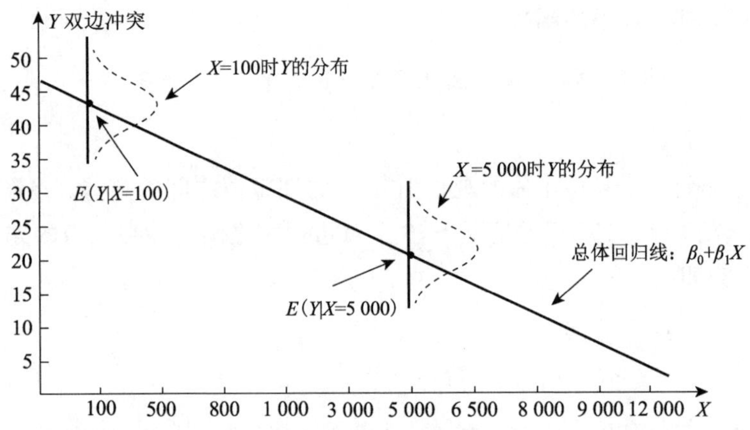

图 8.4　条件零均值和条件同方差假定下的总体回归函数

从上文分析可以看出,总体回归函数和样本回归函数是既有联系又有区别的两个方程。从形式上看,总体回归函数可表示为 $Y = E(Y \mid X) = \beta_0 + \beta_1 X$ 或 $Y_i = \beta_0 + \beta_1 X_i + \mu_i$,前者是从整体上表示的总体样本回归函数,后者是针对每一个个体点上自变量与因变量的关系。同样,样本回归函数也可表示为 $\hat{Y} = \hat{\beta}_0 + \hat{\beta}_1 X$ 或 $\hat{Y}_i = \hat{\beta}_0 + \hat{\beta}_1 X_i + \varepsilon_i$。从本质上看,总体回归函数是无法获得的,研究者只能获得样本数据并利用 OLS 等方法来估计样本回归函数,回归分析的本质是利用样本回归函数来推测总体回归函数。

总之,一元线性回归的基本假定可以概述为:

$$\mu_i \mid X_i \sim (0, \sigma^2)。$$

该条件也称高斯-马尔可夫假定或古典假定。这个假定能保证利用最小二乘法估计的参数值具有良好的效果,从而确保能由样本回归函数准确地推测总体回归函数。上述假定在大样本的情况下,正态性假定可以放松。因为根据中心极限定理,当样本容量趋于无穷大时,随机误差项的分布会越来越接近正态分布，但是在小样本时，8.14 式的假定就十分重要。

三、一元线性回归模型的统计检验

通过普通最小二乘法可以获得样本的参数估计量，从而得到样本回归方程或模型。随之产生的一个问题就是根据一次抽样获得的样本数据所计算出的 $\hat{\beta}_0$ 和 $\hat{\beta}_1$ 估计量，是否就一定等于总体的 β_0 和 β_1 呢？在一次抽样中，参数估计量和真值的差距到底有多大，又是否显著呢？这就需要进一步进行统计检验，这些检验主要包括拟合优度检验和参数显著性检验。

1. 拟合优度检验

拟合优度检验是检验样本回归直线对样本数据的拟合程度。在 OLS 方法中，已经通过使离差之平方和最小从而使直线最好地拟合了样本观测值，那为什么还需要进行拟合检验呢？其中关键原因在于研究所获取的样本数据是在一次抽样中获得的，但满足 OLS 条件的直线可能不止一条，即有多条直线可能满足样本数据与样本回归线的离差平方和最小这个条件。例如，在图 8.5 中，两条回归直线都是由样本数据用 OLS 估计的结果，都满足残差的平方和最小。但两者对样本观测值的拟合程度是不同的。

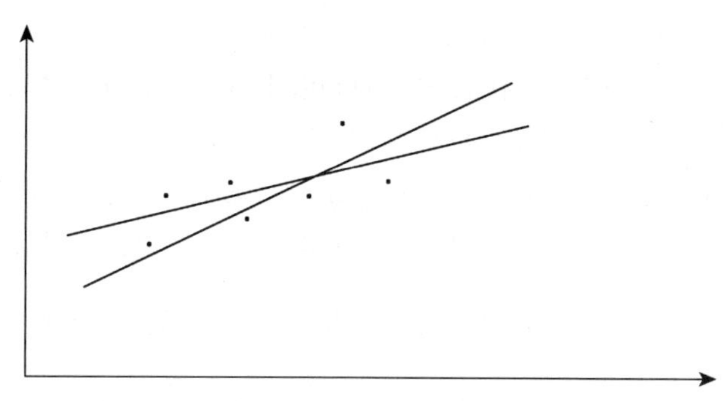

图 8.5　多条最小二乘法样本回归直线

如何来进行拟合优度检验呢？基本设想是利用样本点与某个特定的固定点之差和样本回归线上相应点与该特定固定点之差的比值进行判断。上述固定点可以选择样本的平均值 $\bar{Y}$，拟合优度检验的基本思想可以用图 8.6 来表示。

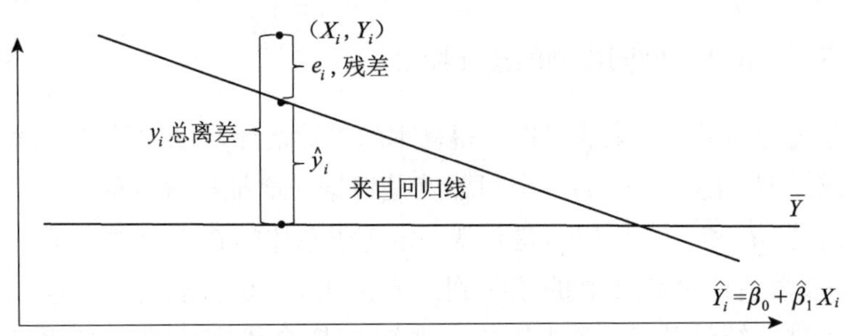

图 8.6　离差分解示意图

上图中，(X_i, Y_i) 为样本点，$\bar{Y}$ 为样本的平均值，选择的两个比较量是：①样本点与 $\bar{Y}$ 的距离；②样本回归线上相应的点与 $\bar{Y}$ 的距离。如果样本点与回归线拟合得好，则样本点与 $\bar{Y}$ 的距离和回归线上相应点与 $\bar{Y}$ 的距离应当是非常接近的。因此，可以通过上述两种距离的比值来判断拟合的优劣。一般来讲，把样本点与 $\bar{Y}$ 的距离称为总离差，记为 y_i。样本点与样本回归线的距离称为残差，记为 e_i。下面分析总离差的构成与分解。

（1）总离差平方和的分解

假设由样本观测值得到如下的样本回归方程：$\hat{Y}_i = \hat{\beta}_0 + \hat{\beta}_1 X_i$。在该方程上随机选择一个样本点 (X_i, Y_i)，他与固定点 $\bar{Y}$ 的总离差可表示为：$y_i = Y_i - \bar{Y}$，这一离差可分解为两部分之和：$y_i = e_i + \hat{y}_i$。

其中 $\hat{y}_i = \hat{Y}_i - \bar{Y}$，它代表样本回归线上的点与样本观测值的平均值 $(\bar{Y})$ 之差，可认为是由回归线解释的部分。$e_i = Y_i - \hat{Y}_i$ 是样本点与回归线上的点之差（距离），是回归线不能解释的部分，图 8.6 表示了这种分解。

对于所有的样本点，样本观测点与样本均值之差的平方和可表示为 $TSS = \sum_{i=1}^{n}(Y_i - \bar{Y})^2$，称为总离差平方和。样本回归线上点与样本均值之差平方和为 $ESS = \sum_{i=1}^{n}(\hat{Y}_i - \bar{Y})^2$，称为回归平方和，反应了由自变量所解释的那部分离差的大小。ESS 越大，回归曲线越好地拟合了各个样本点。$RSS = \sum_{i=1}^{n}(Y_i - \hat{Y}_i)^2$ 为残差平方和，反应了样本观测点与回归线上的点离差的大小，可以理解为模型中自变量未能解释的那部分离差的大小。

根据上述定义得到如下的关系式①：

$$TSS = RSS + ESS。$$

（2）拟合优度检验的可决系数（R^2 统计量）

根据拟合优度检验思想，可以用 $R^2 = \frac{ESS}{TSS} = 1 - \frac{RSS}{TSS}$ 这一统计量来检验模型的拟合优度，R^2 称为可决系数。显然，如果样本回归线与样本观测点重合得越好，回归平方和（ESS）在总离差中所占的比重就越大，残差平方和所占比重就越小，R^2 越接近于 1。

（3）关于 R^2 统计量的讨论：①由 R^2 的表达式可知，可决系数的取值范围是[0，1]；②可决系数 R^2 为随机变量，原因是根据不同次抽样样本的观测值可以获得不同的 R^2 值，因此，它是随样本差异而发生变动的统计量；③在回归分析的具体实践中，R^2 的计算比较复杂，利用 SPSS、Eviews 等统计软件能方便地获得 R^2 值。

2. 变量的显著性检验

变量的显著性检验是根据样本数据对总体模型中自变量与因变量之间关系是否显著成立做出推断。

回归分析的目的在于考察总体数据，挖掘出自变量与因变量之间存在的一般性函数关系。但是，在具体实践中，由于成本、数据来源等限制，研究者并不能收集到总体数据。因此，常用的方法是随机从总体中抽取一部分样本，通过求解样本回归函数来推导总体回归函数。随之产生的问题就是根据一次抽样得到的样本数据推导出来的参数 $\hat{\beta}_0$、$\hat{\beta}_1$ 是否能代表总体回归函数中的系数？说得更具体一些，在一次抽样中获得的样本回归系数 $\hat{\beta}_0 \neq 0$、$\hat{\beta}_1 \neq 0$ 是否能保证总体回归函数中的回归系数也不等于 0。如果能确保总体回归函数中回归系数 $\beta_0 \neq 0$、$\beta_1 \neq 0$，那么就可以判断模型中所选择的自变量对因变量有显著线性影响。完成上述判断的过程称为参数显著性检验。

参数显著性检验的主要目的在于防止该次抽样是一个小概率事件。如果总体回归函数中的回归系数都是“0”，意味着自变量对因变量没有显著影响。但是，由于抽样误差等各种因素，通过该次抽样样本推测出的样本回归系数 $\hat{\beta}_0$、$\hat{\beta}_1$ 却不等于 0。显然，由样本回归函数去推导总体回归

① $\sum y_i^2 = \sum (e_i + \hat{y}_i)^2 = \sum \hat{y}_i^2 + \sum e_i^2 + 2\sum \hat{y}_i e_i$，可以证明 $\sum \hat{y}_i e_i = 0$。所以 $\sum \hat{y}_i^2 = \sum \hat{y}_i^2 + \sum e_i^2$，即 $TSS = RSS + ESS$。

函数会导致错误的结果。显著性检验就是为了防止抽样的小概率性，从而确保抽样的结论能够代表总体样本参数。

（1）参数显著性检验的基本步骤

参数显著性检验的基本程序是先根据实际问题的要求提出一个论断，称为统计假设或原假设 H_0，然后根据样本的有关信息，对 H_0 的真伪进行判断，做出拒绝 H_0 或接受 H_0 的决策。一般来讲，原假设记为

$$H_0: \beta_0 = 0,\ \beta_1 = 0。$$

如果用样本数据能推断出 H_0 成立，可认为自变量对因变量没有显著影响，即在总体中，自变量与因变量的线性关系不成立。如果推断 H_0 不成立，即 H_0 假设的对立面 $H_1: \beta_0$、β_1 不同时为零成立，意味着由该次抽样可以推断出总体中自变量 X 对因变量 Y 有显著的线性关系。

参数显著性检验的基本原理是概率性质的反证法。首先人为构造一个统计量，利用样本数据计算该统计量的值，再把由样本数据获取的统计值与该统计量的标准值作比较，从而做出接受还是否决原假设 H_0 的决定。

例如，在回归分析时我们假定总体服从标准正态分布，那么从总体中抽取 n 个相互独立的样本 $X_1, \cdots, X_n$，人为构造出统计量 $\chi^2 = \sum_{i=1}^{n} X^2$，由概率论知识可知 $\chi^2 = \sum_{i=1}^{n} X^2$ 服从自由度为 n 的 χ^2（卡方）分布。根据抽样样本数据，可以计算出该次抽样的卡方分布值。然后，判断该值与标准的卡方分布值的关系，从而决定该次抽样是否是小概率事件。

假定抽样样本数 $n \geqslant 11$，卡方分布如图 8.7 所示，$f(x)$ 代表概率密度函数。A 点是在特定的显著性水平下（一般为 0.05）变量所对应的值，[①] 该点与曲线形成的图形（阴影部分）面积代表了事件发生的概率，它表示一次抽样或试验中根据抽样数据计算出的卡方分布值小于 A 的概率为 95%，即 $P(X \leqslant A) = 0.95$。

因此，显著性检验的基本设想就是利用样本数据计算出真实的卡方统计值 X，选择一个显著性水平（一般为 5%），查表获得标准的统计值 X^*，如果 $X > X^*$，则拒绝 H_0。原因是“统计值落在标准值 X^* 的右侧”这一事件在一次试验中存在的可能性为 5%，但是在该次试验中却出现了，根据“小概率事件在一次实验中不可能发生”的原则，该次事件不可能发生，但实

① 例如，A 点对应的值为 10.09，它代表随机变量 $X \leqslant 10.09$ 的概率为 0.95（1 减去显著性水平0.05）。所以，在随机变量的分布中，A 点的值与自由度、显著性程度有关。

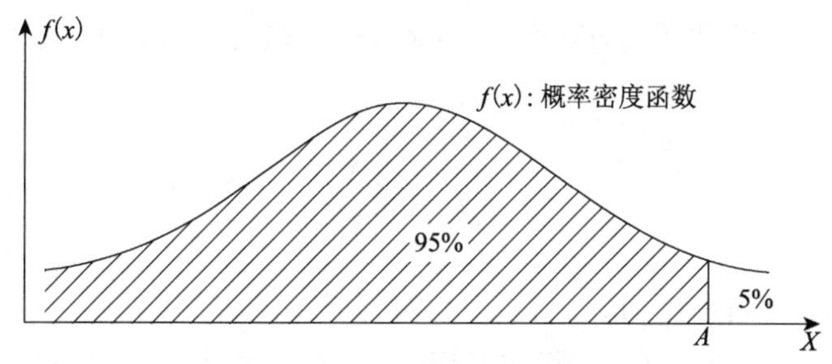

图 8.7　卡方分布概率密度函数

际上却发生了,只能说明前提,即假定 H_0,是有问题的,所以拒绝 H_0 假定。

(2) 常用显著性检验方法

根据统计量构造的差异,常用的参数显著性检验方法主要有三种: F 检验、t 检验和 Z 检验。其中 t 检验是最普遍的方法,几乎所有的计量软件中都有 t 统计量计算结果,本书主要介绍 t 检验。下面以一元线性回归方程 β_1 的显著性检验为例说明具体步骤。

第一,提出原统计假设 $H_0: \beta_1 = 0$ 以及备选假设 $H_1: \beta_1 \neq 0$。

第二,构造相应的统计量。对于一元线性回归方程,由统计学知识得知 $\hat{\beta}_1$ 服从正态分析,即 $\hat{\beta}_1 \sim N\left(\beta_1, \frac{\sigma^2}{\sum X_i^2}\right)$,其中 β_1 为总体回归函数中的系数,σ^2 为总体样本的方差。[①] 进一步根据数理统计理论,如果总体的方差 σ^2 未知,可用无偏估计量 $\hat{\sigma}^2 = \frac{\sum e_i^2}{n-2}$ 来替代。构造如下统计量:

$$t = \frac{\hat{\beta}_1 - \beta_1}{\sqrt{\frac{\hat{\sigma}^2}{\sum X_i^2}}}, \tag{8.17}$$

该统计量服从自由度为 $n-2$ 的 t 分布。[②]

第三,设定一个显著性水平 α,一般令 $\alpha = 0.05$ 或 $\alpha = 0.01$,查 t 分布表得到临界值 $t_{\frac{\alpha}{2}(n-2)}$,利用抽取的样本数据根据 8.17 式计算样本统计值 t。如果 $|t| > t_{\frac{\alpha}{2}(n-2)}$ 则在 $(1-\alpha)$ 的置信度下拒绝原假设 H_0,即根据样本回归函数可以有 $1-\alpha = 95\%$ 的把握推断出总体回归函数的 β_1 是不显著

① $\hat{\beta}_1$ 为随机变量,所以有分布。

② 该过程的推导参见附录 8.2。

为 0 的，即总体中 X 与 Y 之间有显著的线性关系。

对于一元线性回归方程中 β_0 的显著性检验，构造如下的统计量：

$$t=\frac{\hat{\beta}_0-\beta_0}{\sqrt{\frac{\sigma^2\sum X_i^2}{n\sum X_i^2}}},$$

该统计量服从自由度为 $n-2$ 的 t 分布，其他过程同上。

需要指出的是，在实际操作过程中，并不需要手工计算 t 检验值，常用统计软件都自带计算功能，利用计算结果与标准值进行比较后判断是否拒绝 H_0，从而判别显著性检验结果。

第三节　实例解析

下面根据问题 1 调查得到的样本数据演示一元回归分析的一般步骤及方法。考察双边贸易额与冲突数之间的关系，表 8.5 给出了抽样获得的 20 组双边贸易量(X)与冲突数(Y)之间的数据。

表 8.5　双边贸易量与冲突数　（单位：亿美元）

序号	双边贸易量 X (SBMY)	冲突数 Y (CT)	序号	双边贸易量 X	冲突数 Y
1	0.5	103	11	45.80	21
2	1.21	68	12	57.60	19
3	2.46	52	13	63.33	17
4	3.80	48	14	74.28	14
5	6.70	43	15	80.31	10
6	10.01	31	16	90.26	8
7	13.21	36	17	95.31	8
8	20.80	29	18	100.10	6
9	35.10	22	19	110.32	4
10	41.3	19	20	130.68	2

1. 建立模型

本例中拟建立如下一元回归模型：$\hat{Y}_i=\hat{\beta}_0+\hat{\beta}_1X_i+\varepsilon_i$

将数据按照软件格式输入，表 8.6 给出了采用 Eviews6.0 软件对样本数据进行回归分析的计算结果。

表 8.6 回归分析结果

Dependent Variable: CT
Method: Least Squares
Date: 10/25/16 Time: 10:32
Sample: 1 20
Included observations: 20

Variable	Coefficient	Std. Error	t-Statistic	Prob.
C	51.755 19	5.316 944	9.734 010	0.000 0
SBMY	−0.483 281	0.083 238	−5.806 018	0.000 0

R-squared	0.651 904	Mean dependent var	28.000 00
Adjusted R-squared	0.632 565	S.D. dependent var	25.051 53
S.E. of regression	15.185 33	Akaike info criterion	8.373 177
Sum squared resid	4 150.699	Schwarz criterion	8.472 750
Log likelihood	−81.731 77	Hannan-Quinn criter.	8.392 614
F-statistic	33.709 85	Durbin-Watson stat	0.420 810
Prob(F-statistic)	0.000 017		

表 8.6 中间部分共有五列：第一列 Variable 为变量名称，其中 C 代表回归模型的常数项 $\hat{\beta}_0$；第二列 Coefficient 为参数估计量，其中 $\hat{\beta}_0 = 51.755\,2$，$\hat{\beta}_1 = -0.483\,2$；第三列 Std. Error 为参数估计量的标准差；第四列 t-Statistic 为参数估计量的 t 检验统计量，主要用于参数的显著性检验；第五列 Prob. 为概率值，即 t 统计量所达到的显著性水平。

根据表 8.6 可以写出如下回归分析方程：

$$\hat{Y}_i = 51.755\,1 - 0.483\,2X_i,$$
$$t = (9.7)(-5.8),$$
$$R^2 = 0.65,\ F = 33.7,\ D.W. = 0.42。$$

9.7 和−5.8 分别是参数 $\hat{\beta}_0$和 $\hat{\beta}_1$的 t 检验值，R^2 是可决系数，F 与 $D.W.$ 是相关的两个检验统计量，其含义将在多元回归分析中介绍。

2. 模型检验

从回归估计的结果看，可决系数 $R^2 = 0.65$，模型拟合得一般，表明双边冲突变化的 65%可由双边贸易量的变化来解释。从斜率项看，查表可知

显著性为 5%，自由度为 $n-2=20-2=18$ 的 t 分布的临界值为 $t_{\frac{\alpha}{2}(n-2)}=t_{0.025(18)}=1.734$，$|-5.8|\geqslant 1.734$，说明由样本回归函数可以推断出总体回归函数的 β_1 显著不为 0。同时，该斜率 $0\leqslant|-0.4832|\leqslant 1$，符合国际政治理论实际。从回归模型可知，双边贸易量每增加 1 亿美元，双边冲突数就会减少 0.483 2 次。

小　结

回归分析是国际关系研究者方法论学习上的难点，这是由学科背景和知识储备决定的。事实上，作为方法的应用者，研究者不需要了解回归分析冗长的推演计算过程，只需要了解为什么和如何进行参数估计与检验，读懂软件输出结果中各个参数的含义及进一步检验的方向。本章介绍了一元回归的基本原理、参数估计及检验方法，可以作为国际关系研究者定量研究的入门内容。

附录 8.1

为了求得 $\hat{\beta}_0$ 和 $\hat{\beta}_1$ 的值，将 8.11 式分别对 $\hat{\beta}_0$ 和 $\hat{\beta}_1$ 求导，并令其等于 0。

$$\begin{cases} \dfrac{\partial Q}{\partial \hat{\beta}_0} = \dfrac{\sum\limits_{i=1}^{n} [Y_i - (\hat{\beta}_0 + \hat{\beta}_1 X_i)]^2}{\partial \hat{\beta}_0} = 0, & (1) \\ \dfrac{\partial Q}{\partial \hat{\beta}_1} = \dfrac{\sum\limits_{i=1}^{n} [Y_i - (\hat{\beta}_0 + \hat{\beta}_1 X_i)]^2}{\partial \hat{\beta}_1} = 0。 & (2) \end{cases}$$

则：$\sum\limits_{i=1}^{n}[Y_i - (\hat{\beta}_0 + \hat{\beta}_1 X_i)] = 0$，$\sum\limits_{i=1}^{n}[Y_i - (\hat{\beta}_0 + \hat{\beta}_1 X_i)]X_i = 0$

解上述关于 $\hat{\beta}_0$ 和 $\hat{\beta}_1$ 的方程组可得：

$$\begin{cases} \hat{\beta}_1 = \dfrac{\sum\limits_{i=1}^{n}(X_i - \bar{X})(Y_i - \bar{Y})}{\sum\limits_{i=1}^{n}(X_i - \bar{X})^2}, \\ \hat{\beta}_0 = \bar{Y} - \hat{\beta}_1 \bar{X}。 \end{cases}$$

附录 8.2

对于一元回归线性方程中的 $\hat{\beta}_1$，根据 OLS 方法，

$$\hat{\beta}_1 = \frac{\sum\limits_{i=1}^{n}(X_i - \bar{X})(Y_i - \bar{Y})}{\sum\limits_{i=1}^{n}(X_i - \bar{X})^2},$$

记 $x_i = X_i - \bar{X}$，$y_i = Y_i - \bar{Y}$，则

$$\hat{\beta}_1 = \frac{\sum\limits_{i=1}^{n} x_i y_i}{\sum\limits_{i=1}^{n} x_i^2}。$$

因为 $Y_i - \hat{Y}_i = \mu \sim (0, \sigma^2)$，所以 $\hat{\beta}_1 \sim \left(\beta_1, \frac{\sigma^2}{\sum_{i=1}^{n} x_i^2}\right)$。

σ^2 是总体观测值的方差，根据数理统计中的方法，如果总体方差 σ^2 值未知，可以用它的无偏估计量 $\hat{\sigma}^2 = \frac{e_i^2}{n-2}$ 来代替，构造如下的统计量：

$$\hat{\sigma}^2 = \frac{\hat{\beta}_1 - \beta_1}{\sqrt{\frac{\sigma^2}{\sum_{i=1}^{n} x_i^2}}}。\tag{3}$$

因为 $\hat{\beta}_1 \sim N\left(\beta_1, \frac{\sigma^2}{\sum_{i=1}^{n} x_i^2}\right)$，所以 $\hat{\beta}_1 - \beta_1$ 服从标准正态分布。

即 $\hat{\sigma}^2 \sim N(0, 1)$，所以 $\frac{\hat{\sigma}^2}{\sum_{i=1}^{n} x_i^2}$ 服从卡方分布。

由 t 分布定义可知，(3)式表示为随机变量服从自由度为 $n-2$ 的 t 分布。

第九章 国际关系研究中的多元回归技术

国际政治现象的发生往往是多重因素共同作用的结果。第八章问题2提出，一国官方对外援助水平受到国家经济能力、国内公共财政支出、财政收入、是否追求世界或地区霸权等因素的影响。如果再使用一元线性回归方程进行分析的话，会导致遗漏变量偏差。因此，在分析官方对外援助的影响因素时，必须考虑多种自变量的共同作用，表现为线性回归模型中有多个自变量，这样的模型称为多元线性回归模型。本章阐述了多元线性回归模型的系数估计和统计检验方法。与一元回归模型不同，多元回归涉及多个自变量，需要进行比一元回归分析更加多样的统计检验。多元回归分析涉及复杂的数学运算，本章舍去了这些数学推导过程，着重讲述多元回归的基本原理、程序和方法。

第一节 多元线性回归模型及参数估计

在第八章问题 2 中，我们假设一国官方对外援助受本国 GDP(X_1)、财政收入(X_2) 和国内公共财政支出(X_3) 的影响，官方对外援助的回归方程可写为：

$$Y = \beta_0 + \beta_1 X_1 + \beta_2 X_2 + \beta_3 X_3 + \mu。\tag{9.1}$$

其中，β_i 为回归系数，表示在其他自变量保持不变的情况下，X_i 每变化 1 个单位，因变量 Y 的变化值，它给出了 X_i 的单位变化对 Y 的净效应，因此，β_1、β_2、β_3 也称偏相关系数。

与一元线性回归模型相类似，9.1 式称为总体回归函数，反应了总体样本中各自变量与因变量之间的线性关系。

如果通过抽样获得了一定数量的样本，那么样本回归函数可以写成如下形式①：

$$\hat{Y} = \hat{\beta}_0 + \hat{\beta}_1 X_1 + \hat{\beta}_2 X_2 + \hat{\beta}_3 + \varepsilon,$$

或

$$\hat{Y}_i = \hat{\beta}_0 + \hat{\beta}_1 X_{i1} + \hat{\beta}_2 X_{i2} + \hat{\beta}_3 X_{i3} + \varepsilon_i。 \quad (9.2)$$

其中，$\hat{\beta}_1$、$\hat{\beta}_2$、$\hat{\beta}_3$ 表示由样本数据推导出的自变量与因变量之间的回归系数，ε 为残差或随机误差项，可看成是总体回归函数中随机干扰项 μ 的近似替代。ε 反映了样本中具体个体取值与多元线性回归线之间的差异。在实际应用中，由于成本、总体样本的可获得性等诸多因素限制，研究者往往难以获得总体样本。多元回归的目的就是通过抽样样本推导总体样本的回归函数，并通过构造合适的统计量来检查样本回归函数是否与总体回归函数相一致。

多元线性回归分析需要解决三个问题。一是求解 9.2 式中的 $\hat{\beta}_1$、$\hat{\beta}_2$、$\hat{\beta}_3$ 系数，涉及参数估计。二是判断由样本数据求得的偏相关系数 $\hat{\beta}_1$、$\hat{\beta}_2$、$\hat{\beta}_3$ 是否能代表总体回归方程中的系数，涉及系数的统计检验。三是与一元线性回归不同，多元线性回归还需要对样本回归函数进行计量检验，原因在于多元线性回归模型中有多个自变量，需要判断自变量之间是否会相关。如果自变量之间存在共线性，利用最小二乘法估计参数就存在着问题。因此，多元回归分析还需要进行自相关等检验。

一、多元线性回归模型参数估计

同一元线性回归模型参数估计类似，多元线性回归分析首先要根据样本数据来估计相关参数。多元线性回归模型的参数估计同样采用最小二乘法，只是从形式上看比一元线性回归更复杂。

根据国际政治理论，假设官方对外援助 Y 可用如下的回归方程表示②：

$$\hat{Y} = \hat{\beta}_0 + \hat{\beta}_1 X_1 + \hat{\beta}_2 X_2 + \hat{\beta}_3 + \varepsilon。 \quad (9.3)$$

随机抽样获得 n 组样本观测值如下：

---

① X_{i1} 中的下标 i 表示第 i 个样本数据，X_{i2} 表示第 2 个解释变量在第 i 个样本上的取值。

② 注：为了方便，此处自变量设定为 3 个，但可以随意扩展至 n 个变量。

$$\begin{pmatrix} Y_1 & X_{11} & X_{12} & X_{13} \\ Y_2 & X_{21} & X_{22} & X_{23} \\ \vdots & \vdots & \vdots & \vdots \\ Y_i & X_{i1} & X_{i2} & X_{i3} \\ \vdots & \vdots & \vdots & \vdots \\ Y_n & X_{n1} & X_{n2} & X_{n3} \end{pmatrix}。$$

在容量为 n 的样本下，9.3 式可表示为如下的形式：

$$\hat{Y}_i = \hat{\beta}_0 + \hat{\beta}_1 X_{i1} + \hat{\beta}_2 X_{i2} + \hat{\beta}_3 X_{i3} + \varepsilon_i \quad (i = 1, 2, \cdots, n)。 \tag{9.4}$$

9.4 式表示抽样样本中任何一个个体自变量与因变量之间的关系，用矩阵的形式可以表示为：

$$\hat{\boldsymbol{Y}} = \boldsymbol{X}\hat{\boldsymbol{\beta}} + \boldsymbol{\varepsilon},$$

其中

$$\hat{\boldsymbol{\beta}} = \begin{pmatrix} \hat{\beta}_0 \\ \hat{\beta}_1 \\ \hat{\beta}_2 \\ \hat{\beta}_3 \end{pmatrix}, \boldsymbol{\varepsilon} = \begin{pmatrix} \varepsilon_1 \\ \varepsilon_2 \\ \vdots \\ \varepsilon_n \end{pmatrix},$$

$$\boldsymbol{X} = \begin{pmatrix} 1 & X_{11} & X_{12} & X_{13} \\ 1 & X_{21} & X_{22} & X_{23} \\ \vdots & \vdots & \vdots & \vdots \\ 1 & X_{n1} & X_{n2} & X_{n3} \end{pmatrix}, \hat{\boldsymbol{Y}} = \begin{pmatrix} \hat{Y}_1 \\ \hat{Y}_2 \\ \vdots \\ \hat{Y}_n \end{pmatrix}。$$

根据最小二乘法原理，求解系数 $\hat{\beta}_i$ 的方法是使样本点与样本回归线上点之差的平方和达到最小，即使下式

$$\begin{aligned} Q &= \sum_{i=1}^{n} e_i^2 = \sum_{i=1}^{n} (Y_i - \hat{Y}_i)^2 \\ &= \sum_{i=1}^{n} [Y_i - (\hat{\beta}_0 + \hat{\beta}_1 X_{i1} + \hat{\beta}_2 X_{i2} + \hat{\beta}_3 X_{i3})]^2 \end{aligned}$$

达到最小。根据微积分知识，只需分别求 Q 对 $\hat{\beta}_0$、$\hat{\beta}_1$、$\hat{\beta}_2$、$\hat{\beta}_3$ 的偏导数并令其为零。

$$\begin{cases} \dfrac{\partial Q}{\partial \hat{\beta}_0} = \sum\limits_{i=1}^{n}(\hat{\beta}_0 + \hat{\beta}_1 X_{i1} + \hat{\beta}_2 X_{i2} + \hat{\beta}_3 X_{i3}) = \sum\limits_{i=1}^{n} Y_i, \\ \dfrac{\partial Q}{\partial \hat{\beta}_1} = \sum\limits_{i=1}^{n}(\hat{\beta}_0 + \hat{\beta}_1 X_{i1} + \hat{\beta}_2 X_{i2} + \hat{\beta}_3 X_{i3})X_{i1} = \sum\limits_{i=1}^{n} Y_i X_{i1}, \\ \dfrac{\partial Q}{\partial \hat{\beta}_2} = \sum\limits_{i=1}^{n}(\hat{\beta}_0 + \hat{\beta}_1 X_{i1} + \hat{\beta}_2 X_{i2} + \hat{\beta}_3 X_{i3})X_{i2} = \sum\limits_{i=1}^{n} Y_i X_{i2}, \\ \dfrac{\partial Q}{\partial \hat{\beta}_3} = \sum\limits_{i=1}^{n}(\hat{\beta}_0 + \hat{\beta}_1 X_{i1} + \hat{\beta}_2 X_{i2} + \hat{\beta}_3 X_{i3})X_{i3} = \sum\limits_{i=1}^{n} Y_i X_{i3}。 \end{cases} \tag{9.5}$$

根据样本观测值利用 9.5 式可分别求出 $\hat{\beta}_0$、$\hat{\beta}_1$、$\hat{\beta}_2$、$\hat{\beta}_3$。当然,9.5 式也可以用矩阵的形式表示为

$$\begin{pmatrix} n & \sum\limits_{i=1}^{n} X_{i1} & \sum\limits_{i=1}^{n} X_{i2} & \sum\limits_{i=1}^{n} X_{i3} \\ \sum\limits_{i=1}^{n} X_{i1} & \sum\limits_{i=1}^{n} X_{i1}X_{i1} & \sum\limits_{i=1}^{n} X_{i1}X_{i2} & \sum\limits_{i=1}^{n} X_{i3}X_{i1} \\ \sum\limits_{i=1}^{n} X_{i2} & \sum\limits_{i=1}^{n} X_{i1}X_{i2} & \sum\limits_{i=1}^{n} X_{i2}X_{i2} & \sum\limits_{i=1}^{n} X_{i3}X_{i2} \\ \sum\limits_{i=1}^{n} X_{i3} & \sum\limits_{i=1}^{n} X_{i1}X_{i3} & \sum\limits_{i=1}^{n} X_{i2}X_{i3} & \sum\limits_{i=1}^{n} X_{i3}X_{i3} \end{pmatrix} \begin{pmatrix} \hat{\beta}_0 \\ \hat{\beta}_1 \\ \hat{\beta}_2 \\ \hat{\beta}_3 \end{pmatrix} = \begin{pmatrix} 1 & 1 & \cdots & 1 \\ X_{11} & X_{21} & \cdots & X_{n1} \\ X_{12} & X_{22} & \cdots & X_{n2} \\ X_{13} & X_{23} & \cdots & X_{n3} \end{pmatrix} \begin{pmatrix} Y_1 \\ Y_2 \\ \vdots \\ Y_n \end{pmatrix} \tag{9.6}$$

由于

$$\begin{pmatrix} n & \sum\limits_{i=1}^{n} X_{i1} & \sum\limits_{i=1}^{n} X_{i2} & \sum\limits_{i=1}^{n} X_{i3} \\ \sum\limits_{i=1}^{n} X_{i1} & \sum\limits_{i=1}^{n} X_{i1}X_{i1} & \sum\limits_{i=1}^{n} X_{i1}X_{i2} & \sum\limits_{i=1}^{n} X_{i3}X_{i1} \\ \sum\limits_{i=1}^{n} X_{i2} & \sum\limits_{i=1}^{n} X_{i1}X_{i2} & \sum\limits_{i=1}^{n} X_{i2}X_{i2} & \sum\limits_{i=1}^{n} X_{i3}X_{i2} \\ \sum\limits_{i=1}^{n} X_{i3} & \sum\limits_{i=1}^{n} X_{i1}X_{i3} & \sum\limits_{i=1}^{n} X_{i2}X_{i3} & \sum\limits_{i=1}^{n} X_{i3}X_{i3} \end{pmatrix}$$

$$= \begin{pmatrix} 1 & 1 & \cdots & 1 \\ X_{11} & X_{21} & \cdots & X_{n1} \\ X_{12} & X_{22} & \cdots & X_{n2} \\ X_{13} & X_{23} & \cdots & X_{n3} \end{pmatrix} \begin{pmatrix} 1 & X_{11} & X_{12} & X_{13} \\ 1 & X_{21} & X_{22} & X_{23} \\ \vdots & \vdots & \vdots & \vdots \\ 1 & X_{n1} & X_{n2} & X_{n3} \end{pmatrix} \tag{9.7}$$

令

$$X = \begin{pmatrix} 1 & X_{11} & X_{12} & X_{13} \\ 1 & X_{21} & X_{22} & X_{23} \\ \vdots & \vdots & \vdots & \vdots \\ 1 & X_{n1} & X_{n2} & X_{n3} \end{pmatrix}, Y = \begin{pmatrix} Y_1 \\ Y_2 \\ \vdots \\ Y_n \end{pmatrix},$$

则 9.6 式可以表示为：

$$(\boldsymbol{X'X})\ \hat{\boldsymbol{\beta}} = \boldsymbol{X'Y}。$$

其中，X' 表示 X 的转置矩阵。

由矩阵求解方法可得

$$\hat{\boldsymbol{\beta}} = (\boldsymbol{X'X})^{-1}\boldsymbol{X'Y} \tag{9.8}$$

通过上述方式可以分别获得 $\hat{\beta}_0$、$\hat{\beta}_1$、$\hat{\beta}_2$、$\hat{\beta}_3$ 的值。

几点说明

(1) 在多元线性回归方程中，由普通最小二乘法估计的回归系数具有无偏性和有效性等良好性质。①无偏性：由样本数据得到的参数的期望值等于总体回归模型中的参数。用数学形式可表示为：$E(\hat{\boldsymbol{\beta}}) = \boldsymbol{\beta}$。其中，$\hat{\boldsymbol{\beta}}$ 为随机向量，原因在于 $\hat{\boldsymbol{\beta}}$ 是根据一次抽样样本获得的参数值，随着抽样的不同，$\hat{\boldsymbol{\beta}}$ 值也在发生变化。②有效性：由最小二乘法估计出的参数值在所有方法获得的估计量中方差是最小的。尽管研究者可以采用多种方法来估计 $\hat{\boldsymbol{\beta}}$ 值，但是在诸多方法中由 OLS 方法得到的参数值的方差最小。

(2) 样本容量问题。参数估计是在样本观测值支持下完成的。一方面抽样样本中包含的样本个数应当满足模型要求，通过样本才能真实地反映总体情况；另一方面，由于收集数据需要成本，甚至在有些回归分析中难以收集到符合要求的数据，因此，样本的数量需要适中。

在利用 OLS 方法估计多元回归方程的参数时，参数估计量为 $\hat{\boldsymbol{\beta}} = (\boldsymbol{X'X})^{-1}\boldsymbol{X'Y}$。从该向量等式可以看出，要使 $\hat{\boldsymbol{\beta}}$ 存在，$(\boldsymbol{X'X})^{-1}$ 必须存在，即必须满足 $|X'X| \neq 0$。[①] 根据线性代数相关的理论，只有当 $n \geqslant k+1$ 时，$|X'X| \neq 0$。其中 n 为样本数，k 为自变量的个数。因此，对于多元线性回归模型来讲，样本最小容量应大于等于自变量个数加 1，这样才能利用 OLS 进行最基本的参数估计。

---

① 因为要求 $X'X$ 有逆矩阵，根据逆矩阵的求解方法，$|X'X| \neq 0$。

但是,在实际建模过程中,还需要进行参数检验(如 t 检验),经验表明,当 $n-k\geqslant 8$, t 分布才能稳定,检验才能有效。一般而言,当样本数 $n\geqslant 30$ 或者 $n\geqslant 3(k+1)$ 才能满足多元回归分析的基本要求。

例 9.1 假设一国官方对外援助由 GDP、公共财政支出两个因素决定,抽样取得 1990—2000 年美国对外援助的数据如表 9.1 所示。

表 9.1 1990—2000 年美国对外援助数据

年份	对外援助(万亿美元) *DWYZ*	*GDP*(万亿美元)	公共财政支出(万亿美元) *GGZC*
1990	0.43	11	2.3
1991	0.41	11.3	2.6
1992	0.48	12.6	2.7
1993	0.51	13.6	2.9
1994	0.60	14.0	3.0
1995	0.70	14.6	3.1
1996	0.72	14.9	3.8
1997	0.73	15.3	3.7
1998	0.72	16.1	4.1
1999	0.74	17.0	4.3
2000	0.73	17.6	4.4

设所求样本回归方程的形式为:

$$\hat{Y}_i = \hat{\beta}_0 + \hat{\beta}_1 X_{i1} + \hat{\beta}_2 X_{i2} + \varepsilon_i,$$

$$\boldsymbol{X} = \begin{pmatrix} 1 & X_{11} & X_{12} \\ 1 & X_{21} & X_{22} \\ \vdots & \vdots & \vdots \\ 1 & X_{n1} & X_{n2} \end{pmatrix} = \begin{pmatrix} 1 & 11.0 & 2.3 \\ 1 & 11.3 & 2.6 \\ \vdots & \vdots & \vdots \\ 1 & 17.6 & 4.4 \end{pmatrix}。$$

$$所以\ \boldsymbol{X}'\boldsymbol{X} = \begin{pmatrix} 1 & 1 & \cdots & 1 \\ 11 & 11.3 & \cdots & 17.6 \\ 2.3 & 2.6 & \cdots & 4.4 \end{pmatrix} \begin{pmatrix} 1 & 11.0 & 2.3 \\ 1 & 11.3 & 2.6 \\ \vdots & \vdots & \vdots \\ 1 & 17.6 & 4.4 \end{pmatrix}$$

$$= \begin{pmatrix} 11 & 158 & 36.9 \\ 158 & 2\,315.64 & 545.18 \\ 36.9 & 545.18 & 129.15 \end{pmatrix},$$

$$X'Y=\begin{pmatrix}1 & 1 & \cdots & 1\\ 11 & 11.3 & \cdots & 17.6\\ 2.3 & 2.6 & \cdots & 4.4\end{pmatrix}\begin{pmatrix}0.43\\ 0.41\\ \vdots\\ 0.73\end{pmatrix}=\begin{pmatrix}6.77\\ 99.88\\ 23.58\end{pmatrix}。$$

求得 $(X'X)^{-1}=\begin{pmatrix}9.31 & -1.46 & 3.49\\ -1.46 & 0.30 & -0.84\\ 3.49 & -0.84 & 2.56\end{pmatrix}$。

$\hat{\beta}=(X'X)^{-1}X'Y=(-0.50, 0.27, 0.10)$，最终的样本回归方程为：

$$\hat{Y}_i=-0.50+0.27X_{i1}+0.10X_{i2}。$$

二、多元线性回归模型的基本假定

为了使 OLS 方法估计的参数具有无偏性、有效性等良好性质，多元线性回归模型中的自变量及随机误差项也需要做出类似于一元线性回归分析那样的基本假定。

(1) 自变量 X_1、X_2、…、X_k 是非随机变量。同时，自变量 X_i 间不存在严格线性相关性，即某个自变量不能由其他自变量线性地表示出来。

(2) 随机误差项具有条件零均值、同方差及非序列相关性，这一假定与一元线性回归中的要求是相同的，用数学语言可表示如下：

$$\begin{cases}E(\mu_i \mid X_1, X_2, \cdots, X_k)=0,\\ Var(\mu_i \mid X_1, X_2, \cdots, X_k)=\sigma^2,\\ \text{cov}(\mu_i, \mu_j \mid X_1, X_2, \cdots, X_k)=0, i\neq j。\end{cases}$$

(3) 自变量与随机误差项不相关

$$\text{cov}(X_i, \mu_i \mid X_1, X_2, \cdots, X_k)=0。$$

(4) 随机误差项满足正态分布

$$\mu_i \mid X_1, X_2, \cdots, X_k \sim N(0, \sigma^2)。$$

其中，第 1 个假定是多元线性回归分析特有的要求，该假定要求自变量之间不存在严格的线性相关性。如果自变量间存在相关关系，则某个自变量可以由其他自变量表示，那么在回归方程中可以把该自变量删除。

三、多元线性回归模型的统计检验

根据样本数据求得参数估计量后，还需要进一步对参数估计量进行统计检验，以评定参数估计量的可靠性。进行统计检验的原因在于：回归分析的本质是要利用样本回归函数来推断总体回归函数。参数估计量是根据一次抽样数据利用普通最小二乘法获得的。那么，根据一次抽样得到的样本回归函数是否一定与总体回归函数相符合呢？或者说会不会出现下列情况：在总体回归函数中自变量与因变量不存在显著的线性关系，表现为 $\beta_i=0$，但是，根据该次抽样样本得到的 $\hat{\beta}_i$ 却显著地不等于0。显然，在这种情况下用样本回归函数来替代总体回归函数就是不准确的。因此，需要进行参数的统计检验以确保该次抽样不是小概率事件。统计检验主要包括：①拟合优度检验；②方程总体线性显著性检验；③各个变量的显著性检验。

1. 拟合优度检验

多元线性回归模型的拟合优度检验与一元回归拟合优度检验的原理相类似。尽管在进行 $\hat{\beta}_0$、$\hat{\beta}_1$、…、$\hat{\beta}_k$ 估计时使用了OLS方法，保证了样本中各个点与样本回归函数之间距离的平方和最小。事实上，存在着多个回归函数都能满足上述条件。那么，到底哪一个回归函数最好呢？因此，需要进行拟合优度检验。拟合优度检验是判断该样本回归函数与样本点拟合程度的方法。

构造三个统计量：ESS、RSS、TSS。

其中 $TSS=\sum_{i=1}^{n}(Y_i-\bar{Y})^2$，代表总离差平方和；$ESS=\sum_{i=1}^{n}(\hat{Y}_i-\bar{Y})^2$，代表回归平方和；$RSS=\sum_{i=1}^{n}(Y_i-\hat{Y}_i)^2$，代表残差平方和，$n$ 为样本数量。$TSS=RSS+ESS$，即总离差平方和可以分解为回归平方和和残差平方和两个部分。回归平方和反映了总离差平方和中可由样本回归函数解释的部分，残差平方和反映了总离差平方和中的随机误差项。回归函数与样本点拟合得越好，回归平方和越大，残差平方和越小。因此，可用回归平方和占总离差平方和的比重来衡量样本回归函数对样本数据的拟合程度。

$$R^2=\frac{ESS}{TSS}=1-\frac{RSS}{TSS}。\tag{9.9}$$

R^2 称为可决系数。

多元回归模型的可决系数与一元回归模型的可决系数相比有以下特点：在长期的实践应用中发现，如果在多元线性回归模型中增加自变量个数，则可决系数 R^2 的数值呈现增大的趋势。因此，容易产生一种错觉，要使模型对样本数据拟合得好，只需要增加自变量个数就可以了。实际上，回归模型中的自变量并不是可以无限或随意增加的。因此在判断多元回归线性拟合优度时，R^2 并不是一个很好的指标，需要进行适当调整。其中一个思想就是在可决系数的计算中引入自变量个数，进而避免因为自变量增加导致可决系数“偏优”。其方法如下：

记 $\bar{R}^2$ 为可调整的可决系数，令

$$\bar{R}^2 = 1 - \frac{\dfrac{RSS}{n-k-1}}{\dfrac{TSS}{n-1}}, \tag{9.10}$$

其中，n 为样本数量，k 为自变量的个数。

由 9.9 式可知，在样本回归函数中增加自变量时，ESS 值就变大，样本回归函数与样本数据拟合得就越好。因此，增加的自变量越多，可决系数 R^2 的值就越大。但一旦引入可调整的可决系数 $\bar{R}^2$，在方程中增加无谓的新自变量时，$\dfrac{\dfrac{RSS}{n-k-1}}{\dfrac{TSS}{n-1}}$ 的值会增加，则 $\bar{R}^2$ 的值减小，从而抵消了由于无谓自变量个数的增加导致可决系数变大的影响，进而消除了自变量个数对拟合优度的影响。

2. 回归模型总体线性的显著性检验

总体线性显著性检验是对模型中因变量与自变量之间的线性关系在总体上是否成立做出的推断。总体线性是指各自变量前的系数不同时为 0，实际上是将多个自变量看成一个整体，分析自变量这个整体对因变量的影响是否显著。如果总体线性不满足，意味着各个自变量前的系数都为 0。

为什么要进行总体线性的显著性检验呢？因为回归分析是利用一次抽样数据对总体的特征进行推断的方法，如果根据一次抽样样本数据推导出的系数（$\hat{\beta}_0$、$\hat{\beta}_1$、…、$\hat{\beta}_k$）并不全为“0”，是否可以判断总体回归函数中自变量前的系数也不全为“0”呢？可能会出现这种情况：在总体回归方程中，自变量前的系数全为“0”，但由于抽样的随机性，利用本次样本数据进行参数估计时得到的样本回归方程前的自变量系数并不全为“0”。由此可

见，尽管根据样本数据得到的样本回归方程显示自变量与因变量之间存在总体线性关系，但并不一定能推断出总体回归方程也存在线性关系，因此需要进行方程总体线性的显著性检验。

方程总体线性检验主要采用 F 检验方法，基本设想是构造出一个统计量（F 统计量），利用样本数据计算统计量的数值，然后与统计量的标准值作比较，从而判定这次抽样是否是小概率事件，据此决定参数 $\hat{\beta}_0$、$\hat{\beta}_1$、…、$\hat{\beta}_k$ 是否显著。根据上述思想，回归模型总体线性的显著性检验过程如下。

（1）设定原假设和备选假设

假定要检验的总体回归方程为 $Y=\beta_0+\beta_1X_1+\beta_2X_2+\cdots+\beta_kX_k+\mu$，检验其中参数 β_0、β_1、…、β_k 是否显著不为零（即是否同时不为零），设立原假设和备选假设分别为：

H_0：$\beta_0=\beta_1=\beta_2=\cdots=\beta_k=0$，

H_1：β_0、β_1、β_2、…、β_k 不全为零。

（2）构造 F 统计量

构造如下的统计量

$$F=\frac{\frac{ESS}{k}}{\frac{RSS}{n-k-1}}, \tag{9.11}$$

其中 k 为自变量的个数，n 为抽样得到的样本数目。ESS、RSS 分别为回归平方和与残差平方和。

根据多元线性回归模型的假定 $e_i=Y_i-\hat{Y}_i\sim N(0,\sigma^2)$，$RSS=\sum_{i=1}^{n}(Y_i-\hat{Y}_i)^2$ 是 n 个标准正态分布的和，服从卡方分布。同样，$\hat{Y}_i$ 服从正态分布，那么 $ESS=\sum_{i=1}^{n}(\hat{Y}_i-\bar{Y})^2$ 服从卡方分布。

由 F 分布的定义可知，统计量 $F=\dfrac{\frac{ESS}{k}}{\frac{RSS}{n-k-1}}$ 服从自由度为 $(k, n-k-1)$ 的 F 分布。

（3）给定显著性水平 α，查表获得自由度为 $(k, n-k-1)$ 的 F 分布的临界值为 $F_\alpha(k, n-k-1)$，再利用获得的样本数据根据 9.11 式计算由此次抽样获得的 F 值。如果 $F>F_\alpha(k, n-k-1)$，说明原假设 H_0 在此次抽样中是一个小概率事件。根据小概率事件在一次抽样中不可能发生的原则，说明 H_0 假设是不成立的，即 β_0、β_1、…、β_k 不同时为零，由此判断，总体回归函数的线性关系是显著成立的。

在具体的实践操作中，利用统计软件根据样本数据计算 F 值，再与查表所得到的标准 $F_\alpha(k, n-k-1)$ 值相比较，如果 $F < F_\alpha(k, n-k-1)$ 说明总体回归方程中自变量与因变量之间线性关系在总体上并不显著成立，即 β_0、β_1、β_2、…、β_k 皆为零，需要重新设置模型进行求解。

3. 变量的显著性检验

方程总体线性显著意味着自变量前的系数不同时为"0"。但即使方程的总体线性关系是显著的，并不能说明每个自变量对因变量的影响都是显著的，即有些自变量前的系数还可能为"0"。因此，必须对每个自变量进行显著性检验以决定是否作为解释变量保留在模型中。如果由样本数据能推导出总体回归模型中自变量 X_i 前的系数为"0"，说明 X_i 对因变量的影响并不显著，应该将该自变量从模型中剔除，以便建立起更简单和符合实际的模型。针对任意一个自变量 X_i 的系数 (β_i) 的显著性检验过程如下。

(1) 构造如下的 t 统计量：

$$t = \frac{\hat{\beta}_i - \beta_i}{S_{\hat{\beta}_i}} = \frac{\hat{\beta}_i - \beta_i}{\sqrt{c_{ii}\dfrac{e'e}{n-k-1}}}, \tag{9.12}$$

该统计量服从自由度为 $n-k-1$ 的 t 分布[①]。e 表示单位矩阵。

(2) 针对自变量 X_i 前的系数 $\beta_i (i=1, 2, \cdots)$ 设计原假设和备选假设

原假设：$H_0: \beta_i = 0$，

备选假设：$H_1: \beta_i \neq 0$。

(3) 利用样本数据根据 9.12 式计算 t 值。再设定显著性水平 $\alpha = 0.05$[②]，查 t 分布表中自由度为 $n-k-1$ 的 t 分布的临界值量 $t_{\frac{\alpha}{2}}$，如果 $|t| < t_{\frac{\alpha}{2}}$，说明该次抽样得出的 t 值处在较大概率的区间范围内，即 H_0 假设是成立的，这意味着自变量 X_i 前的系数为"0"。如果 $|t| > t_{\frac{\alpha}{2}}$，说明自

---

① 根据 $\hat{\beta}$ 的计算过程可知，$\hat{\beta}$ 的方差 $\mathrm{var}(\hat{\beta}) = \sigma^2(\boldsymbol{X}'\boldsymbol{X})^{-1}$，因此，第 i 个参数估计量的方差为 $\mathrm{var}(\hat{\beta}_{ji}) = \sigma^2 c_{ii} (i=1, 2, \cdots, k)$，$c_{ii}$ 表示矩阵 $(\boldsymbol{X}'\boldsymbol{X})^{-1}$ 主对角线上的第 i 个元素。因此，$\hat{\beta}_i$ 服从如下的正态分布：$\hat{\beta}_i \sim (\beta_i, \sigma^2 c_{ii})$。根据 t 分布的定义可知 $t = \frac{\hat{\beta}_i - \beta_i}{S_{\hat{\beta}_i}} = \frac{\hat{\beta}_i - \beta_i}{\sqrt{c_{ii}\frac{e'e}{n-k-1}}}$ 服从自由度为 $n-k-1$ 的 t 分布。

② 根据研究要求不同，α 也可取 0.01、0.1。在实际应用中，主要选择 $\alpha = 0.05$。

变量 X_i 前的系数不为“0”，自变量 X_i 对因变量的影响显著，通过变量的显著性检验。

四、实例解析

研究一个国家对外援助（*DWYZ*）与本国 *GDP* 和公共财政支出（*GGCZ*）之间的关系，相关数据如表 9.1 所示。

假设样本回归函数为 $\hat{Y}_i = \hat{\beta}_0 + \hat{\beta}_1 X_{i1} + \hat{\beta}_2 X_{i2} + \varepsilon_i$，利用 Eviews 软件得出如表 9.2 所示的输出结果。

表 9.2　国家对外援助影响分析

Dependent Variable：DWYZ
Method：Least Squares
Date：10/27/16　Time：13:59
Sample：1990 2000
Included observations：11

	Coefficient	Std. Error	t-Statistic	Prob.
C	−0.187 597	0.173 398	−1.081 886	0.310 8
GDP	0.052 705	0.031 029	1.698 552	0.127 8
GGCZ	0.013 717	0.091 023	0.150 694	0.883 9

R-squared	0.854 042	Mean dependent var	0.615 455
Adjusted R-squared	0.817 553	S. D. dependent var	0.133 069
S. E. of regression	0.056 839	Akaike info criterion	−2.670 195
Sum squared resid	0.025 845	Schwarz criterion	−2.561 678
Log likelihood	17.686 07	Hannan-Quinn criter.	−2.738 600
F-statistic	23.405 15	Durbin-Watson stat	0.677 126
Prob(F-statistic)	0.000 454		

根据上表得到样本回归方程的表达式：

$$DWYZ = -0.187\,597 + 0.052\,705 \times GDP + 0.013\,717 \times GGCZ,$$

$$t = (-1.08)(1.69)(0.15),$$

$$R^2 = 0.85,\ \bar{R}^2 = 0.82,\ F = 23.4。$$

回归结果表明，在 1999—2000 年间，对外援助变化的 85%可以由 GDP 和公共财政支出两个变量的变化来解释。在 5%的显著性水平下，自

由度为 (2, 8) 的 F 统计量的临界值(标准值)为 $F(2, 8) = 19.3$, $F = 23.405 > F(2, 8)$,表明模型的总体线性关系显著成立。自由度为 $n-k-1=8$ 的 t 统计量的临界值为 $t_{0.025}(8) = 2.31$,可见三个参数都无法拒绝为零的假设,即从该次抽样数值能推断出总体回归模型中自变量前系数可能为"0"。但是否意味着模型中两个变量的设置都存在问题呢? 由于 GDP 和公共财政支出的相关系数高达 0.91,表明两者间有较强的共线性,因此,在对外援助中 GDP 的影响也许存在,但是受到公共财政支出影响,使得在该模型中的影响效果未能体现出来,还需要对模型做进一步检验。

第二节 放宽基本假定的多元线性回归模型

第一节论述的多元回归分析是建立在古典假定基础上的,主要包括总体数据随机误差项的同方差、自变量间的不相关性等等。但是,在实际国际关系研究中,由于议题的特殊性,总体数据无法满足古典假定的情况经常会发生,主要有以下几种情况。

① 随机误差项存在异方差性,即 $\mathrm{var}(\mu_i \mid x_1, x_2, \cdots, x_k) = \sigma_i^2$。

② 随机误差项存在序列相关性,即 $\mathrm{cov}(\mu_i, \mu_j \mid x_1, x_2, \cdots, x_k) \neq 0$。

③ 自变量间互相相关,存在多重共线性,即 $\mathrm{cov}(X_i, X_j \mid x_1, x_2, \cdots, x_k) \neq 0$。

④ 自变量是随机变量且与随机误差项相关,即 $\mathrm{cov}(X_i, \mu_j) \neq 0$。

⑤ 模型设定有偏差,主要表现在两个方面。一是模型中变量选择偏差,涉及漏选相关变量或多选无关变量。二是模型设定形式不正确。例如,因变量与自变量之间应为对数形式,但却错误设为线性形式。

本节主要讨论违背基本假定的前三种情形,因为这三种情形是国际关系回归分析研究中经常遇到的情况,也是进行更复杂回归分析的基础。

一、随机误差项存在异方差性

设总体样本的多元回归模型为 $Y_i = \beta_0 + \beta_1 X_{i1} + \cdots + \beta_k X_{ik} + \mu_i$,同方差的假定为 $\mathrm{var}(\mu_i \mid x_1, x_2, \cdots, x_k) = \sigma^2 (i = 1, 2, \cdots, n)$。

如果出现 $\mathrm{var}(\mu_i \mid x_1, x_2, \cdots, x_k) = \sigma_i^2$ 的情况,即对于不同的样本点,随机误差项的方差互不相同,则认为该总体样本存在异方差性。

1. 异方差对回归分析的影响

当随机误差项同方差时，利用最小二乘法获得参数估计量后进行变量显著性检验的统计量 $\hat{\beta}_i$ 服从正态分布，即 $\hat{\beta}_i \sim \left(\beta_i, \frac{\sigma^2}{\sum x_i^2}\right)$。如果总体样本的随机误差项不是同方差的，则 $\hat{\beta}_i \sim \left(\beta_i, \frac{\sigma_i^2}{\sum x_i^2}\right)$，进行显著性检验的统计量 $t = \frac{\hat{\beta}_i - \beta_i}{\sqrt{\frac{\sigma_i^2}{\sum x_i^2}}}$ 不再服从 t 分布，从而导致显著性 t 检验的失效。

2. 如何判断随机误差项的异方差

回归分析中对异方差性的检验方法有很多种，如图示检验法、G-Q 检验等。异方差性的检验都是基于以下原理发展起来的：异方差是指在不同样本点上随机误差项具有不同的方差。因此，检验随机误差项的方差与自变量之间的相关性即可判别是否具有异方差性。原因在于如果随机误差项是同方差的话，常数与随机变量的相关系数为"0"。若方差随着自变量而发生变化，则两者的相关系数不为"0"。需要说明的是，同方差假定是指根据总体样本推导出来的回归方程 $Y_i = \beta_0 + \beta_1 X_{i1} + \cdots + \beta_k X_{ik} + \mu_i$ 中的随机误差项 (μ_i) 是同方差的。但是在国际关系回归分析实践中，研究者并不能取得总体样本。因此，在进行异方差检验时遇到的问题是用什么来表示总体样本随机误差项的方差。常用的方法是根据抽样样本，利用最小二乘法估计出回归模型 $\hat{Y}_i = \hat{\beta}_0 + \hat{\beta}_1 X_{i1} + \hat{\beta}_2 X_{i2} + \cdots + \hat{\beta}_k X_{ik} + \varepsilon_i$，把样本回归模型中的随机误差项 ε_i 作为总体回归函数随机误差项的估计量，记为 e_i。

$$e_i = Y_i - (\hat{Y}_i)_{OLS} = Y_i - (\hat{\beta}_0 + \hat{\beta}_1 X_{i1} + \cdots + \hat{\beta}_k X_{ik})。$$

总体回归函数中随机误差项的方差为 $\mathrm{var}(\mu_i) = E(\mu_i^2) - [E(\mu_i)]^2 = E(\mu_i^2) \approx e_i^2$ ①，因此可以用 e_i^2 来表示总体回归方程中随机误差项的方差。

检验随机误差项异方差性的方法有许多种，一般统计学教材中也有介绍，本节重点介绍两种常用方法。

(1) 图示检验法

图示检验法是利用 e_i^2-X 的散点图进行判断。如果 e_i^2-X 散点图不在一个固定的带域中，或存在明显的扩散、缩小或复杂的趋势，则说明存在异方差性。具体可用图 9.1 所示：

① 根据回归分析的古典假定，随机误差项的均值为"0"，即 $E(\mu_i) = 0$。

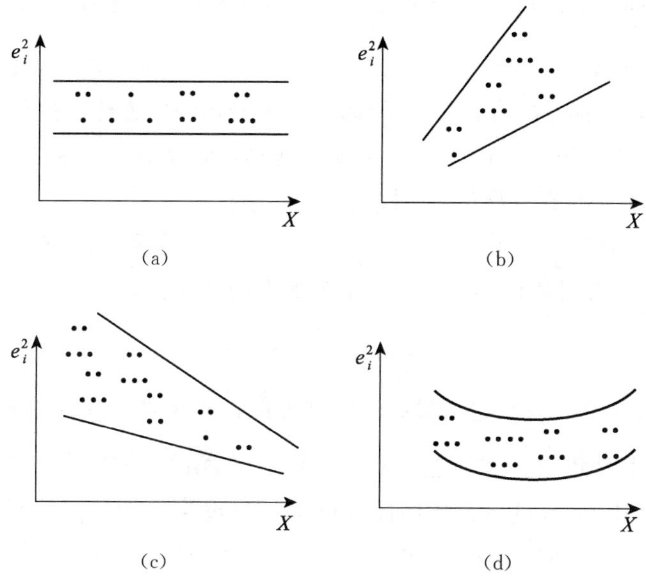

图 9.1　图示检验法检验异方差性

当散点图出现第 2、3、4 种情况时，可以认为随机误差项存在异方差性。当然图示检验法只能进行大致判断，要做出更加科学和严格判断的话需要利用其他检验方法。

(2) 怀特检验法

假设总体回归函数为 $Y_i = \beta_0 + \beta_1 X_{i1} + \beta_2 X_{i2} + \mu_i$，异方差怀特检验法步骤如下。

首先，利用样本数据对该模型作最小二乘回归，得到样本回归函数 $\hat{Y}_i = \hat{\beta}_0 + \hat{\beta}_1 X_{i1} + \hat{\beta}_2 X_{i2} + \varepsilon_i$，随机误差项的估计量为 $e_i^2 = (Y_i - \hat{Y}_i)^2$。

第二，以 e_i^2 为因变量作如下的辅助回归①：

$$e_i^2 = \alpha_0 + \alpha_1 X_{i1} + \alpha_2 X_{i2} + \alpha_3 X_{i1}^2 + \alpha_4 X_{i2}^2 + \alpha_5 X_{i1} X_{i2} + \nu_i。\quad (9.13)$$

根据数理统计理论，9.13 式的可决系数 R^2 与样本容量 n 的乘积服从自由度为辅助回归方程中自变量个数的卡方 (χ^2) 分布，即 $nR^2 \sim \chi^2_{(5)}$。

第三，通过样本数据计算怀特统计量 nR^2 的值，再与自由度为 5 的卡

---

① 如果有三个自变量，则辅助回归方程可表示为：

$$e_i^2 = \alpha_0 + \alpha_1 X_{i1} + \alpha_2 X_{i2} + \alpha_3 X_{i3} + \alpha_4 X_{i1}^2 + \alpha_5 X_{i2}^2 + \alpha_6 X_{i3}^2 + \alpha_7 X_{i1} X_{i2} + \alpha_8 X_{i1} X_{i3} + \alpha_9 X_{i2} X_{i3} + v_i。$$

依次类推可获得 n 个变量的辅助回归方程。

方分布的标准值比较，如果 $nR^2 > \chi^2_{(5)}$，则认为随机误差项存在异方差。

3. 异方差的修正

如果随机误差项存在异方差性，则需要利用新的方法去进行参数估计及检验，常用的异方差修正方法主要有两种：加权最小二乘法、异方差稳健标准误法。本节主要介绍加权最小二乘法。

假设总体回归函数为 $Y_i = \beta_0 + \beta_1 X_{i1} + \mu_i$，样本回归函数为 $\hat{Y}_i = \hat{\beta}_0 + \hat{\beta}_1 X_{i1} + \varepsilon_i$，并且假设异方差可表示为如下的形式：

$$\mathrm{var}(\mu_i) = \sigma^2 f(X_i),$$

σ^2 为常数，$f(X_i)$ 是与自变量有关的某种形式的函数。最小二乘法的原理是使残差平方和 $\sum e_i^2 = \sum [Y_i - (\hat{\beta}_0 + \hat{\beta}_1 X_{i1})]^2$ 最小化。在同方差的假定下，利用 OLS 进行参数估计时对每一个残差 e_i 都是同等对待的。但是当存在异方差时，方差 σ_i^2 越小，样本值偏离均值的程度越小，说明样本点与回归函数重合得越好，其观察值越应受到重视，在确定回归函数时所起的作用越大。反之，方差 σ_i^2 越大，意味着样本偏离均值的程度越大，样本所起的作用应越小。因此，在用样本数据拟合存在异方差的回归方程时可对不同的 σ_i^2 区别对待：对较小的随机误差项的估计量 e_i^2 给予较大的权数，对较大的 e_i^2 给予较小的权数，从而使 $\sum e_i^2$ 更加准确地反映 e_i^2 对残差平方和的影响。根据上述思想，将权数取为 $\omega_1 = \frac{1}{\sigma_i^2}$ $(i = 1, 2, \cdots, n)$，从而形成加权最小二乘法。

加权最小二乘法就是对加了权重的样本回归方程实施参数估计的方法。

$$\sum \omega_i e_i^2 = \sum \omega_i [Y_i - (\hat{\beta}_0 + \hat{\beta}_1 X_{i1})]^2。\quad (9.14)$$

9.14 式称为加权的残差平方和，然后再根据最小二乘法原理，使得加权的残差平方和最小，即

$$\min \sum \omega_i e_i^2 = \min \sum \omega_i [Y_i - (\hat{\beta}_0 + \hat{\beta}_1 X_{i1})]^2。\quad (9.15)$$

由 9.15 式可以得到参数的估计量：

$$\begin{cases} \hat{\beta}_0^* = \bar{Y}^* - \hat{\beta}_1^* \bar{X}^*, \\ \hat{\beta}_1^* = \dfrac{\sum \omega_i (X_i - \bar{X}^*)(Y_i - \bar{Y}^*)}{\sum \omega_i (X_i - \bar{X}^*)^2}。 \end{cases}$$

其中，$\bar{X}^* = \dfrac{\sum \omega_i X_i}{\sum \omega_i}$，$\bar{Y}^* = \dfrac{\sum \omega_i Y_i}{\sum \omega_i}$，由此估计的参数 $\hat{\beta}_0^*$、$\hat{\beta}_1^*$ 称为加权最小二乘估计量。

上文中的权重取值为 $\dfrac{1}{\sigma_i^2}$，而 σ_i^2 是与 X_i 有关的量。因此，加权最小二乘法本质上是把样本回归方程 $\hat{Y}_i = \hat{\beta}_0 + \hat{\beta}_1 X_{i1} + \varepsilon_i$ 转化为

$$\frac{\hat{Y}_i}{\sqrt{f(X_i)}} = \frac{\hat{\beta}_0}{\sqrt{f(X_i)}} + \frac{\hat{\beta}_1}{\sqrt{f(X_i)}} X_{i1} + \frac{\varepsilon_i}{\sqrt{f(X_i)}}。 \qquad (9.16)$$

方程 9.16 满足同方差的假定条件，因此，$\hat{\beta}_0^* = \dfrac{\hat{\beta}_0}{\sqrt{f(X_i)}}$，$\hat{\beta}_1^* = \dfrac{\hat{\beta}_1}{\sqrt{f(X_i)}}$，从而获得真实的自变量与因变量之间的关系。

4. 实例分析

考察经济水平与参与国际体系程度之间的关系，用 GDP 作为国家经济水平的测量指标，用加入国际组织数目为参与国际体系程度的测量指标，通过统计得到如表 9.3 所示的数据。

表 9.3　GDP 与参加国际组织数量统计数据

样本	GDP（十亿美元）	参加国际组织数量（$CJGJZZ$）	样本	GDP（十亿美元）	参加国际组织数量（$CJGJZZ$）
1	1 013	6 331	12	334.9	812
2	315	914	13	512.4	1 551
3	104	1 001	14	435.6	1 541
4	468	1 247	15	621.3	2 406
5	381.6	1 089	16	145.6	823
6	521.6	1 618	17	348.2	1 251
7	300.8	1 045	18	488.2	1 325
8	378	1 387	19	89.6	521
9	419.2	1 221	20	88.5	568
10	356.1	1 133	21	421	1 445
11	710.3	4 021			

（1）进入 Eviews 软件包，确定样本范围，编辑输入数据，利用最小二乘法得到如表 9.4 所示的结果。

表 9.4 GDP 与参加国际组织数量关系分析

Dependent Variable：CJGJZZ

Method：Least Squares

Date：5/19/20 Time：11:21

Sample：1 21

Included observations：21

	Coefficient	Std. Error	t-Statistic	Prob.
C	−523.042 1	285.471 1	−1.738 28	0.097 5
GDP	5.529 354	0.637 814	9.122 158	0.000 0

R-squared	0.790 404	Mean dependent var	1 654.249
Adjusted R-squared	0.784 101	S. D. dependent var	1 298.107
S. E. of regression	635.412 4	Akaike info criterion	16.475 41
Sum squared resid	7 876 310	Schwarz criterion	16.234 74
Log likelihood	−162.458 1	Hannan-Quinn criter.	26.544 85
F-statistic	78.105 45	Durbin-Watson stat	0.435 708
Prob(F-statistic)	0.000 000		

回归方程为：

$$CJGJZZ = -523.04 + 5.53GDP,$$
$$t = (-1.74)(9.12),$$
$$R^2 = 0.79, D.W. = 0.44, F = 78.11。$$

括号内为 t 统计值。

(2) 检验模型的异方差

本例自变量和因变量分别是国家 GDP 和参与国际组织数量，由于 GDP 的差异，国家对参加国际组织的数量会存在不同需求，这种差异使得模型很容易产生异方差，从而影响模型的估计和运用。为此，必须对该模型是否存在异方差进行检验。

① 图形法

利用 Eviews 绘制残差平方项 e^2 与 GDP 的散点图，如图 9.2 所示。

由散点图可以看出，残差平方 e^2 对解释变量 GDP 的散点图主要分布在图形中的下三角部分。大致可以看出残差平方 e^2 随着自变量 $X(GDP)$ 的变动呈增大的趋势。因此，模型很可能存在异方差。但是否确实存在异方差还需要进一步检验。

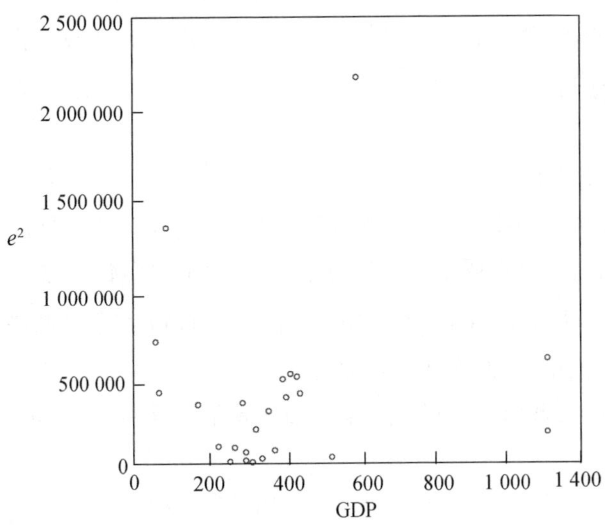

图 9.2 散点图

② 怀特检验

根据怀特检验中辅助函数的构造，由于本例为一元函数，因此无交叉乘积项，辅助函数为 $e_i^2 = \alpha_0 + \alpha_1 X_{i1} + \alpha_2 X_{i1}^2 + \nu_i$，利用 Eviews 软件中的怀特检验功能估计的怀特检验结果如表 9.5 所示。

表 9.5 怀特检验结果

Heteroskedasticity Test：White

	Coefficient	Std. Error	t-Statistic	Prob.
C	819 831.1	193 206.1	1.403 373	0.177 5
GDP	−3 781.162	701.240 1	−0.500 411	0.622 8
GDP^2	4.321 312	0.543 167	0.833 605	0.415 4

R-squared	0.816 751	Mean dependent var	247 814.6
Adjusted R-squared	0.809 191	S. D. dependent var	338 515.9
S. E. of regression	17 896 541	Akaike info criterion	19.142 75
Sum squared resid	1.78E+10	Schwarz criterion	19.814 93
Log likelihood	−199.125 6	Hannan-Quinn criter.	29.506 11
F-statistic	61.149 02	Durbin-Watson stat	1.908 180
Prob(F-statistic)	0.020 676		

从表 9.5 可以看出 $nR^2 = 17.15$，由怀特检验知，在 $\alpha = 0.05$ 的显著性条件下，查 χ^2 分布表得临界值 $\chi^2_{0.05}(2) = 5.9915$，比较由样本计算得到的 χ^2 统计量与临界值，$nR^2 = 17.15 > \chi^2_{0.05}(2) = 5.9915$，由此认为模型存在异方差。

(3) 异方差的修正

在利用加权最小二乘法对模型进行估计过程时，核心是选用合适的权重。一般而言不存在固定的选择方法，主要是通过测试的方法进行。可以分别利用 e^2 对 GDP、GDP^2、$\sqrt{GDP}$ 等作回归，测试 e^2 与哪些变量存在着显著的回归关系，从而再选择合适的权重。

经试算，发现原模型最小二乘回归残差平方项 (e^2) 与 GDP^2 存在显著的回归关系：

$$e^2 = 2896.81 + 16.15GDP^2,$$
$$t = (4.13)(2.08),$$
$$R^2 = 0.56。$$

利用 $w_i = \dfrac{1}{X^2}$ 作为权重，对原模型进行加权最小二乘估计得到如表 9.6 所示的结果。

表 9.6 加权最小二乘法估计结果

Dependent Variable：CJGJZZ
Method：Least Squares
Date：5/21/20 Time：11:58
Sample：1 21
Included observations：21
Weighting series：W2

	Coefficient	Std. Error	t-Statistic	Prob.
C	374.167 2	80.218 71	4.189 912	0.000 1
GDP	2.731 871	0.841 157	3.179 123	0.002 6
		Weighted Statistics		
R-squared	0.938 231	Mean dependent var		761.152 4
Adjusted R-squared	0.923 112	S. D. dependent var		1 156.129
S. E. of regression	288.561 9	Akaike info criterion		15.276 21
Sum squared resid	1 570 190	Schwarz criterion		15.411 22

	Coefficient	Std. Error	t-Statistic	Prob.
Log likelihood	−150.821 3	Hannan-Quinn criter.		4.078 908
F-statistic	11.266 98	Durbin-Watson stat		2.216 531
Prob(F-statistic)	0.001 672			
		Unweighted Statistics		
R-squared	0.641 620	Mean dependent var		1 572.789
Adjusted R-squared	0.708 818	S.D. dependent var		1 301.005
S.E. of regression	681.036 5	Sum squared resid		1 834 562
Durbin-Watson stat	0.836 566			

因此，最终的回归方程可表示为：

$$CJGJZZ = 374.17 + 2.73GDP,$$
$$t = (4.19)(3.18),$$
$$R^2 = 0.94, D.W. = 2.22, F = 11.27。$$

从结果分析可知，一国 GDP 每增加 10 亿元，参与的国际组织增加 2.73个，而不是一开始的 5.53 个。虽然这个模型可能还存在某些其他需要进一步解决的问题，但这一估计结果或许比之前的结论更为接近真实情况。

二、序列相关性

假设总体回归函数为 $Y_i = \beta_0 + \beta_1 X_{i1} + \beta_2 X_{i2} + \cdots + \beta_k X_{ik} + \mu_i$，如果总体回归模型的随机误差项 μ_i 之间存在相关关系，则称随机误差项序列相关，用数学表达式为 $\mathrm{cov}(\mu_i, u_j) \neq 0 (i \neq j)$。

1. 序列相关产生的原因

序列相关主要产生于自变量为时间序列的数据中，原因是时间序列数据往往存在着惯性。例如，自变量为 GDP，受到经济周期影响，较高的 GDP 会持续一段时间。在这种情况下经济数据可能会表现为序列相关。当然，截面数据中也会出现序列相关性。例如，一个国家的对外援助行为可能影响另外一个国家的对外援助行为，如果把对外援助作为自变量的话，则不同观测点的随机误差项可能是相关的。

第二种产生序列相关的原因在于回归模型设置的偏差。如果在模型中省略了某些对因变量有重要影响的自变量，被忽略的自变量则存在于随机误差中，从而带来序列相关性。

例如，在国际关系分析中，假定双边关系受到双边贸易额及人员来往数的影响，它们之间的关系可表述为：$Y_i=\beta_0+\beta_1X_{i1}+\beta_2X_{i2}+\mu_i$。如果把模型设定为

$$Y_i=\beta_0+\beta_1X_{i1}+\mu_i \tag{9.17}$$

人员来往数这一变量在9.17式中便归入到随机误差项μ_i中。由于人员来往数（X_2）这一变量在不同的测量点上是相关的，这就造成了μ_i之间的序列相关。

序列相关有许多种类。假定现有一个n期样本的时间序列数据，每个样本点的随机误差项分别为μ_1、μ_2、…、μ_n。对随机误差项进行回归分析，如果两个随机误差项满足以下关系：

$$\mu_i=\rho\mu_{i-1}+\nu_i, \tag{9.18}$$

其中ρ为相关系数，ν_i是满足古典假定的误差项[$E(\nu_i)=0$, $\mathrm{var}(\nu_i)=\sigma^2$, $\mathrm{cov}(\nu_i,\nu_{i-1})=0$]，由于$\mu_{i-1}$为$\mu_i$的滞后一期值，则称9.18式为一阶自回归，记为$AR(1)$。如果9.18式中的随机误差项$\nu_i$不满足古典假定，则$\nu_i$中可能包含有$\mu_{i-2}$的影响，则需将$\mu_{i-2}$包含在回归模型中，即

$$\mu_i=\rho_1\mu_{i-1}+\rho_2\mu_{i-2}+\nu'_i, \tag{9.19}$$

其中ν'_i是满足古典假定的误差项，则9.19式为二阶自回归，记为$AR(2)$。依次类推，如果μ_i满足如下的关系式：$\mu_i=\rho_1\mu_{i-1}+\rho_2\mu_{i-2}+\cdots+\rho_k\mu_{i-k}+\nu_i$，称为$k$阶自回归，记为$AR(k)$。多阶自回归往往涉及时间序列分析。在国际关系回归分析中，由于选择的变量与经济学中的变量有所区别，往往假定随机误差项的自回归形式为一阶自回归，这种假定简化了自回归形式，在实际分析中也能获得较好效果。

2. 序列相关性对系数估计和检验的影响

当总体回归模型的随机误差项存在序列相关时，如果参数估计及检验继续采用普通最小二乘法，则会产生一些不准确的后果。

假设总体回归方程为$Y_i=\beta_0+\beta_1X_{i1}+\mu_i$，当随机误差项不存在序列相关时，利用样本数据可以得到β_1的样本估计值为

$$\hat{\beta}_1=\frac{\sum x_iy_i}{\sum x_i^2}=\beta_1+\frac{\sum x_i\mu_i}{\sum x_i^2}, \tag{9.20}$$

$$\mathrm{var}(\hat{\beta}_1)=\frac{\sigma^2}{\sum x_i^2}。$$

由此可见,参数的方差满足有效性,在所有的估计量中利用普通最小二乘法估计出的 $\hat{\beta}_1$ 值具有最小的方差。

但是,当随机误差项 μ_i 存在一阶序列相关性时, $\hat{\beta}_1$ 的方差为:

$$\operatorname{var}(\hat{\beta}_1)=\frac{\sigma^2}{\sum x_i^2}+\frac{2\sigma^2}{\sum x_i^2}\left(\rho\frac{\sum_{i=1}^{n-1}x_ix_{i+1}}{\sum x_i^2}+\rho^2\frac{\sum_{i=1}^{n-2}x_ix_{i+2}}{\sum x_i^2}+\cdots+\rho^{n-1}\frac{x_1x_n}{\sum x_i^2}\right)。$$

显然,当随机误差项存在序列相关性时利用 OLS 方法估计的参数的方差不再具有有效性。同时,在进行参数的显著性检验时需要构造 t 统计量 $t=\frac{\hat{\beta}_1-\beta_1}{\sqrt{\operatorname{var}(\hat{\beta}_1)}}=\frac{\hat{\beta}_1-\beta_1}{\sqrt{\frac{\hat{\sigma}^2}{\sum x_i^2}}}=\frac{\hat{\beta}_1-\beta_1}{S_{\hat{\beta}_1}}$,在序列相关的情况下, t 值呈现出递增或递减的态势[$\operatorname{var}(\hat{\beta}_1)$ 在变化],利用 t 估计量进行显著性检验时就失去了意义。

3. 序列相关的检验

检测随机误差项序列相关的方法有许多种,主要有 D. W. 检验、图示法等等。这些检验方法的基本思想是:首先是根据样本数据,利用最小二乘法估计出样本回归方程,求得总体回归模型随机误差项的近似估计量

$$e_i=Y_i-(\hat{Y}_i)_{OLS}=Y_i-(\hat{\beta}_0+\hat{\beta}_1X_{i1})。$$

其次,通过分析这些近似估计量之间的相关性来判断随机误差项是否具有序列相关性。

(1) 图示法

图示法是以 e_i 作为总体回归模型中 μ_i 的近似估计值,绘出 e_i、e_{i-1} $(i=1, 2, \cdots, n)$ 的散点图,根据散点图来判断 e_i 的相关性。如果大部分散点落在第Ⅰ、Ⅲ象限,表明随机误差项 μ_i 存在正相关性。如果大部分的点落在第Ⅱ、Ⅳ象限,表明随机误差项 μ_i 存在负相关性,两者的情况如图 9.3 所示。

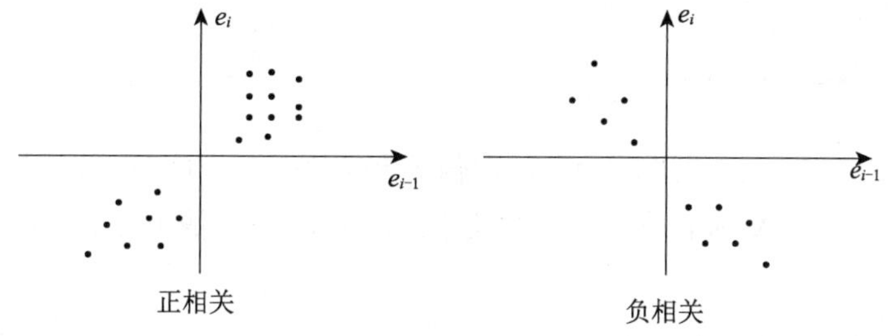

图 9.3

(2) D. W. 检验

序列相关性的 D. W. 检验法是杜宾和瓦森提出的，在许多回归软件中都提供了 D. W. 值，通过比较由样本数据获得的 D. W. 值和标准的 D. W. 值，从而来判断随机误差项的序列相关性。

D. W. 检验需要满足一些基本条件。

一是自变量为非随机变量。

二是总体回归模型的随机误差项 μ_i 为一阶自回归形式，即 $\mu_i = \rho\mu_{i-1} + \upsilon_i$。

三是回归模型含有截距项。

四是回归模型中的自变量不包含滞后因变量，即不应出现下列形式的回归方程

$$Y_i = \beta_0 + \beta_1 X_{i1} + \beta_2 X_{i2} + \cdots + \beta_k X_{ik} + \gamma Y_{i-1} + \mu_i。$$

在国际关系研究中，上述四个条件基本能得到满足。因此，D. W. 检验法在国际关系研究中具有广泛的应用。

在进行 D. W. 检验时，首先是构造原假设 $H_0: \rho = 0$，即 μ_i 不存在一阶自回归。第二，构造 D. W. 统计量 $D.W. = \dfrac{\sum (e_i - e_{i-1})^2}{\sum e_i^2}$，$e_i$ 是根据样本数据得到的样本回归方程的残差，$e_i = Y_i - (\hat{\beta}_0 + \hat{\beta}_1 X_{i1} + \cdots + \hat{\beta}_k X_{ik})$，$D.W. \approx 2(1-\rho)$。①

D. W. 值与 ρ 值的关系可表示为表 9.7。

表 9.7　D. W. 与 ρ 值关系表

ρ	D. W.
−1	4
(−1, 0)	(2, 4)
0	2
(0, 1)	(0, 2)
1	0

从表 9.7 可以看出，D. W. 的取值范围为[0, 4]。D. W. 统计量的分布与样本自变量 X 的取值有复杂的关系。因此，D. W. 精确分布特征很难得

① 该等式的推导参见附录 9.1。

到。但是，统计学家成功地导出了D. W. 统计量临界值的上限 d_U 和下限 d_L，且已知这些上下限只与样本容量 n 和自变量个数 k 有关，与自变量取值无关。因此，在进行D. W. 检验时，利用样本数据计算出D. W. 统计量，然后根据样本容量 n 和自变量的数目 k 查D. W. 的分布表得到临界值 d_U 和 d_L，按照如下准则考察由样本计算得到的D. W. 值，从而判断回归模型的序列相关状态。

若 $0 < D.W. < d_L$，存在正的序列相关关系；

$d_L < D.W. < d_U$，不能确定是否存在序列相关性；

$d_U < D.W. < 4 - d_U$，无序列相关性；

$4 - d_U < D.W. < 4 - d_L$，不能确定；

$4 - d_L < D.W. < 4$，存在负序列相关性。

利用D. W. 方法判断序列相关性有两大缺陷：一是从判断准则可以看出，存在一个不能确定的D. W. 值区域，当D. W. 落在该区域中时，无法做出判断；二是D. W. 方法只能检验一阶自相关，对于多阶序列相关和存在滞后因变量的回归模型是无法检验的。

4. 序列相关的补救

如果序列相关性是由于模型设定误差（如遗漏重要解释变量）造成的，可以通过改变模型设定的方法来消除。如果模型设定正确，则需要发展新的方法估计参数。目前，主要有两种途径来解决序列相关性。一是在原回归模型的基础上适当地进行代数变换，转变为不存在序列相关的模型，再采用最小二乘法进行参数估计，该方法称为广义最小二乘法或广义差分法。另一种途径是仍然对回归方程作最小二乘估计，从而获得参数估计，然后再对参数估计量的方差或标准差进行纠正，称为序列相关稳健估计法。由于广义差分法直观易懂，本节主要介绍广义差分法。

假设总体回归模型为

$$Y_i = \beta_0 + \beta_1 X_i + \mu_i, \quad (9.21)$$

随机误差项 μ_i 满足一阶自回归形式 $\mu_i = \rho\mu_{i-1} + \nu_i$，其中 ν_i 是满足古典假定的误差项。

9.21式后一期的方程为

$$Y_{i-1} = \beta_0 + \beta_1 X_{i-1} + \mu_{i-1}。 \quad (9.22)$$

用 ρ 乘以9.22式得

$$\rho Y_{i-1} = \rho\beta_0 + \rho\beta_1 X_{i-1} + \rho\mu_{i-1}\text{。} \tag{9.23}$$

将 9.21 式减去 9.23 式得

$$Y_i - \rho Y_{i-1} = (1-\rho)\beta_0 + \beta_1(X_i - \rho X_{i-1}) + \mu_i - \rho\mu_{i-1}\text{。} \tag{9.24}$$

令 $Y_i - \rho Y_{i-1} = Y_i^*$，$X_i^* = (X_i - \rho X_{i-1})$，$\beta_0^* = (1-\rho)\beta_0$，$\beta_1^* = \beta_1$，$\nu_i^* = \mu_i - \rho\mu_{i-1} = \nu_i$，则 9.24 式可表示为

$$Y_i^* = \beta_0^* + \beta_1^* X_i^* + \nu_i^*\text{。} \tag{9.25}$$

由于 ν_i 满足古典假定，因此 ν_i^* 也满足古典假定，方程 9.25 不存在序列相关，可以用普通最小二乘法对 9.25 式进行参数估计。因为 9.25 式中因变量与自变量均为现期值减去前期值，所以称为广义差分法。

如果总体回归函数的随机误差项存在多重序列相关，假设总体回归函数为

$$Y_i = \beta_0 + \beta_1 X_{i1} + \beta_2 X_{i2} + \cdots + \beta_k X_{ik} + \mu_i\text{。} \tag{9.26}$$

随机误差项为：$\mu_i = \rho_1 u_{i-1} + \rho_2\mu_{i-2} + \cdots + \rho_p\mu_{i-p} + \nu_i$。

可将 9.26 式按广义差分法转换为：

$$\begin{aligned} & Y_i - \rho_1 Y_{i-1} - \cdots - \rho_p Y_{i-p} \\ = & \beta_0(1-\rho_1-\cdots-\rho_p) + \beta_1(X_{i1} - \rho_1 X_{i-1,1} - \cdots - \rho_p X_{i-p,1}) \\ & + \cdots + \beta_k(X_{ik} - \rho_1 X_{i-1,k} - \cdots - \rho_p X_{i-p,k}) \\ & + (\mu_i - \rho_1\mu_{i-1} - \cdots - \rho_p\mu_{i-p})\text{。} \end{aligned} \tag{9.27}$$

令 $Y_i^* = Y_i - \rho_1 Y_{i-1} - \cdots - \rho_p Y_{i-p}$，$\beta^* = \beta_0(1-\rho_1-\cdots-\rho_p)$，

$X_{i1}^* = X_{i1} - \rho_1 X_{i-1,1} - \cdots - \rho_p X_{i-p,1}$，…，$X_{ik}^* = X_{ik} - \rho_1 X_{i-1,k} - \cdots - \rho_p X_{i-p,k}$，

$\nu_i^* = \mu_i - \rho_1\mu_{i-1} - \cdots - \rho_p\mu_{i-p} = \nu_i$，则 9.27 式可改写为

$$Y_i^* = \beta_0^* + \beta_1 X_{i1}^* + \cdots + \beta_k X_{ik}^* + \nu_i\text{。} \tag{9.28}$$

9.28 式的随机误差项不存在序列相关性，可以利用普通最小二乘法进行参数估计。

5. 实例解析

统计 1985—2013 年某国与美国的双边贸易量与双边关系，得到如表 9.8 所示的数据，其中 X 代表双边贸易量，单位为亿美元，Y 代表该国与美国的双边关系。

表 9.8　某国与美国双边贸易量与双边关系统计数据

序号	Y(LGGX)	X(SBMY)	序号	Y	X	序号	Y	X
1	38.6	66.78	11	95.6	158	21	193.6	381.4
2	42.7	75.5	12	90.1	151.3	22	209.3	407.2
3	46	79.4	13	94.3	170.2	23	229.1	430.6
4	50.6	84.8	14	104.1	189.2	24	244.7	471.3
5	54.8	92.6	15	118	220.6	25	261.4	512.1
6	59.7	100.1	16	130.7	258.6	26	280.3	574.8
7	67.8	116	17	139.4	286.8	27	303.1	647.1
8	78	116.3	18	155.6	311.2	28	333.1	746.2
9	82.1	130.4	19	170.1	340.1	29	367.1	856.3
10	89	146.3	20	181.1	360.2			

(1) 求解回归方程

根据表 9.8 的数据,使用普遍最小二乘法估计双边贸易与双边关系方程:

$$LGGX = 20.8889 + 0.4367 SBMY,$$
$$t = (6.41)(48.4),$$
$$R^2 = 0.988,\ D.W. = 0.30,\ F = 2\,342。$$

该回归方程可决系数较高,常数项和自变量前的系数均显著。对样本量为 29、一个自变量的模型,在 5%的显著水平下,查 $D.W.$ 统计表可知,$d_L = 1.34$, $d_U = 1.48$,模型中的 $D.W. < d_L$,根据判断准则,该回归模型存在正序列相关性。这一点也可以从残差图中看出,利用 Eviews 软件得到模型的残差图,如图 9.4 所示。

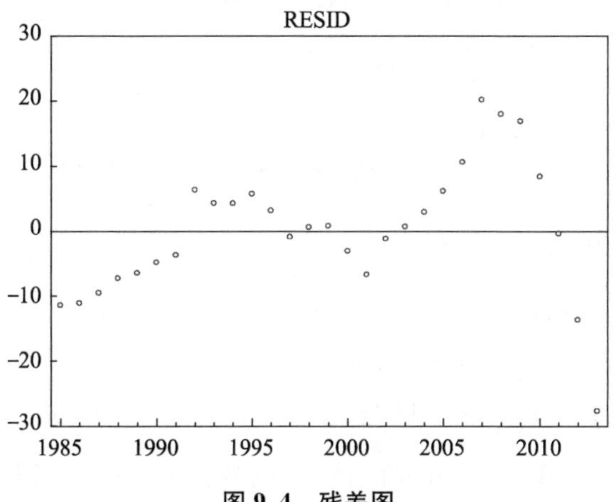

图 9.4　残差图

从残差图可以看出，残差呈现有规则的变动，连续为正和连续为负，表明残差项存在相关性。

(2) 运用广义差分法进行序列相关的处理

根据 $D.W. \approx 2(1-\rho)$ 的关系式，可知在本例中 $\rho \approx 1-\frac{D.W.}{2}=0.85$，因此，对原模型进行广义差分，得到广义差分方程

$$Y_i - 0.85Y_{i-1} = \beta_0(1-0.85) + \beta_1(X_i - 0.85X_{i-1}) + \nu_i。$$

利用 Eviews 软件中的广义差分回归功能得出如表 9.9 所示的结果。

表 9.9 广义差分回归结果

Dependent Variable: Y

Method: Least Squares

Date: 11/24/16 Time: 13:11

Sample (adjusted): 1986 2013

Included observations: 28 after adjustments

Convergence achieved after 11 iterations

	Coefficient	Std. Error	t-Statistic	Prob.
C	−23.575 16	30.443 19	−0.774 399	0.446 0
X	0.183 242	0.049 082	3.733 426	0.001 0
AR(1)	1.057 342	0.017 510	60.385 60	0.000 0

R-squared	0.998 831	Mean dependent var	152.550 0
Adjusted R-squared	0.998 738	S.D. dependent var	93.948 98
S.E. of regression	3.337 748	Akaike info criterion	5.349 427
Sum squared resid	278.514 0	Schwarz criterion	5.492 163
Log likelihood	−71.891 97	Hannan-Quinn criter.	5.393 063
F-statistic	10 683.24	Durbin-Watson stat	1.629 157
Prob(F-statistic)	0.000 000		

由表 9.9 可得回归方程为：

$$LGGX = -23.5751 + 0.1832SBMY,$$
$$t = (-0.7743)(3.7334),$$
$$R^2 = 0.998,\ D.W. = 1.6291,\ F = 10683.24。$$

模型中的 $D.W. = 1.6291$，$d_U < D.W. < 4-d_U$，根据判断准则，说

明广义差分模型已无序列相关。与最初的结果相比，常数项与自变量前的系数都发生了较大程度的变化，可决系数 R^2 、t、F 统计量也均达到了理想水平。

三、多重共线性

在利用 OLS 方法估计参数时，要求自变量之间不存在相关关系。但是国际政治现象涉及多个因素的影响，自变量之间常常存在一定的相关性，从而产生了回归分析中的多重共线性问题。在多元回归模型中，如果一个自变量是其他自变量的完全线性组合，则称之为完全线性相关，该变量就可以从模型中删除。当一个自变量与其他自变量高度相关但不完全相关时，就产生了不完全多重共线性。不同于完全多重共线性，不完全多重共线性不妨碍回归的参数估计，但在这种情况下无法得到真实回归系数的估计量。

以二元回归模型 $\hat{Y} = \hat{\beta}_0 + \hat{\beta}_1 X_1 + \hat{\beta}_2 X_2$ 为例，如果两个自变量完全相关，假设 $X_2 = \lambda X_1$，则上述二元回归模型就退化为 $\hat{Y} = \hat{\beta}_0 + (\hat{\beta}_1 + \lambda \hat{\beta}_2) X_1$ 的一元回归模型。设 $\gamma = \hat{\beta}_1 + \lambda \hat{\beta}_2$，则 $\hat{Y} = \hat{\beta}_0 + \gamma X_1$，利用 OLS 方法可得 $\gamma = \frac{\sum_{i=1}^{n} x_{i1} y_i}{\sum_{i=1}^{n} x_{i1}^2}$，即 $\hat{\beta}_1 + \lambda \hat{\beta}_2 = \frac{\sum_{i=1}^{n} x_{i1} y_i}{\sum_{i=1}^{n} x_{i1}^2}$，从而无法准确确定 $\hat{\beta}_1$、$\hat{\beta}_2$ 的值。如果两个自变量之间是不完全共线性，会导致方差变大，从而导致参数估计、统计检验失真。本小节主要讨论多重共线性产生的原因、检验及克服多重共线性的方法。

1. 实际问题中多重共线性产生的原因

产生多重共线性的原因主要有以下两个方面。一是多个自变量存在相关的共同趋势。例如在第八章问题 2 中，一个国家 GDP 越大，意味着财政收入会越大，国家公共财政支出也越大。这些自变量的样本数据往往呈现出某些近似的比例关系。

截面数据也可能产生多重共线性。例如，以多个国家为样本建立对外干涉模型，以国家对外干涉为因变量，选择军事实力、同盟关系、对外政策相似度、贸易依存度为解释变量，根据国际关系研究经验，同盟关系与贸易依存度之间会出现线性相关性。同盟关系越强，贸易依存度越大，如果把上述变量都纳入到模型中，多重共线性是难以避免的。

二是在多元回归模型中往往使用滞后变量来反映真实的因果关系。

例如，在国家对外援助模型中，一个国家的对外援助数量不仅受公共支出的影响，还受往年对外援助额的影响，可以表示为如下回归模型：

$$Y_t = \beta_0 + \beta_1 X_1 + \beta_2 Y_{t-1} + \mu_t。$$

根据对外援助经验，模型中的公共支出（X_1）与前期的对外援助（Y_{t-1}）之间有较强的线性相关性。

2. 如何检验多重共线性

自变量间多重共线性检验涉及两项工作：一是检验变量间是否存在多重共线性；二是判明存在多重共线性的范围，寻找出哪个(些)自变量引起多重共线性。

(1) 检验多重共线性是否存在

对于只有两个自变量的模型，我们可以用第七章介绍的双变量间相关系数计算方法进行检验。如果两个变量间相关系数接近于1，说明两个自变量间存在较强的多重共线性。

对于存在多个自变量的模型，采用以下方法进行判断。首先是观察拟合度检验的 R^2 值和方程总体线性显著性检验中的 F 值。若 R^2 和 F 值较大，各系数的 t 统计量较小，则说明存在多重共线性。原因在于 R^2 和 F 反映了自变量对因变量联合作用，t 值反映了各自变量单独对因变量的作用。如果 R^2 和 F 值较大，t 值较小，意味着自变量作为一个总体对因变量有较大影响，但每个自变量对因变量的作用都很不明显，原因在于每个自变量对因变量 Y 的作用不能分辨，说明自变量间存在共线性。

(2) 识别产生多重共线性的变量

在判别出模型设置中存在多重共线性后，需要识别出哪些变量间存在多重共线性，主要有两种方法。

一是判定系数检验法。基本思想是每个自变量（X_i）分别以其他变量为解释变量建立回归方程，并计算相应的拟合优度。如果某一回归方程的拟合优度系数比较大，说明在该方程中作为因变量的 X_i 可以用其他变量的线性组合来代替，即 X_i 与其他变量存在多重共线性。遍历所有自变量后就可以识别出产生多重共线性的自变量。

对具有较大拟合优度系数的回归方程作下述显著性检验。

构造 F 统计量，$F_i = \dfrac{\dfrac{R_i^2}{k-1}}{\dfrac{1-R_i^2}{n-k}} \sim F(k-1,\ n-k)$，其中，$R_i^2$ 为第 i 个

解释变量（X_i）对其他解释变量回归方程的拟合优度系数。若存在多重共线性，R_i^2 比较大，$1-R_i^2$ 比较小，统计量 $F_i = \dfrac{\dfrac{R_i^2}{k-1}}{\dfrac{1-R_i^2}{n-k}}$ 服从自由度为 $(k-1, n-k)$ 的 F 分布，其中 k 为回归方程中自变量的数目，n 为样本数。根据样本数据计算统计量 F_i 的值，选择适合的显著性水平，然后再与自由度为 $(k-1, n-k)$ 的 F 分布所对应的标准值比较，如果 $F_i > F(k-1, n-k)$，则自变量 X_i 与其他自变量存在显著的多重共线性。许多统计软件中都带有多重共线性的判别检验功能。

二是逐步回归法。逐步回归法的基本设想是假定模型中有 k 个自变量，分别为 X_1、X_2、…、X_k，以 Y 为因变量，逐个引入各个自变量 X_1、X_2、…、X_k 进行模型估计，从而形成 k 个回归模型，通过拟合优度的变化来判析哪些自变量间存在多重共线性。如果引入某个自变量后拟合优度变化显著，根据拟合优度的内涵，说明新引入的变量是一个独立的自变量，对因变量的变化产生了重大影响。如果引入新的自变量后拟合优度的变化很不显著，说明新引入的自变量不是一个独立的自变量，对因变量的影响不是十分的大，新增加的自变量可以由其他自变量的线性组合代替。

3. 多重共线性的补救措施

如果模型存在多重共线性，需要发展新的方法来估计参数，主要有三种。

（1）剔除变量法

通过判定系数法、逐步回归法确定引起多重共线性的自变量后，把该自变量从回归模型中剔除，这是解决多重共线性最有效的直观方法。剔除自变量需要注意三点。一是通过判定系数法和利用 F_i 的值确定引起多重共线性的自变量。二是剔除的自变量应当是在模型中对因变量影响不太重要的变量。如果剔除了重要的自变量，可能会导致随机误差项的序列相关和异方差性。因此，在剔除自变量时，必须将多重共线性的检验与实际含义结合起来考虑，否则会引起模型的设定误差。三是剔除某些自变量后，模型中变量系数的意义将发生变化，估计量也会发生变化。

（2）差分法

假设以时间序列数据为样本的总体回归模型为

$$Y_i = \beta_0 + \beta_1 X_{i1} + \cdots + \beta_k X_{ik} + \mu_i, \tag{9.29}$$

可以将 9.29 式变为如下的差分模型

$$Y_i - Y_{i-1} = \beta_1(X_{i1} - X_{i-1,1}) + \cdots + \beta_k(X_{ik} - X_{i-1,k}) + \mu_i - \mu_{i-1}, \tag{9.30}$$

令 $\Delta Y_i = Y_i - Y_{i-1}$，$\Delta X_{ik} = X_{ik} - X_{i-1,k}$，则 9.30 式可以转换为

$$\Delta Y_i = \beta_1 \Delta X_{i1} + \cdots + \beta_k \Delta X_{ik} + \Delta\mu_i。 \tag{9.31}$$

通过上述差分变换能有效地消除原模型中自变量的多重共线性，这是由差分的内在性质决定的。一般来讲，增量之间的线性关系要比总量的线性关系弱。因此，差分后自变量之间的相关性比差分前弱得多，差分后的模型能有效地降低多重共线性出现的可能性。

(3) 逐步回归法

逐步回归是指以 Y 为因变量，逐个引入自变量，构成回归模型并进行模型估计，根据拟合度的变化来决定新引进的自变量是否可以用其他变量的线性组合代替。具体操作步骤如下：首先，用因变量分别对可能的自变量作一元回归；第二，选择对因变量贡献最大的自变量所对应的回归方程为基础，再逐个引入其余的自变量作回归分析，通过 $\bar{R}^2$ 系数来剔除引起严重共线性的自变量。在逐步回归过程中，可能面临 3 种情形：一是新自变量的引入提高了 $\bar{R}^2$ 值和 F 值，且其他回归参数的 t 检验是显著的，那么应当在模型中保留该自变量；二是新解释变量的引入未能明显改进 $\bar{R}^2$ 值和 F 值，且对其他参数的 t 检验未带来影响，可以认为该变量涉及多重共线性；三是新变量的引入未能明显改进 $\bar{R}^2$ 值和 F 值，而且显著地影响了其他参数的估计量，致使某些系数未能通过 t 检验，则说明存在严重共线性。总之，通过逐步回归保留对 $\bar{R}^2$ 改进最大且不影响原来变量显著性的自变量，从而使保留在模型中的变量是重要的且又不存在多重共线性。

放宽基本假定的回归模型主要涉及序列相关性、多重共线性和异方差性三个方面，这也是实际回归中经常遇到的不符合古典假定的情况。除了上述三种情况外，还有随机解释变量问题、时间序列的非平稳性等问题，也都违背了古典假定，需要发展新的回归检验方法才能得到正确的参数值和进行科学的统计检验。

第三节　扩展的单方程回归模型

前面的章节讨论了经典回归分析的理论与方法。上述研究都认定自

变量与因变量是连续变量并且两者之间存在着线性关系，样本往往是单纯的时间序列数据或截面数据。然而，在国际关系回归分析的实践中，往往会遇到一些特殊情况，例如，自变量和因变量都是离散变量，样本数据是同时包含截面数据和时间序列数据的面板数据等。特别是自变量与因变量为定类变量的情况是国际关系乃至整个社会科学研究中经常遇到的问题。本节主要讨论自变量和因变量分别为定类变量的情况，以了解处理这些数据的理论、方法与思路。

一、虚拟变量模型

在前面的讨论中，自变量都设定为定距（比）变量，但是也有一些自变量是无法定量度量的，如国家属性、是否追求霸权地位等。为了在模型中能够反映出这些因素对结果的影响，提高模型精度，需要将这些自变量“量化”。这种“量化”工作是通过引入“虚拟变量”来完成的。根据这些因素的属性类型，构造只取“0”和“1”的人工变量，通常称之为“虚拟变量”。例如，在第八章问题 2 中，国家是否追求霸权地位是影响国家对外援助的一个重要因素，反映国家意图的虚拟变量可以设为：

$$D=\begin{cases}1 & \text{追求霸权地位}\\ 0 & \text{不追求霸权地位}\end{cases}。$$

一般地，在虚拟变量的设置中，基础类型和肯定类型设置为“1”，比较类型和否定类型取值为“0”。

在问题 3 中，假设影响国家对外援助的因素包括 GDP 和国家是否追求霸权地位，模型可以设置如下：

$$Y=\beta_0+\beta_1 X+\beta_2 D+\mu。\tag{9.32}$$

其中 Y 为对外援助数额，X 为该国的 GDP，D 为援助国是否追求霸权地位，$D=1$ 代表该国追求霸权地位，$D=0$ 代表该国不追求霸权地位。

1. 模型中引入虚拟变量的方法

从 9.32 式可以看出，在模型中引入虚拟变量时，方程会具有两个不同的截距（D 分别取“0”和“1”）。有时虚拟变量的引入会改变曲线的走向，即改变曲线的斜率。针对上述两种具体情况，一般采用下面两种方法引入虚拟变量。

一是加法方式。加法方式是将虚拟变量以相加的方式引入模型中，在 9.32 式中，追求霸权地位国家的回归方程为 $Y=(\beta_0+\beta_2)+\beta_1 X+\mu$（$D$ 取值为 1)，不追求霸权地位国家的对外援助回归方程为 $Y=\beta_0+\beta_1X+\mu$。

从几何意义上来看，两类国家具有相同斜率，意味着 GDP 对国家对外援助的效应是相同的。但两者在 GDP 相同情况下对外援助额相差 β_2，这主要是由国家是否追求霸权地位这一因素造成的，其关系可表示为图9.5。对于方程 9.32，可以对 β_2 进行显著性检验，以判断国家追求霸权地位是否对国家对外援助有显著影响。

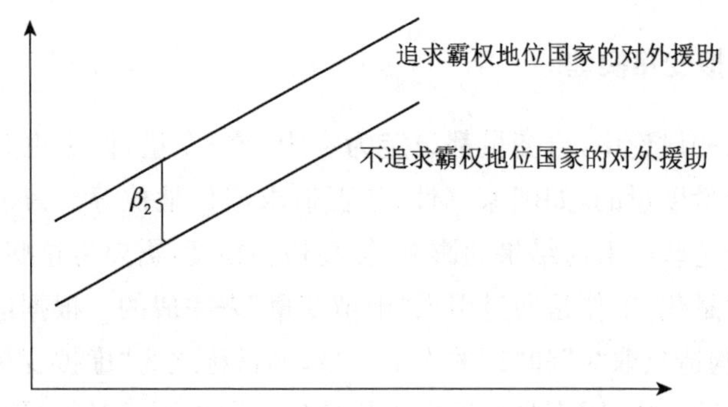

图 9.5　追求霸权地位国家和不追求霸权地位国家对外援助比较

二是乘法方式。加法方式引入的虚拟变量影响了回归方程的截距。在许多情况下，虚拟变量的引入改变了自变量对因变量的影响程度，导致回归模型的斜率发生了变化。在这种情况下需要通过乘法方式引入虚拟变量。

例如，在国家对外援助中，两类国家(即追求和不追求霸权地位的国家)的 GDP 对对外援助数额的影响有一定差异，这种影响系数差异可通过引入虚拟变量来考察。设：

$$D=\begin{cases}1 & \text{追求霸权地位}\\0 & \text{不追求霸权地位}\end{cases}。$$

建立如下的国家对外援助模型：

$$Y=\beta_0+\beta_1X+\beta_2DX+\mu。\tag{9.33}$$

Y、X 分别表示对外援助额和国家的 GDP，虚拟变量 D 以与 X 相乘的方式引入到模型中，随着国家类型的变化，GDP 对对外援助数额的影响也在发生变化。9.33 式表示的函数可以转化为如下具体形式：

不追求霸权地位：$Y=\beta_0+\beta_1X+\mu$；

追求霸权地位：$Y=\beta_0+(\beta_1+\beta_2)X+\mu$。

如果 β_2 显著地不等于 0，可以判定追求霸权地位的国家和不追求霸权地位国家的对外援助相异，这意味着在两种不同类型的国家中，GDP 对对外援助额的影响因子是不同的。

2. 实例解析

表 9.10 给出了冷战前发达国家对外援助额与 GDP 以及冷战后发达国家对外援助额与 GDP 的相关数据，可由这组数据来判断冷战前后发达国家的对外援助倾向是否有差异。

表 9.10 冷战前后发达国家对外援助额与 GDP 统计数据

序号		冷战后		序号	冷战前	
		对外援助（亿美元）	GDP（亿美元）		对外援助	GDP
1	美国	1 500	163 000	14	1 300	110 800
2	日本	820	117 800	15	680	87 000
3	德国	750	102 200	16	640	78 900
4	英国	560	87 060	17	460	65 400
5	法国	430	56 080	18	410	48 900
6	加拿大	510	67 090	19	340	50 350
7	意大利	450	32 890	20	319	27 900
8	丹麦	56	8 900	21	38	6 700
9	韩国	160	23 090	22	120	17 080
10	澳大利亚	378	47 000	23	270	36 090
11	挪威	89	10 880	24	58	7 810
12	荷兰	140	18 900	25	130	16 098
13	瑞典	180	16 800	26	128	14 090

冷战前与冷战后发达国家的对外援助回归方程可以写为如下形式。

冷战前：$Y_i = \alpha_0 + \alpha_1 X_i + \mu_{i1}$，$i = 1, 2, \cdots, n$；

冷战后：$Y_i = \beta_0 + \beta_1 X_i + \mu_{i2}$，$i = 1, 2, \cdots, n$。

回归结果有可能出现以下四种情况：

① $\alpha_0 = \beta_0$ 且 $\alpha_1 = \beta_1$，即冷战前与冷战后的回归方程是相同的，称为重合回归；

② $\alpha_0 \neq \beta_0$ 且 $\alpha_1 = \beta_1$，即冷战前与冷战后的回归差异仅在截距，称为平行回归；

③ $\alpha_0=\beta_0$ 且 $\alpha_1\neq\beta_1$，即两个回归的差异仅在其斜率，称为汇合回归；

④ $\alpha_0\neq\beta_0$ 且 $\alpha_1\neq\beta_1$，即两个回归完全不同，称为相异回归。

为了考察冷战这一历史事件对发达国家的对外援助是否有结构性影响，将表格中冷战前（$n_1=13$）和冷战后（$n_2=13$）的观察值合并引入乘法形式的虚拟变量，建立如下的回归模型：

$$Y_i=\beta_0+\beta_1X_i+\beta_3D_i+\beta_4(D_iX_i)+\mu_i。$$

其中，D_i 为虚拟变量，冷战前取值为 0，冷战后取值为 1，利用统计数据分别判断 β_3、β_4 是否显著等于 0，从而判断回归方程属于上属四种情况的哪一种。

由表 9.10 中数据得到的具体回归结果如表 9.11 所示。

表 9.11　冷战前后发达国家对外援助额与 GDP 关系的数据分析

Dependent Variable：DYWZ

Method：Least Squares

Date：12/06/16　Time：11:04

Sample：1 26

Included observations：26

	Coefficient	Std. Error	t-Statistic	Prob.
C	−2.367 219	63.329 77	−0.037 379	0.970 5
GDP	0.008 054	0.000 858	9.383 269	0.000 0
DV	113.234 7	91.656 65	1.235 423	0.229 7
DV * GDP	−0.004 030	0.001 493	−2.698 617	0.013 1

R-squared	0.832 055	Mean dependent var	374.846 2
Adjusted R-squared	0.809 154	S. D. dependent var	324.693 3
S. E. of regression	141.845 4	Akaike info criterion	12.887 99
Sum squared resid	442 642.3	Schwarz criterion	13.081 54
Log likelihood	−163.543 9	Hannan-Quinn criter.	12.943 73
F-statistic	36.331 84	Durbin-Watson stat	2.117 806
Prob(F-statistic)	0.000 000		

由此可得具体的回归方程为：

$$\hat{Y}_i=-2.367\,2+0.008\,04X_i+113.234\,7D_i-0.004\,030D_iX_i,$$

$$t=(-0.037)(9.383)(1.235)(-2.699),$$

$$\bar{R}^2 = 0.809, F = 36.33, D.W. = 2.117。$$

在 0.05 的显著性水平下，自由度为 25 的 t 分布的临界值为 1.708。因此，β_3 的参数显著地等于 0，而 β_4 的参数显著地不等于 0，显示冷战前和冷战后发达国家对外援助具有不同的斜率，即 GDP 在冷战前后对国家对外援助的影响是不同的。因此，最终结果可以表达为：

$\hat{Y}_i = -2.3672 + 0.00804X_i$，冷战前；

$\hat{Y}_i = -2.3672 + 0.00804X_i - 0.00403X_i = -2.3672 + 0.00401X_i$，冷战后。

二、二元离散选择模型

在前面所述的回归分析中，因变量都假定为连续变量，即必须是定比或定距数据。但是，国际关系研究中经常面临决策或选择问题，决策者需要在几个决策类型中选择一种，这些可供选择的类型可用离散数据来表示。例如，联合国是否派遣军队维和，可分别用 0 和 1 来表示；国家在联合国的投票分为赞成、弃权和反对，可分别用 2、1、0 来表示。以定类变量为因变量建立的统计模型称为离散选择模型。如果因变量只有两种类型，则称为二元选择模型。

在国际关系研究中我们经常遇到二元选择问题。例如，国家间是否采取结盟政策取决于两类因素：一类是外在属性，如国际体系、面临的共同敌人和压力等；另一类是国家自身所具有的属性，诸如国家的社会制度、地缘情况等。在大量的数据中，可以发现结果与影响因素之间具有一定的因果关系。揭示这一因果关系，了解特定自变量状态下，国家间选择结盟策略的概率有多大，对于预测和决策都具有十分重要的意义。二元离散选择模型是实现这一目标的重要方法。与常见的回归分析不同，二元离散选择模型主要是推断因变量处于某种状态或做出某种选择的概率，而不是计算因变量的具体数值。

1. 二元离散选择模型的建立

在第八章问题 4 中，同盟选择解体还是维持涉及多个因素，为了简要地说明问题，我们假定同盟解体仅与战略分歧和面临的外部威胁有关。建立如下二元选择统计模型：

$$Y = \beta_0 + \beta_1 X_1 + \beta_2 X_2 + \mu。 \quad (9.34)$$

其中 Y 是取值为 1 和 0 的因变量。X_1、X_2 为自变量，随机误差项满足多元回归统计中的基本假设。

令 $p_i = P(Y=1)$，$1-p_i = P(Y=0)$，$p_i = P(Y=1)$ 表示决策者选择结盟(取值为 1)的概率；$1-p_i = P(Y=0)$ 表示决策者选择不结盟(取值为 0)的概率。

结果的期望可表示为①：

$$\begin{aligned} E(Y) &= E(\beta_0+\beta_1X_1+\beta_2X_2+\mu) = E(\beta_0+\beta_1X_1+\beta_2X_2) \\ &= 1\times P(Y=1)+0\times P(Y=0) = p_i。 \end{aligned} \tag{9.35}$$

9.35 式中的 p_i 代表概率，$0\leqslant p_i\leqslant 1$。但是 $E(Y)=E(\beta_0+\beta_1X_1+\beta_2X_2)$ 的值并不一定处在[0，1]的范围内，实际上极有可能超出[0,1]的范围。因此，9.35 式在实际应用中并不一定是成立的。这说明传统的多元统计回归模型并不能直接用于二元离散选择这一问题。那么，如何建立二元离散选择模型呢，核心思想是借助于经济学中的效用函数。

理性人在两种类型(如第八章问题 4 中的选择结盟还是不选择结盟)的选择中做出决策时，往往是依据效用进行的。如果选择结盟的效用大于不结盟，决策者会选择结盟这一策略，反之亦然。以第八章问题 4 为例，选择结盟给国家带来的效用记为 U_i^1，它是由国家面临的战略分歧和外部威胁共同决定的。其中上标表示选择的决策类型(1 表示结盟，0 表示不结盟)，下标表示样本中第 i 个个体，U_i^1 为随机变量。根据 9.34 式可知：

$$U_i^1 = \beta_0^1+\beta_1^1X_1+\beta_2^1X_2+\mu_i^1。 \tag{9.36}$$

如果该国选择的是不结盟政策，效用记为 U_i^0，同样 U_i^0 也为随机变量，根据 9.34 式同理可得：

$$U_i^0 = \beta_0^0+\beta_1^0X_1+\beta_2^0X_2+\mu_i^0。 \tag{9.37}$$

在实际的决策研究中，决策者和研究者并不知道 U_i^1、U_i^0 的具体数值。研究者能知道的就是依据样本观测到决策者的选择结果，即选择了结盟(取值为 1)还是不结盟(取值为 0)。如果 $U_i^1 > U_i^0$，作为一个理性的决策者应当选择结盟，因为结盟所产生的效用大于不结盟。相反，当 $U_i^1 < U_i^0$ 时，则会选择不结盟。将 9.36 式减去 9.37 式可得：

$$U_i^1-U_i^0 = (\beta_0^1-\beta_0^0)+(\beta_1^1-\beta_1^0)X_1+(\beta_2^1-\beta_2^0)X_2+(\mu_i^1-\mu_i^0)。 \tag{9.38}$$

记 $Y^* = U_i^1-U_i^0$，$\beta_0=\beta_0^1-\beta_0^0$，$\beta_1=\beta_1^1-\beta_1^0$，$\beta_2=\beta_2^1-\beta_2^1$，$\mu^* = \mu_i^1-\mu_i^0$。

① 根据回归分析的古典假定，$E(\mu)=0$。

9.38 式转化为

$$Y^{*} = \beta_0 + \beta_1 X_1 + \beta_2 X_2 + \mu^{*}。 \tag{9.39}$$

9.39 式为二元选择模型，其中 Y^{*} 为因变量，X_1、X_2 为自变量，β_0、β_1、β_2 为估参数，μ^{*} 为随机干扰项。

当决策者选择结盟时，有如下表示式：

$$\begin{aligned} P(Y_i = 1) &= P[(U_i^1 - U_i^0) > 0] = P(Y^{*} > 0) \\ &= P(\mu^{*} > -\beta_0 - \beta_1 X_1 - \beta_2 X_2)。 \end{aligned}$$

2. 二元离散模型参数估计

如何对 9.39 式中的参数进行估计呢？传统的一元及多元回归统计模型的参数估计要求随机干扰项满足正态分布要求，即 $\mu_i \sim N(0, \sigma^2)$，然后再利用最小二乘法进行估计。在二元离散模型中，由于因变量是定类变量，因此无法利用 OLS 方法进行参数估计，在这种情况下可以选择最大似然法进行估计。

最大似然法的基本设想如下：从总体中随机抽取 n 组样本观测值，最合理的参数估计量应该使从总体中抽取该 n 组样本观测值的概率最大。

假定总体满足一元线性回归方程 $Y = \beta_0 + \beta_1 X_1 + \mu$。研究者并不知道 β_0、β_1 的具体数值，显然，研究者选择 β_0、β_1 唯一的判别依据就是抽样获得的样本。

在抽取的总量为 n 个个体的样本中，每一个个体被抽中的概率记为 $p_i(i = 1, 2, \cdots)$，显然，p_i 与 β_0、β_1 以及样本是有关系的，我们可以把这种关系抽象地记为：$p_i = p_i(\beta_0, \beta_1, x_i)$。因此，$n$ 个样本个体被抽中的概率（即联合概率）为 $p = \prod_{i=1}^{n} p_i = \prod_{i=1}^{n} p_i(\beta_0, \beta_1, x_i)$。

根据最大似然法的基本思想，使 $p = \prod_{i=1}^{n} p_i(\beta_0, \beta_1, x_i)$ 最大的 β_0、β_1 即为总体的参数估计。

例如，假设总体服从 $(0, \sigma^2)$ 的正态分布，即 $X \sim (0, \sigma^2)$，从总体中抽取 n 个样本，设第 i 个样本个体的观测值为 (X_i, Y_i)，Y_i 服从均值为 $\beta_0 + \beta_1 X_i$、方差为 σ^2 的正态分布。因此，Y_i 被抽中的概率为 $P(Y_i) = \frac{1}{\sigma\sqrt{2\pi}} e^{-\frac{1}{2\sigma^2}(Y_i - \beta_0 - \beta_1 X_i)^2}$。

由于样本中个体的抽样是相互独立的，即任意两个随机变量 Y_i、Y_j 互不相关，所以，n 个样本同时被抽中的概率为：

$$L(\beta_0, \beta_1, \sigma^2) = P(Y_1, Y_2, \cdots, Y_n)$$
$$= \frac{1}{\sigma\sqrt{2\pi}} e^{-\frac{1}{2\sigma^2}(Y_1-\beta_0-\beta_1 X_1)^2} \times \frac{1}{\sigma\sqrt{2\pi}} e^{-\frac{1}{2\sigma^2}(Y_2-\beta_0-\beta_1 X_2)^2} \times \cdots \times \frac{1}{\sigma\sqrt{2\pi}} e^{-\frac{1}{2\sigma^2}(Y_n-\beta_0-\beta_1 X_n)^2}$$
$$= \frac{1}{(2\pi)^{\frac{n}{2}}\sigma^n} e^{-\frac{1}{2\sigma^2}\sum_{i=1}^{n}(Y_i-\beta_0-\beta_1 X_i)^2}。 \tag{9.40}$$

在 9.40 式中，选择合适的 β_0、β_1 使 $L(\beta_0, \beta_1, \sigma^2)$ 取值最大，即求得参数的估计量。

利用最大似然估计法对式 9.39 中的参数进行估计时，首先必须设定随机干扰项 μ^* 满足的概率分布。一般而言，最常用的分布是标准正态分布和逻辑分布，从而形成了两种最常用的二元选择模型：概率分布(Probit)模型和逻辑分布(Logit)模型。

所谓 Probit 模型是指 μ^* 的概率分布函数为

$$F(t) = \int_{-\infty}^{t} (2\pi)^{-\frac{1}{2}} e^{-\frac{x^2}{2}} dx,$$

逻辑分布模型是指 μ^* 的概率分布函数为

$$F(t) = \frac{1}{1+e^{-t}}。$$

无论是概率分布模型还是逻辑分布模型，μ^* 的概率分布函数是对称的，即 $F(-t) = 1 - F(t)$。因此，9.39 式可以改写为：

$$\begin{aligned} P(Y=1) &= P(Y^* > 0) = P(\mu^* > -\beta_0 - \beta_1 X_1 - \beta_2 X_2) \\ &= 1 - P(\mu^* < -\beta_0 - \beta_1 X_1 - \beta_2 X_2) \\ &= 1 - F(-\beta_0 - \beta_1 X_1 - \beta_2 X_2) \\ &= F(\beta_0 + \beta_1 X_1 + \beta_2 X_2)。 \end{aligned} \tag{9.41}$$

根据最大似然法，模型 9.39 中的似然函数为：

$$L(\beta_0, \beta_1) = P(Y_1, Y_2, \cdots, Y_n)$$
$$= \prod_{i=1}[1 - F(\beta_0 + \beta_1 X_{i1} + \beta_2 X_{i2})] \prod_{i=1} F(\beta_0 + \beta_1 X_{i1} + \beta_2 X_{i2})$$
$$= \prod_{i=1}^{n} [1 - F(\beta_0 + \beta_1 X_{i1} + \beta_2 X_{i2})]^{1-Y_i} [^{F}(\beta_0 + \beta_1 X_{i1} + \beta_2 X_{i2})] Y_i。 \tag{9.42}$$

9.42 式为最大似然函数，最大似然函数取最大值的一阶条件是：

$\frac{\partial L}{\partial \beta_0}=0$，$\frac{\partial L}{\partial \beta_1}=0$，$\frac{\partial L}{\partial \beta_2}=0$，由此可以求得 β_0、β_1、β_2 的值。

在实际计算中，由于对 9.42 式直接求导计算量较大，因此可以将 9.42 式转化为对数似然函数：

$$\ln L=\sum_{i=1}^{n}\{(1-Y_i)\ln[1-F(\beta_0+\beta_1 X_{i1}+\beta_2 X_{i2})]+ Y_i\ln F(\beta_0+\beta_1 X_{i1}+\beta_2 X_{i2})\} \quad (9.43)$$

对数似然函数 9.43 式最大化的一阶条件是：

$$\begin{cases}\frac{\partial \ln L}{\partial \beta_0}=\sum_{i=1}^{n}\left[(1-Y_i)\frac{-F'(\beta_0+\beta_1 X_{i1}+\beta_2 X_{i2})}{1-F(\beta_0+\beta_1 X_{i1}+\beta_2 X_{i2})}+Y_i\frac{F'(\beta_0+\beta_1 X_{i1}+\beta_2 X_{i2})}{F(\beta_0+\beta_1 X_{i1}+\beta_2 X_{i2})}\right] \\ \quad =\sum_{i=1}^{n}\left[(1-Y_i)\frac{-f_i}{1-F_i}+Y_i\frac{f_i}{F_i}\right]=0; \\ \frac{\partial \ln L}{\partial \beta_1}=\sum_{i=1}^{n}\left[(1-Y_i)\frac{-f_i}{1-F_i}+Y_i\frac{f_i}{F_i}\right]X_{1i}=0; \\ \frac{\partial \ln L}{\partial \beta_2}=\sum_{i=1}^{n}\left[(1-Y_i)\frac{-f_i}{1-F_i}+Y_i\frac{f_i}{F_i}\right]X_{2i}=0。\end{cases} \quad (9.44)$$

f 是 F 对应的概率密度函数，根据样本数据求解 9.44 式即可求得参数估计量 β_0、β_1、β_2 的值。

3. 二元 Probit 离散选择模型及参数估计

当 9.39 式中 μ^* 的概率分布函数为标准正态分布时，称模型 9.38 为二元 Probit 离散选择模型，标准正态分布函数为

$$F(t)=\int_{-\infty}^{t}(2\pi)^{-\frac{1}{2}}\mathrm{e}^{-\frac{x^2}{2}}\mathrm{d}x,$$

相应的概率密度函数为

$$f(t)=(2\pi)^{-\frac{1}{2}}\mathrm{e}^{-\frac{x^2}{2}}。$$

将上述两式代入 9.44 式中，即可求得 β_0、β_1、β_2 的值。

4. 实例解析

假设美国是否卷入域外领土争端受到两国间贸易依存度的影响。因此，以美国对领土争端的态度（Y）作为因变量，以两国间贸易依存度（X）作为自变量建立模型。美国卷入域外领土争端的观测值记为 1，不卷入域外领土争端的观测值记为 0。抽样得到的样本数据参见表 9.12。

表 9.12　美国对域外领土争端态度与两国贸易依存度统计数据

	X_i	Y_i	$\hat{Y}_i$		X_i	Y_i	$\hat{Y}_i$		X_i	Y_i	$\hat{Y}_i$
1	0.003	0	−1.47	9	0.16	0	−0.75	17	0.42	0	0.43
2	0.009	0	−1.44	10	0.21	1	−0.53	18	0.44	1	0.52
3	0.012	0	−1.43	11	0.24	0	−0.38	19	0.48	1	0.70
4	0.038	0	−1.31	12	0.29	1	−0.16	20	0.51	0	0.84
5	0.064	0	−1.19	13	0.32	0	−0.02	21	0.56	1	1.67
6	0.087	0	−1.08	14	0.38	1	0.25	22	0.59	1	1.20
7	0.098	0	−1.03	15	0.39	0	0.29	23	0.60	1	1.25
8	0.105	1	−1.00	16	0.40	1	0.34	24	0.61	0	1.29

建立原始模型：$Y = \beta_0 + \beta_1 X + \mu$。

利用 Eviews 软件中的 Probit 功能得到模型的估计结果如表 9.13 所示。

表 9.13　美国对域外领土争端态度与两国贸易依存度关系的数据分析

Dependent Variable：Y

Method：ML-Binary Probit (Quadratic hill climbing)

Date：12/06/16　Time：14:51

Sample：1 24

Included observations：24

Convergence achieved after 4 iterations

Covariance matrix computed using second derivatives

	Coefficient	Std. Error	z-Statistic	Prob.
C	−1.480 691	0.592 680	−2.498 296	0.012 5
Y	4.549 679	1.657 958	2.744 146	0.006 1

McFadden R-squared	0.289 205	Mean dependent var	0.458 333
S.D. dependent var	0.508 977	S.E. of regression	0.424 983
Akaike info criterion	1.147 095	Sum squared resid	3.973 432
Schwarz criterion	1.245 267	Log likelihood	−11.765 15
Hannan-Quinn criter.	1.173 140	Restr. log likelihood	−16.552 10
LR statistic	9.573 914	Avg. log likelihood	−0.490 214
Prob(LR statistic)	0.001 974		
Obs with Dep=0	13	Total obs	24
Obs with Dep=1	11		

由此可见，估计结果为：$\hat{Y}_i = -1.480\,691 + 4.549\,679X_i$。

由估计结果可知，虽然输入了 Y 的观测值，但是估计结果不是由数据得到的原始模型，而是模型 9.39 式，模型 9.39 式的结果 $\hat{Y}_i$ 列于表9.12中。

按照方程 $\Pr(Y_i) = 1 - NORM[-(-1.480\,691 + 4.549\,679X_i)]$ 可以得到不同 X 值下选择 1 的概率①。例如，当 $X = 0.038$ 时，$\hat{Y}_i = -1.31$，查标准正态分布表，对应于 1.31 的累积正态分布为 0.904 9，于是，Y 发生的概率为 $\Pr(Y_i) = 1 - 0.904\,9 = 0.095\,1$，即两国间贸易依存度为0.038 时，美国卷入领土争端的概率为 0.095 1。

5. 二元 Logit 离散选择模型及其参数估计

在 9.39 式中，如果把 μ^* 的概率分布假定为逻辑分布，则模型转变成二元 Logit 离散选择模型。统计学研究表明，如果选择是按照效用最大化进行的，那么具有极值的 Logit 分布是较好的选择。因此，在二元离散选择模型中采用 Logit 模型是比较合理的选择。

Logit 概率分布函数和概率密度函数分别为：

$$F(t) = \frac{1}{1+\mathrm{e}^{-t}},\ f(t) = \frac{\mathrm{e}^{-t}}{(1+\mathrm{e}^{-t})^2}。 \tag{9.45}$$

为了方便起见，假设二元 Logit 离散选择的原始形式为：

$$Y = \beta_0 + \beta_1 X + \mu。$$

抽样共计 n 个样本数据，将 9.45 代入 9.44 式可以得到二元 Logit 离散选择模型的参数估计：

$$\begin{aligned}
\frac{\partial \ln L}{\partial \beta_0} &= \sum_{i=1}^{n}\left[(1-Y_i)\frac{-F'(\beta_0+\beta_1 X_i)}{1-F(\beta_0+\beta_1 X_i)} + Y_i\frac{F'(\beta_0+\beta_1 X_i)}{F(\beta_0+\beta_1 X_i)}\right] \\
&= \sum_{i=1}^{n}\left[(1-Y_i)\frac{-\dfrac{\mathrm{e}^{-(\beta_0+\beta_1 X_i)}}{[1+\mathrm{e}^{-(\beta_0+\beta_1 X_i)}]^2}}{1-\dfrac{1}{1+\mathrm{e}^{-(\beta_0+\beta_1 X_i)}}} + Y_i\frac{\dfrac{\mathrm{e}^{-(\beta_0+\beta_1 X_i)}}{[1+\mathrm{e}^{-(\beta_0+\beta_1 X_i)}]^2}}{\dfrac{1}{1+\mathrm{e}^{-(\beta_0+\beta_1 X_i)}}}\right] \\
&= \sum_{i=1}^{n}\left[Y_i - \frac{1}{1+\mathrm{e}^{-(\beta_0+\beta_1 X_i)}}\right] = 0 \\
\frac{\partial \ln L}{\partial \beta_1} &= \sum_{i=1}^{n}\left[Y_i - \frac{1}{1+\mathrm{e}^{-(\beta_0+\beta_1 X_i)}}\right]X_i = 0
\end{aligned} \tag{9.46}$$

将 n 个样本值 (X_i, Y_i) 分别代入 9.46 式可解得 β_0、β_1 的值。

---

① *NORM* 为标准正态分布符号。

小　结

多元回归分析是国际关系实证研究的重要内容，面板数据、时间序列数据的回归分析都是在此基础上拓展出来的，掌握多元回归技术对进一步学习统计分析方法具有重要意义。在国际关系研究实践中，放宽基本假定的类型除了异方差性、序列相关、多重共线性外，还涉及随机解释变量问题。在扩展的回归模型中，主要介绍了自变量和因变量为定类变量的情况，事实上，还涉及选择性样本、面板数据等问题。同时，回归分析中的另一类重要数据——时间序列在本章中并没有得到充分阐述。

多元回归分析涉及概率论、矩阵论的一些基础知识，对以人文社会科学为知识储备的国际关系研究者来讲，掌握该方法具有一定难度。事实上，统计分析是一门内容非常广泛的学科，作为该方法的应用者，我们不需要了解复杂的数学推导和计算过程，SPSS、Eviews 等统计软件可以代替我们完成这项工作。但是，作为研究者我们需要掌握该方法的核心内容：①了解回归的基本原理，读懂统计软件输出结果所代表的含义；②了解为什么需要进行特定的检验，以及如何进行检验；③不同类型的数据需要进行不同的检验，其核心就在于保证满足回归分析的基本条件。

多元回归分析是定量研究的基础。一般来讲，回归分析按照内容深度分为初级、中级和高级三个层次。初级以经典的线性单方程模型理论与方法为主要内容；中级以放宽基本假定和扩展的经典的线性单方程模型理论与方法为主要内容；高级以非典型的、现代的计量模型为主要内容。本章内容涉及放宽基本假定的模型估计与检验以及虚拟变量模型。因此，从内容深度看介于初级与中级之间。有待深入研究的内容还包括滞后变量模型、联列方程模型、面板数据模型以及时间序列模型等等。

附录 9.1

$D.W. \approx 2(1-\rho)$等式的推导

$$D.W. = \frac{\sum(\tilde{e}_i - \tilde{e}_{i-1})^2}{\sum \tilde{e}_i^2} = \frac{\sum \tilde{e}_i^2 + \sum \tilde{e}_{i-1}^2 - 2\sum \tilde{e}_i \tilde{e}_{i-1}}{\sum \tilde{e}_i^2}。 \quad (1)$$

因为 $\sum_{i=2}^{n} \tilde{e}_i^2 \approx \sum_{i=2}^{n} \tilde{e}_{i-1}^2 \approx \sum_{i=1}^{n} \tilde{e}_i^2$

则(1)式变形为 $D.W. = 2\left[1 - \frac{\sum_{i=2}^{n} \tilde{e}_i \tilde{e}_{i-1}}{\sum_{i=1}^{n} \tilde{e}_i^2}\right]$

同理当 $\sum_{i=2}^{n} \tilde{e}_i^2 \approx \sum_{i=2}^{n} \tilde{e}_{i-1}^2 \approx \sum_{i=1}^{n} \tilde{e}_i^2$ 时，$\rho = \frac{\sum_{i=1}^{n} \tilde{e}_i \tilde{e}_{i-1}}{\sum_{i=1}^{n} \tilde{e}_i^2}$

ρ 为相关系数，$-1 \leqslant \rho \leqslant 1$，所以 $D.W. \approx 2(1-\rho)$。

第十章　国际关系研究中的多元统计方法

在国际关系实证研究中(特别是以描述为目的的研究),为了研究某个现象或事物,常常需要同时观察多个指标。例如,为了测量国家发展程度,需要测量的指标包括GDP、人均GDP、科技专利数量等。为了深入准确地揭示现象的本质特征,我们需要对各个指标同时进行研究,通过对多个随机变量观察数据的分析,研究变量之间的相互关系以揭示这些变量内的变化规律,这就形成了多元统计分析方法。与单一指标测量方法相比,多元统计需要利用多个指标来测量对象或事物,每一个指标都是随机变量,多个指标组合形成了随机向量。因此,多元统计分析主要处理随机向量。多元统计方法类型多样,本章主要介绍主成分分析、判别分析、聚类分析和路径分析等四种常见方法,这是进行国际关系描述性研究的主要方法。读者在阅读本章时需先了解附录中的多元统计基础知识。

第一节　主成分分析

在对某些国际政治现象进行测量时,往往需要考虑多个变量(或指标),这些变量可能受到某些特征的影响而分为许多种类。但是,在这些变量之间具有一定的相关性,或者说这些变量都蕴含一些共同因素。例如,测量一个国家的综合国力,主要指标包括GDP、对外贸易量、货币的国际化程度、金融开放度、军队数量、高技术武器数量、核武器数量等等。显然,GDP大的国家,对外贸易量也大,货币的国际化程度和金融开放度也高。由此可见,由于受到共同因素的影响,测量指标之间往往存在着相关性。如果研究者能用较少数量指标代替原来多个指标,并且这些较少的指标能满足以下要求:①是原来各个指标的组合;②尽可能地反映原有变量所蕴藏的信息。如此一来,一方面可使变量大大减少,测量工作更加简明,另一方面有利于由表及里地探索事物的本质联系。主成分分析就是根据变量之间的相关性，利用较少的变量来代替原来较多的变量，从而使多个指标转化为少数几个相互独立的综合性指标的分析方法。

一、主成分分析的基本原理

假定采用 6 个指标（X_1, X_2, X_3, X_4, X_5, X_6）来测量一个国家的国际地位（$\boldsymbol{X}$），其中，X_1, X_2, …, X_6 为随机变量，$\boldsymbol{X}$ 为包含六个随机变量的随机向量，那么 $\boldsymbol{X}=(X_1, X_2, X_3, X_4, X_5, X_6)'$。[①]根据六个随机变量数值形成的随机向量就是国家国际地位的测量值。随机向量 $\boldsymbol{X}$ 的均值可表示为

$$E\boldsymbol{X}=\mu=(EX_1, EX_2, EX_3, EX_4, EX_5, EX_6)',$$

随机向量 $\boldsymbol{X}$ 的协方差矩阵为

$$D(\boldsymbol{X})=V=\begin{pmatrix} \operatorname{cov}(X_1, X_1) & \operatorname{cov}(X_1, X_2) & \cdots & \operatorname{cov}(X_1, X_6) \\ \operatorname{cov}(X_2, X_1) & \operatorname{cov}(X_2, X_2) & \cdots & \operatorname{cov}(X_2, X_6) \\ \vdots & \vdots & \vdots & \vdots \\ \operatorname{cov}(X_6, X_1) & \operatorname{cov}(X_6, X_2) & \cdots & \operatorname{cov}(X_6, X_6) \end{pmatrix}。$$

其中 $\operatorname{cov}(X_1, X_2)$ 表示随机变量 X_1 与 X_2 的协方差。

现假定把这 6 个指标合成为较少的 k 个新指标（$k<6$），要求这 k 个指标能最大限度地反映上述 6 个指标的信息。同时，k 个指标间互不相关。假设第 1 个新指标为 Y_1，它是由 X_1、X_2、X_3、X_4、X_5、X_6 综合而成，通常将其取为原来变量的线性组合，表示为 $Y_1=a_{11}X_1+a_{12}X_2+\cdots+a_{16}X_6=a_1'\boldsymbol{X}$。其中

$$\boldsymbol{a}_1'=(a_{11}, a_{12}, a_{13}, a_{14}, a_{15}, a_{16}),$$
$$\boldsymbol{X}=(X_1, X_2, X_3, X_4, X_5, X_6)'。$$[②]

根据主成分分析的思想，我们的目标是选择合适的 a_{11}、a_{12}、…、a_{16}，使 Y_1 能最大限度地反映出原来 6 个随机变量中的信息。借鉴回归分析中最小二乘法的思想，满足上述要求的 Y_1 要使 $Y_1-\boldsymbol{a}_1'\boldsymbol{X}$ 取值最小。由于 $Y_1-\boldsymbol{a}_1'\boldsymbol{X}$ 为随机变量，因此 $Y_1-\boldsymbol{a}_1'\boldsymbol{X}$ 取最小值可以表示为：

$$\min E(Y_1-\boldsymbol{a}_1'\boldsymbol{X}) \tag{10.1}$$

① 随机向量用加黑字母表示，随机变量用一般字母表示。

② $\boldsymbol{a}_1'$ 为 $\boldsymbol{a}_1$ 的转置。

下面求解 10.1 式中的 a_{11}、a_{12}、a_{13}、a_{14}、a_{15}、a_{16}。根据概率论知识，$\min E(Y_1-\boldsymbol{a}_1'\boldsymbol{X})$ 等同于 $\boldsymbol{a}_1'\boldsymbol{X}$ 具有最大的方差，即 $D(Y_1)=D(\boldsymbol{a}_1'\boldsymbol{X})$ 达到最大。

$$
\begin{aligned}
D(Y_1) &= D(\boldsymbol{a}_1'\boldsymbol{X}) = D(a_1X_{11}+a_{12}X_2+\cdots+a_{16}X_6)\\
&= E(a_{11}X_1+a_{12}X_2+\cdots+a_{16}X_6)^2\\
&\quad -[E(a_{11}X_1+a_{12}X_2+\cdots+a_{16}X_6)]^2\\
&= (a_{11},\ a_{12}\cdots a_{16})\\
&\quad \cdot\begin{pmatrix} \operatorname{cov}(X_1,X_1) & \operatorname{cov}(X_1,X_2) & \cdots & \operatorname{cov}(X_1,X_6)\\ \operatorname{cov}(X_2,X_1) & \operatorname{cov}(X_2,X_2) & \cdots & \operatorname{cov}(X_2,X_6)\\ \vdots & \vdots & \vdots & \vdots\\ \operatorname{cov}(X_6,X_1) & \operatorname{cov}(X_6,X_2) & \cdots & \operatorname{cov}(X_6,X_6)\end{pmatrix}\begin{pmatrix}a_{11}\\ a_{12}\\ \vdots\\ a_{16}\end{pmatrix}\\
&= \boldsymbol{a}_1'\boldsymbol{V}\boldsymbol{a}_1。
\end{aligned} \tag{10.2}
$$
[①]

$$
其中：\boldsymbol{V}=\begin{pmatrix} \operatorname{cov}(X_1,X_1) & \operatorname{cov}(X_1,X_2) & \cdots & \operatorname{cov}(X_1,X_6)\\ \operatorname{cov}(X_2,X_1) & \operatorname{cov}(X_2,X_2) & \cdots & \operatorname{cov}(X_2,X_6)\\ \vdots & \vdots & \vdots & \vdots\\ \operatorname{cov}(X_6,X_1) & \operatorname{cov}(X_6,X_2) & \cdots & \operatorname{cov}(X_6,X_6)\end{pmatrix}。
$$

10.2 式中，如果使向量 $\boldsymbol{a}_1=(a_{11},\ a_{12},\ \cdots,\ a_{16})'$ 同步扩大 n 倍，则 $D(\boldsymbol{a}_1'\boldsymbol{X})$ 的数值就会相应扩大 n^2 倍，意味着方差变大。因此，如果对向量 $\boldsymbol{a}_1$ 不加限制的话，问题将会变得没有意义。一个自然的考虑就是对向量 $\boldsymbol{a}_1$ 进行限制，常用的限制是令 $\boldsymbol{a}_1'\boldsymbol{a}_1=1$，即 $a_{11}^2+a_{12}^2+\cdots+a_{16}^2=1$。

因此，主成分分析法最终可以归结为如下问题：

$$
\begin{cases}\max D(\boldsymbol{a}_1'\boldsymbol{X})=\max D(a_{11}X_1+a_{12}X_2+\cdots+a_{16}X_6),\\ \text{St}\ a_{11}^2+a_{12}^2+\cdots+a_{16}^2=1。\end{cases} \tag{10.3}
$$

即在 $a_{11}^2+a_{12}^2+\cdots+a_{16}^2=1$ 条件限制下，使 $Y_1=a_{11}X_1+a_{12}X_2+\cdots+a_{16}X_6$ 的方差达到最大的 $\boldsymbol{a}_1$。10.3 式涉及约束条件下多项式最大值的求解问题。根据高等数学知识，利用拉格朗日乘数法求解 a_{11}、a_{12}、a_{13}、a_{14}、a_{15}、a_{16}。[②]

首先建立拉格朗日方程：

---

① 10.2 式推导参见附录 10.1。

② 拉格朗日方法求极值的原理参见附录 10.2。

$$L(a_{11}, a_{12}\cdots a_{16}, \lambda) =$$

$$(a_{11}, a_{12}\cdots a_{16})\begin{pmatrix} \mathrm{cov}(X_1, X_1) & \mathrm{cov}(X_1, X_2) & \cdots & \mathrm{cov}(X_1, X_6) \\ \mathrm{cov}(X_2, X_1) & \mathrm{cov}(X_2, X_2) & \cdots & \mathrm{cov}(X_2, X_6) \\ \vdots & \vdots & \vdots & \vdots \\ \mathrm{cov}(X_6, X_1) & \mathrm{cov}(X_6, X_2) & \cdots & \mathrm{cov}(X_6, X_6) \end{pmatrix}\begin{pmatrix} a_{11} \\ a_{12} \\ \vdots \\ a_{16} \end{pmatrix}$$

$$-\lambda(a_{11}^2 + a_{12}^2 + \cdots + a_{16}^2 - 1)$$

$$= \boldsymbol{a}_1'\boldsymbol{V}\boldsymbol{a}_1 - \lambda(\boldsymbol{a}_1'\boldsymbol{a}_1 - 1)。 \quad (10.4)$$

10.4 式分别对 a_{11}、a_{12}、…、a_{16}、λ 求导数：

$$\frac{\partial L}{\partial a_{11}} = \frac{\partial D(Y_1)}{\partial a_{11}} - \frac{d(\boldsymbol{a}_1'\boldsymbol{a}_1 - 1)}{da_{11}}$$
$$= 2a_{11}\mathrm{cov}(X_1X_1) + 2a_{12}\mathrm{cov}(X_2X_1) + 2a_{13}\mathrm{cov}(X_3X_1) + \cdots$$
$$+ 2a_{16}\mathrm{cov}(X_6X_1) - 2\lambda a_{11} = 0。$$

$$\frac{\partial L}{\partial a_{12}} = \frac{\partial D(Y_1)}{\partial a_{12}} - \frac{d(\boldsymbol{a}_1'\boldsymbol{a}_1 - 1)}{da_{12}}$$
$$= 2a_{12}\mathrm{cov}(X_2X_2) + 2a_{11}\mathrm{cov}(X_1X_2) + 2a_{13}\mathrm{cov}(X_2X_3) + \cdots$$
$$+ 2a_{16}\mathrm{cov}(X_2X_6) - 2\lambda a_{12} = 0。$$

……

$$\frac{\partial L}{\partial a_{16}} = \frac{\partial D(Y_1)}{\partial a_{16}} - \frac{d(\boldsymbol{a}_1'\boldsymbol{a}_1 - 1)}{da_{16}}$$
$$= 2a_{16}\mathrm{cov}(X_6X_6) + 2a_{11}\mathrm{cov}(X_1X_6) + 2a_{12}\mathrm{cov}(X_2X_6) + \cdots$$
$$+ 2a_{15}\mathrm{cov}(X_5X_6) - 2\lambda a_{16} = 0。$$

$$\frac{\partial L}{\partial \lambda} = a_{11}^2 + a_{12}^2 + \cdots + a_{16}^2 - 1 = 0。 \quad (10.5)$$

将 10.5 式写成矩阵的形式为：

$$2\boldsymbol{V}\boldsymbol{a}_1 = 2\lambda\boldsymbol{a}_1,$$

$$\boldsymbol{V}\boldsymbol{a}_1 - \lambda\boldsymbol{a}_1 = 0, \text{即}$$

$$(\boldsymbol{V} - \lambda\boldsymbol{E})\boldsymbol{a}_1 = 0。 \quad (10.6)$$

其中 $\boldsymbol{E}$ 为单位矩阵，$\boldsymbol{E} = \begin{pmatrix} 1 & 0 & \cdots & 0 \\ 0 & 1 & \cdots & 0 \\ \vdots & \vdots & \vdots & \vdots \\ 0 & 0 & \cdots & 1 \end{pmatrix}$。

根据线性代数知识，10.6 式有非零解的充要条件是系数行列式

$|\boldsymbol{V}-\lambda\boldsymbol{E}|=0$，[①]即

$$\begin{vmatrix} \mathrm{cov}(X_1, X_1)-\lambda & \mathrm{cov}(X_1, X_2) & \cdots & \mathrm{cov}(X_1, X_6) \\ \mathrm{cov}(X_2, X_1) & \mathrm{cov}(X_2, X_2)-\lambda & \cdots & \mathrm{cov}(X_2, X_6) \\ \vdots & \vdots & \vdots & \vdots \\ \mathrm{cov}(X_6, X_1) & \mathrm{cov}(X_6, X_2) & \cdots & \mathrm{cov}(X_6, X_6)-\lambda \end{vmatrix}=0。\tag{10.7}$$

其中，λ 称之为特征值。

根据上文的分析，求解 a_{11}、a_{12}、…、a_{16} 的基本思路是在 $\boldsymbol{a}_1'\boldsymbol{a}_1=1$ 的条件下使 $\boldsymbol{a}_1'\boldsymbol{V}\boldsymbol{a}_1$ 最大化，在 10.6 式左右两边同乘向量 $\boldsymbol{a}_1'$ 可得：$\boldsymbol{a}_1'\boldsymbol{V}\boldsymbol{a}_1=\boldsymbol{a}_1'\lambda\boldsymbol{a}_1$。

要使 $\boldsymbol{a}_1'\boldsymbol{V}\boldsymbol{a}_1$ 取最大值，即让 $\boldsymbol{a}_1'\lambda\boldsymbol{a}_1$ 取最大值，由于 $\boldsymbol{a}_1'\boldsymbol{a}_1=1$ 已固定，因此，要使 $\boldsymbol{a}_1'\lambda\boldsymbol{a}_1$ 能取得最大值，λ 应当取最大特征值。在 10.7 式求解的诸多 λ 中选择最大的特征值代入 $\boldsymbol{a}_1'\lambda\boldsymbol{a}_1$ 中，并在 $\boldsymbol{a}_1'\boldsymbol{a}_1=1$ 的约束条件下求解 $\max\boldsymbol{a}_1'\lambda\boldsymbol{a}_1$，从而求得对应于最大特征值 λ 的特征向量 $\boldsymbol{a}_1'=(a_{11}, a_{12}, \cdots, a_{16})$，进而获得 Y_1 的第一主成分。

设第 2 个新指标为 Y_2，假设 $Y_2=\boldsymbol{a}_2'\boldsymbol{X}=a_{21}X_1+a_{22}X_2+\cdots+a_{26}X_6$。

类似于第一主成分的求解过程，$\boldsymbol{a}_2'=(a_{21}, a_{22}, a_{23}, a_{24}, a_{25}, a_{26})$ 也应当满足 10.6、10.7 式，即：

$$\boldsymbol{a}_2'\boldsymbol{V}\boldsymbol{a}_2-\lambda(\boldsymbol{a}_2'\boldsymbol{a}_2-1)=0 \text{ 和 } (\boldsymbol{V}-\lambda\boldsymbol{E})\boldsymbol{a}_2=0 \tag{10.8}$$

为了使 Y_2 的方差尽可能大，10.8 式中的 λ 也应当尽可能地大。显然，在求解指标 Y_1 的线性组合 $\boldsymbol{a}'$ 时，对应的特征值为 λ_1，λ_1 为所有特征值中最大值。那么为使 Y_2 的方差最大，$\boldsymbol{a}_2'$ 应该为仅次于 λ_1 的第二大特征值 λ_2 所对应的特征向量。依次类推，第 3 个指标为协方差矩阵对应的第三大特征值 λ_3 所对应的特征向量。第 k 个指标为协方差矩阵 $\boldsymbol{V}$ 对应的第 k 大特征值 λ_k 所对应的特征向量。依次求得各特征值所对应的特征向量，从而得到各主成分关于原指标的线性组合。

根据上述分析思路，主成分分析的步骤可初步表示如下。

(1) 列出测量对象的指标体系。设 $\boldsymbol{X}=(X_1, X_2, \cdots, X_p)'$ 为测量的指标体系，其中，X_1、X_2、…、X_p 为测量指标，皆为随机变量，$\boldsymbol{X}$ 为随机向量。

(2) 列出随机向量的协方差矩阵 $\boldsymbol{V}$：

① 具体原理参见附件 10.3。

$$V=\begin{pmatrix} \mathrm{cov}(X_1, X_1) & \mathrm{cov}(X_1, X_2) & \cdots & \mathrm{cov}(X_1, X_p) \\ \mathrm{cov}(X_2, X_1) & \mathrm{cov}(X_2, X_2) & \cdots & \mathrm{cov}(X_2, X_p) \\ \vdots & \vdots & \vdots & \vdots \\ \mathrm{cov}(X_p, X_1) & \mathrm{cov}(X_p, X_2) & \cdots & \mathrm{cov}(X_p, X_p) \end{pmatrix}。$$

（3）计算该协方差矩阵的特征值 λ_1、λ_2、…、$\lambda_k(k \leqslant p)$。

（4）将特征值从大到小排列，分别求解每个特征值对应的特征向量，设 λ_1 对应的特征向量为 $\boldsymbol{a}'_1=(a_{11}, a_{12}, a_{13}, \cdots, a_{1p})$，$\lambda_i$ 对应的特征向量为 $\boldsymbol{a}'_i=(a_{i1}, a_{i2}, a_{i3}, \cdots, a_{ip})$，$\lambda_k$ 对应的特征向量为 $\boldsymbol{a}'_k=(a_{k1}, a_{k2}, a_{k3}, \cdots, a_{kp})$，则第 i 个新指标为

$$Y_i = a_{i1}X_1 + a_{ia}X_2 + \cdots + a_{ip}X_p = \boldsymbol{a}'_i\boldsymbol{X}。$$

二、主成分分析的操作步骤

例 10.1 假设测量国际地位相关的指标有 GDP(X_1)、对外贸易量(X_2)、国民文化教育程度(X_3，用平均受教育年数表示)、国土面积(X_4，万平方公里)、军事力量(X_5，用每年军费开支来表示)、国际声望(X_6，用国家主要领导人参加的大型国际会议次数来表示)，通过调查得到原始数据如表 10.1 所示，试对上述 6 项指标作主成分分析。

表 10.1 国际声望与相关影响因素的统计数据

国家序号	GDP (X_1)	外贸 (X_2)	国民文化素质(X_3)	国土面积 (X_4)	军事力量 (X_5)	声望 (X_6)
1	170 000 X_{11}	60 000 X_{12}	15 X_{13}	930 X_{14}	7 300 X_{15}	251 X_{16}
2	110 000	45 000	10.1	960	2 350	149
3	87 000	13 000	19.2	758	1 880	180
4	65 000	11 000	17.1	65	1 420	140
5	13 000	6 100	8.2	940	651	82
6	98 000	34 000	16.2	98	1 780	162
7	11 000	48 000	9.1	54	760	72
8	9 800	1 200	6.3	48	258	42
9	6 500	980	4.2	230	940	60
10	42 000	12 000	13.6	870	760	92
平均值	$\overline{X}_1=61\ 230$	$\overline{X}_2=23\ 128$	$\overline{X}_3=11.9$	$\overline{X}_4=495.3$	$\overline{X}_5=1\ 810$	$\overline{X}_6=123$

在对例 10.1 进行主成分分析操作时，面临着 3 个问题。

(1) 在求解线性组合 $\boldsymbol{a}'$ 时涉及总体协方差矩阵 $\boldsymbol{V}$。但在实际应用中，总体协方差矩阵往往是无法知道的。根据概率论及数理统计知识，可以用样本的协方差矩阵 $\overline{\boldsymbol{V}}=\dfrac{\boldsymbol{S}}{n-1}$ 来代替，然后求 $\overline{\boldsymbol{V}}$ 的特征值及其特征向量，从而获得主成分关于原来指标的线性组合。其中，n 为样本调查数量，$\boldsymbol{S}$ 为样本的离差矩阵，其定义为：

$$S_{n\times n}=\sum_{i=1}^{n}[X_{(i)}-\overline{X}][X_{(i)}-\overline{X}]'$$

$$=\sum_{i=1}^{n}\begin{pmatrix}X_{i1}-\overline{X}_1\\X_{i2}-\overline{X}_2\\\vdots\\X_{ip}-\overline{X}_p\end{pmatrix}(X_{i1}-\overline{X}_1,\ X_{i2}-\overline{X}_2,\ \cdots,\ X_{ip}-\overline{X}_p)$$

$$=\sum_{i=1}^{n}\begin{pmatrix}(X_{i1}-\overline{X}_1)^2 & (X_{i1}-\overline{X}_1)(X_{i2}-\overline{X}_2) & \cdots & (X_{i1}-\overline{X}_1)(X_{ip}-\overline{X}_p)\\(X_{i2}-\overline{X}_2)(X_{i2}-\overline{X}_1) & (X_{i2}-\overline{X}_2)^2 & \cdots & (X_{i2}-\overline{X}_2)(X_{iP}-\overline{X}_P)\\\vdots & \vdots & \vdots & \vdots\\(X_{iP}-\overline{X}_P)(X_{i1}-\overline{X}_1) & (X_{ip}-\overline{X}_p)(X_{i2}-\overline{X}_2) & \cdots & (X_{ip}-\overline{X}_p)^2\end{pmatrix}$$

$$=\begin{pmatrix}\sum_{i=1}^{n}(X_{i1}-\overline{X}_1)^2 & \sum_{i=1}^{n}(X_{i1}-\overline{X}_1)(X_{i2}-\overline{X}_2) & \cdots & \sum_{i=1}^{n}(X_{i1}-\overline{X}_1)(X_{ip}-\overline{X}_p)\\\sum_{i=1}^{n}(X_{i2}-\overline{X}_2)(X_{i1}-\overline{X}_1) & \sum_{i=1}^{n}(X_{i2}-\overline{X}_2)^2 & \cdots & \sum_{i=1}^{n}(X_{i2}-\overline{X}_2)(X_{iP}-\overline{X}_P)\\\vdots & \vdots & \vdots & \vdots\\\sum_{i=1}^{n}(X_{iP}-\overline{X}_P)(X_{i1}-\overline{X}_1) & \sum_{i=1}^{n}(X_{ip}-\overline{X}_p)(X_{i2}-\overline{X}_2) & \cdots & \sum_{i=1}^{n}(X_{ip}-\overline{X}_p)^2\end{pmatrix}。\tag{10.9}$$

在例 10.1 中，$p=6$，$n=10$。

(2) 不同指标代表不同的含义，度量单位也并不相同。在例 10.1 中，指标 X_1 代表 GDP，计量单位是“亿美元”，指标 X_3 为文化程度，单位为“受教育年限”。两个不同单位的指标是无法比较和直接运算的。因此，表达式 $Y_1=a_1X_{11}+a_{12}X_2+\cdots+a_{16}X_6$ 中直接对各个指标相加是不合理的。事实上，如果对指标中的单位作修改(如 X_1 指标中的单位改为“万亿美元”)，相应的数据就会发生增大或减少，协方差矩阵就会发生改变，那么依据协方差矩阵获取的特征值、特征向量也都会发生改变，最终导致构建新主成分的线性组合发生变化。为了克服该问题，需要把各变量标准化。对原始数据进行标准化的方法如下：

$$x_{ij}^{*} = \frac{x_{ij} - \bar{x}_j}{\sqrt{\sigma_j}}。 \tag{10.10}$$

其中 $\bar{x}_j$ 为样本在第 j 个指标上的平均值，σ_j 为第 j 个指标的方差。

例 10.1 中，对第 x_{11} 数据进行标准化的结果为 $x_{11}^{*} = \frac{x_{11} - \bar{x}_1}{\sqrt{D(x_1)}}$。

其中，$\bar{x}_1$ 为 10 个国家 GDP 的平均值，$D(x_1)$ 为 GDP 的方差，对 x_{12} 数据进行标准化的结果为 $x_{12}^{*} = \frac{x_{12} - \bar{x}_2}{\sqrt{D(x_2)}}$。

逐一对原始数据标准化并依据 10.9 式求解协方差矩阵 V，计算特征值，最终求得各个主成分关于原始指标的线性组合。

(3) 主成分分析的核心目的是用尽可能少的新指标 Y_1、Y_2、…、Y_k 来反映原先的 P 个指标，同时要求每个指标能尽可能包含原先指标的信息，那么设置多少个新指标比较合适呢？如果新指标个数与原指标个数几乎相同，就达不到精简指标的目的。因此，需要确立一个合适的新指标数量。

根据主成分分析的原理，新指标 $Y_1 = \boldsymbol{a}_1'\boldsymbol{X}$，…，$Y_i = \boldsymbol{a}_i'\boldsymbol{X}$，则 $D(Y_1) = \lambda_1$，…，$D(Y_i) = \lambda_i$。① 因此，新指标总的方差是 $\lambda_1 + \lambda_2 + \cdots + \lambda_k$。

随机向量 $\boldsymbol{X}$ 的协方差矩阵是 $\boldsymbol{V}$，根据协方差矩阵的定义，在矩阵 $\boldsymbol{V}$ 的主对角线上的元素 $\mathrm{cov}(X_1, X_1)$、$\mathrm{cov}(X_2, X_2)$、…、$\mathrm{cov}(X_p, X_p)$ 依次表示了随机向量 $\boldsymbol{X}$ 的各个变量(原指标) X_1、X_2、…、X_p 的方差，则总方差为 $D(X_1) + D(X_2) + \cdots + D(X_p)$。

$\lambda_1 + \lambda_2 + \cdots + \lambda_k = D(X_1) + D(X_2) + \cdots + D(X_p) = W$，可见主成分分析是把原来随机向量的 p 个变量(指标)的方差分解为 k 个不相关随机变量的方差。其中，新变量 Y_1 具有最大方差 λ_1，Y_2 有第二大方差 λ_2，依次类推。

记 $\frac{\lambda_1}{W} = \frac{\lambda_1}{\sum_{i=1}^{k} \lambda_i}$，这表明方差 λ_1 在全部方差中所占的比重。显然这个比重越大，则 $Y_1 = \boldsymbol{a}_1' X$ 这个新指标综合 X_1、…、X_p 的能力越强。

---

① 因为 $D(Y_1) = D(\boldsymbol{a}_1' X)$，由 10.6 式可知 $\boldsymbol{a}_1' V \boldsymbol{a}_1 = \lambda \boldsymbol{a}_1' \boldsymbol{a}_1$，所以 $D(Y_1) = \lambda_1$。

$\frac{\lambda_2}{W}=\frac{\lambda_2}{\sum_{i=1}^{k}\lambda_i}$为第 2 个指标综合 X_1、…、X_p 的能力，记前 m ($m\leqslant k$) 个指标综合能力为

$$\frac{\lambda_1+\lambda_2+\cdots+\lambda_m}{W}=\frac{\lambda_1+\lambda_2+\cdots+\lambda_m}{\sum_{i=1}^{k}\lambda_i}。$$

上式是前 m 个指标所能“综合”原先指标的能力。当此值不小于 85% 时，可以认为前 m 个指标已基本反映出原先指标的内容，构建的新指标为 Y_1、Y_2、…、Y_m。因此，方差所占比重可以作为新指标个数设置的判断标准。

现将完整的主成分分析步骤总结如下。

(1) 根据调查数据编制原始矩阵。假设利用 p 个指标测量某个现象或事物，调查采集 n 个样本，从而形成了一个 $n\times p$ 的矩阵：

$$X=\begin{pmatrix} X_{11} & X_{12} & \cdots & X_{1p} \\ X_{21} & X_{22} & \cdots & X_{2p} \\ \vdots & \vdots & \vdots & \vdots \\ X_{n1} & X_{n2} & \cdots & X_{np} \end{pmatrix}。$$

(2) 原始数据标准化。由于各个指标是不同质的数据，往往无法进行直接比较，利用 10.10 式将原始数据标准化为无量纲的数据。

$$X=\begin{pmatrix} X'_{11} & X'_{12} & \cdots & X'_{1p} \\ X'_{21} & X'_{22} & \cdots & X'_{2p} \\ \vdots & \vdots & \vdots & \vdots \\ X'_{n1} & X'_{n2} & \cdots & X'_{np} \end{pmatrix}。\qquad (10.11)$$

(3) 根据矩阵 10.11 构建协方差矩阵 V：

$$V=\begin{pmatrix} \mathrm{cov}(X'_{11}X'_{11}) & \mathrm{cov}(X'_{11}X'_{12}) & \cdots & \mathrm{cov}(X'_{11}X'_{1p}) \\ \mathrm{cov}(X'_{21}X'_{11}) & \mathrm{cov}(X'_{22}X'_{22}) & \cdots & \mathrm{cov}(X'_{21}X'_{2p}) \\ \vdots & \vdots & \vdots & \vdots \\ \mathrm{cov}(X'_{n1}X'_{11}) & \mathrm{cov}(X'_{n2}X'_{12}) & \cdots & \mathrm{cov}(X'_{m}X'_{m}) \end{pmatrix}。$$

(4) 求解协方差矩阵 V 的特征值 λ，并按 $\lambda_1\geqslant\lambda_2\geqslant\cdots\geqslant\lambda_m$ 的大小顺序排列。利用 10.7 式求解各特征值所对应的特征向量 $\boldsymbol{a}_1=(a_{11}, a_{12}, \cdots, a_{1p})'$, …, $\boldsymbol{a}_m=(a_{m1}, a_{m2}, \cdots, a_{mp})'$。

(5) 依据 $\frac{\lambda_1}{W}$ 来计算"综合"能力，当新指标 $Y_1 = \boldsymbol{a}'_1 X_1$，…，$Y_m = \boldsymbol{a}'_m X_m$ 的累计综合能力超过 85%时即为所求的主成分。

(6) 解释各个主成分的含义。

一般来讲，主成分分析使用手工计算是相当复杂的，在 SPSS 等软件中都带有主成分分析工具，可直接使用。

第二节　判别分析法

对事物进行归类是国际关系研究乃至整个社会科学的基础，这也是国际关系描述性研究经常会遇到的问题。例如，研究者需要依据 GDP、人均 GDP、经济创新能力、军事力量和国际政治地位等指标来判定一个国家所属类型。在传统研究中，人们往往是依据直观印象对事物进行分类判别。但是，有时某类事物往往是处于两个类别的临界线上，依靠直观印象就很难做出比较准确的判断。另外，我们需要厘清总体之间的差异，从而依据这些差异来预测个体行为。例如，对于民主国家和非民主国家，如果能知道两类国家在哪些特征上差异最大，研究者根据国家在具体特征上的表现就可以判断该国会不会发展成为民主国家。总之，判别分析法就是依据由多个已知类别(或群体)得来的对象特征(或指标)，将某一个未知类别的对象进行合适归类的方法。

一、基本思想

在对某一事物进行归类时，关键是判别该事物与各种类型之间的疏远程度。假设某些事物可以分为 A 和 B 两种类型。现有一个个体，判别该个体到底属于 A 类还是 B 类，基本的设想就是判别该个体与 A 类和 B 类之间的距离，与哪个类别的距离近就属于哪个类别。例如，世界上的国家可以分为发达国家、发展中国家和未开发国家三种类型，每个类型的差别可通过 GDP、人均 GDP、军事力量、政治清廉指数这几个指标体现出来。现有一国家 A，需要判断该国家属于哪种类型，可以分析该国在 GDP、人均 GDP 等各项指标上的得分，进而判断总得分与 3 种类型国家各自标准得分之间的距离。因此，判别分析法是用待判别样品与各个类型距离远近来判别样本属于哪个类型的直观判断方式，其首要任务就是进行距离的测量。

国际关系研究中最常见的距离是欧式距离，平面、空间中点与点之间的距离都属于欧式距离。设点 P 和 Q 的平面坐标分别为 (X_1, Y_1) 和 (X_2, Y_2)，则两点间的距离可表示为 $d=\sqrt{(X_1-X_2)^2+(Y_1-Y_2)^2}$。但是欧式距离在国际关系研究实际应用中却存在几方面问题。①受指标量纲的影响。例如，在测量国家实力时，分别使用 GDP、国家军事力量和国家民主指数作为指标。显然，这 3 个指标之间的测量单位是不同的。以 GDP 为例，分别以美元和人民币为单位，测算出的距离数值会有所区别。②不能反映指标间的相关程度。例如用 GDP 和人均 GDP 两个指标来测量国家实力时，A 和 B 两个国家的实力差距可表达为 $d=\sqrt{(X_1-X_2)^2+(Y_1-Y_2)^2}$。[①]事实上，两个国家的实力距离并没有这么大，因为 GDP 越大，则人均 GDP 一般也越大。产生这种情况的原因是欧式距离测量法并没有反映出具体指标间的相关性。因此，在多元统计分析中欧式距离存在着天然不足。

为了克服欧式距离的上述缺点，国际关系研究常常采用马氏(Mahalanolis)距离。马氏距离在多元统计分析中不受样本量纲的影响，能刻画指标间的相关程度。因此，马氏距离在国际关系研究中的应用更为广泛。

1. *点与点的马氏距离*

研究者利用 p 个指标 $(X_1, X_2, \cdots, X_p)$ 来测量某一类型中的对象，假设每个指标都服从正态分布，则称该类型服从 p 维正态分布。该类型在各个指标上均值为 $\boldsymbol{\mu}=(\mu_1, \mu_2, \cdots, \mu_j, \cdots, \mu_p)'$，其中

$\mu_1=\dfrac{\sum_{i=1}^{n} X_{1i}}{n}, \cdots, \mu_j=\dfrac{\sum_{i=1}^{n} X_{ji}}{n}$，$\mu_j$ 为所有类型中样本在指标 j 上的平均值。n 为样本数，X_{ji} 是第 i 个样本在第 j 个指标上的取值，协方差矩阵为

$$C=\begin{pmatrix} \mathrm{cov}(X_1X_1) & \mathrm{cov}(X_1X_2) & \cdots & \mathrm{cov}(X_1X_p) \\ \mathrm{cov}(X_2X_1) & \mathrm{cov}(X_2X_2) & \cdots & \mathrm{cov}(X_2X_p) \\ \vdots & \vdots & & \vdots \\ \mathrm{cov}(X_pX_1) & \mathrm{cov}(X_pX_2) & \cdots & \mathrm{cov}(X_pX_p) \end{pmatrix}。$$

---

① X_1 和 Y_1 分别为 A 国在 GDP 和人均 GDP 两个指标上的取值，X_2 和 Y_2 为 B 国在 GDP 和人均 GDP 上的取值。

X、Y 为该类型中随机抽取的两个样本，则 X 与 Y 的马氏距离为

$$d^2(x,\ y) = (X-Y)'C^{-1}(X-Y)。\tag{10.12}$$

举例来说，使用 GDP(X_1) 和军事力量 (X_2) 作为国家实力的测量指标。则该类型国家的均值为 $\boldsymbol{\mu} = (\mu_1,\ \mu_2)'$，$\mu_1$ 为所有国家GDP的均值，μ_2 为所有国家军事实力的均值，该类型国家的协方差矩阵为

$$C = \begin{pmatrix} \mathrm{cov}(X_1X_1) & \mathrm{cov}(X_1X_2) \\ \mathrm{cov}(X_2X_1) & \mathrm{cov}(X_2X_2) \end{pmatrix}。$$

在该类型国家中任取两国家 X 和 Y，则两个国家的距离为

$$d^2(x,\ y) = (x_1 - y_1,\ x_2 - y_2)C^{-1}\begin{pmatrix} x_1 - y_1 \\ x_2 - y_2 \end{pmatrix}。\tag{10.13}$$

其中，x_1 为 X 国家在 GDP 上的取值，x_2 为 X 国家在军事力量上的取值；y_1 为 Y 国家在 GDP 上的取值，y_2 为 Y 国家在军事力量上的取值；$x_1 - y_1$、$x_2 - y_2$ 代表两个国家在 GDP 和国家军事实力维度上的欧式距离。

2. 点与类型的马氏距离

10.13 式为测量点与点马氏距离的计算公式。在国际关系研究中，需要测量某个点与类型之间的距离。设有一类型总体 G，X 为该类型中的某个样本点，则该点与类型 G 的距离为

$$d^2(x,\ G) = (\boldsymbol{x} - \boldsymbol{\mu})'C^{-1}(\boldsymbol{x} - \boldsymbol{\mu})。$$

举例来说，利用 GDP(X_1) 和国家军事实力 (X_2) 这两个指标来对国家的发达程度进行评估。假设发达国家这一类型总体的均值为 $\boldsymbol{\mu}$，$\boldsymbol{\mu}$ 是一个随机向量，$\boldsymbol{\mu} = (\mu_1,\ \mu_2)'$，其中 μ_1 表示发达国家这一类型的 GDP 均值，μ_2 表示发达国家军事力量的均值，协方差矩阵为

$$C = \begin{pmatrix} \mathrm{cov}(X_1X_1) & \mathrm{cov}(X_1X_2) \\ \mathrm{cov}(X_2X_1) & \mathrm{cov}(X_2X_2) \end{pmatrix},$$

该协方差矩阵的逆矩阵为

$$C^{-1} = \frac{1}{|A|}\begin{pmatrix} \mathrm{cov}(X_2X_2) & \mathrm{cov}(X_2X_1) \\ \mathrm{cov}(X_1X_2) & \mathrm{cov}(X_1X_1) \end{pmatrix},$$

其中，$|A|=\begin{vmatrix}\mathrm{cov}(X_1X_1) & \mathrm{cov}(X_1X_2)\\ \mathrm{cov}(X_2X_1) & \mathrm{cov}(X_2X_2)\end{vmatrix}$ 为协方差行列式，它是一个具体的数值。任选择一个国家 Y，则该国与发达国家这一群体的距离为

$$d^2(y, G)=(\boldsymbol{y}-\boldsymbol{\mu})'C^{-1}(\boldsymbol{y}-\boldsymbol{\mu})=(y_1-\mu_1, y_2-\mu_2)C^{-1}\begin{pmatrix}y_1-\mu_1\\ y_2-\mu_2\end{pmatrix}。$$

马氏距离的优势在于以下几点。①克服了样本量纲的影响。欧式距离的表达式为 $d=\sqrt{(X_1-X_2)^2+(Y_1-Y_2)^2}$，显然，由于 X_1 和 Y_1 之间单位相异，不能直接相加减。但马氏距离的加减都是在同一指标间进行的。②通过协方差矩阵考虑了测量指标间相关程度。③满足距离的三大公理：一是非负性，由 10.12 式可知，$d^2(x, y)\geqslant 0$；二是自反性，即 $d^2(y, z)=d^2(z, y)$；三是三角不等式，设 x、y、z 为某一类型中三个不同个体，则 $d^2(x, z)\leqslant d^2(x, y)+d^2(y, z)$。这一不等式可以根据 10.12 式得出。

马氏距离符合距离的三大公理，并较好地克服了欧式距离的弊端。因此，可以用马氏距离来进行样本点的类型判别分析。

3. 类型判别

设 G_1、G_2 为服从 p 维正态分布的两个不同类型，其均值向量为 $\boldsymbol{\mu}_1$ 和 $\boldsymbol{\mu}_2$。协方差矩阵分别为 C_1 和 C_2。随机给定一个具体待判定的样本 X，需要判别 X 归属于哪一个类型。最直观的方法是分别计算该样本与各个类型之间的马氏距离 $d^2(x, G_1)$ 和 $d^2(x, G_2)$，并根据下面几种不同情况，得出相应结论。

$d^2(x, G_1)<d^2(x, G_2)$ 或 $d^2(x, G_1)-d^2(x, G_2)<0$，则 X 属于 G_1。

$d^2(x, G_1)>d^2(x, G_2)$ 或 $d^2(x, G_1)-d^2(x, G_2)>0$，则 X 属于 G_2。

$d^2(x, G_1)=d^2(x, G_2)$，待判定。

二、基本步骤

利用马氏距离进行类型判别时主要涉及以下两种情形。

1. 当两种类型的协方差矩阵相等，即 $C_1=C_2$ 时。设 G_1、G_2 分别为服从 p 维正态分布的类型（即测量该类型中的个体时使用了 p 个指标），G_1、G_2 的均值分别为 $\boldsymbol{\mu}$、$\boldsymbol{\nu}$。$\boldsymbol{\mu}=(\mu_1, \mu_2, \cdots, \mu_i, \cdots, \mu_p)'$，$\mu_i$ 表示在 G_1 类型中所有样本在第 i 个指标上的平均值；$\boldsymbol{\nu}=(\nu_1, \nu_2, \cdots, \nu_i, \cdots, \nu_p)'$，$\nu_i$ 表示在 G_2 类型中所有样本在第 i 个指标上的平均值，X 为待判别类型的个体。

$$d^2(x, G_2) - d^2(x, G_1) = (\boldsymbol{x} - \boldsymbol{\nu})'C^{-1}(\boldsymbol{x} - \boldsymbol{\nu}) - (\boldsymbol{x} - \boldsymbol{\mu})'C^{-1}(\boldsymbol{x} - \boldsymbol{\mu})$$

$$= (x_1 - \nu_1, x_2 - \nu_2, \cdots, x_p - \nu_p)C^{-1}\begin{pmatrix} x_1 - \nu_1 \\ x_2 - \nu_2 \\ \vdots \\ x_p - \nu_p \end{pmatrix}$$

$$- (x_1 - \mu_1, x_2 - \mu_2, \cdots, x_p - \mu_p)C^{-1}\begin{pmatrix} x_1 - \mu_1 \\ x_2 - \mu_2 \\ \vdots \\ x_p - \mu_p \end{pmatrix}$$

$$= 2\left(x_1 - \frac{\mu_1 + \nu_1}{2}, x_2 - \frac{\mu_1 + \nu_1}{2}, \cdots, x_p - \frac{\mu_1 + \nu_1}{2}\right)C^{-1}\begin{pmatrix} \mu_1 - \nu_1 \\ \mu_2 - \nu_2 \\ \vdots \\ \mu_p - \nu_p \end{pmatrix}$$

$$= 2\left(\boldsymbol{x} - \frac{\boldsymbol{\mu} + \boldsymbol{\nu}}{2}\right)'C^{-1}(\boldsymbol{\mu} - \boldsymbol{\nu})。 \quad (10.14)$$

记 $\bar{\omega} = \frac{\boldsymbol{\mu} + \boldsymbol{\nu}}{2} = \frac{1}{2}\begin{pmatrix} \mu_1 + \nu_1 \\ \mu_2 + \nu_2 \\ \vdots \\ \mu_p + \nu_p \end{pmatrix}$,

$$a = C^{-1}(\boldsymbol{\mu} - \boldsymbol{\nu}) = \begin{pmatrix} \mathrm{cov}(X_1X_1) & \mathrm{cov}(X_1X_2) & \cdots & \mathrm{cov}(X_1X_p) \\ \mathrm{cov}(X_2X_1) & \mathrm{cov}(X_2X_2) & \cdots & \mathrm{cov}(X_2X_p) \\ \vdots & \vdots & \vdots & \vdots \\ \mathrm{cov}(X_pX_1) & \mathrm{cov}(X_pX_p) & \cdots & \mathrm{cov}(X_pX_p) \end{pmatrix}^{-1}\begin{pmatrix} \mu_1 - \nu_1 \\ \mu_2 - \nu_2 \\ \vdots \\ \mu_p - \nu_p \end{pmatrix},$$

则 10.14 式可表达为①

$$d^2(x, G_2) - d^2(x, G_1) = 2(x - \bar{\omega})'\boldsymbol{a} = 2\boldsymbol{a}'(x - \bar{\omega})$$

$$= 2(a_1, a_2, \cdots, a_p)\begin{pmatrix} x_1 - \bar{\omega}_1 \\ x_2 - \bar{\omega}_2 \\ \vdots \\ x_p - \bar{\omega}_p \end{pmatrix}$$

$$= a_1(x_1 - \bar{\omega}_1) + a_2(x_2 - \bar{\omega}_2) + \cdots + a_p(x_p - \bar{\omega}_p) = f(x)。 \quad (10.15)$$

① 在此推导过程中涉及矩阵运算公式：$A'B = B'A$。

其中，$\bar{\omega}_i = \frac{\mu_i + \nu_i}{2}$。

记 $f(x)$ 为样本 X 的线性函数，其中 $\boldsymbol{a}$ 为判别系数，其判别准则为：

$$f(x) > 0,\ x \in G_1;$$
$$f(x) < 0,\ x \in G_2;$$
$$f(x) = 0,\ X \text{ 待判别。}$$

在具体操作过程中，由于不可能获得各个类型总体的均值和协方差值，只能根据样本值来估计。设 $\boldsymbol{G}_1$ 的样本值为：

$$\begin{pmatrix} x_{11} & x_{12} & \cdots & x_{1n} \\ x_{21} & x_{22} & \cdots & x_{2n} \\ \vdots & \vdots & & \vdots \\ x_{i1} & x_{i2} & \cdots & x_{in} \\ \vdots & \vdots & & \vdots \\ x_{p1} & x_{p2} & \cdots & x_{pn} \end{pmatrix} \begin{matrix} \longleftarrow \text{样本在第 1 个指标上的测量值} \\ \\ \\ \longleftarrow \text{样本在第 } i \text{ 个指标上的测量值} \\ \\ \\ \end{matrix}$$

$\boldsymbol{G}_2$ 的样本值为：$\begin{pmatrix} y_{11} & y_{12} & \cdots & y_{1m} \\ y_{21} & y_{22} & \cdots & y_{2m} \\ \vdots & \vdots & & \vdots \\ y_{j1} & y_{j2} & \cdots & y_{jm} \\ \vdots & \vdots & & \vdots \\ y_{p1} & y_{p2} & \cdots & y_{pm} \end{pmatrix}$。

n 表示 $\boldsymbol{G}_1$ 类型中样本数量，m 表示 $\boldsymbol{G}_2$ 类型中样本数目，p 表示测量的指标个数。

则两个类型 $\boldsymbol{G}_1$ 和 $\boldsymbol{G}_2$ 的均值分别为：

$$\boldsymbol{\mu} = \begin{pmatrix} \mu_1 \\ \mu_2 \\ \vdots \\ \mu_p \end{pmatrix} = \begin{pmatrix} \frac{1}{n}\sum_{i=1}^{n} x_{1i} \\ \frac{1}{n}\sum_{i=1}^{n} x_{2i} \\ \vdots \\ \frac{1}{n}\sum_{i=1}^{n} x_{pi} \end{pmatrix},\ \boldsymbol{\nu} = \begin{pmatrix} \nu_1 \\ \nu_2 \\ \vdots \\ \nu_p \end{pmatrix} = \begin{pmatrix} \frac{1}{m}\sum_{j=1}^{n} x_{1j} \\ \frac{1}{m}\sum_{j=1}^{n} x_{2j} \\ \vdots \\ \frac{1}{m}\sum_{j=1}^{n} x_{pj} \end{pmatrix},$$

协方差为

$$\boldsymbol{C}=\frac{1}{m+n-2}(\boldsymbol{A}_1+\boldsymbol{A}_2),$$

其中，$\boldsymbol{A}_1$ 为类型 $\boldsymbol{G}_1$ 的协方差，$\boldsymbol{A}_2$ 为类型 $\boldsymbol{G}_2$ 的协方差。

$$\boldsymbol{A}_1=\sum_{i=1}^{n}(\boldsymbol{x}_i-\boldsymbol{\mu})(\boldsymbol{x}_i-\boldsymbol{\mu})'=\sum_{i=1}^{n}\begin{pmatrix}x_{i1}-\mu_1\\x_{i2}-\mu_2\\\vdots\\x_{ip}-\mu_p\end{pmatrix}(x_{i1}-\mu_1,\ x_{i2}-\mu_2,\ \cdots,\ x_{ip}-\mu_p)$$

$$=\begin{pmatrix}\sum_{i=1}^{n}(x_{1i}-\mu_1)(x_{1i}-\mu_1) & \sum_{i=1}^{n}(x_{1i}-\mu_1)(x_{2i}-\mu_2) & \cdots & \sum_{i=1}^{n}(x_{1i}-\mu_1)(x_{pi}-\mu_p)\\ \sum_{i=1}^{n}(x_{2i}-\mu_2)(x_{1i}-\mu_1) & \sum_{i=1}^{n}(x_{2i}-\mu_2)(x_{2i}-\mu_2) & \cdots & \sum_{i=1}^{n}(x_{2i}-\mu_2)(x_{pi}-\mu_p)\\ \vdots & \vdots & & \vdots\\ \sum_{i=1}^{n}(x_{pi}-\mu_p)(x_{i1}-\mu_1) & \sum_{i=1}^{n}(x_{pi}-\mu_p)(x_{2i}-\mu_2) & \cdots & \sum_{i=1}^{n}(x_{pi}-\mu_p)(x_{pi}-\mu_p)\end{pmatrix}。$$

同理可得 $\boldsymbol{A}_2=\sum_{i=1}^{m}(\boldsymbol{y}_i-\boldsymbol{\nu})(\boldsymbol{y}_i-\boldsymbol{\nu})'$。

因此，判别函数为

$$f(x)=\left[\boldsymbol{x}-\frac{1}{2}(\boldsymbol{\mu}+\boldsymbol{\nu})\right]\boldsymbol{C}^{-1}(\boldsymbol{\mu}-\boldsymbol{\nu})$$

$$=\left(x_1-\frac{\mu_1+\nu_1}{2},\ x_2-\frac{\mu_2+\nu_2}{2},\ \cdots,\ x_p-\frac{\mu_p+\nu_p}{2}\right)\boldsymbol{C}^{-1}\begin{pmatrix}\mu_1-\nu_1\\\mu_2-\nu_2\\\vdots\\\mu_p-\nu_p\end{pmatrix}。$$

2. 当 $\boldsymbol{C}_1\neq\boldsymbol{C}_2$

如果两个类型总体的协方差矩阵不相同时，

$$f(x)=d(x,\ G_2)-d(x,\ G_1)$$
$$=(\boldsymbol{z}-\boldsymbol{\nu})'\boldsymbol{C}_2^{-1}(\boldsymbol{z}-\boldsymbol{\nu})-(\boldsymbol{z}-\boldsymbol{\mu})'\boldsymbol{C}_1^{-1}(\boldsymbol{z}-\boldsymbol{\mu})。$$

根据 $f(x)$ 与“0”的大小即可判别出 Z 这个个体属于 $\boldsymbol{G}_1$ 还是 $\boldsymbol{G}_2$ 类型。

如果存在多种类型，判别某个个体属于哪个类型时，分别计算该个体与各个类型的马氏距离，按大小值来判断该个体属于哪个类型。

三、实例解析

国家按实力大小可以分为霸权国、强国、中等强国和弱小国家四种类型。一个国家的实力主要是由经济力量、军事力量和政治力量组成的。其中经济力量可用GDP来表示,军事力量可以用军费开支来指代,政治力量可以用该国在联合国大会中投反对票的次数及获得成功的次数来代替。下面根据这些指标选取4个强国、5个中等强国作为类型的样本,另选4个国家作为待判别样本。数据统计如表10.2所示,分析待判别样本属于哪一种类。

表10.2 相关强国、中等强国、待判别类型国家统计数据表

类别	序号	国家	GDP(万亿) X_1	军费开支(千亿) X_2	投反对票数
强国	1	中国	10.06	3.24	26
	2	俄罗斯	2.34	1.87	36
	3	德国	6.45	2.26	18
	4	法国	4.63	1.33	15
中等强国	5	保加利亚	4.37	1.62	8
	6	巴西	1.84	0.98	16
	7	南非	1.64	0.69	17
	8	印尼	1.23	0.54	13
	9	伊朗	1.65	1.10	19
待判国家	10	印度	5.63	2.48	17
	11	加拿大	6.27	1.06	14
	12	埃及	2.14	0.89	7
	13	阿根廷	1.87	0.64	16

根据数据表可知,测量一国实力使用了3个指标,因此,$p=3$,即总体服从3维正态分布。$n_1=4$,$n_2=5$,假定两个类型的协方差$\boldsymbol{C}_1=\boldsymbol{C}_2=\boldsymbol{C}$。两个类型中样本的均值分别为:

$$\boldsymbol{\mu}=(\mu_1,\mu_2,\mu_3)=(5.87,2.175,23.75),$$
$$\boldsymbol{\nu}=(\nu_1,\nu_2,\nu_3)=(2.146,0.986,14.6)。$$

下面分别计算强国和中等强国类型的样本协方差矩阵。

$$\boldsymbol{A}_1=\begin{pmatrix}31.89 & 6.636 & -26.3\\ 6.636 & 1.984 & 2.719\\ -26.3 & 2.719 & 264.75\end{pmatrix},$$

$$\boldsymbol{A}_2 = \begin{pmatrix} 6.3808 & 1.9136 & -17.038 \\ 1.9136 & 0.7010 & -3.688 \\ -17.038 & -3.688 & 73.20 \end{pmatrix},$$

$$\boldsymbol{S} = \boldsymbol{A}_1 + \boldsymbol{A}_2 = \begin{pmatrix} 38.2708 & 8.5496 & -43.338 \\ 8.5496 & 2.685 & -0.969 \\ -43.338 & -0.969 & 337.95 \end{pmatrix},$$

$$\boldsymbol{C} = \frac{\boldsymbol{A}_1 + \boldsymbol{A}_2}{n_1 + n_2 - 2} = \frac{\boldsymbol{S}}{7} = \begin{pmatrix} 5.4673 & 1.2214 & -6.1911 \\ 1.2214 & 0.3836 & -0.1384 \\ -6.1911 & -0.1384 & 48.2786 \end{pmatrix},$$

$|\boldsymbol{C}| = 16.5148$,

$$\boldsymbol{C}^* = \begin{pmatrix} 18.5005 & -58.1106 & -2.2059 \\ -58.1106 & 225.6239 & -6.8051 \\ 2.2059 & -6.8051 & 0.6054 \end{pmatrix}。$$

因此，$\boldsymbol{C}^{-1} = \frac{1}{|\boldsymbol{C}|}\boldsymbol{C}^* = \begin{pmatrix} 1.1202 & -3.5187 & 0.1336 \\ -3.5187 & 13.6619 & -0.4121 \\ 0.1336 & -0.4121 & 0.0367 \end{pmatrix}$。

线性判别函数为

$$\begin{aligned} f(x) &= \left(\boldsymbol{x} - \frac{\boldsymbol{\mu} + \boldsymbol{v}}{2}\right)\boldsymbol{C}^{-1}(\boldsymbol{\mu} - \boldsymbol{v}) \\ &= \left(x_1 - \frac{5.87 + 2.146}{2},\ x_2 - \frac{2.175 + 0.986}{2},\ x_3 - \frac{23.75 + 14.6}{2}\right) \\ &\quad \begin{pmatrix} 1.1202 & -3.5187 & 0.1336 \\ -3.5187 & 13.6619 & -0.4121 \\ 0.1336 & -0.4121 & 0.0367 \end{pmatrix}\begin{pmatrix} 5.87 - 2.146 \\ 2.175 - 0.986 \\ 23.75 - 14.6 \end{pmatrix} \\ &= 1.2103x_1 - 0.6303x_2 + 0.325x_3 - 9.1134。\end{aligned}$$

根据距离判别准则得到个体的归类结果如表 10.3 所示。

表 10.3　样本国家原属类别与判别归属表

样本序号	$f(x)$ 的值	原属类型	判别归属
1. 中国	9.47	强国	强国
2. 俄罗斯	4.24	强国	强国

（续表）

样本序号	$f(x)$ 的值	原属类型	判别归属
3. 德国	3.117 8	强国	强国
4. 法国	0.527	强国	强国
5. 保加利亚	−2.245 5	中等强国	中等强国
6. 巴西	−2.304 1	中等强国	中等强国
7. 南非	−2.028 4	中等强国	中等强国
8. 印尼	−3.740 1	中等强国	中等强国
9. 伊朗	−1.634 7	中等强国	中等强国

由此可见，利用判别分析法得到的结果与原来的实际情况是相符的。下面利用 $f(x)$ 来分析待判样本所属的类别，结果如表 10.4 所示。

表 10.4　待判别类型国家类别归属表

样本序号	国名	判别函数 $f(x)$ 值	类别归属
10	印度	1.662 5	强国
11	加拿大	2.357 1	强国
12	埃及	−4.809 4	中等强国
13	阿根廷	−2.053 5	中等强国

第三节　聚类分析法

在国际关系研究中，常常需要对研究对象进行分类。分类是研究者认识国际政治现象最基础的手段。传统研究方法主要依靠经验和专业知识来实现分类。例如，我们可以按照军事实力把国家分为强国、大国、中等强国和弱国四类。但是，随着人类认识的加深，分类要求越来越精细，光凭直觉经验和专业知识有时并不能达到要求，需要依靠科学的定量法使得分类更加精确可靠。聚类分析法就是研究“事物分类”和“变量（指标）分类”的一种方法。与判别分析法的不同之处在于：判别分析法是已知总体类型，对待判事物进行归类；而聚类分析是事先并不知道研究对象的结构及类型，需要根据样本或指标之间近似程度的大小将其逐一进行归类。

聚类分析按分类对象主要分为两种：R 型聚类和 Q 型聚类。R 型聚类主要是对变量或测量指标进行分类，可用于了解变量或指标之间的关系。同时，可依据分类结果在类型中选择典型性的变量进一步进行其他的统计分析。Q 型聚类是对样本或对象进行分类处理。例如，测量国家的综合实力时使用 GDP、人均 GDP、外贸出口量、人口、武器数量、军费开支等 32 个指标。GDP、外贸出口量之间相似度比较高，可以归为一类。R 型聚类分析的关键在于计算变量或指标间的相似度。在这个例子中，Q 型聚类是将多个国家按综合国力的大小进行分类，实力相近的国家归为一类。

由于计算相似系数及距离有许多种方法，因此形成了形形色色的聚类分析方法。第七章对变量的相关系数计算方法已作过详尽讨论，因此本章主要分析样本或对象的聚类分析法（Q 型聚类）。但 R 型和 Q 型聚类分析在原理上完全相似，研究者可以进行类似拓展。

一、样本相似度及距离的测量方法

与其他多元统计方法类似，在进行聚类分析时，首先要对原始数据进行标准化处理，目的在于消除变量间量纲或度量单位造成的影响。在标准化的基础上，把待分类对象的多种特征综合为能客观描述聚类对象之间相似程度或差异程度的统计量，按统计量进行分类。例如，依据实力对国家进行分类时，可以按照 GDP、人口等多个指标计算出国家综合实力，再按综合实力进行分类。综合实力就是衡量相似或差异程度的统计量。也可以把多个指标看成一个群，每个国家则形成了自己的一个“群点”，分别考虑 m 个国家所形成“群点”之间的距离，那么“群点”之间的距离也是统计量。

总体来看，进行 Q 型聚类分析时常用统计量大体上可以分为两类：对象之间的相似系数和距离。

1. 不同量纲数据的标准化处理

设有 N 个样本需要归类，记为 $X^{(1)}, X^{(2)}, \cdots, X^{(N)}$，每个样本进行测量或观察时使用 m 个指标，则 x_{ij} 表示第 i 个样本的第 j 个指标的观察值。对所有样本进行观察后，形成如 10.5 所示的数据表。

样本的均值为 $\overline{x_j} = \frac{1}{N}\sum_{i=1}^{N} x_{ij}$，$\overline{x_j}$ 表示在第 j 个指标上样本的平均值。

样本指标的均值为：$\overline{x}^{(i)} = \frac{1}{m}\sum_{j=1}^{m} x_{ij}$，$\overline{x}^{(i)}$ 表示第 i 个样本在各个指标上的平均值。

表 10.5 待归类样本统计数据示意表

指标 样本	X_1	X_2	…	X_j	…	X_m	均值
$X^{(1)}$	x_{11}	x_{12}	…	x_{1j}	…	x_{1m}	$\overline{x}^{(1)}$
$X^{(2)}$	x_{21}	x_{22}	…	x_{2j}	…	x_{2m}	$\overline{x}^{(2)}$
…	…	…	…	…	…	…	…
$X^{(i)}$	x_{i1}	x_{i2}	…	x_{ij}	…	x_{im}	$\overline{x}^{(i)}$
…	…	…	…	…	…	…	
$X^{(N)}$	x_{N1}	x_{N2}	…	x_{Nj}	…	x_{Nm}	$\overline{x}^{(N)}$
均值 标准差	$\overline{x_1}$ S_1	$\overline{x_2}$ S_2	…	$\overline{x_j}$ S_j	…	$\overline{x_m}$ S_m	

标准差：$S_j = \sqrt{\dfrac{\sum\limits_{i=1}^{N}(x_{ij}-\overline{x_j})^2}{N-1}}$，$S_j$ 表示在第 j 个指标上的样本的标准差。

各个样本值标准化的公式为

$$x_{ij}^{*} = \frac{x_{ij}-\overline{x_j}}{\sqrt{S_j}}，(i=1,\ 2,\ \cdots,\ N,\ j=1,\ 2,\ \cdots,\ m)。$$

样本经过标准化处理后达到了以下要求：①各变量的样本值约束在[−1, 1]之间，样本均值为0，标准差为1；②标准化并未改变变量之间的大小关系；③每个样本数据与量纲和测量的单位无关。例如，采用GDP和人口两个指标测算综合国力时，如果不进行标准化变换的话，当GDP的计量单位由美元改为人民币时，综合国力将增加相应的倍数，导致由于“单位”选择不同造成结果的差异。标准化处理后，选用人民币作度量单位时的标准差比选用美元作单位时的标准差大，最终结果不因单位不同而发生改变。因此，分母中的标准差有效地化解了单位选择造成的差异。

2. 样本相似程度的计算方法

在多元统计分析中，经常使用相关系数和距离描述样本的相似或差异程度。

(1) 样本相关系数的计算

类似于两个随机变量相关程度的计算公式,可使用相关系数 r_{ij} 来表示 $X^{(i)}$ 和 $X^{(j)}$ 这两个样本的相关程度。当 $|r_{ij}| \to 1$ 时,表示两个样本之间的相似程度高。

样本相关系数的计算公式为

$$r_{ij} = \frac{\sum_{k=1}^{m}(x_{ik}-\overline{x}^{(i)})(x_{jk}-\overline{x}^{(j)})}{\sqrt{\sum_{k=1}^{m}(x_{ik}-\overline{x}^{(i)})^2 \sum_{k=1}^{N}(x_{jk}-\overline{x}^{(j)})^2}}。 \tag{10.15}$$

其中,$\overline{x}^{(i)}$ 表示第 i 个样本在各个指标上的平均值,$\overline{x}^{(i)} = \frac{1}{m}\sum_{h=1}^{m}x_{ih}$,$(i=1, 2, \cdots, N)$,$\overline{x}^{(j)} = \frac{1}{m}\sum_{h=1}^{m}x_{jh}$。

例如,表 10.5 中第 1 个样本与第 2 个样本的相关系数为:

$$r_{12} = \frac{\sum_{k=1}^{m}(x_{1k}-\overline{x}^{(1)})(x_{2k}-\overline{x}^{(2)})}{\sqrt{\sum_{k=1}^{m}(x_{1k}-\overline{x}^{(1)})^2 \sum_{k=1}^{N}(x_{2k}-\overline{x}^{(2)})^2}},$$

其中,

$$\overline{x}^{(1)} = \frac{1}{m}(x_{11}+x_{12}+\cdots+x_{1m}) = \frac{1}{m}\sum_{h=1}^{m}x_{1h},$$

$$\overline{x}^{(2)} = \frac{1}{m}(x_{21}+x_{22}+\cdots+x_{2m}) = \frac{1}{m}\sum_{h=1}^{m}x_{2h}。$$

计算出各个样本间的相关系数后,建立样本相关系数矩阵,依据相关系数对样本进行归类。

$$R = (r_{ij}) = \begin{pmatrix} r_{11} & r_{12} & \cdots & r_{1N} \\ r_{21} & r_{22} & \cdots & r_{2N} \\ \vdots & \vdots & & \vdots \\ r_{N1} & r_{N2} & \cdots & r_{NN} \end{pmatrix}。$$

(2) 样本间距离的计算

① 欧氏距离

距离是用来表示对象之间差异程度的统计量。如果样本的测量指标是一维、二维、三维的，则分别对应于我们常见的线、平面和空间两点之间的距离。如果样本的测量指标有 m $(m>3)$ 个时，可以将样本看成是 m 维空间上的一个点，通过计算点与点之间的距离，将距离较近点（即样本）归入一类。m 维空间中第 i 和第 j 个点之间距离的计算公式为

$$d_{ij}=\Big[\sum_{k=1}^{m}(x_{ik}-x_{jk})^2\Big]^{\frac{1}{2}}。\tag{10.16}$$

②点群距离

另一种样本间距离测量的设想是，把每个指标都看成是一个点，每个样本都有 m 个指标，则形成了一个"点群"。那么两个样本之间的距离可以看成是两个"点群"之间的距离，具体如图 10.1 所示。

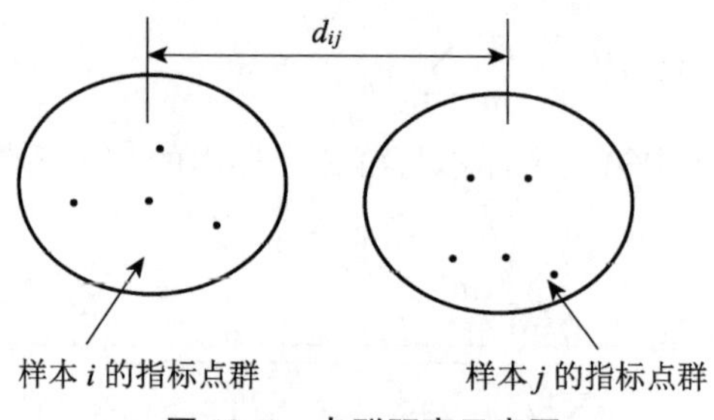

图 10.1　点群距离示意图

但是，如何测量样本 i 与 j 之间的距离呢？是在"指标点群"中任意挑选两个点还是选择"指标点群"中各点距离的平均值呢？一般而言，选用两个点群各自重心的距离作为样本之间的距离。所谓样本的重心就是该样本在各个指标上的均值，以此思路得到样本间距离为

$$d_{ij}=d(\overline{x}^{(i)},\overline{x}^{(j)})=\sqrt{\left(\frac{1}{m}\sum_{k=1}^{m}x_{ik}-\frac{1}{m}\sum_{k=1}^{m}x_{jk}\right)^2}。\tag{10.17}$$

③ 类平均法

对于两个样本间的距离还可以采用其他的计算思路，可以把两个样本中对应指标的距离一一测算后再作平均，由此产生了类平均法：即样本间距离为两个样本"指标点群"中两两指标点之间距离平方的均值。那么，第 i、j 点在第 k 个指标点间的距离为

$$d_{ij}=(x_{ik}-x_{jk}),$$

m 个指标点的距离平方和为

$$\sum_{k=1}^{m}(x_{ik}-x_{jk})^2,$$

两个样本的距离平方的均值为

$$D_{ij}^2=\frac{1}{m}\sum_{k=1}^{m}(x_{ik}-x_{jk})^2。\qquad(10.18)$$

由于距离测量方法选择的不同,两个样本之间距离也存在差异。在多元统计中,欧式距离法和类平均法是最常用的方法。

二、聚类分析法的基本步骤

聚类分析是将类由多变少的方法,基本思路是逐步归类,主要包括以下 5 个步骤。

1. 将 N 个样本各成一类,共计 N 类,每个类别中只含有一个样本。

2. 计算 N 个样本之间的相关系数或距离,结果构成一个 $N\times N$ 的对称矩阵。

$$R=(d_{ij})=\begin{pmatrix} d_{11} & d_{12} & \cdots & d_{1N} \\ d_{21} & d_{22} & \cdots & d_{2N} \\ \vdots & \vdots & & \vdots \\ d_{N1} & d_{N2} & \cdots & d_{NN} \end{pmatrix}。$$

3. 将距离最近的两个样本并为一个新类,再计算新类与其他样本的距离。在实际操作中,选择上一步中 d_{ij} 最小的两个样本(假设为 G_p 和 G_q)归为一个新类,记为 $G_R=(G_p, G_q)$,计算 G_R 类与剩余 $N-2$ 个样本之间的距离或相关系数,从而形成一个新的 $(N-1)\times(N-1)$ 的矩阵,记为

$$R^1=\{d_{ij}^1\}_{(N-1)\times(N-1)}。$$

在计算新类 G_R 与其他样本之间的距离时,可以选用欧式距离,也可以选用类平均距离。

(1) 点与类的距离

未进行合类时,可以利用欧式距离公式、点群距离公式和类平均法计算样本间的距离。当 G_p 与 G_q 合为一类时,新类 G_R 与其他样本之间距离涉及样本与由多个样本组成的样本类距离的计算。一般来讲,选用样本类 G_R 的重心与样本间的距离作为类与样本距离的计算标准。下面以样本 G_o 和样本类 G_R 间距离为例进行说明。①

---

① G_o 为样本,G_R 是包含 G_p、G_q 多个样本的类。

$$d_{oR}=\left[\sum_{k=1}^{m}\left(x_{ok}-\frac{x_{pk}+x_{qk}}{2}\right)^2\right]^{\frac{1}{2}}。$$

其中，$\frac{x_{pk}+x_{qk}}{2}$ 为 G_p、G_q 在 k 指标上的重心。

(2) 类与类之间的距离

$d_{oR}=\left[\sum_{k=1}^{m}\left(x_{ok}-\frac{x_{pk}+x_{qk}}{2}\right)^2\right]^{\frac{1}{2}}$ 计算的是点(样本)与包含多个样本的类之间的距离，在合并的过程中，可能涉及类与类之间的距离。两个类之间的距离的计算公式为

$$d_{SR}=(d_{pS}^2+d_{qR}^2)^{\frac{1}{2}},$$

其中，d_{pS} 为 G_R 中样本 p 与 G_S 类的距离，d_{qR} 为 G_S 中样本 q 与 G_R 类的距离。

4. 重复第 3 步中的方法直致全部样本归为一类，即由 $d_{ij}^{(1)}$ 出发重复第 3 步，得到 $d_{ij}^{(2)}$，$d_{ij}^{(3)}$，…，直至合并成一类。

5. 并类时记下合并时样本的编号及并类的距离或相关系数值，并由此画成树状图，根据实际问题确定分类数及分类结果。

三、实例解析

假设需要对 5 个国家 ($N=5$) 按照综合国力进行分类，综合国力的测量指标为 GDP、人口数量、军事开支，试用类平均法进行分类。

(1) 将 5 个国家分成 5 类，即每一类只含有 1 个国家，则形成了 G_1、G_2、G_3、G_4、G_5 五个类别。

(2) 依据公式 10.18，按类平均法计算两两国家间的距离，形成如下的距离矩阵 D_0：

$$D_{(0)}=\begin{array}{c} \\ G_1 \\ G_2 \\ G_3 \\ G_4 \\ G_5 \end{array}\begin{array}{c} \begin{array}{ccccc} G_1 & G_2 & G_3 & G_4 & G_5 \end{array} \\ \begin{pmatrix} 0 & 1 & 4 & 2 & 2 \\ 1 & 0 & 6 & 9 & 6 \\ 4 & 6 & 0 & 10 & 7 \\ 2 & 9 & 10 & 0 & 5 \\ 2 & 6 & 7 & 5 & 0 \end{pmatrix} \end{array}。$$

(3) 将距离最近的两类并为一个新类，由矩阵图可知，G_1 和 G_2 这两个(类)国家距离最近，并为一类，设为 G_6。分别计算 G_6 和 G_3、G_4 和 G_5 之间的距离，假设形成如下矩阵：

$$D_{(1)}=\begin{matrix} & G_6 & G_3 & G_4 & G_5 \\ G_6 & 0 & 11 & 9 & 12 \\ G_3 & 11 & 0 & 10 & 7 \\ G_4 & 9 & 10 & 0 & 5 \\ G_5 & 12 & 7 & 5 & 0 \end{matrix}。$$

由矩阵可知，G_4 和 G_5 之间距离最短，合并为一类，记为 G_7，利用类平均距离的递推公式计算 G_7 和 G_3、G_6 的距离，假设得到如下矩阵：

$$D_{(2)}=\begin{matrix} & G_7 & G_6 & G_3 \\ G_7 & 0 & 7 & 8 \\ G_6 & 7 & 0 & 8 \\ G_3 & 8 & 8 & 0 \end{matrix}。$$

由矩阵知 G_6 和 G_7 间距最近，合并为一类，记为 G_8，现只剩 G_8 和 G_3 两类，把它们合并则聚类过程结束。

(4) 将并类过程用树状图表示出来。

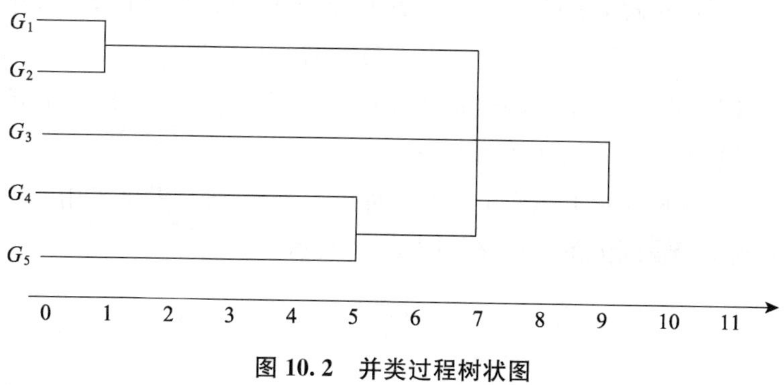

图 10.2　并类过程树状图

从聚类过程可以看出，所有的个体最终都被并为一类。在实际操作过程中，研究者应当根据研究要求、目的合理选择并类的个数。

第四节　路径分析

国际关系研究的重要目标在于探索和检验因果关系。有别于自然现象的简单决定论，国际政治现象的因果关系是复杂的，主要表现在以下三个方面：①多个自变量相互作用、相互关联导致因变量发生；②自变量通过中介因素对结果产生影响;③自变量、因变量受到某个共同因素的影响,呈现虚假相关关系。因此,有必要厘清各个变量间因果关系的结构。举例来说,在分析变量 X_1 和 X_2 之间的相关关系时,研究者想了解有多少比例是 X_1 直接作用于 X_2 产生的,多少比例是通过中介变量作用产生的,又有多少比例是虚假关系。路径分析是在回归分析基础上的一种多元统计方法,它像"手术刀"一样剖析各个变量间的关系,从而达到理清因果结构的目的。

一、路径分析的基本原理——以路径图为例

国际政治现象之间的因果联系往往存在这样一种情形,某自变量 X_1 影响因变量 Y_1,同时,该自变量会影响另一个自变量 X_2,X_2 也会对因变量 Y_1 产生影响,从而形成了一种复杂、递归形式的因果关系。例如,考察一个国家对其他国家军事干涉现象,影响军事干涉的因素分为两类:一类是地理、文化等自然因素,包括两国间的地理距离、文化距离;另一类是政治、经济等因素,包括政体相似度、贸易依存度等。而政体相似度、贸易依存度这些因素又受到地理距离、文化距离等自然因素的影响。也就是说,自然因素不仅对政治文化因素产生影响,而且能越过这些因素,直接影响后续的国家军事干涉程度这一结果。与以前的自变量 X_1 直接、单调地影响因变量 Y_1 相比,这一影响的路径显得更加复杂和多样。路径分析就是分析变量间多层次因果联系的方法。

为了清晰地显示上述变量间的各种因果关系,研究者可采用路径图方法。上例中变量间关系可用路径图 10.3 表示。

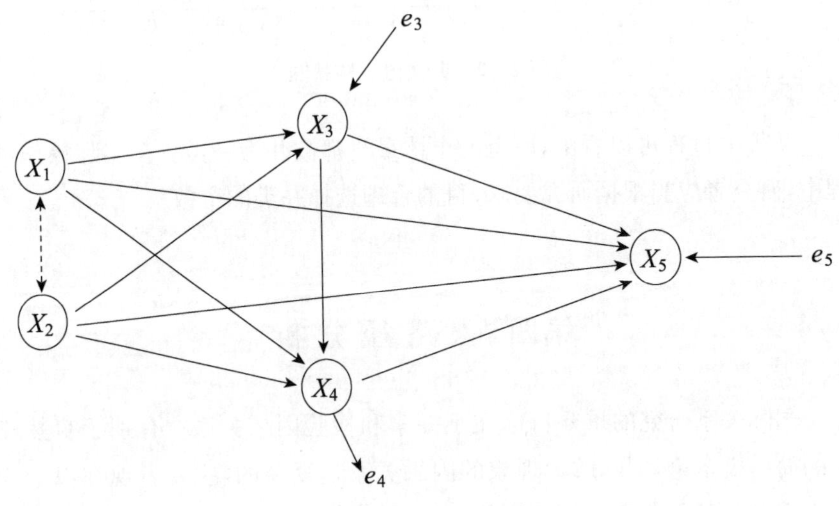

图 10.3 路径图

其中，

X_1：两国地理距离；

X_2：两国文化距离；

X_3：两国贸易依存度；

X_4：两国政体相似度；

X_5：一国对他国军事干涉程度。

该路径图包含了以下几个要素。

1. 内生变量、外生变量和中间变量

依据变量在因果关系或模型中所发生的作用及其特征，可以将变量分为两种：外生变量和内生变量。外生变量是指在因果关系中只产生原因，从未被当作"结果"来看待的变量，它在模型中无法得到说明。在路径图中"没有箭头指入"的变量就是外生变量。在图 10.3 中，研究者并不关心地理距离、文化距离是如何产生的，因此，X_1 和 X_2 都是外生变量。这也是国际关系研究中常说的"自变量"。内生变量是在模型中受其他变量影响，在路径图中表现为"有箭头指入"的那些变量。还有一种变量是本例中的 X_3 和 X_4，其变化受制于因果模型中变量的变化，同时对其他内生变量又产生影响，它们与其他变量最大的区别在于这类变量既可以是因，又可以是果，这种变量称为中间变量。中间变量也是内生变量的一种。

2. 残差项

在路径图中，e_3、e_4、e_5 分别表示为 X_3、X_4 和 X_5 的残差项，主要是指内生变量受外生变量和中间变量影响，并且没有被这些变量解释的剩余部分，涉及因果模型之外影响因变量的所有变量的总称。因此，对每一个内生变量，都存在着一个残差项，是指在模型中无法解释的部分。

3. 因果不明的相关标记

在建立变量间因果关系模型时，有时会出现对某些外生变量间是否存在某种因果关系的疑虑，而这种疑虑对路径图整体上的因果关系并没有大的阻碍，但经验告诉研究者它们也许存在一定的相关关系。为了显示这种情况，可以在两个外生变量间画一虚线，再配上双箭头，称它为因果不明的相关标记。如图 10.3 中的 X_1 和 X_2 之间的虚线。注意因果不明的标记与残差项之间是存在差异的：残差项是模型中的各个自变量对结果变量无法解释的部分，因果不明是指外生变量之间的关系，对整个模型的因果关系并不存在影响。

4. 路径方程

利用多元回归统计技术，可以获知图 10.3 中各个变量之间的线性关系，图中的内生变量可以用以下 3 个线性回归方程来表示：

$$X_3 = a_3 + b_{31}X_1 + b_{32}X_2 + b_{3e}e_3, \tag{10.19}$$

$$X_4 = a_4 + b_{41}X_1 + b_{42}X_2 + b_{43}X_3 + b_{4e}e_4, \tag{10.20}$$

$$X_5 = a_5 + b_{51}X_1 + b_{52}X_2 + b_{53}X_3 + b_{54}X_4 + b_{5e}e_5。 \tag{10.21}$$

上述方程描述了外生变量与内生变量、内生变量与内生变量之间的关系。外生变量、内生变量为因，内生变量为果。路径图所描述的变量之间的因果结构被一组回归方程所表示，称为路径图的路径方程。由于 X_1、X_2 是外生变量，所以不需要进行方程描述。

5. 路径系数

在上述方程中，a_i、b_{ij}（$i = 3, 4, 5, j = 1, 2, 3, 4$）称为路径系数或路径回归系数。其中 b_{ij} 表示在其他变量保持不变的情况下，X_j 影响变量 X_i 的程度。由于路径系数可以清晰展现出变量间的各种关系，因此，计算路径系数就成为路径分析的核心工作。

计算路径系数前要完成两项准备工作。一是路径系数计算是建立在一系列假定之上的，主要包括以下四个。①变量间的影响关系是明确的、单向的，对于变量之间互相影响这种情况并不予以考虑。在路径图中表现为路径方程只考虑直线箭头均为单向的情形；在路径系数上表现为只存在 p_{ij}，而不存在 p_{ji}。②为了计算路径方程中的回归系数，涉及回归分析中的最小二乘法，最小二乘法所应具有的假定都应包含在路径分析的假定之中。③变量间的关系具有线性可加性，即 10.19 式、10.20 式可以相加并不影响回归路径系数。④所有的残差项为随机变量，而且残差项的均值为 0，各个残差项之间是独立不相关的，即 $E(e_i) = 0$，$\mathrm{cov}(e_i, e_j) = 0$。同时，某个内生变量的残差项（如 X_4 的残差项为 e_4）与该内生变量存在因果关系，但是该残差项与除此内生变量外的所有自变量（如 X_1、X_2、X_3）之间均是线性无关的。

二是变量的标准化。由于各个变量使用不同单位，对因变量的作用大小无法直接进行比较。例如在 $X_3 = a_1 + b_{31}X_1 + b_{32}X_2$ 这个方程中，X_1 代表空间距离，X_2 代表文化距离。当空间距离使用不同的单位（如米、千米）时，估算出来的路径系数就不一样。因此，需要对这些变量进行无量纲化处理。无量纲化处理最简便的方法就是变量的标准化，下面以 10.19 式为例说明变量标准化的过程。

由方程 10.19 可得

$$\overline{X}_3 = a_3 + b_{31}\overline{X}_1 + b_{32}\overline{X}_2 + b_{3e}\bar{e}_3。\tag{10.22}$$

其中 $\overline{X}_i$ 代表 X_i 的平均值。

用 10.19 式减去 10.22 式，同时除以 X_3 的标准差 σ_3 可得

$$\begin{aligned}\frac{X_3-\overline{X}_3}{\sigma_3} &= b_{31}\frac{X_1-\overline{X}_1}{\sigma_3} + b_{32}\frac{X_2-\overline{X}_2}{\sigma_3} + b_{3e}\frac{e_3-\bar{e}_3}{\sigma_3} \\ &= b_{31}\frac{\sigma_1}{\sigma_3}\frac{X_1-\overline{X}_1}{\sigma_1} + b_{32}\frac{\sigma_2}{\sigma_3}\frac{X_2-\overline{X}_2}{\sigma_2} + b_{3e}\frac{\sigma_e}{\sigma_3}\frac{e_3-\bar{e}_3}{\sigma_e}。\end{aligned}\tag{10.23}$$

令 $y_i = \frac{X_i-\overline{X}_i}{\sigma_i}$，并令 $p_{3i} = b_{3i}\frac{\sigma_i}{\sigma_3}$，

则 10.23 式转变为

$$y_3 = p_{31}y_1 + p_{32}y_2 + p_{3u}u_3。\tag{10.24}$$

利用同样的方法，方程 10.20、10.21 可标准化为

$$y_4 = p_{41}y_1 + p_{42}y_2 + p_{43}y_3 + p_{4u}u_4，\tag{10.25}$$

$$y_5 = p_{51}y_1 + p_{52}y_2 + p_{53}y_3 + p_{54}y_4 + p_{5u}u_5。\tag{10.26}$$

需要说明的是，尽管在上述方程中，用 y_i 代替了 X_i，但它们的本质含义仍是不变的。在上例中，y_1 仍代表空间距离。

方程 10.24、10.25、10.26 即为路径方程 10.21、10.22、10.23 的标准化形式。系数 p_{ij} 即为路径系数，其含义是在其他变量保持不变的情况下，自变量 y_j 对因变量 y_i 的直接作用力大小。当已知 p_{ij} 值时，为了在路径图上能直观地观察到变量间因果关系的强弱，往往在联接两个变量的箭头上标出路径系数的值，如图 10.4 所示。需要指出的是，p_{ji} 和 p_{ij} 所表示的内

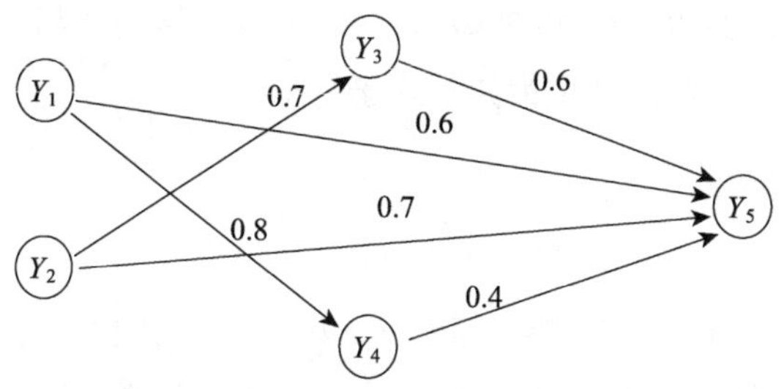

图 10.4　标注了路径系数的路径图

涵是不同的。p_{ji} 代表变量 y_i 对 y_j 的影响程度，而 p_{ij} 代表变量 y_j 对变量 y_i 的影响程度。因此，当他们出现在一个因果模型中时，大小往往也是不相等的。在下文的讨论中，由路径方程表示的变量间因果关系直接从方程10.23、10.24、10.25 出发，视为已作了标准化处理。

二、路径系数和残差路径系数的计算方法

路径分析的核心目的是计算出路径系数，在已知路径的因果模型中，相关系数和路径系数都是描述变量间关系的指标。根据统计或调查得出的数据能比较容易地得到相关系数的值。那么一个基本设想是利用相关系数和路径系数之间的关系推导出路径系数。

1. 路径系数求解

假设由图 10.3 得到变量之间的路径方程是

$$X_3 = p_{31}X_1 + p_{32}X_2 + p_{3u}u_3, \tag{10.26}$$

$$X_4 = p_{41}X_1 + p_{42}X_2 + p_{43}X_3 + p_{4u}u_4, \tag{10.27}$$

$$X_5 = p_{51}X_1 + p_{52}X_2 + p_{53}X_3 + p_{54}X_4 + p_{5u}X_u。 \tag{10.28}$$

上述变量均已经过标准化处理。

在路径方程 10.26 两边同时乘以 X_1、X_2 可得

$$\begin{cases} X_1X_3 = p_{31}X_1^2 + p_{32}X_1X_2 + p_{3u}u_3X_1, \\ X_2X_3 = p_{31}X_1X_2 + p_{32}X_2^2 + p_{3u}u_3X_2。 \end{cases} \tag{10.29}$$

对 10.29 式两端同时求期望可得

$$\begin{cases} r_{31} = p_{31} + p_{32}r_{12} + p_{3u}r_{1u}, \\ r_{32} = p_{31}r_{12} + p_{32} + p_{3u}r_{2u}。 \end{cases} \tag{10.30}$$

r_{12}、r_{23}、r_{1u}、r_{2u} 分别表示 X_1 与 X_2、X_2 与 X_3、X_4 与 u_1、X_2 与 u_2 的相关系数。

由路径分析的假定可知，变量 X_1、X_2 与 u 不相关，因此，$r_{1u} = r_{2u} = 0$。因此 10.30 式可以简化为如下式子：

$$\begin{cases} r_{31} = p_{31} + p_{32}r_{12}, \\ r_{32} = p_{31}r_{12} + p_{32}。 \end{cases} \tag{10.31}$$

从 10.31 式可以看出，路径系数 p_{31} 和 p_{32} 是未知的，r_{13}、r_{32}、r_{12} 可以根据统计数据计算出来，10.31 式为二元一次方程，可解得 p_{31} 和 p_{32}。

同理可求得 p_{41}、p_{32}、p_{43} 的值，在 10.27 式左右两边同时乘以 X_1、X_2 和 X_3 得

$$\begin{cases} X_1X_4 = p_{41}X_1^2 + p_{42}X_1X_2 + p_{43}X_1X_3 + p_{4u}u_4X_1, \\ X_2X_4 = p_{41}X_1X_2 + p_{42}X_2^2 + p_{43}X_2X_3 + p_{4u}u_4X_2, \\ X_3X_4 = p_{41}X_1X_3 + p_{42}X_2X_3 + p_{43}X_3^2 + p_{4u}u_4X_3。\end{cases} \quad (10.32)$$

在 10.32 式两端同时求期望可得

$$\begin{cases} r_{41} = p_{41} + p_{42}r_{12} + p_{43}r_{13}, \\ r_{42} = p_{41}r_{12} + p_{42} + p_{43}r_{32}, \\ r_{43} = p_{41}r_{13} + p_{42}r_{23} + p_{43}。\end{cases} \quad (10.33)$$

根据统计数据可以得到 r_{21}、r_{31}、r_{41} 的值，10.33 式为三元一次方程，可求得 p_{41}、p_{42} 和 p_{43}。

在方程 10.28 的左右两端同时乘以 X_1、X_2、X_3 和 X_4，同样的步骤可以求得 p_{51}、p_{52}、p_{53} 和 p_{54} 的值。

因此，当由统计数据获得变量间的相关系数 r_{ij} 后，p_{ij} 这一路径系数可按照上述方法逐一求出。

2. *残差路径系数*

为求解残差的路径系数 p_{3u}、p_{4u} 和 p_{5u} 的值，在方程 10.26、10.27、10.28的两端同时乘以 u_3、u_4 和 u_5 可得

$$\begin{cases} X_3u_3 = p_{31}X_1u_3 + p_{32}X_2u_3 + p_{3u}u_3^2, \\ X_4u_4 = p_{41}X_1u_4 + p_{42}X_2u_4 + p_{43}X_3u_4 + p_{4u}u_4^2, \\ X_5u_5 = p_{51}X_1u_5 + p_{52}X_2u_5 + p_{53}X_3u_5 + p_{5u}u_5^2。\end{cases}$$

对上述方程组两端同时求期望得①

$$\begin{cases} r_{3u} = p_{3u}, \\ r_{4u} = p_{4u}, \\ r_{5u} = p_{5u}。\end{cases} \quad (10.34)$$

再将方程 10.26、10.27、10.28 两端分别乘以 X_3、X_4、X_5 得

① 根据假定，残差项与其他内生变量不相关，所以 $r_{u_ix_j} = 0$。

$$\begin{cases} X_3^2 = p_{31}X_1X_3 + p_{32}X_2X_3 + p_{3u}u_3X_3, \\ X_4^2 = p_{41}X_1X_4 + p_{42}X_2X_4 + p_{43}X_3X_4 + p_{4u}u_4X_4, \\ X_5^2 = p_{51}X_1X_5 + p_{52}X_2X_5 + p_{53}X_3X_5 + p_{54}X_4X_5 + p_{5u}u_5X_5。 \end{cases} \tag{10.35}$$

对方程组(10.35)两端求期望得：

$$\begin{cases} 1 = p_{31}r_{31} + p_{32}r_{32} + p_{3u}r_{3u}, \\ 1 = p_{41}r_{41} + p_{42}r_{42} + p_{43}r_{43} + p_{4u}r_{4u}, \\ 1 = p_{51}r_{51} + p_{52}r_{52} + p_{53}r_{53} + p_{54}r_{54} + p_{5u}r_{5u}。 \end{cases} \tag{10.36}$$

将方程组 10.34 代入 10.36 中，同时将已解出的 p_{31}、p_{32}、…、p_{54} 路径系数代入方程组 10.36 中，可分别求得 p_{3u}、p_{4u} 和 p_{5u} 残差路径系数。

残差路径系数的含义是：它解释了所有因变量不能被自变量解释的部分。p_{3u} 表示自变量 X_1 和 X_2 解释 X_3 的剩余部分。由此可见，残差路径系数对于因果路径的确定具有相当重要的意义。如果一个路径方程中残差路径系数比较大，说明路径图中包含的自变量对因变量的因果解释力不强。

对方程组 10.36 中的第一个方程作适当的代数变形：

$$1 - p_{3u}^2 = p_{31}r_{31} + p_{32}r_{32}。$$

记 $R_3^2 = p_{31}r_{31} + p_{32}r_{32}$，则 $R_3 = \sqrt{1 - P_{3u}^2}$。

将其一般化可得：$R_i = \sqrt{1 - p_{iu}^2}$。

称 R_i 为决定系数，它表示作用于 X_i 的自变量所能解释 X_i 的百分比。

三、变量间相关关系的分解

系数 r_{ij} 表示自变量 X_j 与因变量 X_i 之间的相关关系。从路径图可以看出，自变量 X_j 对因变量 X_i 产生作用时，往往是通过多条路径展开的：一种是 X_j 直接作用于 X_i 产生作用，另一种是 X_j 通过中间变量对 X_i 产生作用。还有一种可能性是自变量 X_j 对因变量 X_i 并没有影响，但是由于 X_i 和 X_j 都与第三个变量相关，从而产生了一种虚假的相关关系。显然，自变量 X_j 对因变量 X_i 的作用力可以分解为几种不同因果力作用之和。为了对变量之间相关关系的作用情况进行深入、精确的了解，需要将 X_j 与 X_i 间的作用关系进行分解。下面以图 10.3 中 X_1 与 X_5 之间的相关关系的分解为例进行说明。

在求解路径系数 p_{31}、p_{32}、…、p_{54} 的过程中，我们曾得到三组方程：

$$\begin{cases} r_{31} = p_{31} + p_{32} r_{12}, & (10.37) \\ r_{32} = p_{31} r_{12} + p_{32}。 & (10.38) \end{cases}$$

$$\begin{cases} r_{41} = p_{41} + p_{42} r_{12} + p_{43} r_{13}, & (10.39) \\ r_{42} = p_{41} r_{12} + p_{42} + p_{43} r_{32}, & (10.40) \\ r_{43} = p_{41} r_{13} + p_{42} r_{23} + p_{43}。 & (10.41) \end{cases}$$

$$\begin{cases} r_{51} = p_{51} + p_{52} r_{12} + p_{53} r_{13} + p_{54} r_{14}, & (10.42) \\ r_{52} = p_{51} r_{12} + p_{52} + p_{53} r_{23} + p_{54} r_{24}, & (10.43) \\ r_{53} = p_{51} r_{13} + p_{52} r_{23} + p_{53} + p_{54} r_{34}, & (10.44) \\ r_{54} = p_{51} r_{14} + p_{52} r_{24} + p_{53} r_{34} + p_{54}。 & (10.45) \end{cases}$$

将 10.37 式代入 10.39 式整理得

$$r_{41} = p_{41} + (p_{42} + p_{43} p_{32}) r_{21} + p_{43} p_{31}。 \quad (10.46)$$

将 10.37 式与 10.46 式共同代入 10.42 式中得

$$r_{51} = \frac{p_{51}}{\text{I}} + \frac{p_{53} p_{31} + p_{54}(p_{41} + p_{43} p_{31})}{\text{II}} + \frac{[p_{52} + p_{53} p_{32} + p_{54}(p_{42} + p_{43} p_{32})] r_{12}}{\text{III}}$$

上式将 X_1 和 X_5 的相关关系分为以下三个部分。

（Ⅰ）X_1 对 X_5 的直接作用：产生的作用力为 p_{51}。[①]

（Ⅱ）X_1 对 X_5 的间接作用，主要包括 $p_{53} p_{31} + p_{54}(p_{41} + p_{43} p_{31})$ 这一部分，通过三条路径产生作用：

一是 X_1 通过 X_3（不通过 X_4）作用于 X_5，产生的作用力是 $p_{53} p_{31}$；

二是 X_1 通过 X_4（不通过 X_3）作用于 X_5，产生的作用力是 $p_{54} p_{41}$；

三是 X_1 通过 X_3 再通过 X_4 作用于 X_5，产生的作用力是 $p_{54} p_{43} p_{31}$。

（Ⅲ）X_1 对 X_5 的作用是由于 X_1、X_2 相互关联而引起的互联作用，主要包括 $[p_{52} + p_{53} p_{32} + p_{54}(p_{42} + p_{43} p_{32})] r_{12}$ 这一部分，通过四条路径产生作用：

一是 X_1 和 X_2 相关联并通过 X_2 作用于 X_5，见 $p_{52} r_{12}$；

二是 X_1 和 X_2 相关联并通过 X_2 再通过 X_3 作用于 X_5，见 $p_{52} p_{32} r_{12}$；

三是 X_1 和 X_2 相关联并通过 X_2 再通过 X_4 作用于 X_5，见 $p_{54} p_{42} r_{12}$；

四是 X_1 和 X_2 相关联并通过 X_2 再作用于 X_3，再作用于 X_4 再作用于

① 注意 $p_{51} \neq p_{15}$，但是 $r_{51} = r_{15}$，说明因果关系是单向的，相关关系是互相的。

X_5，见 $p_{54}p_{43}p_{32}r_{12}$。

同理，我们可以分析 r_{52}、r_{53}、r_{54}、r_{13}、r_{23}、r_{14}、r_{24}、r_{34} 之间的相关关系。

一般而言，变量间相关关系产生的原因可以分解为直接作用、间接作用、虚假相关和互联相关四种。为了说明这四种作用力的区别，现根据上述方法将 r_{13}、r_{23}、r_{14}、r_{24}、r_{34} 分解如下：

$$\begin{cases} r_{13} = p_{31} + p_{32}r_{12}, \\ r_{23} = p_{32} + p_{31}r_{12}, \\ r_{14} = p_{41} + p_{43}p_{31} + (p_{42} + p_{43}p_{32})r_{12}, \\ r_{24} = p_{42} + p_{43}p_{32} + (p_{41} + p_{43}p_{32})r_{12}, \\ r_{34} = p_{43} + p_{41}p_{31} + p_{42}p_{32} + (p_{41}p_{32} + p_{42}p_{31})r_{12}. \end{cases} \tag{10.47}$$

根据图 10.3 的路径图，假定根据统计数据已计算出各变量之间的相关系数，同时利用变量间的相关系数求得路径系数。假设得到如下数据：$p_{31} = 0.35$，$p_{32} = 0.41$，$p_{41} = 0.01$，$p_{42} = 0.28$，$p_{43} = 0.53$，$r_{12} = 0.5$，$r_{13} = 0.555$，$r_{23} = 0.585$，$r_{14} = 0.4442$，$r_{24} = 0.611$，$r_{34} = 0.6994$。

经过计算各相关系数可以分解为表 10.6 中的四种类型。

表 10.6　各相关系数分解表

相关系数	直接作用	间接作用	虚假作用	互联作用
r_{13}=0.555	0.35①	0	0	0.205②
r_{23}=0.585	0.41	0	0	0.175
r_{14}=0.435 1	0.01	0.185 5③	0	0.248 7
r_{24}=0.611	0.28	0.217 3	0	0.113 7
r_{34}=0.699 4	0.53	0	0.118 3④	0.051 1

说明

（1）直接作用如表格中①所示，指的是式 10.47 中第 1 个方程的 p_{31}，说明 X_1 与 X_3 的关系是由 X_1 直接作用所导致的。

（2）互联作用如表格中②所示，指的是式 10.47 中第 1 个方程的 $p_{32}r_{12}$ 部分，说明 X_1 与 X_3 的相关有一部分是由于 X_1 与 X_2 产生了关联（r_{12}）并通过 X_2 对 X_3 产生作用（p_{32}）而导致的。

（3）间接作用如表格中的③所示，指的是式 10.47 中第 3 个方程的

$p_{43}p_{31}$，X_1 对 X_4 的作用是通过 X_3 这一中介变量而产生的。

(4) 虚假相关如表中④所示，指的是式 10.47 中第 5 个方程的 $p_{41}p_{31}+p_{42}p_{32}$。根据路径图，$X_3$、$X_4$ 相关关系并没有通过 X_1 与 X_4、X_2 与 X_4 这两个路径产生，他们之所以产生关联恰巧是由于共同与另一个变量有关系而产生的。例如，X_3 与 X_4 关系的产生是由于 X_3 与 X_1 有关系，X_4 恰好与 X_1 也有关联，从而产生了 X_3 与 X_4 之间的一种虚假相关关系。

从路径分析的整个过程可以看出，路径分析的目标有以下几点。(1)回归分析和相关关系分析主要是考察变量间的相关关系，通过调查数据对变量之间的关系做出定量判断。路径分析是在回归分析和相关分析的基础上，分析相关模型中每一个相关关系的结构，主要包括这些因果关系和相关关系到底是通过何种路径产生的。路径分析不是用来推论变量间的因果关系和相关关系，不具有预测的功能。(2)路径分析可以用来检验相关模型，具有事件回溯的检验功能。在实际研究中，研究者根据逻辑推理、已有理论或统计归纳等方式获得变量之间的相关关系。但这种相关关系到底有多少是真实的呢？他们关联的途径是什么呢？路径分析可以进行剖析和检验。因此，路径分析详细地剖析了变量间相关的结构和实质，有助于我们认清变量间的真实关联。(3)具体来讲，路径分析主要解决以下几方面问题：①模型中 X_i 与 X_j 是否存在相关关系；②若存在相关关系，它们之间的详细构成是怎样的？主要包括：若 X_j 影响 X_i，X_j 是直接影响 X_i 还是通过中介变量影响，还是两者皆而有之；X_j 对 X_i 影响的直接作用、中介作用、虚假作用的大小如何？

四、实例解析

下面通过一国对他国军事干涉程度的例子来说明路径分析的一般原理和步骤。

1. 选择研究变量和建立路径模型

根据现有国际关系理论，一国的对外军事干涉，主要受到两类因素的影响，一类是先天性的，包括地理距离、文化距离；另一类是自身性的，包括贸易依存度、政体相似度等等。因此，选择以下五个变量建立路径模型图(图 10.5)。

X_1：国家间空间距离；

X_2：国家间文化距离；

X_3：两国贸易依存度；

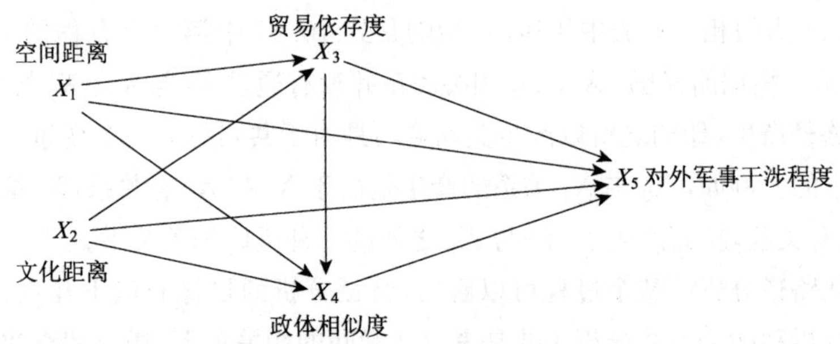

图 10.5　一国对外军事干涉程度的路径图

X_4：两国政体相似度；

X_5：一国对外军事干涉程度。

对外军事干涉程度的取值为[0, 1]，通过赋值和校准获取。[①] 空间距离、文化距离、政体相似度和贸易依存度都已进行标准化。

假设由调查资料计算获得各变量间的相关系数如下：

表 10.7　各变量间的相关系数

相关系数	X_1	X_2	X_3	X_4	X_5
X_1	1				
X_2	0.08	1			
X_3	−0.76	−0.64	1		
X_4	0.03	−0.83	0.23	1	
X_5	−0.36	0.64	0.19	−0.79	1

由相关系数计算可知，X_3 与 X_4、X_1 与 X_4 之间的相关系数十分小，同时，计算变量间的复相关系数发现 $r_{15.234}=0.0106$，显示 X_1 与 X_4、X_3 与 X_4、X_1 与 X_5 之间不太可能具有因果关系。因此，上述路径模型修正如下。

① 使用海陆空进行军事干涉代表最高程度的干涉，可赋值为 1。具体可参见迟永：《美国介入领土争端的行为》，《世界经济与政治》2004 年第 10 期。

2. 建立路径方程

根据修改后的路径图，建立如下路径方程：

$$X_3 = p_{31}X_1 + p_{32}X_2 + u_3,$$
$$X_4 = p_{42}X_2 + u_4,$$
$$X_5 = p_{52}X_2 + p_{53}X_3 + p_{54}X_4 + u_5。$$

3. 求路径系数

根据相关系数与路径系数之间的关系分别求解各路径系数，并将计算结果标在图上(参见图 10.6)。由于运算量比较大，该过程一般借助于相关软件进行。

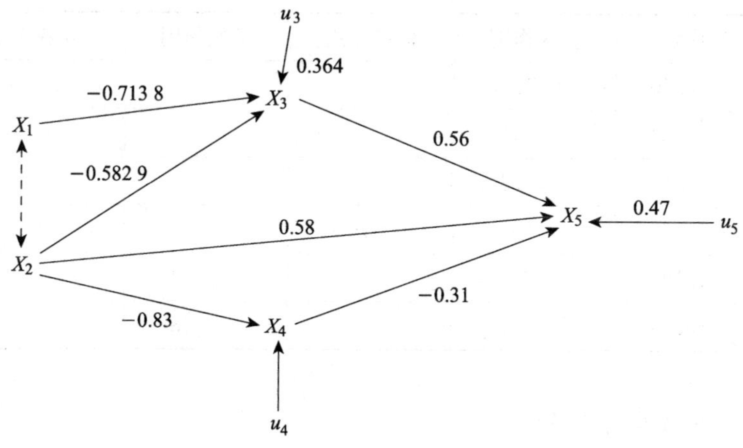

图 10.6 修正后的路径图

利用 $R_i^2 = \sqrt{1 - p_{iu}^2}$ 求各因变量的决定系数：

$$R_3^2 = \sqrt{1 - 0.364^2} = 0.931\,4,$$
$$R_4^2 = \sqrt{1 - 0.58^2} = 0.814\,6,$$
$$R_5^2 = \sqrt{1 - 0.47^2} = 0.882\,6。$$

由此可见，本模型中 X_2、X_3、X_4 解释了 X_5（一国军事干涉程度）的 88.26%。X_4 被 X_2 解释了 81.46%，X_3 则被 X_1 和 X_2（文化距离）解释了 93.14%。这说明 X_2、X_3、X_4 对 X_5 的解释力相当强，不再需要增加新的自变量。

4. 分解相关系数

综前所述，将相关系数进行分解：

$$r_{13}=p_{31}+p_{32}r_{12},$$
$$r_{23}=p_{32}+p_{31}r_{12},$$
$$r_{24}=p_{42},$$
$$r_{25}=p_{52}+p_{53}p_{31}r_{12}+p_{53}p_{32}+p_{54}p_{42},$$
$$r_{35}=p_{53}+p_{52}p_{32}+p_{52}p_{31}r_{12},$$
$$r_{45}=p_{54}+p_{52}p_{42}。$$

得到相关系系数的分解表如下。

表 10.8　相关系数分解表

相关系数	直接作用	间接作用	虚假作用	互联作用
$r_{13}=-0.76$	−0.713 8			−0.046 6
$r_{23}=-0.64$	−0.582 9			−0.057 1
$r_{24}=-0.83$	−0.83			
$r_{25}=0.64$	0.58	0.096 9		−0.031 98
$r_{35}=0.19$	0.56		−0.338 1	−0.033
$r_{45}=-0.79$	−0.31		−0.48	

5. 对结果进行解释

由决定系数分析可知，X_1、X_2、X_3、X_4 等内外生变量解释了 X_5 发生原因的 88.26%，其他未知因素占了 1−88.26%＝11.74%的比例。直接作用、间接作用、关联作用乃至虚假作用在两变量相关关系中的影响也得到了比较清晰的体现。

附录 10.1

10.2 式的推导涉及多元统计分析中的数学知识，可以用一个比较简单的例子进行说明。设 $\boldsymbol{X}=(X_1, X_2)^{\mathrm{T}}$，$Y_1=a_1X_1+a_2X_2$，则

$$\begin{aligned}D(Y_1)&=D(a_1X_1+a_2X_2)=E(a_1X_1+a_2X_2)^2-[E(a_1X_1+a_2X_2)]^2\\&=E(a_1^2X_1^2+2a_1a_2X_1X_2+a_2^2X_2^2)-(a_1EX_1+a_2EX_2)^2\\&=a_1^2EX_1^2+2a_1a_2X_1X_2+a_2^2EX_2^2-a_2(EX_1)^2-2a_1EX_1EX_2-a_2^2(EX_2)^2\\&=a_1^2[EX_1^2-(EX_1)^2]+a_2^2[EX_2^2-(EX_1)^2]+2a_1a_2(EX_1X_2-EX_1EX_2)\\&=a_1^2\mathrm{cov}(X_1, X_1)+a_2^2\mathrm{cov}(X_2, X_2)+2a_1a_2\mathrm{cov}(X_1, X_2)\\&=(a_1, a_2)\begin{pmatrix}\mathrm{cov}(X_1, X_1), & \mathrm{cov}(X_1, X_2)\\ \mathrm{cov}(X_2, X_1), & \mathrm{cov}(X_2, X_2)\end{pmatrix}\begin{pmatrix}a_1\\a_2\end{pmatrix}。\end{aligned}$$

附录 10.2

拉格朗日乘数法求极值原理

设 $z=f(x, y)$，且 x, y 满足 $x^2+y^2=a$ 这一约束条件，求 $f(x, y)$ 的极值步骤如下。

1. 引入系数 λ，建立拉格朗日方程

$$L(x, y, \lambda)=f(x, y)-\lambda(x^2+y^2-a)。\tag{1}$$

2. 分别由(1)式对 x, y, λ 求偏导数，并令其等于 0。

$$\begin{cases}\dfrac{\partial L(x, y, \lambda)}{\partial x}=\dfrac{\partial f(x, y)}{\partial x}-2\lambda x=0,\\[2mm]\dfrac{\partial L(x, y, \lambda)}{\partial y}=\dfrac{\partial f(x, y)}{\partial y}-2\lambda y=0,\\[2mm]\dfrac{\partial L(x, y, \lambda)}{\partial y}=x^2+y^2-a=0。\end{cases}\tag{2}$$

根据(2)式分别求得 λ, x, y 的值，从而求得 $z=f(x, y)$ 在约束条件下的极值。

附录 10.3

设 $\boldsymbol{A}$ 是 n 阶矩阵，如果存在一个数 λ 和一个 n 维列向量，使关系式 $\boldsymbol{Ax}=\lambda\boldsymbol{x}$ 成立，这样的数 λ 称为矩阵 $\boldsymbol{A}$ 的特征值。非零向量 $\boldsymbol{x}$ 称为 $\boldsymbol{A}$ 对应于特征值 λ 的特征向量。$(\boldsymbol{A}-\lambda\boldsymbol{E})\boldsymbol{X}=\boldsymbol{0}$，可转化为：

$$\begin{pmatrix} a_{11}-\lambda & a_{12} & \cdots & a_{1n} \\ a_{21} & a_{22}-\lambda & \cdots & a_{2n} \\ \vdots & \vdots & & \vdots \\ a_{n1} & a_{n2} & \cdots & a_{nn}-\lambda \end{pmatrix}\begin{pmatrix} x_1 \\ x_2 \\ \vdots \\ x_n \end{pmatrix}=0。$$

上式可转化为：

$$\begin{cases} (a_{11}-\lambda)X_1+a_{12}X_2+\cdots+a_{1n}X_n=0, \\ a_{21}X_1+(a_{22}-\lambda)X_2+\cdots+a_{2n}X_n=0, \\ \vdots \qquad\qquad\qquad\qquad \vdots \\ a_{n1}X_1+a_{n2}X_2+\cdots+(a_{nn}-\lambda)X_n=0。 \end{cases}$$

这是 n 个未知数 n 个方程的齐线性方程组，它有非零解的充分必要条件是系数行列式 $|\boldsymbol{A}-\lambda\boldsymbol{E}|=0$，即

$$\begin{vmatrix} a_{11}-\lambda & a_{12} & \cdots & a_{1n} \\ a_{21} & a_{22}-\lambda & \cdots & a_{2n} \\ \vdots & \vdots & & \vdots \\ a_{n1} & a_{n2} & \cdots & a_{nn}-\lambda \end{vmatrix}=0。$$

上式是以 λ 为未知数的一元 n 次方程，称为方阵 $\boldsymbol{A}$ 的特征方程，其中 $|\boldsymbol{A}-\lambda\boldsymbol{E}|$ 是 λ 的 n 次多项式，记为 $f(\lambda)$，称为方阵 $\boldsymbol{A}$ 的特征多项式。

例如：求矩阵 $\boldsymbol{A}=\begin{pmatrix} -1 & 1 & 0 \\ -4 & 3 & 0 \\ 1 & 0 & 2 \end{pmatrix}$ 的特征值。

$\boldsymbol{A}$ 的特征多项式为

$$|\boldsymbol{A}-\lambda\boldsymbol{E}|=\begin{vmatrix} -1-\lambda & 1 & 0 \\ -4 & 3-\lambda & 0 \\ 1 & 0 & 2-\lambda \end{vmatrix}=(2-\lambda)(1-\lambda)^2。$$

所以 $\mathbf{A}$ 的特征值为 $\lambda_1 = 2$，$\lambda_2 = \lambda_3 = 1$。

附录 10.4

多元统计的基础知识

1. 设 X 为一个随机变量，则 X 的平均值可记为 $\overline{X}$，$\overline{X} = EX$。

2. 随机变量 X 的方差为

$$D(X) = E(X - \overline{X})^2 = E(X^2 - 2X\overline{X} + \overline{X}^2) = EX^2 - (EX)^2,$$

它表示随机变量与其均值的偏离程度。

3. 设 X、Y 均为随机变量，$E[(X - EX)(Y - EY)]$ 为 X 和 Y 之间的协方差，记为 $\mathrm{cov}(X, Y)$，$\mathrm{cov}(X, Y) = E[(X - EX)(Y - EY)] = E(XY) - E(X)E(Y)$。协方差反映了两个随机变量的相关程度。因此在概率论中用 $\rho_{XY} = \dfrac{\mathrm{cov}(X, Y)}{\sqrt{D(X)}\sqrt{D(Y)}}$ 来表示两个变量间的相关系数。其中 $D(X)$、$D(Y)$ 为随机变量 X、Y 的方差。

4. 如果 X 包含 p 个随机变量，则称 X 为随机向量，一般用加黑的字母表示，记为 $\boldsymbol{X} = (X_1, X_2, \cdots, X_p)^{\mathrm{T}}$，T 表示矩阵的转置。随机向量的均值为向量中每个随机变量的均值，记为 $E\boldsymbol{X} = (EX_1, EX_2, \cdots, EX_p)^{\mathrm{T}}$。

随机向量的方差也称为协方差矩阵，记为：

$$D(\boldsymbol{X}) = \boldsymbol{V} = \begin{pmatrix} \mathrm{cov}(X_1X_1) & \mathrm{cov}(X_1X_2) & \cdots & \mathrm{cov}(X_1X_p) \\ \mathrm{cov}(X_2X_1) & \mathrm{cov}(X_2X_2) & \cdots & \mathrm{cov}(X_2X_p) \\ \vdots & \vdots & & \vdots \\ \mathrm{cov}(X_pX_1) & \mathrm{cov}(X_pX_2) & \cdots & \mathrm{cov}(X_pX_p) \end{pmatrix}。$$

该协方差矩阵为 $p \times p$ 个元素组成的矩阵。

5. 记 $\boldsymbol{X}$ 为 p 维随机向量，$\boldsymbol{X} = (X_1, X_2 \cdots X_p)^{\mathrm{T}}$，$\boldsymbol{Y}$ 为 q 维随机向量，$\boldsymbol{Y} = (Y_1, Y_2 \cdots Y_q)^{\mathrm{T}}$，则 $\boldsymbol{X}$ 与 $\boldsymbol{Y}$ 的协方差矩阵为：

$$\mathrm{cov}(\boldsymbol{X}, \boldsymbol{Y}) = \begin{pmatrix} \mathrm{cov}(X_1Y_1) & \mathrm{cov}(X_1Y_2) & \cdots & \mathrm{cov}(X_1Y_q) \\ \mathrm{cov}(X_2Y_1) & \mathrm{cov}(X_2Y_2) & \cdots & \mathrm{cov}(X_2Y_q) \\ \vdots & \vdots & & \vdots \\ \mathrm{cov}(X_pY_1) & \mathrm{cov}(X_pY_2) & \cdots & \mathrm{cov}(X_pY_q) \end{pmatrix}$$

该协方差矩阵为 $p \times q$ 个元素组成的矩阵。

第十一章　因果机制与挖掘

国际关系研究的目标在于描述、解释和预测。为实现这一目标，研究者把探究变量间的关系——因果效应——作为国际关系的核心任务。前几章介绍了探索和检验变量间因果效应的常用办法。但是国际关系研究还不应止步于此，还需要寻找现象间不同变量关系的结构。通俗地讲，需要对变量间为什么会有这种关系进行因果分析，这种解释就是因果机制。寻找因果机制不仅是国际关系研究实现“解释”目标的需要，也是构建理论的重要内容。本章主要论述因果机制及因果机制的挖掘方法。

第一节　国际关系研究中的因果机制

一、国际关系研究囿于因果效应的局限

国际关系研究中的因果效应本质上是自然科学覆盖律模型在国际关系学科中的反映。覆盖律模型把理论还原为因果关系和相关关系（因果效应）。事实上，如果把因果效应作为国际关系研究全部内容的话会产生三方面问题。

一是从本体的角度看，能动者被排除在国际关系研究之外。自然科学的研究对象是周而复始且无生命的客观世界，科学家完全不需要介入研究对象本身。因此，自然科学的关注点是发现规律和证明规律，它所构建的理论图景把心灵留在了画面之外，没有为喜、怒、哀、善、恶、美、丑留下席位。[①] 但是国际关系与自然科学研究在本体上的最大区别是：国际关系的

---

① 陈嘉映：《哲学·科学·常识》，北京：东方出版社，2007年，第69页。

研究对象——个人、社会或国家——具有反思性。[①] 也就是说，研究者对国际社会的研究反过来会对国际社会的运转带来反作用力。如果仅仅关注因果效应，那么这种脱胎于自然科学覆盖律式的国际关系研究模式没有给能动性留下任何位置。正如一位社会科学研究者振聋发聩地指出：试想，一个没有为能动提供任何席位的解释模型如何能够适用于充满能动者的社会科学世界呢？[②]

二是理论泛化的问题。变量控制和统计分析旨在寻找条件变量与结果变量之间的相关关系或因果关系，通过适当的抽象化后就上升为解释国际社会现象或规律的理论。但是，在数理统计技术日臻完善的情况下，任何两个变量间都可展示出较高的协同性和相关性。造成的后果是在国际关系研究中形成了一种"统计至上"的病态。研究者随意凑合变量间的"共变关系"，自以为找到了变量间的规律，盲目地认为凭统计公式就能清楚解释该项"因果关系"。[③] 例如，国家的民主程度是由社会体制与历史传统决定的，与该国的对外贸易依存度不存在因果关系。但是通过收集 1945—1990 年 30 个国家的对外贸易依存度面板数据，与国家的民主程度进行回归分析，发现两个变量之间有较高的相关关系，而且各项系数都通过了显著性检验。那么，是否能说贸易依存度是决定民主的原因呢？显然，这是违背国际关系基本理论的。因此，如果仅仅把探寻因果效应作为解释、预测国际政治现象的重心，在具体的实践操作过程中就会产生因果效应泛滥问题。

三是解释的缺失。因果效应呈现了变量值的变化所造成的系统观测要素的变化，它只是指出了变量与变量之间的相关关系。从本质上讲它不是解释了现象，而仅仅是对现象的抽象与概括。因此，因果效应的优势在于预测而不是解释，但国际关系研究的核心任务在于解释。

由此可见，研究者在为国际社会中的某种行为、现象或事件寻求解释时，我们不能满足于"X 导致了 Y"或"X 与 Y 高度相关"这种因果效应。好奇心会驱使我们继续追问"X 是如何导致 Y 的？""为什么 X 和 Y 高度相关"。事实上，一旦提出这个问题，就开始了探寻因果机制的过程，探究因果机制有助于理解因果效应发生的机理。

---

① George A L. and Bennett, A. *Case Studies and Theory Development in the Social Sciences*, Cambridge: MIT Press, 2001, p. 29.

② 刘骥、张玲、陈子恪：《社会科学为什么要找因果机制——一种打开黑箱、强调能动的方法论尝试》，《公共行政评论》2011 年第 4 期。

③ 谢宇：《社会学方法与定量研究》，北京：社会科学文献出版社，2006 年，第 7 页。

二、国际关系研究中因果机制的内涵

科学行为主义的流行使得大样本统计分析方法在国际关系研究中占据统治性地位。1973 年，华尔兹指出理论应当是对规律的解释，因果机制开始进入国际关系研究者的视野。

因果机制阐述了因果效应的发生原因，或者说因果机制的重点在于解释变量是如何导致被解释变量的。① 通俗地讲可以作如下比喻：如果解释是国际关系研究想要抵达的彼岸，那么因果效应就是通向彼岸的一种模式，而因果机制则更像是揭开这种通向彼岸模式的具体操作方式。举例来说，霸权国的实力越强，则国际社会越稳定。随着霸权国实力的衰退，国际社会的稳定性降低。作为因果效应的霸权稳定论，指出了霸权与稳定之间的相关关系，这种相关关系可以从史料的研读中抽象出来，可以通过大样本定量分析发现霸权与国际社会稳定之间的相关性或共变性。但是，霸权稳定论的本质核心在于指出为什么霸权与稳定之间存在着这种关系。因此，必须利用霸权国提供公共产品、边际收益递减等机制，来进一步解释这种因果效应，这种解释就被称为因果机制。因此，因果机制的探究是为了找出条件变量和结果变量之间的环节和过程。在国际关系实证研究中，因果机制可以是事件、活动、关系、过程等，其核心在于给出原因和结果之间合乎逻辑的因果链条。从这里可以看出，因果效应和因果机制是理论的两个重要组成部分。

三、国际关系研究探寻因果机制的作用

国际关系研究者往往把发现因果效应作为理论建设的核心，当两个或更多现象之间反复出现的关系被挖掘时，我们对国际社会的理解和预测就变得可能。那么，寻找因果机制是否就显得多余呢？戴维·辛格(David J. Singer)认为科学知识具有不同的层次：第一个层次是存在的，就是对数据和事实的搜集与整理；第二个层次是相关性的，关注不同数据与事实之间

---

① 在有些学科中，因果机制也被称为中介机制(Intervening Mechanism)，本质上都是相同的，都是解释条件变量如何通过一定途径作用于结果。参见 Hedstrom, Peter and Richard Swedberg, eds., *Social Mechanisms: An Analytical Approach to Social Theory*, New York: Cambridge University Press, 1998. John H. Goldthorpe: "Causation, Statistics, and Sociology", pp. 137 - 160, in John H. Goldthorpe, *On Sociology: Numbers, Narratives, and the Integration of Research and Theory*, Oxford: Oxford University Press, 2000.

的关联性;第三个层次是解释,用来给出关联性发生的原因。[①] 从辛格的阐述中可以看出,因果效应仅仅完成了第二层次的工作,而因果机制对应于第三层次的科学知识。因此,挖掘因果机制有利于我们从更深层次认识国际政治现象和规律。具体来说体现在以下三个方面。

一是有助于处理与以变量关系为导向的研究进路之间的关系。大样本统计技术和基于变量控制的比较案例分析、质性比较分析等已成为探究、检验因果效应的基础,但由此会带来两个显著的问题。①因果关系的简约化。比较案例分析得出的因果关系往往是单因单果,存在着"确定论"的倾向,往往会遗漏一些重要的解释变量。在实践操作中,有些研究者为了实现这种单因解释,往往遮蔽一些变量的差异信息,这一操作就有可能使得整个研究的结论出现偏离。[②] 大样本统计分析方法把显著的因素都纳入自变量,剩余所有不显著的因素都被纳入残差项。尽管大样本统计方法是多因多果,但因变量和自变量之间是一种"弱"因果关系,通过回归方程往往看不出因与果之间到底是充分条件、必要条件还是充分必要条件。②对称性与内生性问题。内生性问题是指如何判断自变量和因变量的问题。在自然科学中,因果关系的方向是清晰明确的,但对于国际关系研究来说,内生性是一个普遍而又严重的问题。例如,声誉是国家遵守国际规则和条约的主要原因。同样,遵守国际法可使国家获得声誉。那么在"声誉"和"遵约"两个变量中,何为因何为果呢?因果机制通过时间序列上的关键事件、过程或者决策将条件变量与结果变量联系起来,很容易辨析出因和果的方向与路径,较好地解决了因果关系的内生性和对称性问题。两个没有任何因果机制联结的变量,即便具有统计上的相关性,也不可能存在真正的因果联系。[③]

二是有利于降低层次,挖掘原因与结果之间的过程与环节,从而打开黑箱,增强解释力,从微观层面厘清因果效应产生发展的机制。[④] 因果效应往往表现为两个变量之间的关系,它没有给出这种关系为什么存在的线

---

① David J. Singer:"Conflict Research Political Action and Epistemology", in Ted Gurr, ed., *Handbook of Political Conflict*, New York Free Press, 1980, pp. 490-499.

② 高奇琦:《从单因解释到多因分析:比较方法的研究转向》,《政治学研究》2014 年第 3 期。

③ P. Hedstrom and R. Swedberg eds., *Social Mechanisms: An Analytical Approach to Social Theory*, Cambridge University Press, 1998, p17.

④ 刘骥、张玲、陈子恪:《社会科学为什么要找因果机制——一种打开黑箱、强调能动的方法论尝试》,《公共行政评论》2011 年第 4 期。

索。因此,由覆盖律主导的国际关系因果效应通常是一种黑箱式的解释。[1] 因果机制的吸引力在于把宏观的、抽象的因果效应细化为诸多具体的、微观的相关关系。因果机制通常位于更低、更细致的分析层次上。[2] 举例来说,斯科波尔(Skocpol H.)通过案例分析发现国家社会革命的起源与国家财政问题、国际力量和阶级关系存在着相关关系。她把这三类原因又细化为37个要素或步骤,从中挖掘出原因到结果之间的复杂环节。在"财政问题"导致"社会革命"这一关系上,斯科波尔通过案例分析,把这一关系分解为如下过程:"财政问题"导致"未能维持经济增长""对外战争受挫",从而导致"国家难以获得贷款",进而导致"财政改革失败,财政危机加深",引起了社会革命。这一过程可以表述为图11.1。

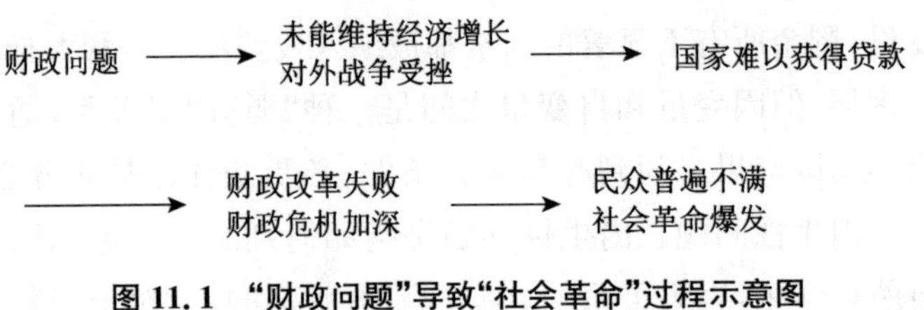

图11.1 "财政问题"导致"社会革命"过程示意图

上图即为解释"财政问题"导致"社会革命"这一因果效应的因果机制。由此可见,通过因果机制的挖掘,使得研究者对因果效应的分析和阐释更加接近现实经验,同时使研究者更清楚因果作用的链条,进而找到因果效应的微观基础。

三是有助于发挥国际关系研究的能动创造性。国际关系研究的魅力在于创新,这种创新更多的是体现在因果机制的挖掘上。因果效应是通过对资料、现象的观察而建立起来的归纳概括。规律可以被发现,可以通过资料积累和长期观察而获得。美国科学哲学家欧内斯特·内格尔论述到:许多因果效应是表述那些只有借助于感觉器官或观察仪器才能观察到的事物的现象或事物现象的特征之间的关系。这种因果效应其实为"实验定律"。[3] 但是,因果机制却不可能通过占有资料、阅读资料这些"简单"的劳

---

① Hedstrom, P. Swedberg, R.: "Social Mechanisms", *ActaSociologica*, Vol. 3, No. 3, p287.

② Brady H. E. and Collier D. Eds., *Rethinking Social Inquiry: Diverse Tools, Shared Standards*, New York: Cambridge University Press, 1981.

③ 〔美〕欧内斯特·内格尔:《科学的结构》,第88—100页。

动得出,它需要抽象、灵感甚至是顿悟来获得。因果机制是在因果效应基础上"创造性地"创建起来的。① 在挖掘因果机制的过程中,研究者的能动性和创造性就充分展示出来,这也是国际关系乃至社会科学研究的魅力所在。举例来说,二战以后,北美、西欧等国几乎不发生战争,战争总是发生在东北亚、中亚、东欧等民主化程度比较低的国家之间。民主与和平之间存在正相关关系,这是一种可以通过简单重复劳动和经验直接获得的规律。但如何解释这种规律呢?有些学者通过民主制约、经济利益以及承诺的可信性来解释这一规律。② 也有学者从民主国家民众文化水平高、参政意识强、对政府约束力大来解释这一规律,这些都是因果机制。但无论哪种解释,都是学者利用自身知识储备,通过分析客观存在的国际政治现象从而实现对规律的解释。这些解释都无法通过观察归纳得到。由此可见,获得因果机制的过程更多地体现了研究人员的创造性。所以,华尔兹在《国际政治理论》一书中也鲜明地指出,古巴比伦人可以准确地预测潮汐极富规律性的涨落,其精确的程度直到 19 世纪末都是无与伦比的。但是尽管如此,他们仍无法通过某个机制来解释潮汐的形成。③

马洪尼(J. Mohoney)指出:"科学解释就是要揭示现象背后的因果性和内在机制,阐明它在整个自然图景和层次结构中的地位。"④贝克·列维斯(Lewis-Beck M.)也宣称,因果机制和因果力是根本性的,而国际关系研究的任务就是找到经验上被证实的关于因果机制的理论和假设。⑤ 好的理论与命题不仅应当能够证明变量之间存在系统的关系性,还应当具有反映原因和结果之间作用过程的因果"故事";好的理论不仅是一组变量间关系的假设,而且应当详细描述变量间相互影响的过程。⑥ 因此,构建合乎科学意义的国际关系理论就必然离不开对因果机制的探究。

---

① Kenneth N. Waltz, *Theory of International Politics*, Peking University Press, 2004, p. 12.

② Mariam Fendius-Ellman, eds, *Paths to Peace Is Democracy the Answers?*, Cambridge MIT Press, 1997.

③ Kenneth N. Waltz, *Theory of International Politics*, p. 10.

④ Mohoney, J.: "Beyond Correlational Analysis: Recent Innovations in Theory and Method", *Sociological Forum*, Vol. 16, No3, p580.

⑤ Lewis-Beck M., Bryman. A. and Liao F. T. Eds., *Encyclopedia of Social Science Research Methods*, Washington D. C.: Sage Publications, 2003, p100.

⑥ ZeevMaoz, *Case Study Methodology in International Studies From Storytelling to Hypothesis Testing*, p456. Charles Tilly: "Means and Ends of Comparison in Macrosociology", *Comparative Social Research*, Vol 16, 1997, p43 - 53. Alexander George and Andrew Bennett, *Case Studies and Theory Development in the Social Science*, Cambridge: MIT Press, 2005, p. 208.

第二节 挖掘因果机制的认识论争论

因果机制是理论的重要组成部分，是增强解释力的重要环节，接下来的一个问题就是如何挖掘因果机制。当前，对如何挖掘因果机制存在三种迥异的观点。

一种是以休谟为代表的“黑箱论”。因果机制类似黑匣子里的齿轮和传动部件，只能猜测里面的运作情况。① 因此，因果机制是人类感官永远不能发现的。② 另一种观点认为因果机制是“行动者对文化意义的定义和解释”，是文化规范、认知情感等建构起来的对因果效应的解释。③ 因此，追寻关系产生的原因，主要依靠个人的主观能动性和创造性，通过引入中介变量回答两两变量间的关系“为什么会如此”的问题。在寻找这种中介变量的过程中，个人的情感、意识形态、知识结构等都会产生作用，从而减弱了因果机制的“科学性”。第三种坚持实证主义理念，认为在条件变量与结果变量之间存在着一条“客观”的因果链条，利用适当的方法可以复原这一关联的链条。如果自变量 A 和因变量 B 之间通过 $A—C—D—B$ 这一模式产生关联，则可以通过相关分析和因果分析来检验 AC、CD、DB、CB 等各组关系，进而确定这一因果链条是否成立。

产生上述三种不同因果机制认识论的根本原因在于对因果机制内涵的不同理解。梅恩兹(Mayntz)和杰尔令(Gerring)曾宣称：“几乎没有哪个学者能够系统地说清因果机制到底是什么。”④事实上，科学哲学从 20 世纪 90 年代就开始关注因果机制，但在因果机制的定义上却只形成了“脆弱”的共识，即因果机制是对因果效应的一种解释。但这种“解释”到底是什么，成了科学哲学家争论的焦点。当前，对因果机制的争论存在着认识论上的实在论和反实在论，以及本体论上的确定论和非确定论。

---

① Woodward, Jim: “What is a Mechanism? A Counterfactual Account”, *Philosophy of Science*, 69, 2002. Einsteinm Albert & Leopold Infeld, *The Evolution of Physics*, New York: Simon & Schuster, Inc, 1938.

② Hume, David, *An Enquiry Concerning Human Understanding*, Oxford, UK: Oxford University Press, 1999.

③ Hedstrom, Peter, *Dissecting the Social: On the Principle of Analytical Sociology*, Cambridge, UK: Cambridge University Press, 2005.

④ Meyntz: “Mechanisms in the Analysis of Macro-Social Phenomena”, *Philosophy of the Social Science*, Vol. 34, No. 2, p237-259.

从认识论看，实在论者主张因果机制是自变量和因变量之间的中介变量(链)。通过中介变量，把自变量为什么导致因变量的原因说明了。[①] 因此，因果机制是具体化后的因果效应，只是这种因果效应降低了解释的分析层次，把宏观抽象的因果效应化解为多个微观具体的因果效应。既然因果机制是由多个微观因果效应串联而成的，因此与原有的因果效应一样，它是可以观察到的，这是实证主义因果机制观的认识论基础。反实在论认同实在论的因果机制是具体化的、微观化的因果效应，但却把因果机制视为是一只黑匣子，我们无法窥见其中的奥秘。休谟第一个关注这个问题，他认为，我们可以看到现象与现象之间恒定的联系，这就是规律或因果效应。但是产生这个因果效应的作用力[②]不是我们能够感识的。乔治(George A. L.)与贝内特(Bennett A.)也指出，因果机制是"最终不可观察的物理、社会或心理过程"[③]，"因果机制是在研究者想象中存在的关系或过程，是不可观察的实体。"[④]这是黑箱论机制观的认识论基础，意味着在国际关系的实证研究中不需要也无法挖掘因果机制。

从本体论的角度看，因果机制是由一系列关系串联而成的。这种关系是确定性的，因此因果机制也应当是确定性的。利特尔(Little D.)就认为因果机制是"由类似法则的规律性支配的一系列事件或条件，从解释项引出被解释项。"[⑤]确定性的本体论是实证主义机制观的基础。但是，与确定性的本体论相对应的是非确定性的本体观。因果机制在回答"为什么自变量会导致因变量"这一问题时，可以从多个角度出发，由此就产生了不同的

---

① 布雷迪和科利尔就认为：因果机制是因果过程中的一个链条或节点。通过这些中间链条，有助于深入了解自变量实际上是如何产生结果的，包括这种结果发生所经由的顺序。Brady H. E. and Collier, D. Eds, *Rethinking Social Inquiry: Diverse Tools, Shared Standards*, New York: Rowman & Littlefield Publishers, Inc, 1998.

② 在休谟的理论体系中，作用力可泛解为"因果作用机制"。休谟曾举例，一只运动的台球撞击另一只静止的台球，后者由静变动。第一次看到这个试验，我们只看到前一只球的撞击和后一只球获得速度，至于动能如何传递，我们永远看不到。多次重复这个试验后，我们觉得二者有某种必然的联系。这就产生了因果效应。但是这种必然关系产生的原因却是无法看到的。正如他所称所有关于必然关系、作用力、能量的概念都来自对恒定关联的心理印象，没有其他任何外感内省的根源。Hume David, *An Enquiry Concerning Human Understanding*, Oxford, UK: Oxford University Press, 1748, p. 145.

③ George, A. L. & Bennett, A., *Case Studies and Theory Development in the Social Sciences*, Cambridge: MIT Press, p. 137.

④ George A. L. and Bennett A., *Case Studies and Theory Development in the Social Sciences*, p143.

⑤ Little D., *Varieties of Social Explanation: An Introduction to the Philosophy of Social Science*, Boulder Co: Westview Press, 1998, p15.

解释和不同的理论。正如埃尔斯特(Elster J.)所言,假设因果效应的形式为"如果A,则B",那么与之相对应的因果机制的形式应当是"如果A,则可能是A→B1,B2……→B",也可能是"A→A1,A2……→B"。尽管从宏观上看,A和B之间存在关联,但是对这种关联是如何产生的却会有不同的理解。非确定性的本体论是诠释学方法论的基础。

从近20年的研究来看,越来越多的国际关系研究者放弃了休谟的"机制黑匣子"论,提出国际关系理论建设也应该寻找因果机制,并且要寻找具有普遍意义的因果机制。[①] 因此,在下文中将介绍具体的因果机制挖掘技术。

第三节 因果机制挖掘的具体方法

挖掘因果机制的方法主要有五种。一是详析模式。详析模式是根据已有理论和知识在自变量X和因变量Y之间加入中介变量,利用比较案例分析或定量方法证明X是通过A来影响Y的。二是过程追踪分析,[②]力图通过对自变量X的变化如何导致因变量Y变化的过程和方式的研究,打开自变量X和因变量Y之间的解释黑箱。在实际操作中,过程分析的关键是在X与Y之间找到新的、中间性的、解释性的概念。三是时序分析法。四是典型特征分析法,主要是通过多个案例的比较发掘条件变量与结果变量之间的关键因子。五是因果机制定量分析法。

一、详析模式

在国际关系研究实践中,往往会遇到这样一种情况:自变量X通过中介变量A对因变量Y产生作用,即X导致A,而A又导致Y。如果能找到中介变量A,研究者就找到了自变量X与Y之间的因果机制。如何在一个复杂且涵括极广的变量中找到这一中介因素,往往需要根据现有理论知

---

① Hedstrom Peter, *Dissecting the Social: On the Principle of Analytical Sociology*, Cambridge, UK: Cambridge University Press, 2005.

② 不同的学者对该方法有不同的称呼。亚历山大·乔治、安德鲁·本耐特将这种方法称之为过程追踪分析法,马洪尼则称之为本本内分析法,还有少部分学者将其称之为中介性机制分析法。Alexander L. George and Andrew Bennett, *Case Studies and Theory Development in the Social Sciences*, Cambridge, MA: MIT Press, 2005, pp. 206. James Mahoney: "Debating the State of Comparative Politics: Views from Qualitative Research", *Comparative Political Studies*, Vol. 40, No. 1, 2007, pp. 32.

识先验地引入中介变量，并论证 X 导致 A 和 A 导致 Y 这两个因果效应。从技术角度看，这意味着如果把 A 这个中介变量控制后，自变量与因变量之间的关系应当消失。下面以一个例子进行说明。

为了了解不同经济发展水平与国际事务关注度之间的关系，通过抽样调查，分别得到发达国家和发展中国家公民对国际事务关注的数据，具体如表 11.1 所示。

表 11.1 发达国家和发展中国家公民对国际事务的关注度

	发达国家	发展中国家
对国际事务关注度	35%	17%
人数	18 456	13 982

从表 11.1 可以看出，发达国家公民对国际事务的关注度远高于发展中国家，上述关系可以抽象化地表述为国家发展阶段(X)影响国际事务关注度(Y)。对于表 11.1 中表现出来的这种关系，我们想知道的是，为什么发达国家公民对国际事务的关注高于发展中国家？即国家发展阶段是如何影响民众对国际事务关注的？回答了上述问题就找到国家经济发展阶段影响国际事务关注度这一因果规律的原因。根据现有的知识，一个浅显的解释是发达国家公民的受教育程度高。假如受教育程度真的是一个中介变量，则当我们控制这个变量后，国家发展程度与国际事务关注度之间的关系应当消失。这就是说，在受教育程度相同的情况下，发达国家与发展中国家对国际事务关注度应当无差异。因此，对发达国家和发展中国家的公民再进行一次抽样调查，假如得到如表 11.2 所示的数据。

表 11.2 国家发展程度和国际事务关注度与受教育程度的比较

	受教育程度			
	高		低	
	发达国家	发展中国家	发达国家	发展中国家
对国际事务关注度	35%	33%	11.5%	11%
人数	4 533	2 311	4 212	1 231

注：该表中数据为假设的虚构数据，只为说明相关研究方法。

从表 11.2 可以看出，受教育程度相同的发达国家与发展中国家公民对国际事务关注程度仅有很小的差异。因此,受教育程度是一个中介变量,它既是国家发展程度产生的结果,又是导致民众对国际事务关注产生差异的原因。那么,受教育程度(A)在自变量(国家发展程度 X)和因变量(国际事务关注度 Y)之间就建立起了一个因果链。最终的因果机制可以作如下表述:国家发展程度影响公民受教育程度,受教育程度影响公民对国际事务的关注度。

由上例可以看出,利用详析模式寻找因果机制时,需要预先根据主观判断给出连接自变量与因变量的中介变量,然后再利用统计分析、比较案例分析等相关方法来证实或证伪中介变量与自变量、因变量之间的关系,进而挖掘变量间关系的因果解释。

二、过程追踪法

过程追踪是一种试图接近隐藏在现象背后的机制或微观基础的方法。它是通过考察个案中的初始条件如何转化为个案结果来研究系列事件或决策的过程。通常的做法是将连接原因和结果的中间环节分解成更小的步骤,然后寻找每一个环节在个案中的可观测的证据。[①]

过程追踪的哲学基础来自于休谟关于因果的理解。休谟认为,所谓因果,有三层含义。第一是原因和结果事件之间在时空上毗连,时空联接是因果关系的先决条件。如果两个时空相距很远的物体产生了因果作用,那么其间必然存在某种因果链条的衔接。第二是时间顺序,即因先果后。第三是必然的联系,即因果现象相伴而生,有其因必有其果。[②] 根据休谟的因果定义,产生因果效应的先决条件是因和果之间存在着时间上的联接。因此,从时间维度深入探究个案发生的过程,则可以找出原因与结果的中间链条。过程追踪的程序如下。①对因果效应的关系进行分析。过程追踪,要在理论指引的基础上,根据理论假设推出尽可能多的可供观察的中间步骤。当然这是在理论和案例的指导下进行的,不可能漫无目的地进行。②充分对少量的案例进行观察,从而确定中间的因果过程——即因果链是否在此中能得到证明。在具体操作过程中,主要分为三个步骤:一是追踪和回溯整个案例发生的过程;二是找出导致事件发展和转向的重要环节;三是对重要环节进行抽象化与概念化,从而得出更小的或更具体的相

---

① Van Evera S. *Guide to Methods for Students of Political Science*, Ithaca: Cornell University Press, 1997.

② David Hume, *An Enquiry Concerning Human Understanding*, Oxford, UK: Oxford University Press, 1999.

关关系或因果关系。

举例来说，杰克·古德斯通(Jack A. Goldstone)在探究人口的增长导致农业官僚制国家革命的因果机制时，就使用了过程追踪分析法。他仔细探究了法国、德国等与这个因果逻辑关联的革命案例的历史过程，发现在这些案例中，人口增长会导致经济通胀，经济通胀则形成了对国家的财政压力，国家应对财政压力的失误导致社会运动或革命。[①] 因此，在条件变量(人口增长)与结果变量(社会革命)这一因果效应之间就存在着一根链条，具体可表示如下：

人口增长→经济通胀→国家财政压力→应对财政压力失误→社会革命产生。

因此，过程追踪法的实质是根据案例发生的时间顺序，寻找自变量与因变量之间的因果次序，从而揭示出自变量导致因变量的中间环节。

过程追踪在实际操作中也存在着争议。对过程追踪的第一个争论是少量的案例是否足以确保论证的充分性。过程追踪分析的基本原理是利用少量的个案去检验理论假设。但是，当过程追踪法使用单个或少量个案来分析因果效应时，受过基本科学研究方法训练的研究者首先会质疑所使用个案的代表性及其可推论性。使用过程追踪法就意味着研究者需要用很少的个案去验证理论假设。那么这些个案是否能代表全部的研究整体呢？退一步讲，即使单个或几个个案证明了理论假设，是否可以推广到整个历史或国际社会呢？事实上，过程追踪能检验理论假设是出于以下逻辑：如果某项理论能够被证实，那么该理论所预测的原因导致结果的过程应该可以被证实。例如，为了证明A和B之间的因果效应，通过过程追踪法挖掘了两者产生关系的因果链条是A→D、D→C、C→B。如果A和B真的有关系，那么AD、DC、CB之间的关系都应成立，而且利用单一或少量的案例就能验证。虽然仅仅是使用少量的案例来检验这一机制，但是少量案例却独立检验了三个低层次的因果关系，从联合概率的角度来看，这三个因果关系偶合的可能性很小。根据概率论的“小概率事件在一次事件中不会发生”的原则，保证了使用少量的案例来检验因果机制的可靠性，从而达到了检验理论的目的。

对过程追踪的第二个争论在于因果效应之间的因果链是客观的，还是

---

① Goldstone J. A.:“Comparative Historical Analysis and Knowledge Accummulation in the Study of Revolutions”, In James, Mahoney & Rueschemeyer, D. Eds., *Comparative Historical Analysis in the Social Science*, Cambridge: Cambridge University Press, 2003.

由研究者的主观能动性创造出来的。一种观点认为,过程追踪就是通过降低层次和缩短时滞,推出尽可能多的可供观察的中间步骤,从而达到找出原因和结果之间环节和链条的目的。因此,原因和结果之间细分的因果链也是客观的、可以检验的,而不是主观构建出来的。另一种观点认为,过程追踪本质上就是要找到能动者,通过考察个案,使研究者对发生的因果效应赋予文化意义的定义和解释。[①] 从过程追踪的步骤可以看出,对因果链条的探寻是在理论指导下进行的,在原因与结果中间环节的具体链条上的概念往往是创造出来的,需要发挥研究者的主观能动性。

三、时序分析法

时序分析最早来源于计量经济学,是与回归分析相对应的一个概念。回归分析主要是寻找一个变量与另外几个变量之间的函数关系,是一种横向关系。时序分析主要是寻找一个变量的当前值与其过去值之间的关系,是一种纵向关系。寻找因果机制的时序分析方法主要是通过对某一历史事件的详细追溯挖掘原因作用于结果的中间机制,它与统计研究有着较大差别。根据因果定义,由原因至结果的过程是由一系列历史事件串联起来的。历史事件是在一定空间中按照一定顺序所排的各个事件,事件的发展有着前后顺序、周期或突然的变化。[②] 时序分析方法的使用者注意观察各个事件在历史中的位置、持续时间以及先后顺序,并力图发现这些因素对特定结果的影响。[③]

时序分析的典型例子是古德斯通对英国工业革命的分析。工业革命并不是有意发动的,而是一系列小事件引发的。托马斯·纽科门发明第一台蒸汽机并不是希望解决动力问题,而只是希望解决煤矿中的积水问题。英国拥有丰富的煤炭资源,但森林资源有限,同时气候寒冷,且英国是岛

① 彭玉生:《社会科学中的因果分析》,《社会学研究》2011 年第 3 期。

② James Mahoney, Celso M. Villegas:《历史分析与比较政治》,《浙江社会科学》2008 年第 3 期,第 15 页。

③ 历史比较的时序分析经典研究如下。Larry Griffin:"Temporality, Events, and Explanation in Historical Sociology: An Introduction", *Sociological Methods & Research*, Vol. 20, No. 4, 1992, pp. 403-427; Ronald Aminzade:"Historical Sociology and Time", *Sociological Methods & Research*, Vol. 20, No. 4, 1992, pp. 456-480; Larry Isaac, Debra Street and Stan Knapp:"Analyzing Historical Contingency with Formal Methods: The Case of the 'Relief Explosion' and 1968", *Sociological Methods & Research*, Vol. 23, No. 1, 1994, pp. 114-141; William H. Sewell:"Historical Events as Transformations of Structures: Inventing Revolution at the Bastille", *Theory and Society*, Vol. 25, No. 6, 1996, pp. 841-881。

国，这使得英国不得不依赖煤作为取暖来源。由于表层煤炭资源有限，所以英国矿工不得不挖深层煤，因此就遇到积水问题。在纽科门发明蒸汽机之后，瓦特改进了蒸汽机，这使得获得更为廉价的煤炭和钢铁成为可能，这些又为铁路运输、船运、纺织业、金属工具业奠定了基础（这些工业都是以钢铁为原材料、蒸汽为动力）。同时，工业的发展又导致流通商品价格和运输成本的下降，这又使得全国甚至世界性的商品生产成为可能。① 从古德斯通的经典例子可以看出，英国工业革命的发生并不是由某些特定因素导致的，而是在一些偶然条件的启动下，受到关键事件的影响，不断自我强化的结果。

为了说明从初始到结果发生的机制，时序分析法提出了初始条件（initial conditions）、路径依赖（path dependence）、偶发事件（contingent event）、关键节点（critical juncture）、自我加强（self-reinforcement）等重要分析概念。② 初始条件一般是偶然的。从该初始条件出发，可以导致不同的结果。偶发事件是历史过程中的一次意外，但是这次意外却会触发一系列的历史事件。在上例中，纽科门发明蒸汽机抽水就是偶发事件，他的本意并不是开启工业革命，他的发明也没有被当作是具有历史意义的创新，然而他的发明却导致了其他一系列重要的工业革命事件的发生。关键节点（或关键时刻）是时序分析中的最核心概念，它决定了路径依赖的生成和结果的最终发生。关键节点是指关键历史事件的形成，这些事件一旦形成，就会对后续的历史发生持续的影响，即使这些事件本身并不存在了，它们的影响也会仍然存在。③ 关键节点发生后，社会将从中得益，便会积极地“发展它”，主动地“适应它”，结果又创造了与这一历史事件相配套的其他新的技术、制度、产品等历史事件，从而产生了历史事件的“自我强化机制”，随后历史将沿着不可重复的道路发展下去，进而产生了路径依赖。这意味着历史将沿着这一轨迹开始发展，改变历史发展道路的成本非常高。尽管存在着其他的“历史”选择，但已发生的历史事件会阻碍对初始选择的

① Jack A. Goldstone:“The Problem of the ‘Early Modern’ World”, *Journal of Economic and Social History of the Orient*, Vol. 41, 1998, pp. 249 - 284。也可参见 James Mahoney, Celso M. Villegas:《历史分析与比较政治》,《浙江社会科学》2008 年第 3 期。

② James Mahoney:“Path Dependence in Historical Sociology”, *Theory and Society*, 2000, Vol. 29, pp. 507-548.

③ James Mahoney:“Path Dependence in Historical Sociology”, *Theory and Society*, 2000, Vol. 29, pp. 507-548. Paul A. David:“Clio and the Economics of QWERTY”, *American Economic Review*, Vol. 75, pp. 332-337.

改变。[①]

根据上文时序分析所利用的概念可以将英国工业革命发生的过程更加清晰地加以表述：

初始条件（资源、气候和地缘条件）＋偶发事件（纽科门发明蒸汽机抽水）→关键节点（瓦特改进蒸汽机）→自我加强和锁定机制（工业发展和商品价格下降）→工业革命。

因此，通过路径依赖、关键节点等核心概念的连接，由原因到结果的生成机制就得到了比较清晰的阐述。

四、典型特征法

过程追踪是从历史的视角分析由因及果的过程及影响其过程的重大因素，从而推导出因果机制，这属于纵向分析方法。典型特征法着眼于横向角度，通过比较多个案例，找出诸多案例中由因及果的过程中所发生的重大事件，再利用理性思维抽象出这些重大事件的共同特征，进而从理论上挖掘出因果机制。

例如，在探询霸权导致稳定这一规律的因果机制时，仔细考察对比美国、英国、荷兰三个霸权体系，发现每个霸权国为了维护体系的稳定都曾构建过相应的国际规则：布雷顿森林体系、金本位制、航海秩序等。霸权国提供的这些国际规则的典型特征是受益的非排他性和消费上的非竞争性，其他国家行为体都倾向于“搭便车”战略，进而获取国家利益。这些规则可以用国际公共产品这一概念来归纳和抽象。因此，霸权与稳定之间的因果链可以表示为霸权国提供国际公共产品，而国际公共产品有利于维持国际社会的稳定与和平。从上例中可以看出，典型特征法挖掘因果机制主要包括以下三个步骤：一是找出符合因果效应的多个案例；二是列举条件变量导致结果变量过程中的重大事件或事实；三是通过对比，抽象出案例中重大事件的普遍意义或本质特征。对本质特征的概括需要经历认识上的一个“飞跃”，这一过程主要依靠猜测、想象、洞察和思辨，而并非是靠归纳完成的。

利用典型特征法挖掘因果机制需要创造性的想象力。尽管这种想象力是一种捉摸不定的东西，但是从研究实践中可以总结出一些策略，有助

---

① Levi Margaret:“A Model, a Method, and a Map: Rational Choice in Comparative and Historical Analysis”, in *Comparative Politics: Rationality, Culture and Structure*, eds., Mark Lichbach and Alan S. Zuckerman, Cambridge University Press, 1997, p. 28.

于从经验层面上升到理论认识。一是列举共同因素。在案例的对比中,如果发现许多不同的重大事实都导致了相同的结果,那么就要探询,是什么因素使它们结果相同。这种策略可以帮助研究者辨认出经验事实所表示的更普遍的意义。二是利用现有的理论和抽象概念作出解释。并非每一次对重大事实的对比都可以抽象出新的概念。实际上大多数研究都可以利用现有的概念来概括。因此,在对多个案例的重大事件进行抽象时不应当局限于个人所偏好的理论概念,而应当以事实为基础来选取最恰当、最可信的理论概念或解释。① 三是探询背景联系,其含义是要注意联接条件变量与结果变量的重大事件的社会、历史背景以及事件之间的联系。

五、因果机制定量分析

因果机制定量分析方法是巴郎(Baron. R. M.)和肯尼(Kenny D. A.)提出来的。假设通过阅读资料发现自变量 X 对因变量 Y 是通过中介变量 M 产生作用,三个变量的关系如图 11.2 所示。

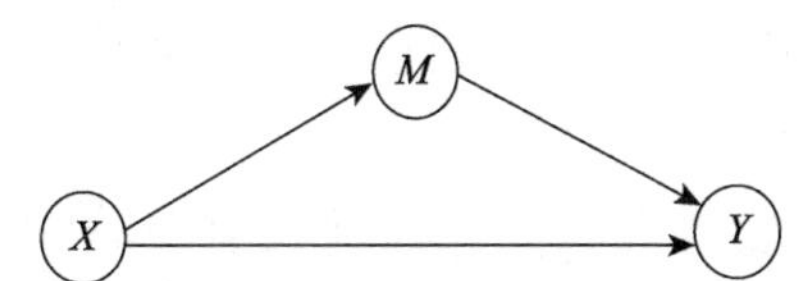

图 11.2 自变量、因变量、中介变量关系示意图

因果机制的定量分析主要是拟合下面三个回归方程并通过系数的显著性检验来验证自变量与因变量之间是否通过中介变量产生作用。如果能证明 M 是中介变量,研究者就获得了自变量 X 导致因变量 Y 的因果机制。

$$Y = \alpha_1 + \beta_1 X + \varepsilon_1, \tag{11.1}$$

$$M = \alpha_3 + \beta_2 X + \varepsilon_2, \tag{11.2}$$

$$Y = \alpha_2 + \beta_3 X + \gamma M + \varepsilon_3。 \tag{11.3}$$

方程中的 α_i 表示截距,ε_i 表示模型的误差项,β_1、β_2、β_3、γ 是回归系

① 袁方主编:《社会研究方法教程》,北京:北京大学出版社,2007 年,第 103 页。

数，反映了自变量、因变量和中介变量的关系。M 是否为自变量和因变量的因果机制主要依据下述五个准则进行判断。

① 方程 11.1 中，系数 β_1 是显著的，这意味着自变量 X 对因变量 Y 有显著的作用。

② 方程 11.2 中，系数 β_2 是显著的，也就是说，有证据表明自变量 X 与中介变量 M 之间存在线性关系；

③ 当自变量和中介变量一起纳入回归模型后，中介变量前的系数 γ 是显著的，这意味着中介变量 M 有助于预测因变量 Y。

④ 自变量 X 的系数在引入中介变量 M 后要显著变小，即在方程 11.3 中的系数 β_3 要小于 β_1。

⑤ β_3 与 β_1 数值显著变小的比较是通过 z 检验来判定的，其中 $z = \frac{\beta_2 \times \gamma}{\sqrt{\gamma^2 S_{\beta_2}^2 + \beta_2^2 S_\gamma^2}}$，$S_{\beta_2}^2$ 和 S_γ^2 分别代表 β_2 和 γ 的方差。

满足上述五个条件，研究者可以认为自变量是通过中介变量对因变量产生作用的，从而挖掘了两者间的因果机制。

在具体探索因果机制的过程中，系数 β_1、β_2、β_3、γ 并不一定恰好全是显著或不显著的。利用系数的显著性，可以判断自变量 X 对因变量 Y 的作用是完全的、部分的还是不存在的。

(1) 如果系数 β_2 或 γ 是不显著的，那么自变量与因变量之间就不存在着中介作用，X 对 Y 的影响是直接的，也意味着 M 并不是 X 和 Y 的因果机制，需要利用已有的国际关系理论重新寻找中介变量。

(2) 如果满足上述的①至③条件，自变量与因变量之间存在着“部分的”中介作用，即 X 对 Y 的影响部分是直接的，部分是通过 M 这个中介实现的。

(3) 如果上述 5 个条件都满足，但系数 β_3 是不显著的，则说明自变量 X 与因变量 Y 之间存在“完美的”或“完全的”中介作用，X 对 Y 的影响全部是通过 M 这一中介变量间接实现的，从而得到自变量与因变量的因果机制。

详析模式、过程追踪、时序分析、典型特征分析是挖掘因果机制的主要方法。从以上实例可以看出，在寻找变量间关系的因果解释时并不能完全摆脱研究者的情感、理智和理论。从这个意义上讲，并不存在着绝对客观的因果机制。正如皮尔斯(Pierce R.)所宣称，研究者首先要基于自身的思想、感情和经验设计出理论分析的逻辑框架，①这主要体现在以下两个方面：第一，挖掘因果机制是在理论指导下通过更加具体的事实和细节来揭示条件变量和结果变量之间的链条，各个链条本质上也是因果效应；第二，挖掘因果机制为研究能动提供了可能，通常的做法是把能动者的选择和战略作为不同因果机制甚至导向不同结果的起点。②

因果机制是人类的古老思维习惯，历史上有许多人试图从人类思维中驱除因果机制，并用因果效应取而代之。③ 但是，追问为什么的天性使得人类不满足于对经验相关的描述和规律的探寻，还需要对现象和规律做出解释。国际关系理论越发展，对因果机制的解释也越来越深入。然而，一旦揭开因果机制这个"潘多拉魔盒"，却可能产生更多的未解"难题"。

（1）因果机制是对因果效应的解释，只是用更微观、更具体的因果效应来解释宏观的、抽象的因果效应。因此，正如埃尔斯特指出的，因果效应与因果机制没有本质上的区别，机制由一系列链条组成，每个链条仍是一个规律，更要命的是每个链条内部的"黑箱"仍然未知。④ 那么，对因果机制的挖掘到底应在哪里停下来呢？

（2）国际关系的科学性与个人能动作用的矛盾。实证主义的国际关系理论强调国际社会的结构性，正如自然科学那样，研究者把国际关系的研究对象——国际社会——视为存在客观规律的运行客体。因此，发现规律、解释规律是国际关系科学性的表征。但是，一旦加入因果机制后，能动的作用更加突出。正如马克斯·韦伯宣称的：社会科学的研究主题就应该是能动，即有意义的、由动机推动的、他人导向的行为。⑤ 因此，在强化国际关系科学性的同时，如何把握结构与能动，也就是研究的客观性与主观性之间的度就成了研究者必须面对的考验。

---

① Pierce R., *Research Methods in Politics: A Practical Guide*, Washington D. C.: Sage Publications, 2008, p. 2.

② Pierson P.: "Not Just What, but When: Timing and Sequence in Political Processes", *Studies in American Political Development*, Vol14(1), 72-92.

③ Pearson, Karl, *The Grammer of Science* (2nd Edition).

④ George A. L. & Bennett, A., *Case Studies and Theory Development in the Social Sciences*, Cambridge: MIT Press, 2005, pp. 142-144.

⑤ 沃斯特：《现代社会学理论》，杨善华译，北京：华夏出版社，2000 年，第 128 页。

小 结

因果机制是国际关系实证研究的重要内容。自从《国际政治理论》一书出版后，研究者开始从机制的角度来建构国际关系理论。但是，国际关系学界在因果机制的本体论、认识论等方面都存在着争论。因此，对因果机制的内涵、如何挖掘因果机制也缺乏客观统一的方法。详析模式、过程追踪、时序分析、典型特征法等是当前挖掘因果机制的主要模式。

参考文献

1. 〔美〕加里・金、罗伯特・基欧汉、悉尼・维巴：《社会科学中的研究设计》，陈硕译，上海：格致出版社、上海人民出版社，2014 年。
2. 〔美〕戴维・德沃斯：《社会研究中的研究设计》，郝大海译，北京：中国人民大学出版社，2008 年。
3. 陈向明：《质的研究方法与社会科学研究》，北京：高等教育出版社，2014 年。
4. Maxwell J. , *Qualitative Research Design: An Interactive Approach*, Thousand Oaks: Sage, 1996.
5. 李子奈、潘文卿：《计量经济学》，北京：高等教育出版社，2010 年。
6. David E. McNabb, *Research Methods for Political Science*, Armonk, New York and London: M. E. Sharpe, 2004.
7. 〔美〕艾伦・巴比：《社会研究方法》，邱泽奇译，北京：华夏出版社，2009 年。
8. 〔美〕劳伦斯・纽曼：《社会研究方法：定性与定量的取向》，郝大海译，北京：中国人民大学出版社，2007 年。
9. 〔法〕杜尔凯姆：《社会学方法规则》，胡伟译，北京：华夏出版社，1988 年。
10. 倪世雄：《当代西方国际关系理论》，上海：复旦大学出版社，2003 年。
11. 袁方主编：《社会研究方法教程》，北京：北京大学出版社，2007 年。
12. 严强、魏姝：《政治学研究方法》，南京：江苏教育出版社，2007 年。
13. Stephen L. Morgon, *Counterfactuals and Causal Inference: Methods and Principles for Social Research*, Cambridge: Cambridge University Press, 2007.
14. Charles Ragin, *The Comparative Method: Moving beyond Qualitative Strategies*, Berkeley, University of California Press, 1987.
15. Charles Ragin, *Constructing Social Research*, Thousand Oaks Pine Forge Press, 1994.
16. 〔瑞士〕Daniel Caramani：《基于布尔代数的比较法导论》，蒋勤译，上海：格致出版社，2010 年。
17. 阎学通、孙学峰：《国际关系研究实用方法》，北京：人民出版社，2007 年。
18. 〔匈牙利〕拉卡托斯：《科学研究纲领方法论》，兰征译，上海：上海译文出版社，2005 年。

19. 〔美〕斯蒂芬·范埃弗拉:《政治学研究方法指南》,陈琪译,北京:北京大学出版社,2012年。

20. 〔美〕欧内斯特·内格尔:《科学的结构》,徐向东译,上海:上海译文出版社,2005。

21. 〔澳〕麦可·史密生、〔美〕杰·弗桂能:《模糊集合理论在社会科学中的应用》,林宗弘译,上海:格致出版社、上海人民出版社,2012年。

22. Charles C. Ragin, *Redesigning Social Inquiry: Fuzzy Sets and Beyond*, Chicago: University of Chicago Press, 2008.

23. Charles C. Ragin, *Fuzzy-set Social Science*, University of Chicago Press, 2000.

24. 〔加〕约翰·福克斯著,《社会科学中的数理基础及应用》,上海:格致出版社、上海人民出版社,2011年。

25. Benoit Rihoux and Charles C. Ragin, *Configurational Comparative Methods: Qualitative Comparative Analysis and Related Techniques*, London: SAGE Publication Inc, 2009.

26. George, A L. & Bennett, *A Case Studies and Theory Development in the Social Science*, Cambridge: MIT Press, 2001.

27. 谢宇:《社会学方法定量研究》,北京:社会科学文献出版社,2006年。

28. P. Hedstrom and R. Swedberg eds., *Social Mechanisms: An Analytical Approach to Social Theory*, Cambridge University Press, 1998.

29. ZeeMaoz, *Case Study Methodology in International Studies: From Storytelling to Hypothesis Testing*.

30. Alexander George and Andrew Bennett, *Case Studies and Theory Development in the Social Science*, Cambridge: MIT Press, 2005.

31. Hedstrom, Peter, *Dissecting the Social: On the Principle of Analytical Sociology*, Cambridge: UK: Cambridge University Press, 2005.

后 记

我是国际关系研究的“插班生”，本科和硕士研究生阶段学习的专业分别是航空兵器和国际经济学，2005 年进入复旦大学攻读博士学位，开始系统地学习国际关系。文理交融的学科背景，使得我从入学之初就关注国际关系研究方法。为此，我先后参加了清华大学国际关系研究方法讲习班，选修了复旦大学社会学院、数学学院的系列课程。撰写国际关系实证研究方法专著的想法萌发于博士论文完成之际。毕业后，受工作频繁调动、所学专业与工作不契合等因素影响，书稿撰写时断时续。2012 年，我正式调入中国人民解放军南京政治学院从事教学工作，学院浓厚的学术氛围为完成上述夙愿奠定了良好基础。随后，该项目成功申请到国家社科基金后期资助，从而使得本书得以最终面世。

撰写《国际关系实证研究方法》的主要目的在于推进学科科学化。国际关系研究核心目标在于探究国际政治现象发生的原因。当前，对国际政治现象内在规律与成因的探索，更多的是基于自身知识结构的主观推测，并且在实践过程中，往往谁的平台高、传播渠道广，谁的观点就容易被当作“真理”接受。因此，需要有一套被学术共同体普遍接受的规则或方法去判断观点的正误，确保得出的研究结论是可重复的、可检验的、可争论的，从而减少“站在对话的讲台上，却没有站在对话的平台上”的现象。事实上，一门学科的科学性不在于研究对象、研究结论，而在于研究中采用的方法。实证研究方法由于其价值判断相对中性，有利于学术共同体在共同遵守的规则基础上展开辩论，从而促进整个学科的科学化发展。

方法犹如一把标尺，利用方法进行国际关系研究就像是利用标尺在进行度量。差之毫厘，谬以千里，方法上的微小错误会导致谬误的结论。由于本人水平有限，在阐述国际关系实证研究方法时错漏缺点在所难免，读者朋友发现问题可及时反馈给我(联系邮箱：051017023@fudan. edu. cn)。

后记结束的地方肯定是本书结束的地方。我感恩在写作道路上帮助、扶持过我，与我共享欢乐、痛苦与哀伤的每一个人。石源华教授是我的博士生导师，在老师身上同时体现了道德与文德的光芒。他是我学术生涯的领路人，尽管他不从事方法的研究，得知我在做这个领域的研究后，便一直鼓励我沿着这条路走下去。毕业后，多次邀我参加相关学术研讨会，以多种方式资助我的研究。感谢当前我就职的江苏省社会主义学院的领导和同事，他们的包容、宽厚与鼓励使得本书得以最终顺利完成。